Seguros e Impostos

Seguros e Impostos

O REGIME FISCAL DOS PRODUTOS DE SEGUROS (IRS, IRC, EBF, IS)

2022

Luís Poças

ALMEDINA

SEGUROS E IMPOSTOS:
O REGIME FISCAL DOS PRODUTOS DE SEGUROS
(IRS, IRC, EBF, IS)

AUTOR
Luís Poças

EDITOR
EDIÇÕES ALMEDINA, S.A.
Avenida Emídio Navarro, 81, 3D
3000-151 Coimbra
Tel.: 239 851 904 • Fax: 239 851 901
www.almedina.net • editora@almedina.net

DESIGN DE CAPA
EDIÇÕES ALMEDINA, S.A.

PRÉ-IMPRESSÃO
EDIÇÕES ALMEDINA, S.A.

IMPRESSÃO E ACABAMENTO

Outubro, 2022

DEPÓSITO LEGAL
....

ALMEDINA | GRUPOALMEDINA

BIBLIOTECA NACIONAL DE PORTUGAL – CATALOGAÇÃO NA PUBLICAÇÃO

POÇAS, Luís

Seguros e impostos: o regime fiscal dos produtos de seguros
(IRS, IRC, EBF, IS). – (Monografias)
ISBN 978-989-40-0855-2

CDU 347

À Paula, por tudo e, em especial, pelo precioso apoio no presente trabalho de investigação

À memória do Dr. António Paulo Cristóvão, mentor, em 1995, da minha dedicação ao tema deste livro

NOTA PRÉVIA

A minha ligação profissional ao universo dos seguros iniciou-se em outubro de 1992. Cerca de dois anos depois, fui envolvido no acompanhamento e estudo da profunda reforma fiscal que então se desenhava. Incidindo, em grande medida, sobre o enquadramento jurídico-tributário – em sede de IRS, IRC e benefícios fiscais – dos contratos de seguro (muito em especial, dos seguros de vida com componente de investimento), esta reforma, pela sua complexidade, amplitude e rutura com o anterior tecido normativo e com a prática da inspeção tributária, revelou-se um marco incontornável, vindo a estabelecer, em moldes relativamente estáveis, a disciplina fiscal que, no essencial, ainda hoje perdura.

O regime introduzido com a Lei do Orçamento do Estado para 1995 suscitou dúvidas iniciais, apreensões e incertezas. A necessidade da sua análise, compreensão e esclarecimento fez mobilizar os esforços de seguradores e sociedades gestoras de fundos de pensões, empresas de auditoria e consultoria fiscal, sociedades de advogados, contabilistas, corretores e agentes de seguros, para além, naturalmente, da própria administração fiscal.

Entre as dificuldades que o novo regime suscitava aos profissionais da área fiscal contava-se alguma incompreensão do léxico, natureza e lógica operacional das várias modalidades de contrato de seguro e, logo, a recondução das mesmas aos pressupostos de facto do quadro tributário e respetiva qualificação fiscal. No polo oposto, os protagonistas da atividade seguradora defrontavam-se com dificuldades de compreensão da lógica do regime fiscal, na sua articulação entre normas do Código do IRS, do Código do IRC e do Estatuto dos Benefícios Fiscais.

No âmbito das funções profissionais que então desempenhava, pude, à época, beneficiar da possibilidade de analisar e acompanhar detidamente a implementação do novo regime. Guardo boa memória de reuniões havidas com consultores fiscais, onde, em conjunto, e com contributos recíprocos (dos universos, respetivamente, securitário e fiscal), iam sendo identificados problemas e hipóteses de solução normativa. Recordo também a avidez com que me inteirava dos documentos de trabalho, pareceres e *memoranda*, produzidos por auditores, consultores e escritórios de advogados, a que ia tendo acesso, e de alguns desacertos e contradições que neles encontrava (decorrentes, em grande parte, de falta de adesão e compreensão da realidade seguradora).

Coube-me então igualmente a missão de assegurar múltiplas ações de formação junto de corretores e agentes de seguros. Foram também incontáveis as reuniões com clientes (tomadores de seguros), no sentido de explicar o novo regime e de promover as necessárias medidas de conformação ao mesmo dos contratos de seguro em vigor e respetivos planos de benefícios. Mais tarde, já no desempenho de outras funções, coube-me a responsabilidade por um departamento que tinha a seu cargo a execução das operações de seguros fiscalmente relevantes e a inerente aplicação do regime tributário a tais operações.

Em suma, no exercício das diferentes funções que marcaram o meu percurso profissional, vim a acompanhar de muito perto o regime fiscal que incide sobre os produtos de seguros (em especial os do ramo vida com componente de investimento) e os problemas práticos que o mesmos suscita.

Não será, portanto, estranho que, de há longa data, tenha acalentado a ambição de escrever uma monografia consagrada a tal regime. Após o doutoramento, tive a oportunidade de desenvolver alguns escritos sobre vertentes específicas do tema (a tributação nas Categorias E, A e H de IRS, bem como as deduções fiscais dos prémios). Várias outras matérias, porém, ficaram por abordar, bem como a integração sistemática de todas elas numa visão coerente e concatenada de conjunto.

Com efeito, o tratamento isolado de cada componente do tema – por exemplo, cada categoria de rendimentos que, em sede de IRS, é objeto de tributação – revela-se, não obstante a complexidade que encerra, relativamente tranquilo. O que se afigura verdadeiramente desafiador é, por assim dizer, colocar a orquestra a tocar em conjunto a sinfonia do tema.

Por outras palavras, a grande dificuldade de abordagem do tema – com a qual já me tinha deparado aquando da preparação das ações de formação que acima referi – traduz-se, do meu ponto de vista, em, articulando as várias vertentes do tema, estabelecer uma estrutura discursiva eficaz, clara e coerente. Tenho defendido que a escrita científica requer uma congruência expositiva que não difere da escrita criativa[1]. Havia, portanto, que encontrar uma lógica sequencial que percorresse coerentemente as várias vertentes do tema, maximizando a compreensão do mesmo sem quebra da respetiva unidade.

Aproveitando da estratégia de abordagem que adotei nos textos parcelares anteriores, considerei imprescindível, numa parte inicial, definir claramente (embora de forma sucinta) os elementos do mundo dos seguros para os quais remetem as normas fiscais. Simultaneamente, apresentei também uma tipologia das situações de facto que as normas fiscais visam especialmente disciplinar.

Porém, o maior desafio do texto colocava-se de seguida. Como articular de forma estruturada, lógica e clara as variáveis que o tema convoca: tipos de imposto (IRS e IRC), categorias de rendimentos de IRS (A, E, e H), benefícios fiscais, produtos de seguros, operações de seguros, situações securitário-tributárias típicas; etc. Não havendo uma forma isenta de reparo de estruturar a exposição, considerei que a mais adequada e eficaz – do ponto de vista da clareza e, portanto, da *utilidade* do texto – seria a de, estabelecendo uma ponte entre o universo de seguros e o dos impostos, agrupar *operações de seguros* (entendidas em sentido amplo) com *sub-regimes fiscais* (isto é, capítulos relativamente autónomos da disciplina tributária). Encontramos, assim, várias parelhas temáticas: pagamento do prémio e dedução fiscal; operação de resgate ou vencimento e tributação nas categorias A e E; prestação de renda e tributação na categoria H; sinistro e enquadramento em IRS e imposto do selo.

Cada um destes binómios temáticos encontra depois a coerência interna do seu plano expositivo, atendendo às problemáticas que suscita, sem descurar, porém, quando pertinente, a análise do enquadramento fiscal de cada uma das situações securitário-tributárias típicas identificadas. A visão de conjunto é posteriormente retomada nas Conclusões.

[1] P. ex., Luís Poças, *Manual de Investigação em Direito*, 2ª Ed., Coimbra, Almedina, 2022, p. 171.

Os meus agradecimentos de sempre, pelas razões de sempre, vão para a minha mulher e para o meu filho. Sobre eles pesa, em grande medida, o ónus da minha dedicação a este e a outros temas de pesquisa.

Lisboa, 10 de setembro de 2022

Luís Poças

Everything has two sides, a good and an evil. Every advantage has its tax.

Ralph Waldo Emerson, "Compensation",
in Ralph Waldo Emerson, *Essays: First Series,* 1841

ABREVIATURAS, SIGLAS E ACRÓNIMOS

AAFDL – Associação Académica da Faculdade de Direito de Lisboa
AAVV – vários autores
Ac. – Acórdão
AR – Assembleia da República
ASF – Autoridade de Supervisão de Seguros e Fundos de Pensões
AT – Autoridade Tributária e Aduaneira
CAAD – Centro de Arbitragem Administrativa
CC – Código Civil, aprovado pelo Decreto-Lei n.º 47 344, de 25 de novembro de 1966
CEF – Centro de Estudos Fiscais e Aduaneiros
CIRC – Código do Imposto sobre o Rendimento das Pessoas Coletivas, aprovado pelo Decreto-Lei n.º 442-B/88, de 30 de novembro
CIRS – Código do Imposto sobre o Rendimento das Pessoas Singulares, aprovado pelo Decreto-Lei n.º 442-A/88, de 30 de novembro
CIS – Código do Imposto do Selo, aprovado pela Lei n.º 150/99, de 11 de setembro
Consult. – consultado
Coord./Coords. – Coordenador(a)/Coordenadores
CRCSS – Código dos Regimes Contributivos do Sistema Previdencial de Segurança Social, aprovado pela Lei n.º 110/2009, de 16 de setembro

CRP – Constituição da República Portuguesa
CT – Código do Trabalho, aprovado pela Lei n.º 7/2009, de 12 de fevereiro
Ed./Eds. – Editor(a) ou Edição/Editores
Dir./Dirs. – Direção ou Diretores
EBF – Estatuto dos Benefícios Fiscais, aprovado pelo Decreto-Lei n.º 215/89, de 1 de julho
IAS – Indexante dos apoios sociais
IRC – Imposto sobre o Rendimento das Pessoas Coletivas
IRCT – Instrumento de Regulamentação Coletiva de Trabalho
IRS – Imposto sobre o Rendimento das Pessoas Singulares
IS – Imposto do Selo
LCS – Regime Jurídico do Contrato de Seguro (Lei do Contrato de Seguro), aprovado pelo Decreto-Lei n.º 72/2008, de 16 de abril
LGT – Lei Geral Tributária, aprovada pelo Decreto-Lei n.º 398/98, de 17 de dezembro
Org./Orgs. – Organizador(a)/Organizadores
p. ex. – por exemplo
Polic. – policopiado
Port. – português/portuguesa
PPR – Planos poupança-reforma
RegPPR – Regulamento PPR (Portaria n.º 1453/2002, de 11 de novembro)
Reimpr. – reimpressão
RJASR – Regime Jurídico de Acesso e Exercício da Atividade Seguradora e Resseguradora, aprovado pela Lei n.º 147/2015, de 9 de setembro
RJPPR – Regime Jurídico dos PPR (Decreto-Lei n.º 158/2002, de 2 de julho)
RJFP – Regime Jurídico da Constituição e do Funcionamento dos Fundos de Pensões e das Entidades Gestoras de Fundos de Pensões, aprovado pela Lei n.º 27/2020, de 23 de julho
RTS – Regime da Transparência nos Seguros (Decreto-Lei n.º 176/95, de 26 de julho)
s.d. – sem referência à data de edição

s.l. – sem referência ao local da edição
s.n. – sem referência ao editor
STA – Supremo Tribunal Administrativo
STJ – Supremo Tribunal de Justiça
TC – Tribunal Constitucional
TCAS – Tribunal Central Administrativo Sul
TRL – Tribunal da Relação de Lisboa
TRP – Tribunal da Relação do Porto
Trad. – tradução
UE – União Europeia
vs. – *versus*

Introdução

I – A Lei do Orçamento do Estado para 1995 trouxe consigo uma autêntica revolução fiscal quanto ao tratamento dos "produtos de seguros" (modalidades contratuais típicas comercializadas por empresas de seguros).

Já anteriormente, em 1991, o legislador havia reconhecido e valorado a emergência – à data, recente – de novas modalidades contratuais de seguros do ramo vida, de pendor financeiro, que se caracterizavam pelo retorno, à esfera do cliente (chamemos-lhe, por agora, assim) dos fundos, majorados por uma componente de capitalização, que aquele houvesse pago ao segurador no âmbito de tais contratos[2]. Em nome da neutralidade fiscal, foi então introduzida uma solução de tributação, na categoria E de IRS, dos rendimentos gerados, em moldes que ainda hoje subsistem[3].

Mas foi em 1995 que o regime fiscal dos produtos de seguros sofreu alterações mais extensas, complexas e profundas. Verificou-se então uma tomada de consciência, por parte do legislador, de que algumas

[2] Como então referia Brás Carlos, «a crescente sofisticação do seguro de vida veio introduzir-lhe novos conteúdos, aumentar a sua relevância fiscal e, paralelamente, tornar urgente a sua classificação legal» – Américo Brás Carlos, "Subsídios para um regime fiscal do seguro de vida", *Fisco*, Ano II, n.º 25 (nov. 1990), p. 19.

[3] Neste quadro, o princípio da neutralidade fiscal obrigou à incidência de imposto sobre os rendimentos resultantes destes contratos financeiros, à semelhança do que ocorria com aplicações financeiras funcionalmente equivalentes – Américo Brás Carlos, *ibidem*. Sobre o princípio da neutralidade fiscal ou da eficiência económica, Manuel Freitas Pereira, *Fiscalidade*, 4ª Ed., Coimbra, Almedina, 2011, p. 69.

modalidades de seguro geravam e envolviam outros tipos de rendimentos, nomeadamente quando os valores pagos ao segurador eram custeados pela entidade patronal da pessoa que beneficiava do seguro. Houve então lugar a uma complexificação do regime em sede de categorias A e H de IRS, em articulação com um enquadramento mais rigoroso em sede de IRC e com a introdução de benefícios fiscais.

A amplitude das alterações introduzidas logo suscitou dificuldades interpretativas e apreensões. Embora as soluções introduzidas fossem coerentes e comportassem uma razão de ser justificada, a plena compreensão do seu sentido e alcance deparou-se com obstáculos de vária ordem: para os fiscalistas, a dificuldade de compreensão da terminologia, lógica de funcionamento e conteúdo dos contratos de seguro objeto das normas fiscais; para os profissionais de seguros, o espinhoso acesso à articulação das regras tributárias convocadas pelo novo regime. Fora dos universos fiscais e de seguros, a cumulação das duas dificuldades.

O desnorte inicial suscitado pelo regime de 1995 – que, no essencial, se mantém em vigor – logo fomentou a atividade dos consultores fiscais; os pedidos de esclarecimento à Autoridade Tributária e Aduaneira, doravante AT (à data, Direção-Geral das Contribuições e Impostos); as ações de formação dos seguradores e intermediários de seguros afetados; as reuniões com clientes, visando adaptar os contratos vigentes aos requisitos impostos pelas novas regras.

II – Apesar da agitação descrita, o novo regime fiscal não beneficiou, em regra, de análises escritas à altura da sua complexidade. Em termos gerais, os *memoranda* e documentos explicativos então produzidos por consultores fiscais e escritórios de advogados não lograram, salvo honrosas exceções, superar um tratamento superficial, pontuado por contradições e equívocos, bem como pela habilidosa omissão de abordagem fundamentada às questões mais problemáticas, obscuras ou controvertidas.

Com o decorrer dos anos e a consolidação do regime, não cresceu, em geral, a apetência da doutrina fiscal pela matéria. Foram produzidos, é certo, textos dispersos, em formato de artigo, sobre aspetos particulares do tema, logrando algum nível de aprofundamento, mas carecendo de uma visão compreensiva e integrada. Noutro plano, os textos que visaram uma abordagem de maior amplitude temática quedaram-se por um tratamento relativamente superficial, descritivo e lacunar.

Nesta data, o estado da arte sobre o presente objeto afigura-se insatisfatório. Faltava, do nosso ponto de vista, um texto de maior envergadura, que percorresse, com um nível adequado de aprofundamento e densidade, as várias vertentes do tema, articulando-as de forma eficaz e coerente, de modo a manter o respetivo sentido de unidade e a fornecer ao leitor um tratamento abrangente. Foi essa a missão assumida pela presente monografia.

III – Diversamente do que o título possa sugerir (embora encontrando clarificação no subtítulo), este texto não visa apresentar uma resenha exaustiva de *todas* as áreas de interseção entre o domínio dos seguros e o território fiscal. Por um lado, tratar-se-ia de um objeto despropositadamente extenso. Por outro lado, faltar-lhe-ia necessariamente um sentido de unidade intrínseca, a cimentar as várias vertentes do tema e a potenciar a sua inter-relação.

Desta forma, o presente estudo tem por objeto o tratamento fiscal – tanto na esfera das empresas, como dos particulares – dos "produtos de seguros", enquanto catalisadores de vantagens fiscais (designadamente, deduções), mas também geradores de rendimentos sujeitos a tributação. Se alguns desses contratos comportam poucas implicações fiscais, outros suscitam um tratamento tributário em vários quadrantes, exigindo, quer uma compreensão da estrutura, conteúdo e função do contrato, quer um domínio da articulação das normas fiscais aplicáveis, provenientes de várias fontes.

Fora do objeto quedam-se problemáticas respeitantes ao IVA, a regras de IRC aplicáveis às empresas de seguros enquanto sujeitos passivos deste imposto, à contabilidade dos seguros, ou às regras da parafiscalidade que incidem sobre os contratos e as empresas de seguros.

IV – A presente obra tem um intuito fundamentalmente prático. Não obstante procurar uma análise em profundidade das soluções normativas no perímetro do seu objeto e da articulação entre regimes de IRC, IRS e benefícios fiscais, o seu propósito é de clarificação e de sistematização. Por isso, numa matéria que é complexa e hermética, procurámos construir uma narrativa eficaz e uma obra útil, quer para todos os que mantêm, desde 1995, uma aversão visceral ao tema, quer para os que se deparam, pela primeira vez, com a intrincada teia de remissões entre regras, com o seu sentido obscuro, com a falta de uma visão de conjunto.

Para o efeito, procurámos, ao longo de todo o texto, manter um diálogo vivo, uma interação constante, entre o universo dos "produtos de seguros" e o das normas fiscais que visam regulá-lo. Tentámos igualmente reforçar o sentido de unidade do texto, não só pela adoção de uma estrutura coerente, mas explicando também, no início e no final de cada capítulo, a ligação, respetivamente, ao anterior e ao subsequente. Apostámos, do mesmo modo, nos esquemas gráficos e num sistema de relevantes remissões internas. Finalmente, construímos um índice por assuntos que permite ao leitor recuperar o sentido de unidade de cada tópico, quando tenha sido tratado de forma dispersa. O leitor será o melhor juiz sobre o sucesso (ou fracasso) da estratégia discursiva adotada.

V – Gostamos de uma história bem contada[4]. No caso, haveria várias formas de estruturar a análise ao objeto deste texto.

Uma abordagem tentadora seria a de estruturar o texto em função de cada fonte jurídico-fiscal aplicável: Código do IRS (CIRS), Código do IRC (CIRC) e Estatuto dos Benefícios Fiscais (EBF). Ora, atendendo às remissões cruzadas entre normas e interdependência sistemática entre os regimes de IRS, IRC e EBF, essa abordagem tornar-se-ia confusa, dificultando a compreensão do leitor, que correria o risco de perder o fio à meada. Assim, a sistemática adotada afasta-se de uma lógica de comentários aos artigos dos códigos tributários.

Em vez disso, preferimos – sobretudo, no que respeita aos seguros de vida financeiros – partir de uma tipologia de situações de facto, com relevância normativa simultaneamente nos domínios fiscal e securitário, e que designámos por *situações securitário-tributárias*. A identificação destas situações típicas ajudará a dar sentido ao regime tributário, concebido, precisamente, para enquadrá-las.

Por outro lado, a abordagem expositiva será estruturada em função dos momentos em que "o dinheiro muda de mãos", isto é, aqueles em que se altera a titularidade sobre os fundos inerentes ao contrato de seguro. Assim, sempre que se verifica uma tal alteração, há factos juridicamente relevantes a convocarem a aplicação de regras fiscais: seja quando tais

[4] Luís Poças, *Manual de Investigação em Direito, cit.*, pp. 169 ss.

fundos se transferem da esfera do tomador do seguro para a do segurador (pagamento do prémio), seja quando se transmitem da esfera do tomador para a da pessoa segura (direitos adquiridos), seja quando passam de esfera do segurador para a do tomador, das pessoas seguras, dos beneficiários ou terceiros lesados (liquidação de resgate, adiantamento, vencimento ou sinistro). Esses polos agregadores corresponderão ao que genericamente (e com alguma falha de rigor) poderemos designar por *operações de seguro*.

Desta forma, abordaremos, numa sequência lógica, cada uma das operações de seguro fiscalmente relevantes (entendidas em sentido amplo, englobando o pagamento do prémio), analisando o regime tributário aplicável e tendo particularmente em conta o contexto específico de cada uma das situações securitário-tributárias identificadas.

Por outras palavras, partimos do ser para o dever-ser, da vida para a norma, do facto para a regra, do problema (situação típica da vida corrente social e económica que requer uma solução normativa) para a disciplina que o resolve.

Os elementos agregadores ou unidades de análise do regime fiscal consistirão, assim, na operação de seguro e, no âmbito desta, no tipo de situação securitário-tributária em causa. Como as normas (entre elas, as fiscais) têm uma *ratio* e um propósito, o seu sentido e alcance evidencia-se de forma mais transparente na coerência da situação típica a cujo contexto se aplica. Cremos que é esta, portanto, a forma mais eficaz e clara de abordagem de um regime que é complexo e dificilmente penetrável.

Na verdade, adotaremos a mesma abordagem do legislador de 1995, que visou uma regulação global e coerente de situações típicas, replicando depois, nas várias fontes normativas, as regras que a cada uma delas competia acolher em função da sua vocação reguladora (tributação das pessoas singulares, tributação das pessoas coletivas e benefícios fiscais).

VI – Em termos mais detalhados, o presente livro está dividido em duas partes. A primeira – que tem por título *As peças do puzzle* – é essencialmente introdutória ou de contextualização, visando fornecer ao leitor menos familiarizado com o mundo dos seguros, e com as suas especificidades terminológicas e contratuais, as informações prévias que lhe permitirão depois acompanhar de forma mais fluida e carreada de sentido a análise do regime normativo. Neste contexto, abordar-se-á sequencialmente a caracterização do contrato de seguro, as várias modalidades de contrato de seguro fiscalmente relevantes e as operações de seguro que suscitarão a aplicação das regras fiscais.

Ainda nesta primeira parte, mas num momento seguinte, será identificada, a partir do cruzamento de dois eixos (plano cartesiano) uma tipologia que comporta quatro tipos de situações securitário-tributárias. Como referimos, é o contexto próprio de cada uma destas situações que confere sentido e coerência interna ao regime fiscal.

Fornecidas as bases interpretativas mais relevantes, será o momento de passar à segunda parte deste livro, que assume por título *As regras do jogo*. Como o título sugere, aqui se analisa em detalhe o quadro normativo que regula, no plano tributário, os produtos de seguros. Conforme já adiantámos, a sequência expositiva estruturar-se-á em função das operações de seguro (em sentido amplo) relevantes, consagrando um capítulo a cada uma delas e estudando aí o inerente tratamento fiscal que a lei determina.

Começar-se-á então pelo pagamento do prémio e pelo correspondente regime de dedução fiscal, em IRS e IRC, em função de cada situação securitário-tributária típica e das modalidades de seguro relevantes. Seguir-se-ão, noutro capítulo, as operações de resgate e de vencimento de seguros de vida financeiros, a suscitarem pretensões tributárias na categoria E de IRS e, nalguns casos, também na categoria A. O capítulo subsequente será dedicado às prestações de renda e ao respetivo enquadramento na categoria H de IRS. A segunda parte da obra termina com um capítulo que incide sobre a operação de sinistro e o respetivo regime de IRS, imposto do selo e IRC.

O texto finaliza com as indispensáveis conclusões, que, numa perspetiva sintética e recapitulativa, visam recuperar esquematicamente o sentido de unidade do percurso discursivo seguido.

Independentemente da estrutura definida – que nos parece a mais eficaz no plano didático e prático, e a que melhor traduz a coerência e sentido de unidade de cada facto ou conjunto de factos agregadores das normas fiscais – não quisemos blindar o acesso a outros níveis de consulta e abordagem das matérias tratadas. Para este efeito, para além do índice sistemático, que traduz a estrutura seguida, considerámos de particular utilidade a construção de um índice ideográfico, que permite um acesso simples e prático por assunto, palavra-chave ou disposição normativa, encaminhando o leitor diretamente para os locais onde os mesmos são abordados. Relevante foi também, do nosso ponto de vista, a elaboração – para além da indispensável bibliografia final – de um índice de jurisprudência, bem como um de doutrina administrativa, onde são identificadas as fontes citadas no texto.

PARTE I

AS PEÇAS DO PUZZLE

I
Prelúdio à terminologia do universo dos seguros

Um dos fatores de aversão de muitos fiscalistas pelo tema objeto deste texto reside na falta de domínio do contexto segurador, marcado pelo hermetismo da linguagem, pela especificidade dos "produtos" e pelas particularidades das operações que sobre eles incidem.

Ora, a plena compreensão da *ratio*, do sentido e do alcance da norma fiscal não se revela viável sem um conhecimento mínimo da realidade que a mesma visa disciplinar. Para o efeito, o presente capítulo assume precisamente por missão a de fornecer ao leitor menos inteirado algumas noções-chave imprescindíveis à interpretação do regime tributário. Assim, em pinceladas largas e com pontual sacrifício de alguma precisão técnica (dando, quando relevante, primazia à materialidade económica sobre o rigor formal) procuraremos de seguida traçar de forma sucinta e clara os elementos do universo segurador – sujeitos, prestações, produtos e operações – objeto do regime tributário.

I.1. Traços caracterizadores da fisionomia do seguro

I – A caracterização típica do contrato de seguro decorre do artigo 1.º do Regime Jurídico do Contrato de Seguro (Lei do Contrato de Seguro, doravante LCS), aprovado pelo Decreto-Lei n.º 72/2008, de 16 de abril, segundo o qual, por efeito do contrato de seguro, o segurador cobre um *risco* determinado do tomador do seguro ou de outrem, obrigando-se a realizar a prestação convencionada em caso de ocorrência do evento aleatório previsto no contrato, e o tomador do seguro obriga-se a pagar o prémio correspondente.

Esta disposição fornece-nos, à partida, os traços típicos distintivos do contrato de seguro, de que importa sumariamente reter os mais relevantes para o tema em análise. Desde logo, trata-se de um contrato típico, formal *ad probationem* e que é titulado por uma *apólice*, da qual constam as condições gerais, especiais e particulares acordadas.

Por outro lado, o *seguro* é contratado entre, por um lado, a *empresa de seguros* (ou *segurador*), entidade legalmente autorizada a exercer a atividade seguradora, e, por outro lado, o *tomador do seguro*, que pode ser uma pessoa singular ou coletiva[5].

II – Como se refere no artigo 1.º da LCS, um dos elementos fulcrais do contrato de seguro é o *risco*, que se traduz no facto de a prestação pecuniária do segurador estar dependente da verificação de um evento que é incerto quanto à sua ocorrência ou, pelo menos, quanto ao momento da mesma[6].

A prestação a cargo do tomador do seguro designa-se por *prémio*, embora, por prudência, o legislador fiscal tenha recorrido a formulações mais abrangentes, de modo a assegurar maior eficácia à previsão normativa. Assim, por exemplo, no n.º 3 do artigo 5.º do CIRS alude-se a «prémios pagos ou importâncias investidas»[7] e, no n.º 3) da alínea b) do n.º 3 do artigo 2.º do mesmo código, fala-se de «importâncias despendidas [...] com seguros e operações do ramo "Vida"»[8].

[5] Sobre os sujeitos envolvidos na relação de seguro, cfr. Luís Poças, *O Dever de Declaração Inicial do Risco no Contrato de Seguro*, Coimbra, Almedina, 2013, pp. 537 ss.; e Margarida Lima Rego, *Contrato de Seguro e Terceiros – Estudo de Direito Civil*, Coimbra, Coimbra Ed., 2010, pp. 41 ss.

[6] Sobre o elemento *risco* no contrato de seguro, cfr. Luís Poças, *O Dever de Declaração Inicial do Risco no Contrato de Seguro*, *cit.*, pp. 86 ss.; Luiza Moreira Petersen, *O Risco no Contrato de Seguro*, S. Paulo, Roncarati, 2018; Abel Veiga Copo, *Tratado del Contrato de Seguro*, Tomo I, 6.ª Ed., Cizur Menor, Thomson Reuters, 2019, pp. 522 ss.

[7] Relativamente aos fundos de pensões (ou outros regimes complementares de segurança social, incluindo associações mutualistas), a disposição fala genericamente de *contribuições* pagas.

[8] O preceito acrescenta ainda «contribuições para fundos de pensões, fundos de poupança--reforma ou quaisquer regimes complementares de segurança social». Referindo também

Já a prestação pecuniária a cargo do segurador (a cobertura do risco não é, tecnicamente, uma prestação[9]), decorrente da verificação do sinistro, a mesma assume, nos seguros não-vida patrimoniais (seguros de bens e de responsabilidade civil) e, em geral, nos seguros com prestações indemnizatórias, precisamente a designação de *indemnização*.

Quanto aos seguros de vida, a prestação do segurador designa-se, em regra, por *capital*. No caso especial dos contratos de rendas, a referida prestação é designada precisamente por *renda*.

III – A prestação devida *pelo* segurador pode dirigir-se a diferentes categorias de potenciais credores. Assim, nos seguros de responsabilidade civil, dos ramos não-vida, a *indemnização* a cargo do segurador tem por credor o *terceiro lesado*.

Já a generalidade dos seguros de bens, dos ramos não-vida (por exemplo, o seguro de incêndio), tem por credor o *segurado* (que corresponde ao titular do interesse seguro, isto é, à pessoa, contratualmente determinada, que sofre na sua esfera o dano resultante da ocorrência do *sinistro* sobre o bem seguro). O *segurado* pode coincidir com o *tomador* (seguro por conta própria) ou ter identidade diferente (seguro por conta de outrem).

Por seu turno, nos seguros do ramo vida, bem como nos seguros de pessoas dos ramos não-vida, a *pessoa segura* é aquela sobre a qual incide o risco coberto pelo segurador (risco de morte, sobrevivência, saúde ou integridade física). Nestes seguros, a expressão *segurado* é sinónima da de *pessoa segura*[10].

Finalmente, nos seguros de vida (e nos seguros não-vida que cubram a morte por acidente pessoal) o *beneficiário* é a pessoa singular ou coletiva a favor de quem reverte a prestação de capital do segurador. No caso específico do seguro de rendas, a renda é, em regra, liquidada à pessoa

«importâncias despendidas [...] na constituição de seguros de doença, de acidentes pessoais e de seguros de vida», cfr. o n.º 1 do artigo 27.º. Na mesma linha, o n.º 7 do artigo 10.º menciona «valor [...] utilizado para a aquisição de um contrato de seguro» e, no CIRC, o n.º 2 do artigo 43.º alude a «gastos [...] suportados com [...] contratos de seguros».

[9] Luís Poças, *O Dever de Declaração Inicial do Risco no Contrato de Seguro, cit.*, pp. 96 ss.

[10] Desenvolvidamente, Luís Poças, *O Dever de Declaração Inicial do Risco no Contrato de Seguro, cit.*, pp. 539 ss. Cfr. também a já revogada alínea c) do artigo 1.º do Decreto-Lei n.º 176/95, de 26 de julho (Regime da Transparência nos Seguros, doravante RTS).

segura, que assume, assim, também a qualidade de *rendeiro* (ou, noutra terminologia, *beneficiário*)[11].

IV – Importa ainda, pela relevância fiscal que adiante se evidenciará, distinguir os seguros individuais dos de grupo. Assim, o seguro *individual* é o que cobre riscos de *uma pessoa*, sem prejuízo da possibilidade de inclusão, no âmbito do contrato, da cobertura: (*i*) do *agregado familiar*; ou (*ii*) *conjuntamente*, de uma segunda pessoa (seguro sobre duas cabeças).

Já o seguro *de grupo* cobre riscos autónomos de um conjunto de pessoas (aderentes ou segurados) ligadas ao tomador do seguro por um vínculo que não seja o de segurar (artigo 76.º da LCS). Aqui, podemos distinguir os seguros de grupo *contributivos*, em que os segurados contribuem no todo ou em parte para o pagamento do prémio, dos *não contributivos*, em que o tomador do seguro suporta na totalidade o pagamento do prémio.

Como melhor veremos, um dos exemplos mais emblemáticos e fiscalmente relevantes de seguros de grupo – e, entre estes, dos contributivos – reside nos contratos de seguro subscritos por uma empresa (que assume a posição de tomador do seguro) a favor dos respetivos trabalhadores (que, no caso dos seguros de pessoas, vida ou não-vida, assumem a posição de pessoas seguras e aderentes).

[11] A distinção entre *pessoa segura* e *rendeiro* (ou *beneficiário*) assumirá, portanto, relevância nos casos em que essa liquidação seja efetuada a outra pessoa ou entidade. O contrato típico de renda vitalícia regulado nos artigos 1238.º ss. do Código Civil (doravante, CC) parece restringir o seu âmbito aos casos em que a duração da renda é estabelecida em função da vida do próprio beneficiário ou beneficiários (no caso de reversibilidade a favor de uma segunda pessoa) – neste sentido, Pires de Lima e Antunes Varela, *Código Civil Anotado*, Vol. II, 3ª Ed., Coimbra, Coimbra Ed., 1986, pp. 844-848. Do nosso ponto de vista, a letra dos artigos 1238.º e 1240.º admite, neste quadro típico, a convenção de renda a favor de um beneficiário que não a pessoa sobre cuja vida a respetiva duração é constituída (e poderão configurar-se mesmo situações em que haja utilidade económica neste formato contratual). Aliás, o artigo 1241.º parece implicar precisamente essa configuração (de outra forma, sendo estipulados, p. ex., dez beneficiários, a renda haveria de perdurar até ao óbito do último deles, o que parece estar fora do escopo do tipo contratual). Em qualquer caso, a verdade é que a própria utilidade do debate é relativa. Com efeito, ainda que o tipo contratual não admita a referida configuração, a mesma será admissível no quadro da liberdade contratual e consentânea com a diversidade de soluções negociais proporcionadas no exercício da atividade seguradora.

I.2. Produtos de seguros pertinentes

Embora, como vimos, o seguro corresponda a um contrato legalmente típico, celebrado entre o segurador e o tomador do seguro, legislação recente refere-se-lhe como um *produto* (o "produto de seguros") *vendido* a um *cliente* (o tomador do seguro), sugerindo a ideia de um contrato de compra e venda de uma coisa[12]. Embora nos demarquemos da falta de rigor desta abordagem legal[13], a coisificação do contrato de seguro pode facilitar a compreensão do tratamento fiscal, pelo que não nos furtaremos a utilizar a expressão *produto de seguros.* Entendê-la-emos em sentido amplo, como sinónimo de modalidade típica de contrato de seguro.

I.2.1. Produtos do ramo vida vs. *dos ramos não-vida*

No sentido amplo que mencionámos, refira-se, desde já, que existem dois grandes grupos de produtos de seguros: os dos ramos não-vida e os do ramo vida, encontrando-se listados, respetivamente, nos artigos 8.º e 9.º do Regime Jurídico de Acesso e Exercício da Atividade Seguradora e Resseguradora (doravante RJASR), aprovado pela Lei n.º 147/2015, de 9 de setembro.

Diremos desde já, relativamente aos produtos do ramo vida, que os mesmos são compostos por seguros de vida – aqueles em que, nos termos do artigo 183.º da LCS, o segurador cobre um risco relacionado com a *morte* ou a *sobrevivência* de uma pessoa[14] – e por operações do ramo vida. Por exclusão de partes (sugerida, aliás, pela própria designação) diremos que os produtos *não*-vida são os que incidem sobre a cobertura de riscos diversos dos do ramo vida, podendo dizer respeito a pessoas ou ao património.

Voltaremos adiante aos produtos não-vida, concentrando-nos, por ora, nos do ramo vida, que assumem importância fundamental quanto ao

[12] Cfr. o Regime Jurídico da Distribuição de Seguros e de Resseguros, aprovado pela Lei n.º 7/2019, de 16 de janeiro, por onde repetidamente perpassam as expressões *produto de seguros, venda* e *cliente.*

[13] Criticamente, quanto à terminologia e quanto à perspetiva que lhe subjaz, Luís Poças, "Artigo 37.º – Anotação", *in* Pedro Romano Martinez e Filipe de Albuquerque Matos (Orgs.), *Lei da Distribuição de Seguros Anotada*, Coimbra, Almedina, 2019, p. 319.

[14] Sobre a relevância social e económica do seguro de vida e sobre as preocupações na base da sua disciplina tributária, cfr. José Carlos Gomes Santos, "Tributação dos seguros de vida: que evolução?", *Fisco,* Ano II, n.º 25 (nov. 1990), pp. 25 ss.

presente tema. No contexto destes, começaremos por traçar uma distinção – essencial para a compreensão do regime tributário – entre produtos "de risco" e produtos financeiros. É esse o objeto da secção seguinte.

I.2.1.1. O ramo vida: produtos "de risco" e financeiros

I – Os produtos correspondentes a seguros e operações do ramo vida surgem listados no artigo 9.º do RJASR. A alínea a) do preceito refere os *seguros de vida*, que, consoante a circunstância de que dependa a prestação do segurador, podem ser: (*i*) em caso de morte (se a prestação de capital do segurador decorrer da morte da pessoa segura); (*ii*) em caso de vida (se a mesma decorrer da sobrevivência da pessoa segura numa determinada data); (*iii*) misto (quando contemple prestações em caso de vida *e* em caso de morte); (*iv*) em caso de vida com contrasseguro (quando preveja uma prestação em caso de vida e, em caso de morte, a devolução dos prémios pagos); (*v*) de renda (se o contrato previr o pagamento de prestações periódicas, em caso de sobrevivência da pessoa segura ao longo do prazo contratado); (*vi*) ou coberturas complementares aos seguros de vida, nomeadamente, as relativos a danos corporais (incluindo a incapacidade para o trabalho, a morte por acidente ou a invalidez em consequência de acidente ou doença).

Para além das referidas modalidades de seguros de vida, o artigo 9.º refere igualmente: os seguros de nupcialidade e de natalidade (alínea b)); os seguros ligados a fundos de investimento (ou *unit linked*), que podem assumir as modalidades que vimos acima para os seguros de vida, com exceção das coberturas complementares (alínea c)); as operações de capitalização (alínea d)); e as operações de gestão de fundos coletivos de pensões (alínea e)).

O elenco acima referido engloba tanto produtos "de risco" como financeiros (isto é, com componente de investimento). Nalguns casos, os produtos são, por natureza, "de risco" (é o caso dos seguros de vida de renda ou das coberturas complementares aos seguros de vida). Noutros, são, por natureza, financeiros (é o caso das operações de capitalização ou dos seguros ligados a fundos de investimento – *unit linked*). Noutros casos ainda (por exemplo, o dos seguros de vida em caso de vida) podem ser "de risco" ou financeiros, consoante a sua construção jurídica e económica.

Importa então verificar em que se traduz a diferença entre produtos "de risco" e "de investimento" (ou financeiros). É o que faremos de seguida.

II – Referimos já que um dos traços típicos do contrato de seguro assenta no elemento *risco*, tendo mencionado que este se traduz na incerteza quanto à ocorrência (ou ao momento da ocorrência) de um evento do qual depende a prestação pecuniária do segurador. Este elemento – que designamos por *risco em sentido formal*[15] – é comum a todos os contratos de seguro.

Embora com afinidades, a noção de risco não se confunde com a de *alea* contratual. Como é sabido, dizemos que um contrato é *aleatório* (por oposição a *comutativo*) se, no *momento da sua celebração*, forem *desconhecidas* as *vantagens económicas* que do mesmo resultarão para as partes[16]. Por outras palavras, é imprevisível para as partes o ganho ou a perda económica que cada uma delas obterá na vigência contratual, sendo, em qualquer caso, a medida do ganho de uma correspondente à medida da perda da outra. O contrato de seguro é precisamente apresentado pela doutrina como exemplo de contrato aleatório. Porém, como melhor veremos de seguida, esta característica é meramente tendencial (e não de verificação necessária) no seguro[17].

Embora as duas noções não coincidam, a gíria seguradora tende a designar os contratos de seguro aleatórios como seguros "de risco" ou de "puro risco". Essa utilização é particularmente recorrente no domínio dos seguros de vida, onde os seguros "de risco" se opõem aos "financeiros"

[15] Luís Poças, "Os seguros de capitalização", *in* Luís Poças, *Estudos de Direito dos Seguros*, Porto, Almeida & Leitão, 2008, pp. 80 ss.

[16] Cfr. Manuel Domingues de Andrade, *Teoria Geral da Relação Jurídica*, Vol. II, Coimbra, Almedina, 1983, p. 57; José Oliveira Ascensão, *Direito Civil – Teoria Geral*, Vol. III, Coimbra, Coimbra Ed., 2002, p. 314; António Menezes Cordeiro, *Direito das Obrigações*, Vol. I, Lisboa, AAFDL, 1986, pp. 430-431; Mário Almeida Costa, *Direito das Obrigações*, 12ª Ed., Coimbra, Almedina, 2009, pp. 371-372; Jaime Gouveia, *Direito Civil (Obrigações)*, Lisboa, Nicolau de Matos, 1935, p. 374; Fernando Pessoa Jorge, *Direito das Obrigações*, Lisboa, AAFDL, 1975, p. 173; Luís Menezes Leitão, *Direito das Obrigações*, Vol. I, 8ª Ed., Coimbra, Almedina, 2009, p. 207; Manuel Carvalho de Mendonça, *Doutrina e Prática das Obrigações*, Tomo II, 4ª Ed., Rio de Janeiro, Rev. Forense, 1956, p. 399; Francesco Santoro-Passarelli, *Dottrine Generali del Diritto Civile*, 8ª Ed., Napoli, Eugenio Jovene, 1964 (trad. port., *Teoria Geral do Direito Civil*, Coimbra, Atlântida, 1967), p. 186; Inocêncio Galvão Telles, *Manual dos Contratos em Geral*, 3ª Ed., 1965 (Reimpr., Lisboa, Lex, 1995), p. 405; Pedro Pais Vasconcelos e Pedro Leitão Pais Vasconcelos, *Teoria Geral do Direito Civil*, 9ª Ed., Coimbra, Almedina, 2019, p. 453.

[17] Sobre a *alea* no contrato de seguro, cfr. Luís Poças, "Os seguros de capitalização", *cit.*, pp. 83 ss.; e Luís Poças, *O Dever de Declaração Inicial do Risco no Contrato de Seguro*, *cit.*, pp. 123 ss.

ou "com componente de investimento"[18]. Iremos, portanto, mantê-la, explicando de seguida o seu sentido.

III – Como referimos, os produtos "de risco" correspondem aos seguros com caráter aleatório. Significa isto que o prémio, pago antecipadamente, é devido ao segurador quer ocorra ou não o sinistro e independentemente do valor do dano que este eventualmente represente. Dando como exemplo um produto não-vida, imagine-se que num seguro multirriscos habitação o prémio anual devido pelo tomador do seguro seja de € 100,00. Se não ocorrer qualquer sinistro na anuidade, o tomador terá despendido € 100,00 e nenhum valor terá recebido do segurador. Se, em contrapartida, ocorrer um incêndio no bem seguro que provoque um dano de € 50.000,00, o segurador terá desembolsado esse montante, apenas tendo recebido € 100,00[19].

Do mesmo modo que os seguros dos ramos não-vida são, todos eles, "de risco" (aleatórios), também algumas modalidades de seguro de vida

[18] Esta contraposição é equívoca e merecedora das mais sérias reservas no domínio do rigor técnico. Com efeito, no plano jurídico, confunde "risco" com "alea", designando como "de risco" os contratos aleatórios e esquecendo que também os seguros financeiros se caracterizam pelo elemento *risco* (na medida em que há um elemento de incerteza, pelo menos, quanto ao momento em que será devida a prestação do segurador). No plano atuarial, a distinção esquece que tanto os seguros "de risco" como os "financeiros" têm por base uma tarifa assente numa tábua de mortalidade (portanto, um elemento de risco ou incerteza) e numa taxa de juro técnica (portanto, um elemento financeiro). Neste quadro, o que designamos por seguros de "risco" e seguros "financeiros" não são categorias puras, como uma dicotomia branco/preto. Na verdade, os seguros do ramo vida comportam uma paleta ampla de cinzentos que, nuns casos, se aproximam muito do "puro risco" e, noutros casos, do "puro investimento". Há também evidentes cinzentos, mais ou menos equidistantes entre a vertente *risco* e a vertente *investimento*. Por uma questão de clarificação interpretativa do regime fiscal, abstrair-nos-emos do rigor atuarial, insistindo na polaridade entre seguros de risco (com caráter aleatório) e seguros financeiros (sem caráter aleatório). Feita esta ressalva, vamos manter a expressão "seguros *de risco*", não só por se encontrar consagrada na gíria seguradora, mas porque deixa transparecer uma ideia vívida das situações que visa caracterizar.

[19] Se abstrairmos da função previdencial do seguro, os seguros de puro risco assemelham-se, no estrito plano da estrutura do contrato, aos contratos de jogo e aposta. Em tom jocoso, poder-se-ia dizer que o tomador do seguro aposta que o sinistro se produzirá, enquanto o segurador aposta que o mesmo não ocorrerá. A parte que perder, sairá desembolsada (o tomador, terá pago o prémio, enquanto o segurador terá pago a indemnização ou capital, de valor potencialmente muito superior ao do prémio).

o são. Nestas, o montante da prestação do segurador é convencionado contratualmente (*capital seguro*), caso em que o prémio a cargo do tomador resulta da probabilidade de ocorrência do *sinistro* (morte da pessoa segura, nos seguros em caso de morte) ou sobrevivência da mesma (nos seguros em caso de vida)[20].

Entre os seguros de vida "de risco" encontramos, como exemplo de seguro em caso de morte, o *Temporário*, contratado por um prazo pré-definido. Em caso de óbito da pessoa segura durante a vigência do contrato, o segurador obriga-se a pagar o capital convencionado aos beneficiários designados na apólice. Caso o óbito não ocorra naquele prazo, o segurador não está obrigado a pagar qualquer valor[21].

Entre os seguros de vida "de risco" em caso de vida encontram-se as *rendas*. Nestas, o benefício é pago, não em capital (*lump sum*), mas sob a forma de renda, garantindo-se o pagamento de prestações pecuniárias de acordo com uma periodicidade contratualmente pré-definida e com outras variáveis convencionadas, podendo, consequentemente, configurar diversas modalidades[22]. Tratando-se de uma renda vitalícia imediata, o tomador do seguro paga um prémio único e o segurador inicia o paga-

[20] Nos seguros em caso de vida, o segurador obriga-se a pagar (à própria *pessoa segura* ou a um *beneficiário* contratualmente designado) o *capital* seguro se a pessoa segura sobreviver ao termo do contrato ou a determinadas datas contratualmente definidas. Já nos seguros em caso de morte, o segurador obriga-se a pagar (ao *beneficiário* designado) o *capital* seguro se a pessoa segura falecer na vigência do contrato (ocorrência de *sinistro*).

[21] Cfr. Associação Portuguesa de Seguradores, *Seguros de Vida*, Lisboa, APS, 1997, p. 33; S.S. Huebner e Kenneth Black Jr., *Life Insurance*, Hoboken, Prentice-Hall, 1976 - trad. espanhola, *El Seguro de Vida*, Madrid, Ed. Mapfre, 1979, pp. 95 ss.; Pedro Martinez, *Teoria e Prática dos Seguros*, Lisboa, Imprensa Artística, 1953, p. 273; Luís Lugo y Reymundo, *Tratado de Seguros*, Vol. III, Madrid, Instituto Editorial Réus, 1955, pp. 176 ss; e Álvaro Villela, *Seguro de Vidas – Esboço Histórico, Económico e Jurídico*, Coimbra, Imprensa da Universidade, 1898, p. 200.

[22] Assim, desde logo, podemos distinguir as rendas temporárias (as que são pagas durante um período máximo de tempo convencionado, desde que a morte da pessoa segura não ocorra nesse período) e as vitalícias (que são pagas durante todo o tempo de vida da pessoa segura). Por outro lado, em ambos os casos, é possível convencionar-se outras condições, nomeadamente: a de que o pagamento das rendas começa imediatamente com o início de vigência do contrato ou é diferido no tempo (sendo este o caso, poderá o tomador do seguro contratar a apólice a prémio único inicial ou a prémios nivelados pagos durante o período de diferimento); etc. Cfr. Associação Portuguesa de Seguradores, *Seguros de Vida, cit.*, p. 36-7; Pedro Martinez, *Teoria e Prática dos Seguros, cit.*, p. 276 ss.; Luis Lugo y Reymundo, *Tratado de Seguros, cit.*, pp. 180 ss.; e Álvaro Villela, *Seguro de Vidas, cit.*, pp. 197-8.

mento das rendas, efetuando-o até que ocorra o óbito da pessoa segura. Caso este se produza num curto espaço de tempo, o segurador terá recebido um prémio muito superior ao das rendas pagas. Caso, diversamente, a pessoa segura atinja uma longevidade superior à média, o segurador terá desembolsado um montante total superior ao que recebeu do tomador[23].

IV – Se os seguros "de risco" correspondem à totalidade dos produtos não-vida e a uma parte dos produtos de seguros de vida, encontramos entre estes uma outra categoria: a dos seguros financeiros ou com componente de investimento. Nestes, o montante da prestação do segurador não é convencionado, mas determinado em cada momento, correspondendo à totalidade dos prémios pagos, acrescida dos resultados dos investimentos de que os mesmos tenham sido objeto. Neste caso, o que é convencionado contratualmente é o valor do prémio pago e o tipo de investimento que será efetuado. Este pode traduzir-se na garantia dos valores investidos (totalidade dos prémios pagos) ou até de uma taxa de juro mínima, a que acrescerá a participação nos resultados dos investimentos efetuados (caso dos seguros de capitalização), ou, diversamente, envolver um risco financeiro que corra por conta do tomador do seguro (caso dos seguros *unit linked*).

Não estamos já no plano do "risco" de mortalidade, mas no de seguros com componente de investimento, que não assumem o caráter aleatório daqueles. Com efeito, em circunstâncias de normalidade dos mercados, são relativamente previsíveis as vantagens que do contrato resultarão para ambas as partes nos seguros de capitalização, enquanto, no caso dos seguros *unit linked*, a margem de aleatoriedade se apresenta reduzida e incide apenas na esfera do tomador do seguro. É certo que, mesmo nestes casos, a prestação do segurador continua a ser determinada, quanto ao momento da sua realização, por um elemento de incerteza (a morte da pessoa segura), pelo que se verifica aí risco em sentido formal (como em todos os contratos de seguro). Porém, isso não afeta o equilíbrio económico das posições das partes nem representa vantagens ou desvantagens económicas para qualquer delas, pelo que o contrato é, neste caso, comutativo.

[23] Retomaremos a distinção dos vários tipos de renda adiante, a propósito dos rendimentos de categoria H (*infra*, VI.1.2.2)

V – No ramo vida, a distinção entre seguros de risco e com componente de investimento revela-se ainda noutra vertente. Assim, nos seguros "de risco", o prémio *custeia* um risco e é *consumido* pela cobertura do mesmo: o segurador só efetua uma prestação pecuniária ao segurado (capital convencionado) *se* ocorrer o sinistro na vigência do contrato. Por outro lado, não há qualquer relação aproximada de grandeza entre o prémio necessariamente pago ao segurador e o capital eventualmente recebido deste.

Em contrapartida, nos seguros financeiros ou de investimento, verifica-se, no plano da função económica do contrato, uma lógica de *poupança*. Sendo certo que, de um prisma jurídico, o prémio, uma vez pago, passa a integrar a esfera jurídico-patrimonial de titularidade do segurador, a verdade é que, no plano económico, o prémio se converte em fundos (correspondentes ao capital seguro), cuja titularidade, por via de um direito de crédito (o direito de resgate), permanece junto do tomador do seguro. É em atenção à substância económica destes contratos que, como veremos, a lei fiscal valora o reembolso ou a transmissão desses fundos, o que se traduz, respetivamente, na imagem do "regresso do prémio" à sua esfera originária (a do tomador pessoa singular)[24], ou na da "transmissão do prémio" da esfera de uma pessoa coletiva (entidade empregadora) para a dos respetivos trabalhadores. Ora, se no primeiro caso não há um acréscimo patrimonial[25] inerente ao referido "regresso do prémio", já no segundo caso a materialidade económica da mencionada "transmissão do valor do prémio", do empregador para o trabalhador, é, como melhor veremos adiante, bem captada pela lei fiscal e assimilada a uma remuneração do trabalho dependente (como tal, tributada na categoria A de IRS)[26].

[24] Esta lógica surge associada à própria designação da operação de *reembolso* de PPR (cfr. *infra*, IV.1.4.3).

[25] Sobre a noção de rendimento-acréscimo, cfr. Paula Rosado Pereira, *Manual de IRS*, 3ª Ed., Coimbra, Almedina, 2021, pp. 12 ss.

[26] Já quanto ao valor, "regressado" à esfera do cliente ou "transmitido" a outrem, que excede o montante do prémio inicialmente pago, estamos perante um acréscimo patrimonial que a lei fiscal tributa de outra forma: como rendimento de capitais (equivalente a um juro), isto é, na categoria E de IRS. Também se a prestação do segurador consistir, não no pagamento de um capital (*lump sum*), mas no de uma prestação periódica (uma renda ou pensão), as regras de tributação aplicáveis são as da categoria H de IRS.

Vejamos de seguida quais os principais produtos do ramo vida com componente de investimento e qual a lógica económica de funcionamento que lhes subjaz[27].

I.2.1.2. *Cont.: os produtos financeiros em especial*

I – Entre os produtos financeiros do ramo vida de maior destaque, generalização e relevância económica contam-se os modernos seguros de vida de capitais diferidos não ligados a fundos de investimento, vulgarmente designados por *seguros de capitalização*[28]. Este produto pode ser descrito como o contrato de seguro de vida em que o segurador se obriga, contra o pagamento de um prémio, a liquidar aos beneficiários designados um capital – constituído a partir da sucessiva revalorização e capitalização do referido prémio – quer em caso de sobrevivência da pessoa segura no termo do contrato, quer em caso de morte desta durante o período de vigência do mesmo[29].

II – Outro produto relevante do ramo vida corresponde aos seguros ligados a fundos de investimento (*unit linked*), que constituem instrumentos de captação de aforro estruturado (ICAE) e que se caracterizam por os prémios e os capitais serem traduzidos em unidades de participação em fundos de investimento, cuja cotação é variável. Esta modalidade,

[27] Os produtos do ramo vida financeiros (ou com componente de investimento) representavam em 2020 cerca de 79% do total de prémios brutos emitidos no ramo vida, o que evidencia a sua relevância económica. Cfr. Autoridade de Supervisão de Seguros e Fundos de Pensões (ASF), *Relatório do Setor Segurador e dos Fundos de Pensões 2020*, Lisboa, Autoridade de Supervisão de Seguros e Fundos de Pensões, 2021, p. 88 – https://www.asf.com.pt/NR/rdonlyres/75A79F90-6414-447D-B928-51B54D656E4D/0/RSSFP_2020.pdf (consult. 30/07/2022).

[28] Numa análise mais aprofundada, cfr. Luís Poças, "Os seguros de capitalização", *cit.*, pp. 13 ss. A relevância económica destes produtos é significativa, representando, em 2020, cerca de 17% do total de prémios brutos emitidos no ramo vida (a proporção era de 22,5% em 2019) – ASF, *Relatório do Setor Segurador e dos Fundos de Pensões 2020, cit.*, p. 88. Cfr. também José Luís Leitão, Jorge Alves Morais e Maria Adelaide Resende, *Produtos Bancários e Financeiros: Descrição, Enquadramento Jurídico e Fiscal*, Mem Martins, Publicações Europa América, 1996, pp. 78 ss.

[29] Quando o beneficiário designado não coincida com o tomador do seguro, estamos perante um contrato a favor de terceiro. Cfr. Margarida Lima Rego, *Contrato de Seguro e Terceiros – Estudo de Direito Civil, cit.*, pp. 584 ss.

que adota também uma estrutura de capitais diferidos, distingue-se dos seguros de capitalização precisamente por não assumir uma lógica de capitalização, isto é, de atribuição de uma taxa de juro ao valor dos prémios pagos e sua capitalização sucessiva[30]. Finalmente, enquanto nos seguros de capitalização o risco financeiro, quando exista, é suportado pela seguradora, nos *unit linked* esse risco é, em regra, suportado pelo próprio tomador do seguro[31].

III - As operações do ramo vida a que se reportam algumas disposições fiscais são fundamentalmente as operações de capitalização[32], que, não constituindo seguros[33], contemplam também uma componente de investimento, assumindo igualmente relevância fiscal. Assim, enquanto o seguro de vida é celebrado entre o *tomador do seguro* (que paga um

[30] Enquanto nos seguros de capitalização se verifica, pelo menos, a garantia do capital investido (prémio pago), normalmente com uma garantia de rendibilidade mínima, essa garantia não existe, em regra, nos *unit linked*, podendo o contravalor das unidades de participação adquiridas depreciar-se de acordo com a evolução dos mercados financeiros.

[31] Cfr. n.ºs 1 e 2 do artigo 206.º da LCS. Sobre os traços típicos dos seguros *unit linked*, cfr. António Martins, "Aspetos do tratamento fiscal dos seguros *Unit Linked* em sede de IRS", *Boletim da Faculdade de Direito*, Vol. LXXXIX, Tomo II (2013), pp. 802 ss. Sobre a distinção entre esta figura e os seguros de capitalização, cfr. Luís Poças, "Os seguros de capitalização", *cit.*, pp. 44-45. Estes produtos têm também uma importância económica extremamente marcada, representando, em 2020, cerca de 33% do total de prémios brutos emitidos no ramo vida (a proporção era de 17% em 2019) - ASF, *Relatório do Setor Segurador e dos Fundos de Pensões 2020, cit.*, p. 88.

[32] Cfr. Paulo Pitta e Cunha, "O regime fiscal das «operações de capitalização» das empresas seguradoras", *Fisco*, n.º 25 (nov. 1990), pp. 3-8 - consubstanciando um parecer anterior ao atual regime. A alínea e) do artigo 9.º do RJASR alude ainda às operações de gestão de fundos coletivos de pensões, que que abrangem: (*i*) a operação que consiste na gestão, por uma empresa de seguros, de investimentos e, nomeadamente, dos ativos representativos das reservas ou provisões de organismos que liquidam prestações em caso de morte, em caso de vida, ou em caso de cessação ou redução de atividade; e (*ii*) as operações de gestão de fundos coletivos de pensões, quando conjugadas com uma garantia de seguro respeitante à manutenção do capital ou ao pagamento de um juro mínimo. Diversamente dos produtos financeiros que mencionámos anteriormente, as operações de capitalização têm uma relevância económica atualmente muito reduzida, sem expressão prática - ASF, *Relatório do Setor Segurador e dos Fundos de Pensões 2020, cit.*, p. 88.

[33] José Vasques, *Contrato de Seguro - Notas Para Uma Teoria Geral*, Coimbra, Coimbra Ed., 1999, pp. 53-4.

prémio) e o segurador, formalizando-se numa *apólice*[34], a operação de capitalização é contratada entre um *subscritor* (que paga uma *prestação*) e o segurador, traduzindo-se na emissão de *títulos de crédito*[35]. Desta forma, como a generalidade dos títulos de crédito, as operações de capitalização consubstanciam obrigações cartulares, caracterizando-se pela *literalidade, autonomia, incorporação, legitimação* e *circulabilidade*[36].

IV – Também assumem particular relevância os planos poupança-reforma (PPR), instituídos pelo Decreto-Lei n.º 205/89, de 27 de junho, e atualmente regulados pelo Decreto-Lei n.º 158/2002, de 2 de julho (Regime Jurídico dos PPR, doravante RJPPR)[37]. Comportando, características económicas semelhantes às dos seguros com componente de investimento (segundo o modelo dos seguros de capitalização ou dos *unit linked*), distinguem-se fundamentalmente pela rigidez do regime legal a que obedecem e que assume uma vertente fiscal muito marcada, no quadro do artigo 21.º do EBF[38].

[34] Cfr. as já revogadas alíneas *a), b), j)* e *o)* do artigo 1.º do RTS.

[35] Cfr. alíneas *a), d)*, e *p)* do artigo 1.º do RTS, e artigo 208.º da LCS.

[36] Cfr., p. ex., Jorge Pinto Furtado, *Títulos de Crédito – Letra, Livrança, Cheque*, Coimbra, Almedina, 2000; Pedro Pais Vasconcelos, *Direito Comercial – Títulos de Crédito*, Lisboa, AAFDL, 1990. Sobre a distinção entre seguros de capitalização e operações de capitalização, cfr. Luís Poças, "Os seguros de capitalização", *cit.*, pp. 45 ss. Cfr. também Maria Inês Oliveira Martins, *O Seguro de Vida Enquanto Tipo Legal Contratual*, Coimbra, Coimbra Ed., 2010, pp. 56-58. Voltaremos adiante ao tema – *infra*, VII.3.3.

[37] Este diploma regula genericamente os «planos de poupança», que compreendem os planos poupança-reforma (PPR), os planos poupança-educação (PPE) e os planos poupança-reforma/educação (PPR/E). Como melhor veremos, a relevância fiscal dos planos de poupança está, sobretudo, confinada aos PPR, pelo que limitaremos a nossa análise, quase exclusivamente, a estes últimos.

[38] Nos termos do n.º 3 do artigo 1.º do Decreto-Lei n.º 158/2002, de 2 de julho, que regula os PPR, os fundos de poupança podem assumir a forma de fundo de investimento mobiliário, de fundo de pensões ou, equiparadamente, de fundo autónomo de uma modalidade de seguro do ramo vida. É especialmente no contexto desta última possibilidade que os PPR são analisados no presente estudo, tendo em conta, adicionalmente, que os mesmos são, em grande parte, comercializados por seguradores. Com efeito, no final de 2020, os PPR sob a forma de seguro representavam cerca de 57% do montante total investido em PPR – Cfr. ASF, *Relatório do Setor Segurador e dos Fundos de Pensões 2020, cit.*, p. 257. Por outro lado, os PPR sob a forma de seguro representaram em 2020 cerca de 27% do total de prémios brutos emitidos no ramo vida (17% como seguros de capitalização e 10% como *unit linked*) – ASF, *Relatório do Setor Segurador e dos*

Neste quadro, entre as principais características dos PPR conta-se, desde logo, o âmbito exaustivo da respetiva regulação legal, designadamente, quanto às condições de reembolso. O detalhe regulamentar atinge o extremo de serem estabelecidos por portaria (n.º 1453/2002, de 11 de novembro - Regulamento PPR, doravante RegPPR) os documentos habilitados a comprovar a verificação das situações que permitem o reembolso nos termos legais.

V - Quanto aos fundos de pensões, os mesmos encontram-se definidos na alínea d) do artigo 4.º do Regime Jurídico da Constituição e do Funcionamento dos Fundos de Pensões e das Entidades Gestoras de Fundos de Pensões (doravante RJFP), aprovado pela Lei n.º 27/2020, de 23 de julho. Assim, o Fundo de Pensões corresponde a um património autónomo exclusivamente afeto à realização de um ou mais planos de pensões e ou planos de benefícios de saúde, podendo ainda simultaneamente estar afeto ao financiamento de um mecanismo equivalente, sendo assegurada a total separação jurídica entre o mesmo e o associado, bem como entre o fundo de pensões e a respetiva entidade gestora[39].

VI - Finalmente, encontramos na legislação fiscal a referência a outros regimes complementares de segurança social. Não se trata aqui de uma noção precisa, mas antes uma cláusula de conteúdo algo indeterminado, permitindo casuisticamente a aplicação do regime em causa a realidades contratuais que, não se reconduzindo a seguros e operações do ramo vida

Fundos de Pensões 2020, cit., p. 88. Sobre o regime legal dos PPR, cfr. Francisco Luís Alves, "O regime jurídico dos Planos Poupança Reforma", *Revista de Direito e de Estudos Sociais*, Ano LVII, n.º 1-4 (jan.-dez. 2016), pp. 327 ss. Relativamente às diferenças entre os PPR e os seguros de capitalização, cfr. Luís Poças, "Os seguros de capitalização", *cit*, pp. 47-49.

[39] A constituição e o funcionamento dos fundos de pensões e das sociedades gestoras de fundos de pensões são atualmente regulados pelo RJFP. Sobre o enquadramento jurídico dos fundos de pensões (com base em regimes jurídicos anteriores), cfr. Arnaldo Oliveira, *Fundos de Pensões, Estudo Jurídico*, Coimbra, Almedina, 2003; e Maria Inês Oliveira Martins, "Regime de tributação dos planos de pensões "qualificados", no momento da atribuição de rendimentos aos participantes beneficiários de direitos adquiridos", *in* Diogo Leite de Campos (Coord.), *Estudos de Direito Fiscal*, Coimbra, Almedina, 2007, pp. 143 ss.; e Bernardo Lobo Xavier, "Problemas jurídico-laborais dos fundos (fechados) de pensões. Direitos dos trabalhadores", *Revista de Direito e de Estudos Sociais*, A. 50, nºs 3-4 (jul.-dez. 2009), pp. 18 ss.

ou a fundos de pensões, cumpram uma função e distribuam rendimentos análogos[40].

I.2.1.3. Produtos dos ramos não-vida

Aludimos já, com algum detenimento, aos produtos do ramo vida, cabendo agora uma referência aos dos ramos não-vida. Quanto a estes, elencados no artigo 8.º do RJASR, podemos, por exclusão de partes, reconduzi-los àqueles em que o risco coberto pelo segurador *não está relacionado* com a morte ou a sobrevivência de uma pessoa. Aqui encontramos uma ampla diversidade de riscos que, nuns casos, incidem sobre pessoas e, noutros, sobre o património de alguém (quer sobre bens específicos, quer sobre o risco de responsabilidade civil suscetível de afetar globalmente esse património).

Começando pelos riscos que incidem sobre *pessoas*, encontramos os seguros de acidentes e os de doença (também designados *de saúde*). Assim, enquanto nos seguros de acidentes pessoais o segurador cobre o risco de verificação de lesão corporal, invalidez, temporária ou permanente, ou morte da pessoa segura, por causa súbita, externa e imprevisível (artigo 210.º da LCS), nos de doença cobre riscos relacionados com a prestação de cuidados de saúde (artigo 213.º da LCS).

Quanto aos seguros não-vida que incidem sobre *riscos patrimoniais* (bens ou responsabilidade civil), encontramos aí os que cobrem danos ocorridos em: veículos terrestres motorizados ou não motorizados; veículos ferroviários; aeronaves; embarcações marítimas, lacustres ou fluviais; mercadorias, bagagens ou outros bens transportados; ou danos sofridos por outros bens (designadamente, construções). Encontramos também os que cobrem riscos: de crédito ou de débito próprio[41]; de perdas pecuniárias diversas; ou de despesas e custos de assistência jurídica ou outros de assistência a pessoas em dificuldades. Encontramos, finalmente, riscos de responsabilidade civil geral, ou resultante de acidente de trabalho, ou

[40] Ilídio das Neves, "Os regimes complementares de segurança social – Razão de ser, características e limites", *Revista de Direito e de Estudos Sociais*, Ano XXXVI, n.º 4 (out.-dez. 1994), pp. 270 ss.

[41] Referimo-nos aos seguros de crédito e caução. Cfr. Luís Poças, "Seguro financeiro: os ramos 'crédito' e 'caução'", *in* Luís Poças, *Problemas e Soluções de Direito dos Seguros*, Coimbra, Almedina, 2019, pp. 163 ss.

ainda da utilização: de veículos terrestres motorizados; de aeronaves; ou de embarcações marítimas, lacustres ou fluviais.

Na dicotomia que vimos existir, quanto aos produtos do ramo vida, entre os de risco e os financeiros (ou com componente de investimento), a mesma não se verifica quanto aos produtos não-vida, que são, todos eles, *de risco* (isto é, contratos aleatórios).

Como melhor veremos, todos os produtos de seguros não-vida são suscetíveis de assumir relevância fiscal. Porém, esta será mais evidente quanto aos seguros não-vida incidentes sobre riscos de pessoas (seguros de acidentes pessoais e de doença).

I.2.2. Seguros de pessoas **vs.** *patrimoniais*

I – Como referimos, a classificação de ramos de seguros que resulta do RJASR estrutura-se em torno da distinção-chave entre o ramo vida e os ramos não-vida, a qual determina o próprio âmbito da autorização para o exercício da atividade seguradora.

Mencionámos, porém, uma outra classificação, que é, de algum modo, transversal àquela e que se encontra refletida na LCS: a que se estrutura na distinção entre seguros de pessoas e seguros patrimoniais.

II – Começando pelo *seguro de pessoas*, diz-nos o n.º 1 do artigo 175.º da LCS que o mesmo compreende a cobertura de riscos relativos à vida, à saúde e à integridade física de uma pessoa ou de um grupo de pessoas nele identificadas. A categoria dos seguros de pessoas abrange, assim, a totalidade dos seguros de vida (em que a prestação do segurador depende da morte ou da sobrevivência da pessoa segura), e, entre os seguros não--vida, os de doença e os de acidentes pessoais. Como já referimos, nesta categoria de produtos de seguros o segurado assume a designação de *pessoa segura*, podendo coincidir ou não com o tomador do seguro.

III – Quanto aos *seguros patrimoniais*, referimo-nos já a eles, como os produtos de seguros cujos riscos incidem sobre o património do segurado (quer sobre bens, quer sobre a responsabilidade civil suscetível de afetar globalmente esse património). A LCS refere-se-lhes como *seguros de danos*, mencionando, no artigo 123.º, que os mesmos podem respeitar a coisas, bens imateriais, créditos e quaisquer outros direitos patrimoniais. São, por vezes, também apelidados de seguros de bens e de responsabilidade.

I.2.3. Seguros de prestações indemnizatórias vs. *convencionadas*

I – Uma outra classificação, que não se reconduz a nenhuma das dicotomias anteriores (seguros de vida / seguros não-vida, por um lado, e seguros de pessoas / seguros patrimoniais, por outro), e que assume uma aparente (e equívoca) relevância fiscal, é a que distingue os seguros de prestações indemnizatórias dos seguros de prestações convencionadas.

As designações atendem, naturalmente, à natureza da prestação do segurador, e não à do tomador do seguro. Vejamos o que distingue estes tipos de prestações e quais os produtos que lhes correspondem.

II – Como é sabido, os seguros assumem – todos eles – caráter previdencial. Nesta medida, e para evitar uma utilização especulativa so contrato, os seguros patrimoniais – em que o sinistro pressupõe um *dano patrimonial* efetivamente incorrido pelo segurado – estão sujeitos ao chamado *princípio indemnizatório*. Nos termos deste princípio, e como decorre do artigo 128.º da LCS, a prestação pecuniária do segurador fica limitada ao valor do referido dano patrimonial (ou, se inferior, ao do capital seguro).

Do princípio indemnizatório decorrem ainda vários corolários. Assim, se o capital seguro exceder o valor do interesse patrimonial objeto do contrato (sobresseguro), a prestação do segurador fica limitada ao valor do dano (n.º 1 do artigo 132.º da LCS). Porém, se o capital seguro for inferior àquele valor (subseguro), a prestação do segurador reduz-se na medida da proporção entre o valor do interesse seguro e o do capital contratado (artigo 134.º da LCS). Por outro lado, sendo o sinistro da responsabilidade de um terceiro, o segurador que pagar a indemnização ao segurado fica sub-rogado, na medida do montante pago, nos direitos deste contra o terceiro responsável (n.º 1 do artigo 136.º da LCS). Finalmente, mesmo que o tomador do seguro contrate vários seguros para a cobertura do mesmo risco e interesse, apenas será ressarcido por um dos seguradores, na medida do dano incorrido, respondendo os outros seguradores proporcionalmente entre si (artigo 133.º da LCS)[42].

[42] Sobre o princípio indemnizatório, cfr. Francisco Rodrigues Rocha, *Do Princípio Indemnizatório no Seguro de Danos*, Coimbra, Almedina, 2015; e Pedro Romano Martinez, "Contrato de seguro: Âmbito do dever de indemnizar", *in* António Moreira, e M. Costa Martins, *I Congresso Nacional de Direito dos Seguros – Memórias*, Coimbra, Almedina, 2000, pp. 155-168.

Como referido, os seguros de prestações indemnizatórias – aquelas que obedecem, portanto, ao princípio indemnizatório – correspondem aos seguros patrimoniais (ou de danos, ou de bens e responsabilidade civil).

III – O princípio indemnizatório não é aplicável aos seguros de vida[43], onde, atendendo à natureza do risco e ao valor incomensurável dos riscos corporais cobertos (mormente, a própria vida humana), o mesmo é inviável. Consequentemente, a prestação do segurador é necessariamente – pela natureza das coisas – independente de qualquer quantificação e comprovação de um dano (patrimonial ou não patrimonial) associado ao sinistro e emergente na esfera do terceiro beneficiário (ou, no caso do risco de invalidez, na esfera da própria pessoa segura). Desta forma, nos seguros de vida a prestação do segurador assume caráter *convencionado*, correspondendo a um capital contratualmente predeterminado.

Será assim também nos outros seguros de pessoas? A resposta resulta das alíneas a) e b) do artigo 8.º do RJASR (e também do n.º 2 do artigo 175.º da LCS). Assim, os seguros de acidentes pessoais e os de saúde, na medida em que partilham de algumas das limitações práticas referidas quanto aos seguros de vida, assumem caráter híbrido, podendo envolver prestações convencionadas (de valor predeterminado e independente do efetivo montante do dano), prestações indemnizatórias, e combinações dos dois tipos de prestações. Retomaremos o tema adiante, a propósito das operações de sinistro (*infra*, VII.1.3).

I.2.4. Perspetiva de síntese

Como vimos, são várias as classificações de produtos de seguros passíveis de serem traçadas: produtos do ramo vida *vs.* produtos dos ramos não-vida; produtos de seguros de vida risco *vs.* produtos de seguros de vida financeiros; seguros de pessoas *vs.* seguros patrimoniais; seguros de prestações convencionadas *vs.* de prestações indemnizatórias. Tentámos, ao longo da exposição, ir relacionando entre si as várias classificações. Admitimos, porém, que neste momento o leitor se encontre já um pouco desorientado.

[43] Referimo-nos, naturalmente, apenas aos seguros de vida risco. Toda a problemática é estranha e alheia aos seguros de vida financeiros, em que a prestação do segurador corresponde ao capital seguro (resultante dos prémios pagos e do produto dos investimentos efetuados).

Sendo esse o caso – ou, ainda que o não seja, verificando-se haver vantagem numa visão esquemática de conjunto – considera-se relevante deixar um quadro de síntese (Tabela 1, abaixo), que dê conta da referida relação entre as várias classificações e dos produtos que correspondem às mesmas.

Tabela 1 – Produtos de seguros fiscalmente relevantes (por categorias classificatórias)

<table>
<tr><th>Prod. de Seguros</th><th colspan="4">Classificações</th></tr>
<tr><td>Seg. Capitalização
Unit linked
Op. Capitalização
PPR</td><td rowspan="2">Ramo vida</td><td rowspan="3">Seguros de pessoas</td><td rowspan="3">Seguros de prestações convencionadas</td><td>Seguros financeiros</td></tr>
<tr><td>Rendas
Temporário
Vida risco</td><td rowspan="3">Seguros de risco</td></tr>
<tr><td>Doença
Acidentes Pessoais</td><td rowspan="2">Ramos não-vida</td></tr>
<tr><td>Outros (Incêndio, Responsabilidade Civil, Automóvel, Mercadorias, etc.)</td><td>Seguros patrimoniais</td><td>Seguros de prestações indemnizatórias</td></tr>
</table>

Na medida em que os vários produtos de seguros acima referenciados assumem, numa ou noutra vertente, relevância fiscal, o esforço de concentração, talvez penoso, que o presente capítulo exige ao leitor ver-se-á adiante compensado por uma visão mais clara da lógica do regime tributário. Com esta promessa, passaremos agora da esfera dos produtos de seguros para a das operações que sobre eles podem incidir.

I.3. As operações contratuais fiscalmente relevantes

I – Antes de prosseguirmos, importa fixarmo-nos na noção de *operação* que utilizaremos[44]. O propósito da mesma não é o do rigor expositivo,

[44] A expressão a que recorremos não corresponde à noção corrente de *operação* empregue na gíria seguradora, que não inclui o pagamento do prémio e que, em contrapartida, abrange outros atos de gestão do contrato – designadamente, alterações contratuais de âmbito diverso,

mas segue fins pragmáticos, visando identificar ações fiscalmente significativas de gestão do contrato de seguro (correspondentes, nalguns casos, a vicissitudes deste contrato) e clarificar em que consistem essas ações. Essa relevância tributária decorre de as referidas *operações* comportarem movimentos de fundos, num duplo sentido: (*i*) ora correspondentes a pagamentos efetuados pelo sujeito passivo ao segurador, configurados como custos dedutíveis; (*ii*) ora comportando recebimentos, pelo sujeito passivo, provenientes do segurador e perspetivados como um acréscimo patrimonial tributável.

O critério de determinação das operações consideradas assenta, assim, quer no facto de lhes serem associadas consequências no plano tributário, quer na circunstância de serem expressamente nomeadas pelo legislador fiscal. Não se trata, portanto, de um critério de precisão técnica, mas, sobretudo, funcional. Assim, recorreremos a uma noção ampla de *operação*, entendida como a ação (ou conjunto de ações) que, no âmbito da gestão de um contrato de seguro, corresponde a um movimento de entrada de fundos (da esfera do tomador do seguro para a do segurador) ou de saída de fundos (da esfera do segurador para a do tomador do seguro, segurado, pessoa segura, beneficiário ou terceiro lesado).

II – Dada a noção ampla utilizada e a respetiva função, incluiremos o *pagamento do prémio* entre as operações fiscalmente relevantes. Ao longo das várias disposições pertinentes, o legislador recorre, não só à expressão técnica adequada (*prémios de seguros*, ou *prémios pagos*), mas, por prudência, também a outras equivalentes, que assumem o mesmo sentido: *importâncias despendidas, importâncias investidas, contribuições pagas, valores aplicados, gastos e perdas com seguros.*

Como referimos, o *prémio* designa, para todos os produtos de seguros de todos os ramos, a prestação do tomador do seguro, podendo, nos seguros do ramo vida, assumir a forma de *prémio periódico* (cujo montante e periodicidade são estipulados no próprio contrato) ou *único* (quando o contrato assenta no pagamento de um único prémio inicial)[45]. Nos seguros

ou a própria extinção do contrato não acompanhada de qualquer prestação do segurador – sem relevância tributária.

[45] Relativamente às operações de capitalização, a prestação do subscritor designa-se literalmente por *prestação*.

de vida financeiros, pode, em ambos os casos, verificar-se o pagamento de prémios *suplementares* (correspondendo a entregas extraordinárias, cuja data e valor são da iniciativa do tomador do seguro).

III – Quanto à operação que dá lugar à realização da prestação pecuniária típica a cargo do segurador[46], em qualquer ramo de seguros, podemos designá-la por *sinistro.* Na noção do artigo 99.º da LCS, o sinistro corresponde à verificação, total ou parcial, do evento que desencadeia o acionamento da cobertura do risco prevista no contrato. Exemplificando, num seguro de incêndio o segurador obriga-se a indemnizar o segurado em caso de ocorrência de danos no bem seguro por ação do fogo. Neste caso, o sinistro corresponde, pois, à ocorrência do incêndio que causa danos no bem seguro e que, consequentemente, faz nascer na esfera do segurador uma obrigação de indemnizar esses danos. Relativamente aos seguros de vida em caso de morte, ocorrendo esta durante a vigência do contrato, há lugar à liquidação do capital por *sinistro.*

Quando o risco se extinga em virtude do sinistro, a operação está, assim, associada à cessação do contrato por caducidade. No último exemplo referido, o facto jurídico que faz cessar o contrato é o óbito da pessoa segura, dando lugar a um direito de crédito, do beneficiário designado, sobre o segurador, no valor do capital seguro. O direito a esse capital nasce, neste caso, diretamente na esfera jurídica do beneficiário, não lhe sendo transmitido por via sucessória.

IV – Como referimos, são comuns à generalidade dos seguros as operações de pagamento do prémio pelo tomador do seguro e de liquidação, pelo segurador, de uma prestação em caso de sinistro. Porém, relativamente ao ramo vida, e, em particular, quanto aos seguros financeiros (ou com componente de investimento), podem verificar-se outros tipos de operações. Considere-se, desde logo, a operação de *vencimento.*

Assim, no final do prazo contratual das operações de capitalização, ou se, tratando-se de seguro de vida em caso de vida, se verificar a sobrevivência da pessoa segura na data de termo do contrato, este caduca (artigo 109.º da LCS), vencendo-se a prestação de capital, contratualmente prevista, do

[46] Na expressão do artigo 1.º da LCS, trata-se da «prestação convencionada em caso de ocorrência do evento aleatório previsto no contrato» (o sinistro).

segurador. Nos seguros financeiros, o pagamento dos fundos - capital seguro - nessa data (atingida, portanto, a maturidade do investimento subjacente ao contrato) corresponde, assim, à operação de *vencimento*.

V - Se o vencimento corresponde à liquidação do capital na maturidade do contrato, a operação de *resgate*, que pode incidir sobre seguros e operações do ramo vida[47], consiste no pagamento, total ou parcial, do capital seguro antes da data de maturidade, isto é, por antecipação.

O resgate é, em regra, abordado numa dupla perspetiva: (1) como *direito de crédito* sobre o segurador, cuja titularidade resulta do contrato em questão ou assenta numa cessão de créditos[48], correspondendo à antecipação do pagamento das provisões matemáticas inerentes ao contrato ou ao pagamento do capital em formação; e (2) como forma de extinção do contrato, quando se trate de resgate total, sendo normalmente associado à resolução por iniciativa do tomador do seguro[49].

Do nosso ponto de vista, nesta última vertente, o resgate *total* poderá ser *causa* ou *efeito* da cessação do contrato. Assim, verificando-se a cessação, por iniciativa do segurador ou do tomador do seguro - designadamente,

[47] A operação de resgate não está limitada aos seguros de vida financeiros, também podendo ocorrer relativamente a algumas modalidades de seguros de vida de risco. Porém, quanto a estes, o valor de resgate será sempre inferior aos prémios pagos, pelo que, como adiante veremos, a operação de resgate não terá então, em regra, relevância fiscal.

[48] No caso dos seguros, cfr. artigos 194.º e 196.º da LCS. Em regra, o direito de resgate é contratualmente atribuído ao tomador do seguro (ou, nos seguros de grupo contributivos, à pessoa segura), enquanto nas operações de capitalização pertence ao subscritor ou ao transmissário dos títulos em causa.

[49] Assim, Claudio Bazzano define o resgate como «a operação através da qual o contraente solicita a obtenção antecipada da prestação maturada; é o sistema para extinguir antecipadamente o contrato» (tradução nossa) - Claudio Bazzano, *L'Assicurazione sulla Vita*, Milano, EGEA, 1998, pp. 164 ss. Sobre o resgate, cfr. Pedro Jesús Baena Baena, *El Derecho de Rescate de la Provisión Matemática del Seguro de Vida*, Valencia, Tirant lo Blanch, 2008; Antonio José Fernández Ruiz, "El valor de rescate en los seguros sobre la vida humana", *in* Evelio Verdera y Tuells (Ed.), *Comentario a la Ley de Contrato de Seguro*, Vol. I, Madrid, Colegio Universitario de Estudios Financieros, 1982, pp. 1037-1044; e André Rochex e Guy Courtieu, *Le Droit du Contrat d'Assurance Terrestre*, Paris, Librairie Générale de Droit et de Jurisprudence, 1998, pp. 456 ss. Entre nós, cfr., com várias referências, Francisco Luís Alves, "A cessação do contrato de seguro", *in* Francisco Luís Alves, *Direito dos Seguros*, 2ª Ed., Coimbra, Almedina, 2015, pp. 126-128.

por resolução ou por denúncia – e havendo valor de resgate, a cessação do contrato tem por *efeito* o vencimento da obrigação do segurador de pagar esse valor (n.º 3 do artigo 106.º da LCS). Diversamente, sendo exercido pelo tomador do seguro o direito ao resgate total, o contrato caduca por extinção do respetivo objeto (artigos 109.º e 110.º da LCS), caso em que o resgate é *a causa* da extinção do contrato.

VI – Por seu turno, o *adiantamento* constitui uma operação que assume a natureza de um mútuo, concedido pelo segurador a pedido do tomador do seguro. O adiantamento é garantido pelas provisões matemáticas da apólice (fundos inerentes ao contrato) e remunerado a uma taxa de juro definida[50]. Constituindo um sucedâneo funcional do resgate, é-lhe igualmente atribuída relevância no quadro da legislação fiscal.

VII – Algumas operações fiscalmente relevantes são, entre os produtos do ramo vida, específicas dos seguros de rendas. Tal é o caso, desde logo, do que, no sentido amplo que definimos, podemos apelidar de operação de *pagamento de renda*. No quadro das obrigações assumidas pelo segurador, está este obrigado a pagar ao *rendeiro*, de acordo com a periodicidade contratualmente definida, uma prestação pecuniária regular, em caso de sobrevivência da pessoa segura em cada termo periódico.

VIII – Também específica das rendas é a operação de *remição*. Trata-se, desta feita, de uma forma de conversão de prestações futuras (incertas quanto à sua duração e, logo, quanto ao montante total) numa prestação imediata (*lump sum* ou capital), ficando o segurador definitivamente exonerado das prestações futuras. Tratando-se de uma forma de antecipação de prestações vincendas, a remição está para a operação de pagamento de renda assim como o resgate está para a operação de vencimento.

O n.º 31 da Norma Regulamentar n.º 16/95-R, de 12 de setembro, da ASF, estabelece que, mediante acordo entre o segurador e o tomador de seguro (e ainda, quando for caso disso, o beneficiário), é admissível a

[50] Sobre o adiantamento, André Rochex e Guy Courtieu, *Le Droit du Contrat d'Assurance Terrestre*, *cit.*, pp. 458 ss. Esta figura existe nas mesmas modalidades de seguro de vida que conferem direito de resgate. Porém, em virtude de a taxa de juro do valor objeto de adiantamento ser, em regra, superior à participação de resultados atribuída pelo segurador sobre os prémios pagos, não existe, na prática, interesse económico, para o tomador do seguro, no recurso a uma operação de adiantamento, pelo que se trata de uma figura de pouca relevância prática.

remição de rendas vitalícias em pagamento que não tenham sido fixadas judicialmente, desde que o montante da renda mensal seja inferior à décima parte do salário mínimo nacional em vigor para a generalidade das profissões à data da remição.

A referência à *remição* surge igualmente no âmbito dos fundos de pensões. O n.º 2 do artigo 18.º do RJFP, disposição que regula a forma de pagamento dos benefícios nos planos de pensões, admite a possibilidade, no momento do cálculo da primeira prestação mensal das pensões resultantes das contribuições do associado, de remição em capital, até ao máximo de um terço do seu valor atual, calculado de acordo com as regras estabelecidas em norma regulamentar da ASF[51]. Ademais, o n.º 4 do mesmo artigo prevê ainda a possibilidade de remição total das pensões resultantes das contribuições do associado, a pedido do beneficiário, caso não seja possível assegurar o pagamento de uma pensão cuja prestação mensal seja superior à décima parte da retribuição mínima mensal garantida para a generalidade dos trabalhadores em vigor à data da remição.

IX – Para além das categorias de operações referenciadas, o legislador fiscal alude ainda, residualmente e à cautela – de modo a que a previsão normativa não descure qualquer outro tipo de mobilização antecipada de fundos –, a *outras formas de antecipação de disponibilidade* por fundos de pensões ou no âmbito de outros regimes complementares de segurança social. Cremos que o propósito desta expressão residual não terá sido o de especificar uma categoria particular de operação, mas antes o de, independentemente de qualquer designação diversa que viesse a ser adotada, abranger qualquer operação de mobilização antecipada de fundos.

X – Se, como referimos, o pagamento do prémio – operação (em sentido amplo) de entrada de fundos no segurador – é comum a todos os produtos de seguros, já as operações de saída de fundos divergem em função daqueles produtos, sendo, nuns casos, genericamente aplicáveis a todos eles; noutros, específicas dos seguros de vida financeiros; e noutros ainda, particulares dos seguros de renda.

[51] Como se esclarece no n.º 3 do mesmo artigo, a remição depende cumulativamente de duas condições: a de que essa possibilidade esteja prevista no plano de pensões e a de que o futuro beneficiário o solicite por escrito à entidade gestora.

Para melhor orientação do leitor e facilidade prática de consulta, o seguinte esquema de síntese (Tabela 2) apresenta as operações de saída de fundos fiscalmente relevantes em função dos tipos de produtos de seguros a que são aplicáveis.

Tabela 2 – Operações de saída de fundos fiscalmente relevantes (por tipos de produtos de seguros)

Tipos de seguros	Operações de saída de fundos		
	Resgate, vencimento e adiantamento	*Prestação de renda e remição*	*Sinistro*
Financeiros	×	–	×
Rendas	–	×	–
Vida-risco e não-vida	–	–	×

Situámo-nos, até ao momento, na clarificação prévia de aspetos respeitantes do universo segurador, cuja utilidade reconheceremos adiante, ao analisarmos o quadro fiscal. Cremos que não se justificará repetir exercício semelhante quanto ao quadro fiscal em que nos moveremos, já que o objeto do presente texto assentará precisamente na análise das disposições pertinentes das fontes normativas aplicáveis: em especial, o CIRS, o CIRC, o EBF e o CIS.

Antes, porém, de empreendermos essa análise, justificar-se-á, do nosso ponto de vista, reconhecer a existência de uma tipologia de situações que (condicionadas, é certo, pelo próprio regime fiscal vigente), se apresentam como as configurações mais frequentes, no plano dos factos, de "casos" objeto de regulação. À identificação e sistematização destes tipos de casos (em função da recorrência com que se verificam) correspondem, coerentemente, soluções normativas padronizadas.

O propósito do capítulo seguinte é precisamente o de fornecer ao leitor uma ideia prévia dos tipos de situações contratuais mais recorrentes, no plano das relações de seguros, e dos padrões de regulação fiscal que lhes correspondem: chamar-lhes-emos *situações securitário-tributárias típicas.*

II
Situações típicas

II.1. Tipologia de situações securitário-tributárias relevantes

I – Como referimos, antes de iniciarmos o estudo analítico de cada uma das vertentes do quadro tributário – que é complexo, denso e de penetração difícil, pela interdependência de regimes, pelas remissões entre artigos (designadamente, de fontes diversas), por uma lógica que nem sempre transparece do texto legal, etc. – afigura-se mais eficaz começar por identificar uma tipologia de situações, factualmente mais recorrentes, sobre as quais incide o normativo fiscal.

Essas situações, que terão por base, no fundamental, o contexto dos seguros de vida financeiros (os que suscitam maior complexidade de regime fiscal), correspondem a atuações típicas dos sujeitos no quadro de relações jurídicas de seguro. Cada uma destas situações não é de formação inteiramente espontânea e alheia à lei fiscal, mas é, ela própria, condicionada pelo enquadramento fiscal vigente e pelos incentivos que do mesmo resultam. Desta forma, o regime fiscal propicia, a montante, a formação desses casos típicos, e aplica-se-lhes, a jusante, disciplinando-os.

Podemos designar estas configurações típicas como *complexos* ou *contextos securitário-tributários*, na medida em que cada um deles envolve a contratação de um ou vários seguros (pressuposto de facto), por vezes com a intervenção de diferentes sujeitos no âmbito de relações de natureza laboral, e em moldes que convocam a articulação conjunta de normas fiscais de várias fontes (designadamente, CIRC, CIRS e EBF).

Sublinhe-se que a identificação destas situações típicas não esgota – nem tem essa pretensão – a ampla diversidade de casos e cambiantes que caracterizam as práticas do tecido social e económico do mercado segurador (a qual, por vezes, apenas tem por limite a imaginação de tomadores, intermediários e consultores). Mas traduz a caracterização dos casos mais recorrentes – e, portanto, típicos – verificados. Cada situação-tipo complexa, requerendo uma descrição coerente e sumária do ambiente económico, da contextualização contratual e factual, e das várias vertentes tributárias convocadas a regulá-la, remeter-nos-á para as secções do livro onde cada uma dessas vertentes é analisada em maior profundidade.

II – Para o estabelecimento dessa tipologia, tomaremos como base o diagrama representado na figura 1, abaixo, que segue o modelo de um plano cartesiano. Considerando, como dissemos, que a tipologia tem por objeto os seguros de vida financeiros (incluindo PPR), o referido diagrama cruza dois eixos. Um primeiro, distingue as situações em que (*i*) o prémio de seguro é pago por uma empresa, enquanto entidade patronal, a favor dos respetivos trabalhadores; daquelas em que (*ii*) o prémio é pago pelo próprio sujeito passivo, pessoa singular. Um segundo eixo separa os casos em que (*iii*) os seguros são contratados com fins fundamentalmente previdenciais (inerentes à própria natureza e função do contrato de seguro); daqueles em que (*iv*) os seguros são utilizados como instrumentos que suportam finalidades não previdenciais (ou, pelo menos, não estritamente previdenciais). O diagrama é o seguinte:

FIGURA 1 – Tipologia de situações securitário-tributárias

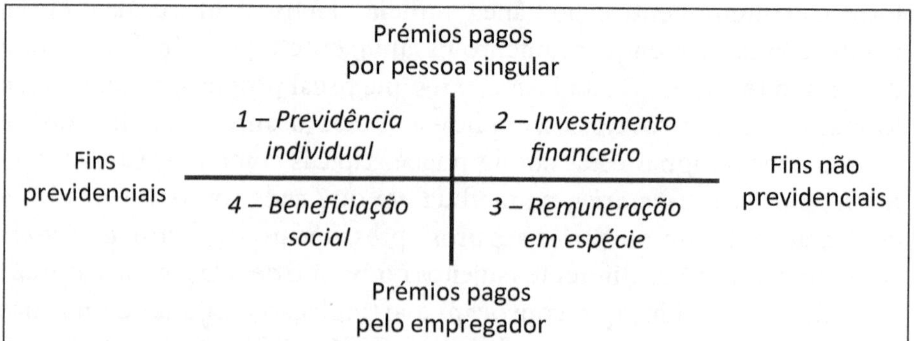

Do cruzamento dos dois eixos evidenciam-se quatro situações securitário-tributárias típicas, que se distinguem, fundamentalmente: pela configuração assumida pelo produto de seguros; pela função prosseguida pelo mesmo (que é evidenciada pela própria designação que atribuímos a cada um dos tipos); e pelo enquadramento jurídico-tributário que lhe é consagrado.

III – Antes de entrarmos na caracterização sucinta de cada um dos tipos, a própria tipologia remete-nos, desde já, para as insuficiências do regime geral de segurança social, associadas a problemas de ordem demográfica e financeira que comprometem a garantia, para os atuais trabalhadores no ativo, de um benefício de reforma coerente com os níveis de rendimentos e de contribuições efetuadas por estes durante a vida ativa[52].

Estes problemas levaram a equacionar-se regimes mistos que contemplam, para além do benefício assegurado pelo regime geral de segurança social (de caráter público), também regimes privados que garantem benefícios de reforma constituídos a partir de contribuições da entidade patronal e do próprio trabalhador.

Este regime misto tem sido referido como *regime dos três pilares*, em que o primeiro pilar se reporta ao regime geral de segurança social, o segundo pilar se refere a regimes de previdência empresarial (em que o financiamento do benefício futuro de reforma dos trabalhadores é assegurado por dotações da entidade patronal, assentando, essencialmente, em seguros de grupo ou fundos de pensões), e o terceiro pilar respeita a dotações efetuadas pelo próprio trabalhador, essencialmente para seguros financeiros individuais ou PPR[53].

Nos quadrantes do diagrama da figura 1 que se reportam à função previdencial própria do contrato de seguro, encontraremos nas situações

[52] Cfr., p. ex., Associação Portuguesa de Seguradores, *O Financiamento das Reformas – Contribuição do Setor dos Seguros*, Lisboa, Associação Portuguesa de Seguradores, 1994; Henrique Medina Carreira, *O Estado e a Segurança Social*, Lisboa, ICS / O Público, 1996.

[53] Cfr., p. ex., José Paulo Noronha Alberto, "Incentivos fiscais às reformas no âmbito de um regime de três pilares", *Fisco*, Ano II, n.º 25 (nov. 1990), pp. 9 ss.; Maria Inês Oliveira Martins, "A fiscalidade direta no mercado interno europeu – Problemas colocados pelos regimes complementares de segurança social", *Boletim de Ciências Económicas*, Ano LI (2008), pp. 65 ss.; Denis Scheers, *L'Imposition des Pensions, Rentes, Indemnités et Allocations en Tenant Lieu: Revenus de Source Belge Obtenus par des Residents*, Bruxelles, Bruylant, 1996, p. 74.

de tipo 1 (*previdência individual*) e 4 (*beneficiação social*) refletida a noção, respetivamente, do terceiro e do segundo pilares.

IV – Passaremos a analisar sumariamente cada uma das quatro situações típicas, partindo, para o efeito, das mais simples (prémios pagos por pessoa singular) para as mais complexas (prémios pagos pela entidade patronal). Esta abordagem antecipada, esquemática, sintética e contextualizadora apenas pretende adiantar uma ideia genérica – em pinceladas largas e sem o rigor que, necessariamente, resultará da análise posterior – da tipologia das situações de ocorrência mais frequente em seguros de vida financeiros, permitindo formar um quadro mental prévio capaz de alicerçar a posterior densificação dos tópicos e problemáticas.

II.2. Tipo 1: *previdência individual*

I – O quadrante da primeira situação típica que analisaremos reporta-se aos casos de prémios diretamente pagos por sujeitos passivos singulares (à custa dos seus rendimentos disponíveis) e destinados a produtos de seguros aos quais é reconhecida a função previdencial inerente ao tipo contratual e correspondente ao terceiro pilar da referida teoria dos três pilares. Designaremos este tipo de casos como de *previdência individual*, congregando duas situações distintas: (*i*) a primeira, que atende à natureza *objetiva* do produto de seguros (por exemplo, os PPR); (*ii*) a segunda, que atende à posição *subjetiva* de especial fragilidade do titular do contrato e se traduz na subscrição, pelo mesmo, de produtos de seguros que, noutras circunstâncias, não mereceriam do legislador o mesmo nível de vantagens fiscais.

No caso dos PPR, em que as vantagens fiscais a que aludimos têm por contraponto a rigidez do regime legal do produto e as restrições ao respetivo reembolso, é-lhes reconhecida, por inerência, uma função de mitigação dos efeitos económicos da ocorrência de algum dos eventos previstos como requisitos de reembolso (resgate).

Nos outros casos, o que distingue fiscalmente a especial natureza previdencial do seguro não é já a natureza do produto em si mesma – que poderá consistir, como veículo de poupança de longo prazo, em seguros de capitalização ou *unit linked* –, mas a circunstância de cobrir vicissitudes de pessoas em posição particularmente enfraquecida.

Neste tipo de situações, o fim previdencial que é reconhecido ao contrato justifica a previsão de um incentivo tributário à respetiva subscrição, o qual se traduz na dedução fiscal de parte do valor do prémio.

Quanto às categorias de rendimentos que são objeto de tributação em sede de IRS, tratando-se de PPR ou de seguros financeiros, em caso de recebimento em capital (quer aquando do vencimento, quer, antecipadamente, por resgate), apenas são convocadas as regras de tributação na categoria E de IRS (rendimento de capitais). Neste domínio, verifica-se a existência de uma vantagem fiscal em função da duração do contrato e do inerente período de imobilização dos prémios pagos.

Já em caso de sinistro (morte da pessoa segura) em seguros financeiros, não há sujeição a tributação do capital pago aos beneficiários.

Relativamente à disciplina fiscal dos PPR, e porque o respetivo regime o prevê, o valor acumulado (prémios acrescidos de rendimento gerado) pode ser recebido, total ou parcialmente, sob a forma de renda, caso em que haverá tributação na categoria H de IRS (rendimentos de pensões).

Esquematicamente, a relação entre as operações de seguros passíveis de verificar-se e o enquadramento tributário suscitado pelas mesmas pode ser representada na figura seguinte:

FIGURA 2 – Situação securitário-tributária de tipo 1 (*previdência individual*)

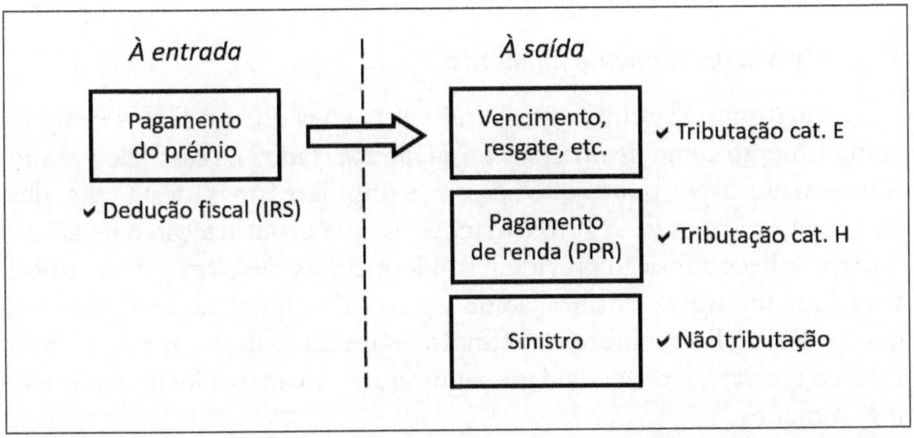

II – Note-se que a presente situação securitário-tributária apresenta uma zona de interseção formal com a de tipo 3 (*remuneração em espécie*), em que os prémios são liquidados pela entidade patronal. Com efeito, nos dois grupos de casos abrangidos pelas situações de tipo 1, em análise – os que são valorados *objetivamente*, em função do tipo de produto, e os que o são *subjetivamente*, em função da situação de fragilidade do sujeito passivo –, o CIRS equipara, como melhor veremos, as situações em que (*i*) o prémio é suportado pelo próprio sujeito passivo de IRS (à custa de valores já anteriormente objeto de tributação, aquando da sua integração no património do sujeito passivo) àquelas em que (*ii*) o prémio tenha sido suportado pela entidade patronal *e em que o sujeito passivo tenha sido inerentemente tributado* na categoria A de IRS. Esta equiparação é compreensível e materialmente justa: se o sujeito passivo foi tributado aquando do pagamento do prémio, tudo se passa como se o valor fosse por si diretamente custeado, não fazendo sentido que lhe fosse vedada a dedução fiscal do valor do prémio.

Ora, o critério fundamental que diferencia, na tipologia desenhada, as várias situações securitário-tributárias, corresponde à função inerente a cada tipo. Assim, na medida em que, na referida zona de interseção, a função prevalecente é, do prisma do sujeito passivo de IRS, a *previdencial*, essa zona de interseção será considerada, do ponto de vista da dedução do prémio em IRS, entre as situações de tipo 1. Já do prisma da entidade patronal prevalece a função *remuneratória*, pelo que, ao nível da dedução fiscal do prémio em IRC e da inerente tributação, na categoria A, do trabalhador beneficiário, a mesma será considerada entre as situações de tipo 3.

II.3. Tipo 2: *investimento financeiro*

O quadrante seguinte, agrupando situações que podemos designar comummente como de *investimento financeiro*, traduz os casos de prémios diretamente pagos por sujeitos passivos singulares, mas, desta feita, destinados a produtos de seguros financeiros em cuja utilização o legislador não reconhece a função previdencial identificada nas situações de tipo 1. Está aqui abrangida a utilização de seguros de capitalização e *unit linked* que, no limite, lhes confere uma função – sucedânea da de outros produtos financeiros exteriores à atividade seguradora – de meros instrumentos de investimento.

A ausência de uma finalidade previdencial significativa, aos olhos do legislador, justifica a inexistência de um incentivo tributário aquando do pagamento do prémio (dedução fiscal). Quanto ao recebimento do capital acumulado – quer por vencimento, quer por resgate ou outra forma de antecipação –, verifica-se a existência de uma vantagem fiscal em sede de tributação, na categoria E, do rendimento gerado, em função do prazo de manutenção dos valores investidos. Finalmente, em caso de sinistro, permanece a não sujeição a tributação.

FIGURA 3 – Situação securitário-tributária de tipo 2 (*investimento financeiro*)

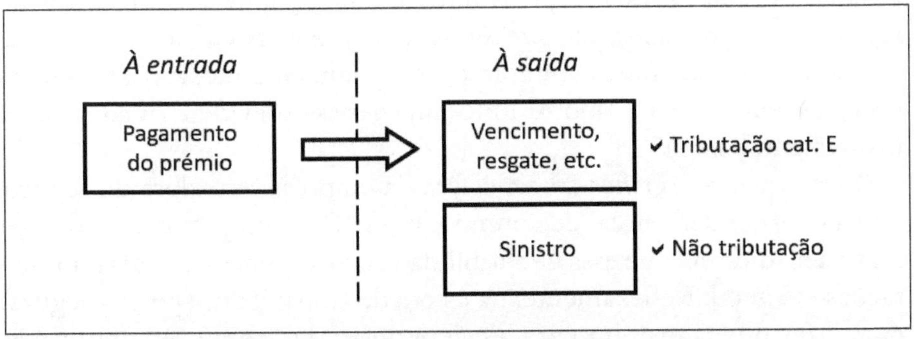

A figura 3, acima, esquematiza as situações securitário-tributárias em análise. Em suma, a principal distinção entre as situações securitário-tributárias de tipo 1 e as de tipo 2 traduz-se fundamentalmente, quanto a estas últimas, na não dedutibilidade fiscal dos prémios pagos.

II.4. Tipo 3: *remuneração em espécie*

Mais complexos são os casos do quadrante seguinte, correspondentes, na tipologia traçada, a situações que designámos de *remuneração em espécie*. Neste tipo de casos, o prémio é suportado, não pela pessoa singular que beneficia do produto de seguro, mas por uma pessoa coletiva (entidade patronal daquela). O produto de seguros não cumpre aqui uma função de previdência[54] ou de investimento, mas é utilizado como instrumento

[54] Identificámos, a propósito das situações de tipo 1 (*previdência individual*), uma zona de interseção com as presentes, de tipo 3. Essa zona de interseção refere-se apenas aos casos – cujo âmbito é bem restrito – em que o prémio é suportado pela entidade patronal *e que são valorados pela lei tributária como preenchendo uma função previdencial* e merecendo, consequentemente, a mesma vantagem (dedução fiscal) que é concedida às situações de *previdência individual* (em que o prémio é suportado pelo próprio sujeito passivo de IRS).

de transferência de valores da esfera da pessoa coletiva (tomador do seguro e entidade patronal) para a da pessoa singular (pessoa segura e trabalhador dependente). Atendendo ao vínculo, subjacente ao contrato de seguro, entre o tomador e a pessoa segura (relação laboral), a referida transferência corresponde à atribuição de uma remuneração.

Em regra, estamos perante seguros de grupo, embora, sendo abrangido um número de pessoas (trabalhadores) pouco significativo, possam ser igualmente adequados seguros individuais. Quanto aos produtos de seguros mais propícios, estes reconduzem-se, sobretudo, aos seguros de capitalização e *unit linked*, embora possa igualmente recorrer-se a outras soluções contratuais, como os PPR (cuja génese previdencial surge aqui instrumentalizada).

Neste quadro, verifica-se, na esfera da empresa tomadora do seguro, uma dedutibilidade fiscal dos prémios em IRC, como gastos e perdas, na mesma medida em que essa dedutibilidade ocorre com as demais remunerações em geral. Reflexamente, na esfera do trabalhador (pessoa segura) os valores que transitam para a esfera deste são, como remunerações, sujeitos a tributação na categoria A de IRS. Este tratamento fiscal pressupõe a efetiva saída dos valores da esfera de titularidade da empresa e o seu ingresso, definitivo e irreversível, na esfera de titularidade do trabalhador (caso em que dizemos que o trabalhador detém *direitos adquiridos* em relação a tais valores). Operando-se essa transferência, de forma imediata, aquando do pagamento do prémio, a sujeição a IRS dá-se também nesse momento (entrada do prémio junto do segurador).

Quanto à tributação à saída, ela segue os termos já vistos a propósito das situações de tipo 2. Com efeito, ingressados, na esfera de titularidade da pessoa segura, os fundos correspondentes ao prémio pago pelo tomador do seguro (e, inerentemente, tributada a pessoa segura na categoria A de IRS, pelo acréscimo patrimonial de que haja beneficiado), tudo se passa como se o prémio tivesse sido pago pela própria pessoa segura à custa dos seus rendimentos disponíveis (já previamente objeto de tributação). Assim, aquando das operações de saída dos fundos – na data de

Como acima referimos, a zona de interseção será considerada, para efeitos de dedução do prémio em IRS, entre as situações de tipo 1 e, para efeitos de dedução do mesmo valor em IRC (e inerente tributação do trabalhador na categoria A de IRS), entre as situações de tipo 3, agora em análise.

maturidade (por vencimento) ou antecipadamente (por resgate) – apenas há lugar à tributação do rendimento gerado em execução do contrato de seguro (categoria E – rendimento de capitais).

A função remuneratória que caracteriza este tipo de situações molda a atuação recorrente do tomador do seguro e da pessoa segura na utilização dos produtos de seguros em causa. Assim, em regra, as situações de tipo 3 pautam-se, por um lado, pela especificidade e pelo casuísmo (não há uma abrangência da totalidade dos trabalhadores do tomador do seguro nem a definição de critérios gerais, objetivos e homogéneos quanto à determinação dos valores dos prémios destinados a cada pessoa segura), e, por outro lado, pela liquidez na mobilização dos fundos pela pessoa segura (possibilidade de resgate imediato, ou num curto prazo, em capital). Desta forma, não se propiciam situações típicas de recebimento dos benefícios sob a forma de renda, com a correspondente tributação na categoria H de IRS.

Finalmente, como nas situações de tipos 1 e 2, nas operações de sinistro (em caso de morte da pessoa segura), o pagamento, ao beneficiário designado, dos fundos acumulados, não está sujeito a imposto.

A figura 4 representa graficamente as situações securitário-tributárias de tipo 3. Estas diferem das de tipo 2, fundamentalmente, pela circunstância de o prémio ser, desta feita, suportado pela entidade patronal da pessoa segura, sendo a respetiva dedutibilidade fiscal (como gasto ou perda do exercício) consagrada em IRC, na medida em que o valor do prémio constitui igualmente um rendimento do trabalho dependente da pessoa segura (categoria A de IRS).

FIGURA 4 – Situação securitário-tributária de tipo 3 (*remuneração em espécie*)

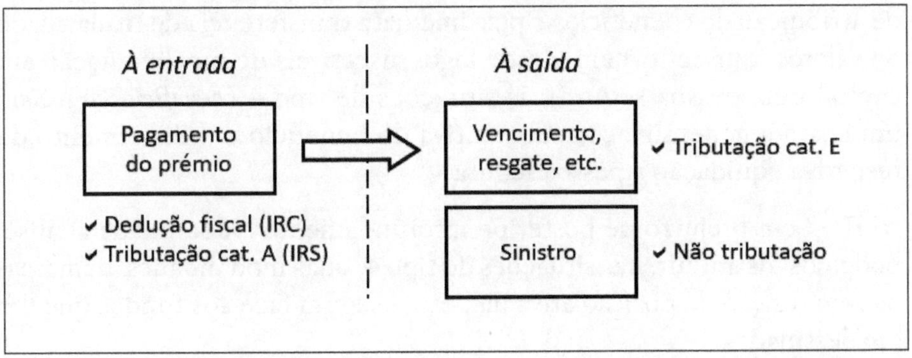

II.5. Tipo 4: *beneficiação social*

I – No último quadrante encontramos as situações securitário--tributárias mais complexas, que designámos como de *beneficiação social* (tipo 4). À semelhança das situações de tipo 1, desempenham uma função previdencial e, à semelhança das de tipo 3, o prémio é pago por uma pessoa coletiva a favor de trabalhadores (pessoas seguras). Desta conjugação de fatores resulta uma função de *previdência empresarial*: regime de complementaridade ao regime geral de segurança social, estabelecido pela entidade patronal a favor dos respetivos trabalhadores, e que corresponde ao segundo pilar da já mencionada teoria dos três pilares.

A presente situação securitário-tributária típica depende da verificação de um conjunto significativo de requisitos estabelecidos no CIRC, que oportunamente analisaremos em detalhe. Entre eles, destacam-se requisitos de *generalidade* e *não discriminação*: o benefício não deverá ser atribuído de forma casuística nem arbitrária, isto é, o mesmo deverá contemplar *o universo* dos trabalhadores e os valores dos prémios suportados pela entidade patronal deverão ser determinados em função de um critério objetivo e que a todos abranja.

Outros requisitos relevantes relativamente a seguros financeiros destinam-se a assegurar uma efetiva complementaridade com o benefício de reforma da segurança social. Assim, pelo menos dois terços dos montantes atribuídos às pessoas seguras devem ser-lhes liquidados sob a forma de renda. Por outro lado, a liquidação desses valores (quer em renda, quer na parte passível de pagamento em capital) deve acompanhar a idade de passagem à reforma da pessoa segura.

Diversamente, portanto, das situações de tipo 3 (*remuneração em espécie*), que se pautam pelo casuísmo e discricionariedade quanto aos critérios de atribuição dos benefícios e pela imediata transferência de titularidade de valores (que se tornam, desde logo, suscetíveis de movimentação em capital pela pessoa segura), as situações de tipo 4 (*beneficiação social*) implicam a generalização substantiva do benefício e o diferimento da respetiva liquidação à pessoa segura.

II – Sem prejuízo de posterior aprofundamento e detalhe da análise, podemos distinguir, nas situações de tipo 4, duas modalidades, demarcadas em função da posição ativa da pessoa segura face aos fundos que lhe são destinados.

Na *Modalidade A*, aquando do pagamento do prémio pela entidade patronal (tomador do seguro) o trabalhador (pessoa segura) apenas detém *meras expectativas* quanto à aquisição do benefício que lhe é destinado. Essas expectativas só se convertem efetivamente em direitos no momento em que se verificarem os pressupostos da respetiva atribuição, isto é, se a pessoa segura mantiver o vínculo laboral com o tomador do seguro até atingir a situação de reforma. Ou seja, se o contrato de trabalho cessar antes da reforma, o trabalhador não chega a adquirir o direito ao benefício. Ora, porque essa aquisição depende da referida condição suspensiva, até que a mesma se verifique os valores em causa permanecem na esfera jurídico-patrimonial de titularidade do tomador. Logo, por essa razão, só se verifica a tributação, na categoria A de IRS, da pessoa segura no momento em que a mesma efetivamente aufere o benefício, o qual acompanha a passagem à reforma.

Na *Modalidade B*, o trabalhador tem, desde início (momento do pagamento do prémio), *direitos adquiridos* quanto aos fundos que lhe são destinados. Por outras palavras, os valores correspondentes aos prémios pagos ingressam imediata e irreversivelmente na esfera de titularidade do trabalhador (que, portanto, não perde esse direito ainda que venha a cessar o seu vínculo laboral com o tomador do seguro antes da passagem à situação de reforma). Vimos, porém, que o enquadramento das realizações de utilidade social requer, para a dedutibilidade fiscal do prémio, que o benefício só seja liquidado aquando da passagem à situação de reforma. Ora, considerou o legislador que seria penalizador (e desincentivador da adesão ao regime) que o trabalhador fosse tributado na categoria A, à custa dos seus outros rendimentos disponíveis, logo quando adquire a titularidade do valor do prémio (como sucede nas situações de tipo 3), atendendo a que o rendimento em causa só ficará, para ele, disponível aquando da passagem à situação de reforma. Para o efeito, o EBF estabelece, para estes casos, um diferimento da tributação na categoria A para o momento em que o benefício fica materialmente disponível.

Em suma, portanto, quer nos situemos na modalidade de *meras expectativas*, quer na de *direitos adquiridos*, a tributação, na categoria A, dos valores correspondentes aos prémios pagos pela entidade patronal, apenas se efetua no momento do pagamento do benefício por vencimento ou resgate[55] (na sequência da passagem à situação de reforma). Como vimos suceder nas situações de tipo 1, 2 e 3, é também aquando das operações de saída de fundos (por vencimento ou resgate) que há lugar, quanto ao rendimento gerado, à tributação na categoria E de IRS. Por seu turno, considerando que uma parte do benefício não inferior a dois terços é paga sob a forma de renda, há igualmente lugar, aquando do pagamento das respetivas prestações, a tributação na categoria H. Finalmente, quanto à operação de sinistro por morte da pessoa segura, o pagamento do capital acumulado ao beneficiário designado não está – como vimos também suceder nas situações de tipos 1, 2 e 3 – sujeito a tributação.

Em síntese, o tipo de situação securitário-tributária que vimos de descrever pode, qualquer que seja a respetiva modalidade (*meras expectativas* ou *direitos adquiridos*), ser representado esquematicamente na figura seguinte:

Figura 5 – Situação securitário-tributária de tipo 4 (*beneficiação social*)

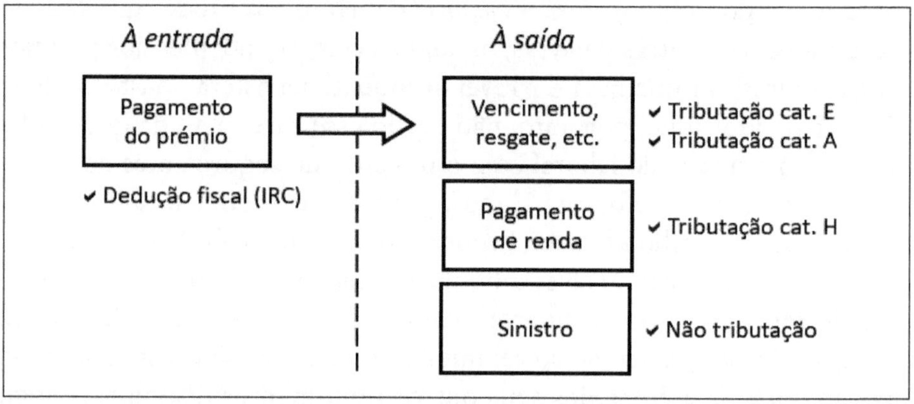

55 A referência ao resgate, neste contexto, pode revelar-se algo desconcertante para o leitor, pelo que carece de uma clarificação. Como dissemos, o resgate corresponde a uma forma de pagamento *antecipado* do benefício, isto é, antes da data de vencimento prevista no contrato. Sucede, porém, que, porque a idade normal de reforma está sujeita a alterações, e porque nada impede que a pessoa segura se mantenha a trabalhar após a idade normal de reforma, o contrato de seguro poderá fixar uma data de vencimento para uma idade avançada da pessoa segura (p. ex., os 75 ou os 80 anos). Nesse caso, o vencimento da prestação do segurador só se produzirá automaticamente nessa data. Logo, o pagamento do benefício aquando da passagem à situação de reforma passará, nestes casos, por uma operação contratual de resgate, e não de vencimento. A *antecipação* ocorrerá face à data de vencimento contratualmente prevista, mas não quanto à data relevante para efeitos fiscais.

III
Síntese e sequência

I – Referimos já reiteradamente que o tema desta monografia apresenta alguma complexidade e é, em regra, de difícil abordagem para os menos familiarizados, quer com as características do contrato de seguro, por um lado, quer com a arquitetura e lógica do regime fiscal, por outro. A razão de ser e a função da Parte I – a que demos o título de "as peças do puzzle" – traduziu-se precisamente em fornecer ao leitor os elementos mais relevantes da matéria-prima sobre a qual incidirá o regime fiscal.

Assim, após o capítulo introdutório, de contextualização, consagrámos o Capítulo I aos aspetos mais significativos do universo dos seguros, cujo conhecimento prévio considerámos de grande relevância para a compreensão do regime fiscal aplicável. Desde logo, passámos em revista os traços típicos do contrato de seguro e a terminologia específica que o envolve, com destaque para: (*i*) a descrição legal do tipo contratual; (*ii*) a identificação das partes e de outros sujeitos da relação de seguro; (*iii*) a referência às prestações das partes; e (*iv*) a distinção entre seguro individual e de grupo.

Tivemos igualmente oportunidade de referenciar os produtos de seguros fiscalmente relevantes, distinguindo os pertencentes ao ramo vida (onde, por seu turno, distinguimos os de risco dos financeiros, apresentando-os de forma mais detida) dos respeitantes aos ramos não-vida. Também em matéria de produtos de seguros, apresentámos outras duas distinções significativas: (*i*) a que contrapõe seguros de pessoas a seguros patrimoniais; e (*ii*) a que separa seguros de prestações indemnizatórias dos seguros de prestações convencionadas.

Passados preliminarmente em revista, em modo de glossário, os principais elementos, termos e significados do léxico de seguros para os quais nos remete a lei fiscal, bem como os principais produtos e categorias de produtos de seguros que assumem relevância tributária, foi ainda tempo para distinguirmos e analisarmos as várias operações (em sentido amplo) a que podem estar sujeitos os produtos de seguros, na medida em que as mesmas assumem, como melhor veremos, caráter estruturante do regime fiscal aplicável.

II – Se o Capítulo I versou sobre uma visão terminológica e estática dos elementos relevantes do contrato de seguro, cujo domínio prévio – ainda que simplificado e sintético –, assegura um acesso mais fácil ao tecido normativo fiscalmente aplicável, já o Capítulo II, estribado nas noções e informações anteriormente apresentadas, constituiu uma antevisão do funcionamento dinâmico da relação de seguro sobre o qual incidirá o regime fiscal.

Com efeito, considerámos ser de grande utilidade que, antes de mergulharmos, em maior profundidade e detalhe, na análise do normativo fiscal, o leitor dispusesse já de um quadro mental sintético das situações tipicamente mais recorrentes de configuração das relações de seguros fiscalmente relevantes, isto é, dos perfis de utilização dos produtos de seguros que convocam a aplicação articulada de conjuntos normativamente coerentes de regras fiscais.

Para tanto, apresentámos, com base num diagrama (plano cartesiano), uma tipologia de situações securitário-tributárias padronizadas, que cruzam perfis de configuração contratual (ao nível do produto de seguros) com conjuntos concatenados de regras fiscais, de fontes distintas, que os disciplinam. Desse cruzamento resultam complexos securitário-tributários que estão na base da referida tipologia.

Esta apresenta quatro tipos de situações securitário-tributárias relevantes, às quais atribuímos designações que exprimem diferentes funções típicas: as situações de tipo 1 correspondem a uma função de *previdência individual*; as de tipo 2 distinguem-se por uma função de *investimento financeiro*; as de tipo 3 cumprem uma função de *remuneração em espécie*; e as de tipo 4 uma função de *beneficiação social*.

Esta tipologia, congregando uma perspetiva sintética e dinâmica, e fornecendo uma visão prévia, de grande utilidade, dos casos que recorrentemente iremos encontrar ao longo da análise do quadro fiscal, é, no entanto, insuscetível de estruturar a linha discursiva que iremos seguir na Parte II. Desde logo, porque a tipologia se atém a produtos de seguros financeiros. Por outro lado, porque a mesma, traduzindo situações típicas, não é, no entanto, exaustiva. O seu caráter ilustrativo, mas parcelar, obriga, assim, a uma diferente estruturação do discurso.

III – Vista a tipologia de situações mais frequentes, com a qual iremos cruzar-nos ao longo deste livro, cumpre agora mudar o ângulo de abordagem, esquematizando a forma como está estruturada a sequência expositiva.

Ora, consideramos que a estruturação mais eficaz do texto não deve ater-se à análise isolada e descontextualizada das normas fiscais, já que esta abordagem compromete a compreensão do sentido e alcance do regime.

Assim, são os diferentes tipos de operações de seguros passíveis de ocorrer que determinam o tratamento fiscal, pelo que o enquadramento tributário requer a articulação e compreensão das duas vertentes. Deste modo, e à semelhança da lógica de abordagem seguida para a tipologia (Capítulo II), e beneficiando também da informação objeto do Capítulo I, optámos por, de entre as várias sistemáticas possíveis de abordagem, estruturar o discurso em torno da conjugação das vicissitudes da relação de seguro – ou, mais propriamente, operações de seguro (em sentido amplo) –, com o regime fiscal que se lhes aplica.

Desta forma, os títulos dos vários capítulos da Parte II serão compostos por dois termos: a operação em causa e o tratamento fiscal por ela suscitado. O seguinte esquema de síntese (Tabela 3) sistematiza a estrutura da Parte II do livro, que está organizado por operação de seguros (na medida em que estas operações sejam aplicáveis aos produtos de seguros em causa)[56]: (1) pagamento do prémio; (2) resgate ou vencimento; (3) pagamento de renda; (4) sinistro.

[56] Cfr. a sistematização classificatória dos produtos de seguros, *supra*, Tabela 1, e as operações de saída aplicáveis, *supra*, Tabela 2.

TABELA 3 – Operações de entrada e saída de fundos e tratamento fiscal correspondente

Movimento de fundos no segurador	Operação de seguros	Tratamento fiscal
Entrada	Pagamento do prémio	Dedução fiscal
Saída	Resgate ou vencimento	(Categoria A) / Categoria E
	Pagamento de renda	Categoria H
	Sinistro	Não sujeição

O referido esquema de abordagem segue igualmente as variáveis que considerámos relevantes para a representação de cada uma das situações securitário-tributárias típicas (Figuras 2 a 5), que serão convocadas, sempre que pertinente, ao longo da exposição.

A Parte II, consagrada à análise em profundidade do enquadramento fiscal, iniciar-se-á com a operação de entrada de fundos comum a todos os produtos de seguros – o pagamento do prémio –, atendo-se, porém, a análise aos casos em que esse pagamento é valorado no plano fiscal.

PARTE II

AS REGRAS DO JOGO

IV
Pagamento do prémio e dedução fiscal

I – Considerando a já enunciada estruturação da abordagem que adotaremos ao longo desta Parte II do presente livro, encontraremos em cada capítulo um binómio, compreendendo uma operação contratual e o tratamento fiscal que a mesma suscita. De algum modo, os dois termos de cada capítulo funcionarão como os dois elementos da norma jurídica: previsão e estatuição.

Como também já aflorámos, o pagamento do prémio não constitui propriamente uma operação contratual em seguros. Porém, tratando-se de uma movimentação de fundos sobre um produto de seguros, e sendo relevante no plano do enquadramento fiscal, considerá-lo-emos, para efeito da lógica expositiva que seguimos, como uma operação em sentido amplo. Por uma questão de coerência lógica e cronológica – e na medida em que o pagamento do prémio constitui uma condição de eficácia do contrato de seguro, precedendo, portanto, todas as demais operações – a Parte II iniciar-se-á precisamente por esta operação de entrada de fundos.

O pagamento do prémio é comum a todos os produtos de seguros. Porém, como melhor veremos, só em casos bem delimitados a lei fiscal valora esse pagamento, reconhecendo-lhe consequências (no caso, a dedução fiscal do respetivo valor). Esses casos constituem, portanto, o cerne da nossa análise no presente capítulo.

II – Como vimos, a propósito da tipologia de situações securitário-tributárias definidas, um dos eixos estruturantes da mesma distingue os casos em que os prémios são pagos por pessoa singular (à custa dos seus rendimentos disponíveis, já previamente sujeitos a tributação) daqueles em que são pagos por pessoas coletivas (entidades patronais) a favor dos respetivos trabalhadores.

Embora tenha sido traçada em função dos produtos de seguros de vida financeiros, a referida tipologia assume, também quanto a outros produtos de seguros, forte potencial explicativo quanto à valoração fiscal do pagamento do prémio. Por essa razão, organizaremos a nossa análise, ao longo do presente capítulo, em função da referida tipologia. Começaremos, para o efeito, pelas situações de prémios pagos por pessoa singular e, entre estas, pelas que prosseguem uma função previdencial.

IV.1. As situações de *previdência individual*

I – As situações que designámos *de previdência individual* correspondem àquelas em que o prémio foi suportado pelo próprio sujeito passivo (pessoa singular) à custa dos seus rendimentos disponíveis.

Em matéria de dedutibilidade do prémio pelo sujeito passivo de IRS, porém, verifica-se uma equiparação justificada – e, portanto, justa – entre as situações referidas (em que o sujeito passivo foi oportunamente tributado aquando da obtenção do rendimento e destina uma parte desse rendimento líquido a suportar um prémio de seguro) e aquelas em que o prémio é suportado pela entidade patronal, mas o trabalhador é tributado na categoria A de IRS.

É certo que este último grupo de casos – materialmente equivalente àquele e em que, portanto, a dedução fiscal do prémio em IRS igualmente se aplica, como melhor veremos – corresponde, na tipologia que definimos, às situações de pagamento do prémio pela entidade patronal (situações de *remuneração em espécie* e de *beneficiação social*). Estas situações, porém, serão analisadas, nos Capítulos IV.3.1 e IV.4.2, na ótica da dedução fiscal do prémio pela entidade patronal (em IRC) e, mais adiante, na da tributação do trabalhador em IRS pelo rendimento auferido.

Quanto à dedutibilidade, pelo trabalhador (pessoa segura e sujeito passivo de IRS), do valor do prémio – pago pela entidade patronal e que tenha dado lugar a tributação em IRS (como rendimento do trabalho dependente) –, consideraremos essa dedutibilidade, enquanto contrapartida da referida tributação, no presente capítulo (IV.1).

II – Como já atrás mencionámos, são dois os núcleos de casos em que a legislação tributária reconhece a dedutibilidade fiscal do prémio: (*i*) as situações *subjetivas* em que essa dedutibilidade decorre de uma posição de especial debilidade, ou de exposição ao risco, por parte do sujeito passivo de imposto, que encontra amparo para a mitigação de tais riscos em certos produtos de seguros; e (*ii*) as situações *objetivas* delimitadas em função da natureza do produto de seguros, independentemente da posição subjetiva do titular.

No primeiro grupo de casos (situações subjetivas), encontramos o das profissões de desgaste rápido e o das pessoas com deficiência. Já quanto ao segundo grupo (situações objetivas), abrangem-se aí os casos dos seguros de saúde e dos PPR. Começaremos o nosso périplo pelas situações subjetivas.

IV.1.1. Profissões de desgaste rápido

I – O artigo 27.º do CIRS estabelece algumas medidas de apoio fiscal aos sujeitos passivos que desenvolvam profissões de desgaste rápido, sendo assim considerados, nos termos do n.º 2 do mesmo artigo, os praticantes desportivos, definidos como tal no competente diploma regulamentar[57], os mineiros e os pescadores.

Embora não haja uma clarificação legal precisa quanto à noção de *profissões de desgaste rápido* – e quanto às profissões específicas pela mesma abrangidas – e falte também um diploma legal que globalmente as regule, existe amplo consenso no sentido de que a noção não se atém às situações previstas no citado n.º 2 do artigo 27.º do CIRS, mas abrange todas as profissões para as quais foi legalmente estabelecido um regime específico de antecipação da idade de acesso às pensões de velhice[58].

[57] Cfr. Abílio Rodrigues, "Uma análise tributária aos rendimentos dos praticantes desportivos", Centro de Pesquisa e Desenvolvimento Desportivo, 2015 – http://formacao.comiteolimpico-portugal.pt/Publicacoes/COP_PFO_EDGD/file029.pdf (consult. 12/08/2019).

[58] Tal é o caso: dos trabalhadores abrangidos por acordos internacionais na Região Autónoma dos Açores (Lei n.º 32/96, de 16 de agosto); dos trabalhadores do interior das minas, das

A especial tutela que esta categoria de profissões merece, pela sua particular vulnerabilidade, justificou o reconhecimento à mesma da dedutibilidade de prémios de seguro nos moldes amplos que seguidamente veremos.

II – Como resulta do n.º 1 do referido artigo, são *dedutíveis ao rendimento*, e até à sua concorrência (mas com o limite de cinco vezes o valor do indexante dos apoios sociais, doravante IAS), as importâncias despendidas pelos sujeitos passivos que desenvolvam profissões de desgaste rápido, na constituição de:

a) Seguros de doença;
b) Seguros de acidentes pessoais;
c) Seguros de vida que garantam *exclusivamente* os riscos de: (*i*) morte; (*ii*) invalidez; ou (*iii*) reforma por velhice, neste último caso desde que o benefício seja garantido após os 55 anos de idade, desde que os mesmos não garantam o pagamento e este se não verifique, nomeadamente, por resgate ou adiantamento, de qualquer capital em dívida (*sic*) durante os primeiros cinco anos.

Acrescenta-se no n.º 3 do mesmo artigo que, sempre que se verifique o pagamento de qualquer capital em vida durante os primeiros cinco anos, observa-se o disposto no n.º 2 do artigo 60.º (obrigação de entrega, no prazo de 30 dias, de uma declaração retificativa de IRS).

lavarias de minério e dos trabalhadores da extração ou transformação primária da pedra, incluindo a serragem e corte da pedra em bruto (Decreto-Lei n.º 195/95, de 28 de julho); das bordadeiras de casa na Madeira (Lei n.º 14/98, de 20 de março, e Decreto-Lei n.º 55/99, de 26 de fevereiro); dos profissionais de bailado clássico ou contemporâneo (Decreto-Lei n.º 482/99, de 9 de novembro); dos trabalhadores portuários integrados no efetivo portuário nacional (Decreto-Lei n.º 483/99, de 9 de novembro); dos trabalhadores da Empresa Nacional de Urânio, S. A. (Decreto-Lei n.º 28/2005, de 10 de fevereiro); dos controladores de tráfego aéreo (Decreto-Lei n.º 155/2009, de 9 de julho); dos pilotos comandantes e copilotos de aeronaves de transporte público comercial de passageiros, carga ou correio (Decreto-Lei n.º 156/2009, de 9 de julho); dos trabalhadores inscritos marítimos da marinha do comércio de longo curso, de cabotagem e costeira e das pescas (Portaria de 18 de dezembro de 1975, do Ministério dos Assuntos Sociais, publicada no Diário do Governo, 2.ª série, n.º 1, de 2 de janeiro de 1976); dos trabalhadores inscritos marítimos que exercem atividade na pesca (Decreto Regulamentar n.º 40/86, de 12 de setembro). Cfr., exemplificativamente, o recurso à expressão *profissões de desgaste rápido*, utilizada no preâmbulo do Decreto-Lei n.º 70/2020, de 16 de setembro, que se aplica a todas as citadas profissões.

Por seu turno, o n.º 4 do referido artigo estende o regime, com as devidas adaptações, às contribuições pagas a associações mutualistas.

III – O artigo em análise pode suscitar dúvidas de que importa dar conta e clarificar. Desde logo, é claro que se abrangem os seguros de saúde (doença) e de acidentes pessoais. Já quanto aos seguros de vida, poderá não ser evidente para o leigo quais as modalidades em causa.

Ora, quando o preceito se refere a seguros de vida *que garantam exclusivamente* os riscos de morte, invalidez *ou* reforma por velhice, não pretende significar que tais seguros *apenas possam garantir um* desses riscos. Isso não seria sequer possível porque o risco de invalidez é complementar do risco morte, pelo que é possível contratar um seguro de vida apenas com o risco morte (cobertura base), mas não apenas com o risco de invalidez (que requer necessariamente a contratação da cobertura base, o risco morte). Desta forma, a referência aos seguros que garantem *exclusivamente* os referidos riscos tem o sentido de que os prémios de tais contratos apenas são dedutíveis se não forem cobertos outros riscos para além dos três mencionados. Traduzindo-se a proteção social fiscalmente tutelada na cobertura dos três referidos riscos, é indiferente para o legislador que apenas seja contratada a cobertura de um ou de todos eles e que o seja em contratos separados ou num único contrato.

Em qualquer caso, convém também precisar que as coberturas de morte e invalidez têm por base seguros de vida *de risco* em caso de morte, enquanto a cobertura de reforma por velhice assenta na contratação de seguros de vida *financeiros* (mormente, de seguros de capitalização), sem prejuízo, do nosso ponto de vista, da dedutibilidade de seguros de rendas diferidas (com o início do pagamento das rendas após os 55 anos de idade).

IV – As dúvidas interpretativas não se atêm, porém, a este ponto. Relativamente ao risco de reforma por velhice, exige-se, para a aceitação da dedutibilidade, duas condições: (*i*) que o benefício seja garantido após os 55 anos de idade do sujeito passivo que desenvolva a profissão de desgaste rápido; e (*ii*) que o seguro não garanta o pagamento e este se não verifique, nomeadamente, por resgate ou adiantamento, de qualquer capital em dívida (*sic*) durante os primeiros cinco anos.

Desde logo, cumpre assinalar uma gralha: a referência a capital *em dívida* (que provém da redação da Lei n.º 64-B/2011, de 30 de dezembro) em vez de *capital em vida*, expressão constante da redação originária do Código e plenamente coerente com a redação atual do n.º 3 do mesmo artigo e com a lógica normativa do preceito.

Quanto às referidas condições, a exigência de que *o pagamento se não verifique, nomeadamente, por resgate ou adiantamento*, logo permite concluir que *a possibilidade contratual* do pagamento do capital em vida, nomeadamente, por resgate ou adiantamento, nos primeiros cinco anos de vigência do contrato (e, adiante-se, antes dos 55 anos de idade) não afeta a dedutibilidade dos prémios. De outra forma (isto é, exigindo a lei que tal pagamento fosse contratualmente inadmissível), seria desnecessário o estabelecimento dessa condição.

Diverso é o ponto de vista da AT[59]. Defende esta que «pela redação da própria norma se retira que o seguro não deve garantir o pagamento fora das condições referidas, o que não quer dizer que esses pagamentos não possam ocorrer»[60], parecendo sugerir-se que o sentido útil da previsão normativa seria a cobertura dos casos em que, apesar de o contrato vedar o recebimento antes dos 55 anos de idade e cinco de antiguidade, esse recebimento pudesse ocorrer (talvez por erro informático ou incúria do segurador). Cremos que o sentido da norma (refletido também na diferente redação entre o atual artigo 27.º e o antigo artigo 86.º do CIRS, a que se reporta citada posição da AT, será outro, passando pela distinção entre, por um lado, as garantias contratuais, que se prendem com o objeto do contrato (vencimento da prestação do segurador no prazo contratual

[59] Esta posição é sustentada, a propósito do revogado artigo 86.º do CIRS, no Ofício-Circulado n.º 20117/2006, de 8 de agosto, da Direção de Serviços do IRS, sobre prémios de seguros de vida, disponível em http://info.portaldasfinancas.gov.pt/pt/informacao_fiscal/legislacao/instrucoes_administrativas/Documents/Oficio_Circulado_20117-DSIRS.pdf. Aí se lê que «só relevam os prémios de seguros que não garantam o pagamento de qualquer capital em vida ao tomador, excetuada a situação de invalidez, antes da verificação das situações acima mencionadas», acrescentando-se que «os contratos dos seguros em causa não devem permitir o reembolso fora das condições referidas nos pontos anteriores [o sujeito passivo tenha pelo menos 55 anos de idade, tenham decorrido cinco anos após a subscrição e o tomador do seguro se encontre na situação de reforma por velhice], não sendo dedutíveis as importâncias aplicadas naqueles que permitam o reembolso ou o pagamento de qualquer capital anteriormente à verificação dessas situações».

[60] Informação Vinculativa de 08/02/2007 (Proc. n.º 1308/06), disponível em http://info.portaldasfinancas.gov.pt/pt/informacao_fiscal/informacoes_vinculativas/rendimento/cirs/Documents/cirs_086_01.pdf.

convencionado), e, por outro lado, as vicissitudes que, embora contratualmente previstas (nomeadamente, o resgate ou o adiantamento), se afastam do objeto e do curso normal do contrato.

Em suma, portanto, o sentido das referidas condições será, não obstante alguma ambiguidade da formulação legal, o seguinte:

a) O vencimento da prestação de capital do segurador deve ser *contratualmente estabelecido* para data posterior aos 55 anos de idade da pessoa segura e cinco anos de duração do contrato;
b) Não deverá verificar-se, *de facto*, o pagamento do capital em vida, nomeadamente, por resgate ou adiantamento, antes dos 55 anos de idade da pessoa segura e cinco anos de duração do contrato.

As referidas condições terão de verificar-se *mesmo que a reforma por velhice ocorra antes dos 55 anos* de idade[61] da pessoa segura (ou cinco anos de duração do contrato), o que constitui uma ocorrência relativamente normal nas profissões de desgaste rápido.

V – Outro aspeto carece de clarificação no preceito em análise. Como resulta do n.º 1 do artigo 27.º, a dedutibilidade incide sobre os prémios de seguro pagos pelo sujeito passivo que desenvolva profissão de desgaste rápido. Este haverá, assim, no contrato de seguro, de assumir a posição de tomador do seguro.

Também não se suscitam dúvidas de que os seguros em causa (de saúde, de acidentes pessoais ou de vida), haverão de ter o referido sujeito passivo como credor da prestação do segurador. Com efeito, a tutela concedida a quem desempenha profissão de desgaste rápido implica que, na estrutura dos referidos seguros de pessoas, o sujeito passivo em causa assuma também a posição de pessoa segura. Exemplificando, no seguro de saúde, ou no seguro de vida com risco de invalidez ou de reforma por velhice, o risco (respetivamente, de doença, de invalidez ou de sobrevivência) incidirá sobre a pessoa do próprio sujeito passivo: se o mesmo ficar inválido, ser-lhe-á pago pelo segurador o capital seguro.

Sucede, porém, que, relativamente ao risco de morte inerente aos seguros de acidentes pessoais (cobertura base de morte por acidente) ou de vida

[61] Neste sentido, cfr. a citada informação vinculativa sobre a dedução à coleta de prémios de seguros – Proc. n.º 1308/06, de 08/02/2007.

(cobertura base de morte), o seguro constitui por natureza um contrato a favor de terceiro. Como é evidente, o sujeito passivo que desempenha profissão de desgaste rápido não pode, neste caso, ser simultaneamente pessoa segura e beneficiário da prestação do segurador decorrente da morte da pessoa segura.

Ora, verificando-se a liberdade contratual de estipulação da designação beneficiária, e não havendo constrangimentos legais (da LCS ou do CIRS) neste domínio, nada impede a pessoa que desempenha profissão de desgaste rápido (tomador do seguro e pessoa segura) de nomear, como beneficiário do capital seguro em caso de morte, uma pessoa singular que seja estranha ao seu agregado familiar ou uma pessoa coletiva (congregação religiosa, clube de futebol, associação, etc.).

É certo que situações deste teor (em que o beneficiário nomeado não sofre uma lesão patrimonial com a morte do sujeito passivo) não mereceriam, à partida, estar no âmbito da tutela inerente ao regime da dedutibilidade fiscal do prémio de seguro. Porém, uma multiplicidade de fatores (inaplicabilidade do requisito de interesse segurável aos seguros de vida[62]; alterabilidade, a todo o tempo, da designação beneficiária; insuscetibilidade de aferição da existência de uma lesão patrimonial ou não patrimonial dos beneficiários e do respetivo montante, etc.) torna inexequíveis restrições quanto a esta matéria. Quando muito, poderia o CIRS estipular, como condição adicional de dedutibilidade do prémio, que, relativamente ao risco morte, os beneficiários designados fossem os herdeiros legais da pessoa segura.

IV.1.2. Pessoas com deficiência

I – Outra situação que mereceu especial tutela fiscal por parte do Estado é a das pessoas com deficiência, considerando-se como tal, nos termos do n.º 5 do artigo 87.º do CIRS, as pessoas que apresentem um grau de incapacidade permanente, devidamente comprovado mediante atestado médico de incapacidade multiuso emitido nos termos da legislação aplicável, igual ou superior a 60%[63].

[62] Cfr. Luís Poças, *O Dever de Declaração Inicial do Risco no Contrato de Seguro, cit.*, pp. 539 ss.

[63] Nos termos do Ofício Circulado n.º 20215, de 03/12/2019, da AT, relativo ao despacho do Secretário de Estado dos Assuntos Fiscais, n.º 9/2019-XXII, de 6 de novembro, mantêm-se

Neste quadro, estabelece o n.º 2 do mesmo artigo que são dedutíveis à coleta 25% da totalidade dos prémios de seguros de vida ou contribuições pagas a associações mutualistas que garantam exclusivamente os riscos de morte, invalidez ou reforma por velhice, acrescentando, porém, o n.º 4 do mesmo artigo que essa dedução não pode exceder 15% da coleta de IRS.

Por seu turno, estabelece-se no n.º 3 do mesmo artigo que, no caso de contribuições pagas para reforma por velhice, a dedução depende de o benefício ser garantido, após os 55 anos de idade e cinco anos de a duração do contrato[64], ser pago por aquele ou por terceiros, e desde que, neste caso, tenham sido comprovadamente tributados como rendimento do sujeito passivo, com o limite de € 65,00, tratando-se de sujeitos passivos não casados ou separados judicialmente de pessoas e bens, ou de € 130,00, tratando-se de sujeitos passivos casados e não separados judicialmente de pessoas e bens.

Por comparação com as profissões de desgaste rápido, evidencia-se, desde logo, a não dedutibilidade dos prémios com seguros de saúde ou de acidentes pessoais. Quanto às modalidades de seguro de vida em causa e ao sentido da expressão «garantam exclusivamente», cfr. *supra*, IV.1.1.III.

II – O texto legal não é claro quanto a saber-se se a dedutibilidade dos prémios de seguros de vida depende de coincidirem na mesma pessoa as qualidades de: (*i*) sujeito passivo; (*ii*) portador de deficiência; (*iii*) pessoa segura; e (*iv*) tomador do seguro.

Com efeito, quanto aos seguros que garantem o risco de reforma por velhice, é duvidoso se o prémio é dedutível quando suportado pelo sujeito passivo não deficiente (tomador do seguro), a favor de um membro do agregado familiar deficiente (que assumiria, portanto, a posição de pessoa segura)[65]. A lógica de um tal seguro seria, naturalmente, a de proporcionar

válidos os atestados médicos de incapacidade multiusos emitidos ao abrigo do Decreto-Lei n.º 202/96, de 23 de outubro, desde que certifiquem incapacidades definitivas (não suscetíveis de reavaliação), ou, tratando-se de incapacidade temporária fiscalmente relevante (a reavaliar ao fim de determinado prazo), enquanto estiverem dentro do seu "prazo de validade". Cfr. https://info.portaldasfinancas.gov.pt/pt/informacao_fiscal/legislacao/instrucoes_administrativas/Documents/Oficio_Circulado_20215_2019.pdf.

64 Sobre o sentido e alcance desta condição, cfr. *supra*, IV.1.1.IV.

65 Nos termos do n.º 5 do artigo 13.º do CIRS, consideram-se dependentes, para efeito de composição do agregado familiar, os filhos, adotados, enteados e os sujeitos a tutela, maiores, *inaptos para o trabalho e para angariar meios de subsistência*.

ao dependente deficiente um rendimento, após os 55 anos de idade e cinco de duração do contrato, numa fase da vida em que, portanto, pudesse faltar (designadamente, por falecimento) o sujeito passivo não deficiente do qual aquele dependesse[66].

Ora, quanto à dedutibilidade de tais prémios, o artigo 87.º lança-nos pistas contraditórias. Por um lado, da primeira parte do n.º 2 («são ainda dedutíveis à coleta 30% da totalidade das despesas efetuadas com a educação e a reabilitação do sujeito passivo *ou dependentes com deficiência*») parece resultar uma intenção clara do legislador no sentido de beneficiar também, no plano fiscal, as despesas com dependentes deficientes.

Porém, o teor do n.º 3 do mesmo artigo logo se revela desconcertante. Como referimos, estabelece-se aí que, «no caso de contribuições pagas para reforma por velhice a dedução depende de o benefício [...] *ser pago por aquele ou por terceiros*, e desde que, neste caso, tenham sido comprovadamente tributados como rendimento do sujeito passivo». A lei não esclarece a quem se reporta a expressão *aquele* (o sujeito passivo? ou o sujeito passivo *deficiente*?). A parte subsequente é clara (no sentido de que a despesa é dedutível se for suportada pela entidade patronal do sujeito passivo e considerada rendimento do trabalho dependente deste), mas nada esclarece quanto à questão suscitada.

A desajeitada redação do n.º 3 data da Lei n.º 55-A/2010, de 31 de dezembro. Anteriormente, a matéria era regulada pelo n.º 2, onde se lia que «são ainda dedutíveis à coleta 30% da totalidade das despesas efetuadas com a educação e a reabilitação do sujeito passivo *ou dependentes com deficiência*, bem como 25% da totalidade dos prémios de seguros de vida

[66] Note-se que a referência a um *seguro que garanta o risco de reforma por velhice* nos coloca, como referimos atrás, no plano dos seguros financeiros, e não nos de risco. Neste quadro, o contrato garante o pagamento, pelo segurador, do capital seguro, numa determinada data de vencimento (que deverá corresponder, para garantia da dedutibilidade fiscal, a um momento posterior àquele em que a pessoa segura tenha mais de 55 anos de idade e o contrato mais de 5 anos de antiguidade). Em suma, a prestação do segurador não deverá depender da condição de que a pessoa segura se encontre efetivamente reformada por velhice (circunstância que deverá ser irrelevante para efeito do contrato de seguro). Por outras palavras, os seguros em causa não cobrem um verdadeiro *risco* (*alea*) de reforma por velhice, dependendo a prestação do segurador apenas de um termo suspensivo, e não de uma condição suspensiva. Não há, portanto, incoerência ou paradoxo na subscrição de um seguro que garanta o "risco de reforma por velhice" de alguém que, em virtude de deficiência, é inapto para o trabalho e para angariar meios de subsistência.

ou contribuições pagas a associações mutualistas que garantam exclusivamente os riscos de morte, invalidez ou reforma por velhice, neste último caso desde que o benefício seja garantido após os 55 anos de idade e cinco anos de duração do contrato, *e que aqueles figurem como primeiros beneficiários*, nos termos e condições estabelecidos no n.º 1 do artigo 86.º». À luz desta fórmula, era clara a dedutibilidade de prémios de seguros destinados a garantir o risco de reforma por velhice dos dependentes deficientes. Ora, a alteração de redação parece ter tido em vista, não a redução do benefício, mas antes a clarificação de que a dedutibilidade não era afetada pelo facto de o prémio ser pago pela entidade patronal do sujeito passivo, desde que sujeito este a tributação na categoria A pelo valor respetivo.

Em suma, portanto, consideramos que será dedutível o prémio suportado por sujeito passivo não deficiente quando destinado a um seguro que garanta o risco de reforma por velhice de um dependente deficiente.

III – Outra dúvida legítima corresponde à da estrutura que deve assumir o contrato de seguro de vida que garanta o risco de morte (e, eventual e adicionalmente, invalidez), de modo a que o prémio seja dedutível. Com efeito, referimos que, nos seguros de vida, o risco de invalidez é complementar ao de morte, pelo que apenas pode ser garantido se o for também o de morte e em relação à mesma pessoa (pessoa segura).

Neste quadro, não parecem desenhar-se dúvidas sobre a dedutibilidade de prémios de seguro, pagos por sujeitos passivos deficientes, para garantia do risco de morte (e invalidez) do próprio sujeito passivo (que assume, pois, a qualidade de pessoa segura). Haverá, porém, que ter em conta que, relativamente ao risco morte, o capital seguro não beneficia (obviamente) o sujeito passivo deficiente, mas terceiros (beneficiários designados), que poderão pertencer ou não ao mesmo agregado familiar, e que poderão, no limite, não ter qualquer dano patrimonial (ou não patrimonial) com o falecimento do dito sujeito passivo (pessoa segura). A lei fiscal não estabelece aqui quaisquer restrições.

IV – Outras questões reclamam clarificação. Desde logo, a da dedutibilidade – ou não – de prémios de seguro, pagos por sujeitos passivos não deficientes, para garantia do risco de morte (e invalidez) de dependente deficiente (pessoa segura). Cremos que esta possibilidade carece de sentido normativo, encontrando-se fora da *ratio* do preceito.

Com efeito, quanto ao risco morte, a configuração do dependente deficiente como pessoa segura significaria que o mesmo não beneficiaria da cobertura desse risco, sendo antes o sujeito passivo (tomador do seguro e, provavelmente, beneficiário designado) a tirar proveito do capital seguro por morte do seu dependente. Ora, repugna, no plano ético e de coerência da lei fiscal, a dedutibilidade do prémio de seguro que se destinasse a beneficiar o sujeito passivo pela morte do seu dependente deficiente. Dependendo das circunstâncias concretas do caso, o referido contrato de seguro poderia ser mesmo ilícito, por violação da alínea d) do n.º 1 do artigo 14.º da LCS[67].

Também relativamente ao risco complementar de invalidez, não se afigura que tal risco possa verificar-se (por impossibilidade) relativamente a dependentes maiores, *inaptos para o trabalho e para angariar meios de subsistência* (n.º 5 do artigo 13.º do CIRS). Por outras palavras, essa *inaptidão para o trabalho* eliminará a situação de incerteza que caracteriza o risco segurável, pelo que um contrato de seguro que cobrisse tal eventualidade seria nulo por inexistência de risco (artigo 44.º da LCS).

V – Por fim, outro caso dúbio é o da dedutibilidade de prémios de seguro, pagos por sujeitos passivos não deficientes, para garantia do seu próprio risco de morte (e invalidez), tendo, no primeiro caso, como beneficiário designado, um ou mais dependentes deficientes.

Relativamente a esta hipótese, cremos ser de afastar, desde logo, a dedutibilidade do prémio correspondente ao risco complementar de invalidez. Com efeito, sendo o capital pago, nesta circunstância, à própria pessoa segura (o sujeito passivo não deficiente), não se vê razão para a dedutibilidade do prémio.

Já o mesmo não se passa relativamente ao risco de morte. Na verdade, sendo o deficiente um dependente do sujeito passivo, a morte deste último afetará diretamente no plano patrimonial as condições de vida do deficiente. Nestas circunstâncias, encontra-se no âmbito da tutela fiscal visada pelo artigo 87.º do CIRS um seguro de vida que cubra o risco de

[67] Nos termos do preceito, «sem prejuízo das regras gerais sobre licitude do conteúdo negocial, é proibida a celebração de contrato de seguro que cubra os seguintes riscos: [...] morte de crianças com idade inferior a 14 anos ou daqueles que por anomalia psíquica ou outra causa se mostrem incapazes de governar a sua pessoa».

morte do sujeito passivo não deficiente e que tenha como beneficiário designado o dependente deficiente.

VI - Em suma, a atual redação do artigo 87.º é de molde a suscitar mais dúvidas do que certezas. Mais feliz era a redação anterior da regra, já acima transcrita, a qual concedia a dedutibilidade de prémios de seguro em que o sujeito passivo ou dependentes com deficiência figurassem como *primeiros beneficiários.*

Apesar das dúvidas que a expressão *primeiro beneficiário* pudesse suscitar, a *ratio* da dedutibilidade era clara, fornecendo o legislador um critério de aferição da mesma face aos objetivos de proteção social visados. Neste quadro, a atual redação representa um significativo e incompreensível retrocesso.

IV.1.3. Seguros de saúde

I - Reconhecendo o caráter relevante de proteção social desempenhado pelos seguros de saúde, o artigo 78.º-C do CIRS equipara a dedutibilidade dos respetivos prémios às próprias despesas de saúde.

Assim, na alínea b) do n.º 1 do referido artigo estabelece-se que, à coleta do IRS devido pelos sujeitos passivos, é dedutível um montante correspondente a 15% do valor suportado a título de despesas de saúde por qualquer membro do agregado familiar, com o limite global de € 1 000, que correspondam a *prémios de seguros* ou contribuições pagas a associações mutualistas ou a instituições sem fins lucrativos que tenham por objeto a prestação de cuidados de saúde *que*, em qualquer dos casos, *cubram exclusivamente os riscos de saúde relativamente ao sujeito passivo ou aos seus dependentes.*

II - A dedutibilidade dos prémios de seguro de saúde concorre, portanto, como acima adiantámos, com as próprias despesas de saúde constantes de faturas que titulem prestações de serviços e aquisições de bens, isentos do IVA ou tributados à taxa reduzida, cujos emitentes estejam enquadrados nos seguintes setores de atividade: de saúde humana; de comércio a retalho de produtos farmacêuticos ou de produtos médicos e ortopédicos ou de material ótico, em estabelecimentos especializados (alíneas a), c) e d) do n.º 1 do artigo 78.º-C).

É de notar, porém, que, nos termos do n.º 6 do mesmo artigo, a referida dedução de despesas de saúde não abrange a parte de tais despesas que tenha sido comparticipada por seguradoras, associações mutualistas ou instituições sem fins lucrativos que tenham por objeto a prestação de cuidados de saúde.

III – Como resulta da parte final da alínea b) do n.º 1 do artigo 78.º-C, a dedutibilidade dos prémios depende de os mesmos serem pagos pelo sujeito passivo ou por terceiros, desde que, neste caso, tenham sido comprovadamente tributados como rendimento do sujeito passivo. O trecho final visa os casos em que os prémios sejam pagos pela entidade patronal do sujeito passivo.

Sucede, porém, como melhor veremos, que, como decorre da alínea e) do n.º 1 do artigo 2.º-A do CIRS, não se consideram rendimentos do trabalho dependente (e não são, portanto, tributados como rendimento do sujeito passivo) as importâncias suportadas pelas entidades patronais com seguros de saúde ou doença em benefício dos seus trabalhadores ou respetivos familiares desde que a atribuição dos mesmos tenha caráter geral. Neste caso, portanto, os prémios não são dedutíveis nos termos da alínea b) do n.º 1 do artigo 78.º-C.

IV.1.4. Planos poupança-reforma (PPR)

IV.1.4.1. Generalidades

Os PPR foram concebidos como instrumentos de política económica[68], tendo em vista vários objetivos:

a) Desde logo, incentivar, através da concessão de benefícios fiscais, a mobilização das poupanças individuais para uma *poupança de longo prazo*. Na verdade, já o preâmbulo do citado Decreto-Lei n.º 205/89 acentua «a relevância da poupança na economia portuguesa» como justificação para os benefícios fiscais então estabelecidos, e reconhece o «importante papel» dos PPR «como fomentadores da poupança».

[68] Sobre o tema e, designadamente, sobre a eficácia dos PPR em termos de poupança e equidade, cfr. Miguel Gouveia, *Uma Análise dos Planos de Poupança Reforma*, Lisboa, Ministério das Finanças – Direção Geral de Estudos e Previsão, 1997 (polic.).

b) Por outro lado, visam *complementar o sistema geral de segurança social.* Como se refere no preâmbulo do mesmo diploma, a criação dos PPR obedece a uma «orientação estratégica nas políticas macroeconómicas e da Segurança Social que consiste em criar todo um conjunto de esquemas diversificados complementares do sistema geral de segurança social».
c) Por fim, pretendem *estimular o desenvolvimento do mercado de capitais,* tendo em consideração os parâmetros definidos para a composição do património dos fundos de poupança.

Tendo em vista os objetivos subjacentes aos planos de poupança, estes estiveram sempre (até há alguns anos) associados a importantes benefícios fiscais – quer na fase de poupança, quer na de reembolso – designadamente, um elevado montante de dedução do prémio à coleta[69].

IV.1.4.2. O âmbito da dedutibilidade

I – Na sua origem – citado Decreto-Lei n.º 205/89 –, a dedutibilidade dos prémios com PPR estava prevista em moldes francamente generosos: dedutibilidade ao rendimento coletável de IRS, até à concorrência deste, com o limite máximo do menor dos seguintes valores: 20% do rendimento total bruto englobado e 500 contos (€ 2.493,99)[70]. Posteriormente, as condições de dedutibilidade vieram a flutuar de forma inconstante, sendo hoje, por comparação com o passado, quase simbólicas.

Com efeito, estabelece-se no n.º 2 do artigo 21.º do EBF que são dedutíveis à coleta do IRS[71], nos termos e condições previstos no artigo 78.º

[69] Sobre o tema, cfr. José de Campos Amorim, "Benefícios fiscais em matéria de proteção social", *in* Ana Isabel Lambelho Costa *et al.* (Orgs.), *Atas do I Congresso Internacional de Ciências Jurídico-Empresariais – As Novas Relações Laborais,* Leiria, Instituto Politécnico de Leiria – Escola Superior de Tecnologia e Gestão, 2012, pp. 206-214, https://iconline.ipleiria.pt/bitstream/10400.8/770/1/actas_I_CICJE.pdf (consult. 22/07/2015).

[70] Quanto à questão de saber se o limite se teria por aplicável a cada sujeito passivo, no caso de sujeitos passivos casados e não separados de pessoas e bens, ou a ambos conjuntamente, cfr. Fernando Martins Rodrigues, "Regime legal dos PPR", *Fisco,* n.º 35 (out. 1991), pp. 26-29.

[71] Como resulta do n.º 10 do mesmo artigo, não são, porém, dedutíveis os valores aplicados pelos sujeitos passivos após a data da passagem à reforma. Tem-se em vista a reforma, quer por invalidez, quer por velhice (incluindo aposentação da função pública), ainda que o sujeito passivo continue a trabalhar, como se esclarece na ficha doutrinária de informação

do CIRS, 20% dos valores aplicados no respetivo ano por sujeito passivo não casado, ou por cada um dos cônjuges não separados judicialmente de pessoas e bens, em PPR, tendo como limite máximo: (a) € 400 por sujeito passivo com idade inferior a 35 anos; (b) € 350 por sujeito passivo com idade compreendida entre os 35 e os 50 anos; e (c) € 300 por sujeito passivo com idade superior a 50 anos. Como se esclarece no n.º 9 do mesmo artigo, considera-se a idade do sujeito passivo à data de 1 de janeiro do ano em que efetue a aplicação.

Note-se que, estando prevista, no n.º 1 do artigo 6.º do RJPPR, a possibilidade, a pedido expresso do participante, de transferência, total ou parcial, do valor de um plano de poupança, para um fundo de poupança diverso do originário, esclarece a citada disposição que, por esse facto, não há lugar à atribuição de novo benefício fiscal (nova dedução de valor já anteriormente deduzido).

Releva igualmente o disposto no n.º 8 do artigo 21.º do EBF, nos termos do qual o mencionado benefício é aplicável às entregas efetuadas pelas entidades empregadoras em nome e a favor dos seus trabalhadores[72]. Com efeito, nos PPR, o direito ao "reembolso" dos prémios pagos (por resgate antecipado ou por vencimento) pertence sempre à pessoa segura (que assume a designação de *participante*). Por esta razão, o prémio pago pela entidade empregadora ingressa, desde logo, na esfera jurídico-patrimonial do trabalhador, que imediatamente adquire um direito de crédito sobre o segurador. Está, portanto, como melhor veremos, sujeito a tributação na categoria A de IRS, tendo o mesmo efeito como se fosse pago diretamente pela pessoa segura por conta dos seus rendimentos líquidos disponíveis (já anteriormente sujeitos a tributação, aquando da respetiva aquisição).

II – Como acima referimos, regulação da dedutibilidade dos valores aplicados em PPR não se esgota no disposto no n.º 2 do artigo 21.º do EBF,

vinculativa da AT respeitante ao Proc. n.º 6091/07, com despacho concordante do Diretor-Geral dos Impostos, de 13/03/2008, disponível em https://info.portaldasfinancas.gov.pt/pt/informacao_fiscal/informacoes_vinculativas/beneficios_fiscais/Documents/Artigo_21_ficha_doutrinaria.pdf.

[72] O mesmo não se passa se o PPR for subscrito por uma pessoa singular, tendo como pessoa segura outra pessoa singular. Nestes casos, como se explica na Circular 17, de 31/05/2002, da Direção de Serviços dos Benefícios Fiscais, o contrato é válido, mas não confere direito aos benefícios fiscais previstos no artigo 21.º do EBF.

já que o mesmo remete para os termos e condições previstos no artigo 78.º do CIRS.

Ora, nos termos do n.º 7 do artigo 78.º, *todos* os benefícios fiscais (onde se enquadra a dedutibilidade de prémios para PPR) concorrem, *no seu conjunto* (alínea k) do n.º 1), com outras deduções à coleta, a saber: despesas de saúde e com seguros de saúde; despesas de educação e formação; encargos com imóveis; importâncias respeitantes a pensões de alimentos; exigência de fatura; e encargos com lares (alíneas c) a h) do n.º 1 do mesmo artigo).

Por outro lado, e também nos termos do n.º 7 do artigo 78.º, a soma destas deduções não pode exceder, por agregado familiar (e, no caso de tributação conjunta, após aplicação do divisor previsto no artigo 69.º), os apertados limites que resultam das fórmulas aí estabelecidas, e sem prejuízo das regras que resultam dos números subsequentes. As referidas fórmulas reduzem progressivamente os limites dedutíveis na medida em que aumenta o rendimento anual dos sujeitos passivos, de tal modo que, considerando as situações mais extremadas: (*i*) para os contribuintes que tenham um rendimento coletável igual ou inferior ao valor do 1.º escalão do n.º 1 do artigo 68.º, a dedução não tem limite; mas (*ii*) para os contribuintes que tenham um rendimento coletável superior ao valor do último escalão do n.º 1 do artigo 68.º, a dedutibilidade é de, no máximo, € 1 000.

Assim, apesar da relativa generosidade dos limites de dedução de cada tipo de despesa, isoladamente tomada, o artigo 78.º, ao estabelecer limites globais apertados para o conjunto de todas elas (para mais, decrescentes em função do rendimento), tem um efeito afunilador que elimina a utilidade e interesse prático à dedução de determinados tipos de despesa.

O regime fiscal gera, assim, um paradoxo económico: porque os rendimentos são afetados prioritariamente para despesas que os contribuintes não podem evitar – despesas de saúde, educação, etc. (todas elas concorrendo ao limite global de dedução) –, apenas poderiam beneficiar plenamente do limite de dedução estabelecido para PPR no EBF os sujeitos passivos cujo baixo rendimento os impede precisamente de acumular poupanças e de as afetar a PPR.

III – Embora o RJPPR e o n.º 1 do artigo 21.º do EBF se refiram aos fundos poupança-reforma (FPR), poupança-educação (FPE) e poupança-reforma/

educação (FPR/E)[73], a redação do n.º 2 do mencionado artigo 21.º – que, quanto a esta matéria, vigora desde 2006[74] – apenas reconhece a dedutibilidade à coleta do IRS relativamente aos valores aplicados em PPR (ou em PPR/E, mas apenas na medida em que não seja solicitado o reembolso para suportar despesas de educação)[75]. Por esta razão, os PPE e os PPR/E perderam grande parte da sua relevância fiscal.

IV.1.4.3. A condição de que depende a dedutibilidade

Como referimos atrás, os PPR obedecem a um regime legal rígido, que verte, em grande parte, do RJPPR, aí se estabelecendo em detalhe as circunstâncias em que *devem* ser mobilizados os fundos investidos.

Dizemos «*devem* ser mobilizados» porque, na verdade, os n.ºs 4 e 5 do artigo 21.º do EBF fazem depender os benefícios fiscais estabelecidos nesse artigo da verificação de uma condição: a de que o *reembolso* (na expressão legal, correspondente a operações de resgate, de vencimento ou de sinistro que oportunamente referenciámos) do valor dos PPR respeite o leque restrito das circunstâncias previstas no RJPPR[76].

[73] Com efeito, o n.º 1 do artigo 21.º dispõe que ficam isentos de IRC os rendimentos dos fundos de poupança-reforma, poupança-educação e poupança-reforma/educação que se constituam e operem nos termos da legislação nacional. Quanto à componente "educação" (PPE e PPR/E), os benefícios fiscais consagrados pelo artigo 21.º do EBF ficam confinados a esta isenção de IRC. Por esta razão, e conforme já antecipámos, ao longo do presente trabalho referir-nos-emos, em regra, apenas aos PPR.

[74] Redação da Lei n.º 60-A/2005, de 30 de dezembro (Lei do Orçamento do Estado para 2006).

[75] Como se esclarece na ficha doutrinária de informação vinculativa da AT respeitante ao Proc. n.º 477/06, com despacho concordante do Senhor Subdiretor-Geral do IR de 03/04/2006, «tendo presente a natureza mista dos PPR/E, em que as respetivas finalidades tanto podem estar relacionadas com a reforma como com a educação, esta nova redação dada ao n.º 2 do artigo 21.º do EBF implica que as aplicações efetuadas a partir de 01/01/2006, não possam ser objeto de reembolso ou obtenção de qualquer rendimento para suportar despesas inerentes à frequência ou ingresso do participante ou de qualquer dos membros do seu agregado familiar em curso do ensino profissional ou do ensino superior». Cfr. https://info.portaldasfinancas.gov.pt/pt/informacao_fiscal/informacoes_vinculativas/beneficios_fiscais/Documents/ebf_021_01.pdf.

[76] Note-se que, por força do n.º 3 do artigo 16.º do EBF, são aplicáveis as regras previstas no artigo 21.º do mesmo diploma, com as necessárias adaptações, às contribuições individuais dos participantes e aos reembolsos pagos por fundos de pensões e outros regimes complementares de segurança social, incluindo os disponibilizados por associações mutualistas, que garantam

À observância desse elenco de circunstâncias chamaremos *reembolso dentro das condições legais*.

Isto não significa que o EBF ou o RJPPR vedem a *possibilidade* de reembolso *fora das condições legais*. Essa eventualidade, como melhor veremos, é legalmente admitida como *possibilidade de facto*, o que implica que a arquitetura contratual que suporta o PPR não a impossibilite. Trata-se, porém, no plano normativo, de uma atuação indesejada e, portanto, *indevida*.

Assim, no campo da normatividade do regime fiscal, entendemos o reembolso *dentro* das condições legais como um comportamento prescrito, esperado e devido. É o comportamento que obedece a um imperativo axiológico, imposto pelo regime aplicável e, portanto, *fiscalmente lícito*. É, por isso mesmo, a condição de manutenção do benefício fiscal concedido.

Por seu turno, o reembolso *fora* das condições legais, não é um comportamento axiologicamente livre. Não cabe ao participante (pessoa segura) a margem de discricionariedade para optar livremente entre o reembolso *dentro* ou *fora* das condições legais. Este último é negativamente valorado pelo Direito e é, portanto, no plano da normatividade fiscal, reprovável e merecedor de censura. Por isso mesmo, trata-se – como melhor veremos – de um comportamento fiscalmente *ilícito* e, portanto, penalizado[77].

exclusivamente o benefício de reforma, complemento de reforma, invalidez ou sobrevivência, incapacidade para o trabalho, desemprego e doença grave. Esclarece adicionalmente o n.º 6 do citado artigo 16.º que essas contribuições são dedutíveis à coleta do IRS desde que: (*i*) quando pagas e suportadas por terceiros, tenham sido, comprovadamente, tributadas como rendimentos do sujeito passivo; e (*ii*) quando pagas e suportadas pelo sujeito passivo, não constituam encargos inerentes à obtenção de rendimentos da categoria B. Por fim, dispõe o n.º 2 do mesmo artigo que a referida dedutibilidade das contribuições é cumulável com a dos valores pagos para PPR, não podendo, porém, a soma desses valores exceder os limites fixados no n.º 2 do artigo 21.º do EBF.

[77] Questão difícil é a de saber qual o comportamento esperado do segurador que concebe e comercializa o contrato PPR. Se o comportamento da pessoa segura é *vinculado* (no sentido de dever solicitar o reembolso dentro das condições legais), não o deverá ser também o do segurador, no sentido de dever impedir contratualmente que o reembolso se processe fora dessas condições? Mas, a ser assim – isto é, não sendo contratualmente possível o reembolso fora das condições legais – porque a admite a lei como *possibilidade de facto*, associando-lhe uma penalização? Como dissemos, a questão não é simples. Dir-se-á apenas que a norma fiscal (n.ºs 4 e 5 do artigo 21.º do EBF) não se dirige ao segurador no sentido de lhe impor a conceção de um formato de PPR que apenas permita contratualmente o reembolso dentro das condições legais. O segurador será, portanto, um elemento neutro na equação normativa gizada,

Vejamos de seguida quais as condições legais a que deve obedecer o reembolso.

IV.1.4.4. O reembolso dentro das condições legais

I – As *condições legais* de reembolso dos PPR – isto é, aquelas em que o participante pode licitamente solicitá-lo, no contexto acima referido – encontram-se previstas no n.º 1 do artigo 4.º do RJPPR, sendo, ademais, complementadas, pelo RegPPR. Vejamos circunstanciadamente cada uma delas.

II – Desde logo, temos a *reforma por velhice* do participante (pessoa segura) ou, quando o PPR seja um bem comum[78], do cônjuge (alínea a) do n.º 1 e n.º 6 do artigo 4.º do RJPPR).

Esclarece o n.º 1) do artigo 1.º do RegPPR que se consideram em situação de reforma por velhice, as pessoas a quem tenham sido atribuídas pensões de velhice por qualquer regime de proteção social, nomeadamente da segurança social ou da função pública, incluindo as situações de antecipação da idade de pensão por velhice. Por outro lado, nos termos da alínea a) do artigo 2.º do mesmo diploma, constitui meio de prova da referida situação a certificação ou declaração autenticada da veracidade de pensionista feita pela entidade processadora da pensão.

III – Segue-se o *desemprego de longa duração* do participante ou de qualquer dos membros do seu agregado familiar (alínea b) do n.º 1 do artigo 4.º do RJPPR)[79].

Nos termos do n.º 2) do artigo 1.º do RegPPR consideram-se em situação de desemprego de longa duração, os trabalhadores dependentes ou independentes que, tendo disponibilidade para o trabalho, estejam há

cabendo-lhe possibilitar, no plano contratual e dos factos, a adoção de um comportamento fiscalmente ilícito pelo participante (pessoa segura).

[78] Como resulta do artigo 3.º do RegPPR, a natureza de bem comum será comprovada por certidão do registo civil de onde conste o estado civil do participante ao tempo da subscrição e, se for caso disso, por convenção antenupcial

[79] Nos termos do n.º 7) do artigo 1.º do RegPPR, consideram-se *pessoas que integram o agregado familiar*, aquelas a quem incumba a sua direção, bem como os dependentes a que alude o n.º 4 do artigo 13.º do CIRS.

mais de 12 meses desempregados e inscritos nos respetivos centros de emprego. Por outro lado, a alínea b) do artigo 2.º do mesmo diploma prevê como meio de prova desta situação a apresentação de certificação da situação de desemprego de longa duração do trabalhador, feita pelo centro de emprego em que o mesmo se encontre inscrito.

IV – Outra condição corresponde à *incapacidade permanente para o trabalho* do participante ou de qualquer dos membros do seu agregado familiar, qualquer que seja a sua causa (alínea c) do n.º 1 do artigo 4.º do RJPPR).

Como resulta do n.º 3) do artigo 1.º do RegPPR consideram-se em situação de incapacidade permanente para o trabalho, as pessoas que: (*i*) sejam titulares de pensões de invalidez por qualquer regime de proteção social, nomeadamente da segurança social ou da função pública; (*ii*) sejam titulares de pensão por acidentes de trabalho ou doença profissional, desde que o grau de incapacidade não seja inferior a 60%; ou (*iii*) não se encontrando nas situações anteriores, detenham incapacidade permanente causada por ato da responsabilidade de terceiro que as impeça de auferir mais de um terço da remuneração correspondente ao exercício normal da sua profissão.

Por seu turno, a alínea a) do artigo 2.º do mesmo diploma estabelece como meios de prova para as duas primeiras situações, a certificação ou declaração autenticada da veracidade de pensionista, com o respetivo grau de incapacidade, feita pela entidade processadora da pensão. Para a terceira situação, a alínea c) do mesmo preceito prevê como meio de prova a sentença donde conste a incapacidade permanente, ou, na sua falta, certificação por órgãos periciais especialmente designados para o efeito pela ASF.

V – Outra condição legal de reembolso corresponde à *doença grave* do participante ou de qualquer dos membros do seu agregado familiar (alínea d) do n.º 1 do artigo 4.º do RJPPR), entendendo-se estarem nessa situação, nos termos do n.º 4) do artigo 1.º do RegPPR, as pessoas vítimas de enfermidade que, pelas suas características e as próprias do indivíduo afetado, possa colocar em risco a vida, e ou exija tratamento prolongado, e ou provoque incapacidade residual importante.

O meio de prova previsto para esta situação é, nos termos da alínea d) do artigo 2.º do mesmo diploma, o atestado médico que declare a situação de doença ou a enfermidade, emitido pelos competentes serviços do sistema ou subsistema de saúde que abranja o interessado.

VI – O reembolso pode igualmente ser solicitado *a partir dos 60 anos de idade* do participante ou, quando o PPR seja um bem comum, do cônjuge (alínea e) do n.º 1 e n.º 6 do artigo 4.º do RJPPR).

VII – Prevê-se ainda o reembolso para *frequência ou ingresso* do participante ou de qualquer dos membros do seu agregado familiar *em curso do ensino profissional ou do ensino superior*, quando geradores de despesas no ano respetivo (alínea f) do n.º 1 do artigo 4.º do RJPPR).

Esta condição de reembolso aplica-se a PPR/E e a PPE, mas não a PPR (n.º 9 do artigo 4.º do RJPPR). Por outro lado, nos termos do n.º 2 do artigo 5.º do mesmo diploma, o reembolso apenas pode ser efetuado uma vez em cada ano, estando sujeito aos limites por educando a fixar por portaria conjunta dos Ministros de Estado e das Finanças, da Educação e da Ciência e do Ensino Superior (Portaria n.º 1452/2002, de 11 de novembro).

Como resulta do n.º 5 do artigo 1.º do RegPPR, consideram-se cursos de ensino profissional: (*i*) os que atribuem diploma equivalente ao do ensino secundário regular e qualificação profissional de nível III, ministrados em escola profissional pública ou privada, neste último caso desde que esta disponha de autorização de funcionamento; e (*ii*) os cursos de especialização tecnológica a que se refere a Portaria n.º 989/99, de 3 de novembro, que atribuem qualificação profissional de nível IV. Por seu turno, nos termos do n.º 6) do mesmo artigo, consideram-se cursos de ensino superior os conducentes diretamente à atribuição de um grau académico (bacharel, licenciado, mestre ou doutor), cujo funcionamento esteja autorizado, nos termos da lei aplicável: (*i*) em estabelecimento de ensino superior público; (*ii*) em estabelecimento de ensino superior particular ou cooperativo reconhecido de interesse público nos termos da lei; ou (*iii*) na Universidade Católica Portuguesa.

Quanto aos meios de prova previstos, a alínea e) do artigo 2.º do mesmo diploma identifica a cópia do cartão de contribuinte do participante; atestados de residência do participante e do educando passados pela respetiva junta de freguesia; e ainda de um dos seguintes documentos, consoante o caso: (*i*) para o 1.º ano do curso, o recibo ou certificado de inscrição, emitido pelo estabelecimento de ensino respetivo, com expressa indicação do fim a que se destina; e (*ii*) para os anos subsequentes, certificado de frequência, com aproveitamento no ano transato, emitido pelo estabelecimento de ensino respetivo, com expressa indicação do fim a que se destina.

VIII – Está também previsto o reembolso para *pagamento de prestações de contratos de crédito garantidos por hipoteca sobre imóvel destinado a habitação própria e permanente* do participante (alínea g) do n.º 1 do artigo 4.º do RJPPR).

Para este efeito, e nos termos das alíneas a) a c) do n.º 11 do artigo 4.º do RJPPR, são considerados: os contratos de crédito à aquisição, construção e realização de obras de conservação ordinária, extraordinária e de beneficiação de habitação própria e permanente; os contratos de crédito à aquisição de terreno para construção de habitação própria e permanente; e os demais contratos de crédito garantidos por hipoteca sobre imóvel destinado a habitação própria e permanente do participante.

De resto, esclarece o n.º 3 do artigo 5.º do mesmo diploma que o reembolso se destina ao pagamento de prestações vencidas, incluindo capital, juros remuneratórios e moratórios, comissões e outras despesas conexas com o crédito à habitação, bem como ao pagamento de cada prestação vincenda à medida e na data em que esta se venha a vencer[80].

Nos termos do n.º 8) do artigo 1.º do RegPPR, consideram-se prestações de crédito à aquisição de habitação própria e permanente, as prestações vencidas ou vincendas, incluindo capital e juros, por pagar no âmbito de contratos de empréstimo regidos pelo previsto no Decreto-Lei n.º 349/98, de 11 de novembro, de que o participante seja mutuário, na proporção da titularidade do participante no caso de contitularidade da habitação, salvo nos casos em que por força do regime de bens do casal o PPR seja um bem comum.

[80] Como se sublinha na ficha doutrinária de informação vinculativa da AT respeitante ao Proc. n.º 4242/2017, com despacho concordante da Subdiretora Geral do IR, de 24/04/2018, esta condição legal de reembolso não abrange as situações de reembolso *para aquisição de habitação* (que não para pagamento de prestações de crédito). Cfr. https://info.portaldasfinancas.gov.pt/pt/informacao_fiscal/informacoes_vinculativas/beneficios_fiscais/Documents/PIV_12927.pdf.

Conforme dispõe a alínea f) do artigo 2.º do mesmo diploma, a situação deve ser provada através de declaração da instituição de crédito mutuante que ateste o montante das prestações vencidas ou vincendas a cujo pagamento se destina o reembolso, com expressa identificação do fim a que se destina, e, bem assim, indicação do número de identificação bancária da titularidade da instituição de crédito mutuante para o qual se efetuará o reembolso.

IX – Por fim, está previsto o reembolso por *morte* do participante ou do cônjuge. Neste caso, falecendo o participante, o reembolso da totalidade do valor do plano de poupança pode ser exigido pelo cônjuge sobrevivo ou demais herdeiros legitimários, independentemente do regime de bens do casal, salvo quando solução diversa resultar de testamento ou cláusula beneficiária a favor de terceiro, e sem prejuízo da intangibilidade[81] da legítima. Por seu turno, falecendo o cônjuge do participante (se, por força do regime de bens do casal, o PPR for um bem comum), pode ser exigido pelo cônjuge sobrevivo ou demais herdeiros o reembolso da quota-parte respeitante ao falecido (alíneas a) e b) do n.º 7 do artigo 4.º do RJPPR).

Embora a redação não seja clara, afigura-se que a referência ao «cônjuge sobrevivo *ou* demais herdeiros» terá por significado e alcance que *qualquer um* deles poderá assumir a iniciativa de exigir o reembolso. Porém, tomada essa iniciativa, o reembolso haverá de ser efetuado *a todos* os titulares do correspondente direito.

X – Para além das já citadas condições substantivas, uma outra, adicional e formal, aplica-se transversalmente a qualquer daquelas. Assim, quanto às citadas condições estabelecidas nas alíneas a), e), f) e g) do n.º 1 do artigo 4.º do RJPPR (e também, por força do n.º 4, quanto às das alíneas b) a d), nos casos em que o sujeito em cujas condições pessoais se funde o pedido de reembolso se encontrasse, à data de cada entrega, numa dessas situações), dispõem os n.ºs 2 e 3 do mesmo artigo que o reembolso só pode verificar-se quanto a entregas relativamente às quais já tenham decorrido pelo menos cinco anos após as respetivas datas de aplicação pelo participante, podendo, não obstante, verificar-se o reembolso total[82]

[81] "Instatibilidade" (*sic*), no texto legal.

[82] Ou, por maioria de razão, um reembolso parcial.

se, tendo decorrido o prazo de cinco anos após a data da primeira entrega, o montante das entregas efetuadas na primeira metade da vigência do contrato representar, pelo menos, 35% da totalidade das entregas[83] [84].

XI – No âmbito das medidas tomadas em 2020 e 2021 no sentido de atenuar os efeitos económicos da pandemia de Covid-19, foi criado um regime excecional que alargou temporariamente o leque de condições legais de reembolso de PPR. Este regime, inicialmente consagrado no artigo 7.º da Lei n.º 7/2020, de 10 de abril[85], veio a ser retomado, com um âmbito mais alargado, pelo artigo 362.º da Lei do Orçamento do Estado para 2021, introduzido pela Lei n.º 75-B/2021, de 31 de dezembro.

Nos termos desta disposição, é admissível o reembolso de PPR *dentro das condições legais*, até ao limite mensal do valor do IAS, desde que o PPR

[83] A condição de que todas as entregas tenham mais de 5 anos encontra-se também refletida no n.º 4 do artigo 21.º do EBF. Já a exceção prevista no n.º 3 do artigo 4.º do RJPPR – de que o reembolso é, todavia, admissível *dentro das condições legais* se tiverem decorrido cinco anos após a data da primeira entrega e o montante das entregas efetuadas na primeira metade da vigência do contrato representar, pelo menos, 35% da totalidade das entregas – não encontra paralelo no artigo 21.º do EBF. Esta exceção, aquando da sua introdução pelo RJPPR, era, no entanto, de legalidade muito duvidosa. Com efeito, nos termos do n.º 2 do artigo 103.º, e alínea i) do n.º 1 do artigo 165.º, ambos da Constituição da República Portuguesa (doravante, CRP), os impostos (incluindo, benefícios fiscais) estão na esfera da competência exclusiva da Assembleia da República (AR), sem prejuízo da possibilidade de autorização legislativa ao Governo, nos termos do n.º 2 do referido artigo 165.º (cfr. também o n.º 1 do artigo 8.º da Lei Geral Tributária, doravante LGT). Ora, a exceção referida veio alargar o âmbito das condições legais de reembolso e, logo, do benefício fiscal. E não se tratou de um caso de interpretação autêntica, cujos pressupostos se não verificavam, mas de um efetivo e inovador alargamento de âmbito do benefício fiscal. Tal exceção foi, no entanto, estabelecida através de Decreto-Lei (n.º 158/2002), o qual não foi, porém, suportado por autorização legislativa. Era, portanto, no mínimo, questionável, a conformidade da referida exceção à CRP. A redação vigente do n.º 3 do artigo 4.º do RJPPR provém, porém, da Lei n.º 44/2013, de 3 de julho, sendo, portanto, posterior à do n.º 4 do artigo 21.º do EBF (que tem por fonte o artigo 144.º da Lei n.º 64-B/2011, de 30 de dezembro). Não se suscita já, consequentemente, a questão de constitucionalidade apontada.

[84] Retomaremos esta temática, à luz da Norma Regulamentar n.º 5/2003-R, a propósito da tributação dos rendimentos de capitais em PPR.

[85] Sobre este regime extraordinário, cfr., desenvolvidamente, Luís Poças, "A epidemia de COVID-19 e o resgate de PPR", *Observatório Almedina*, 16/04/2020, https://observatorio.almedina.net/index.php/2020/04/16/a-epidemia-de-covid-19-e-o-resgate-de-prp/ (consult. 10/04/2021).

tenha sido subscrito até 31 de março de 2020 e um dos membros do agregado familiar do participante (pessoa segura): (*i*) esteja em situação de isolamento profilático ou de doença ou preste assistência a filhos ou netos, conforme estabelecido no Decreto-Lei n.º 10-A/2020, de 13 de março; (*ii*) tenha sido colocado em situação de redução do período normal de trabalho ou de suspensão do contrato de trabalho, em virtude de crise empresarial; (*iii*) esteja em situação de desemprego registado no Instituto do Emprego e Formação Profissional (IEFP); (*iv*) seja elegível para o apoio extraordinário ao rendimento dos trabalhadores, previsto no artigo 156.º da Lei n.º 75-B/2021; (*v*) seja elegível para o apoio extraordinário à redução da atividade económica de trabalhador independente, nos termos do artigo 26.º do Decreto-Lei n.º 10-A/2020, de 13 de março; (*vi*) sendo trabalhador em situação de desproteção económica e social, preencha os pressupostos para beneficiar do apoio extraordinário previsto no artigo 325.º-G da Lei n.º 2/2020, de 31 de março, ou no artigo 156.º da citada Lei n.º 75-B/2021; (*vii*) apresente uma quebra do rendimento relevante médio mensal superior a 40 % no período de março a dezembro de 2020 face ao rendimento relevante médio mensal de 2019 e, cumulativamente, entre a última declaração trimestral disponível à data do requerimento do apoio e o rendimento relevante médio mensal de 2019; ou (*viii*) sendo arrendatário num contrato de arrendamento de prédio urbano para habitação própria e permanente em vigor à data de 31 de março de 2020, esteja a beneficiar do regime de diferimento do pagamento de rendas nos termos da Lei n.º 4-C/2020, de 6 de abril, e necessite desse valor para regularização das rendas alvo de moratória (caso em que o valor a reembolsar poderia estender-se até ao limite mensal de 1,5 IAS).

XII – O RJPPR foi regulamentado, quanto a algumas matérias, pela Norma Regulamentar n.º 5/2003-R, da ASF, de 12 de fevereiro, que, entre outras vertentes, amplia, com conteúdo inovador, o leque de situações em que o reembolso se considera admissível (portanto, dentro das condições legais).

Assim, no n.º 4 do artigo 2.º da referida Norma, estabelece-se que, no caso de reembolso parcial em que a pessoa segura optou por não exigir a totalidade do valor do plano de poupança que reunia as condições legais para ser reembolsável, o reembolso do remanescente pode ser livremente exigido pela pessoa segura a qualquer tempo. Tomada literalmente, esta solução não se refere apenas aos casos em que, por força do disposto no n.º 3 do artigo 4.º do RJPPR, a pessoa segura tivesse direito ao reembolso total e, efetuado apenas um reembolso parcial, deixasse de cumprir a regra dos 35% de entregas efetuadas na primeira metade de vigência do contrato[86]. Com efeito, a solução, na sua literalidade, abrange mesmo os casos em que o motivo que fundamenta o reembolso dentro das condições legais (por exemplo, o desemprego prolongado) deixe de verificar-se, considerando-se então que a pessoa segura conserva o direito a reclamar, dentro das condições legais, o valor não reembolsado. Independentemente de ser discutível a bondade da solução[87] - que incoerentemente, aliás, não equipara ao reembolso parcial os casos em que a pessoa segura não tivesse efetuado qualquer reembolso tendo podido fazê-lo nas condições legais[88] –, é, no mínimo, muito duvidoso que a referida Norma Regulamentar possa ter por consequência a ampliação de um benefício fiscal.

Com efeito, considerando a reserva exclusiva de competência da AR em matéria fiscal, e assumindo a Norma referida a natureza de regulamento (e nem sequer de lei em sentido material) com conteúdo inovador, afigura-se existir uma incompatibilidade com o princípio da legalidade tributária e, designadamente, com o teor do n.º 2 do artigo 103.º da CRP e do n.º 1 do artigo 8.º da LGT[89].

[86] Os n.ºs 5 a 7 da Norma referenciada estabelecem um regime de imputação dos reembolsos parciais às entregas efetuadas, recontando, em função dos reembolsos parciais que ocorram, a data de início do plano de poupança a considerar.

[87] Em sentido crítico, Francisco Luís Alves, "O regime jurídico dos Planos Poupança Reforma", *cit.*, pp. 353-354.

[88] Numa lógica de *direito* (irreversivelmente) *adquirido,* a solução parece congelar no tempo o direito da pessoa segura ao reembolso nas condições legais, ainda que as mesmas deixem de verificar-se. Porém, incoerentemente, esse congelamento do direito depende, não da ocorrência de uma circunstância legalmente prevista, mas do exercício parcial do direito ao reembolso. Exemplificando: uma pessoa em situação de desemprego prolongado que efetuasse um reembolso parcial poderia posteriormente exigir o reembolso total do remanescente, mesmo depois de voltar a estar empregado. Porém, se, estando desempregado, não tivesse solicitado um reembolso parcial, não poderia já, voltando a estar empregado, vir a solicitar o reembolso do valor a que tinha tido direito.

[89] Sobre o princípio da legalidade tributária no domínio dos benefícios fiscais, cfr. Ana Paula Dourado, *O Princípio da Legalidade Fiscal – Tipicidade, Conceitos Jurídicos Indeterminados e Margem de Livre Apreciação*, Coimbra, Almedina, 2007, sobretudo, pp. 125 ss.

IV.1.4.5. O reembolso fora das condições legais e a reposição do benefício

I – Como referimos, as condições de *reembolso* legalmente previstas – que acabamos de enunciar – correspondem às circunstâncias em que o mesmo é normativamente admissível e, portanto, lícito. Como dissemos também, a circunscrição desse leque de circunstâncias não impede que, no plano dos factos, o reembolso possa ocorrer fora desses casos, por decisão do participante (pessoa segura, que, no caso dos PPR, é a titular do direito ao reembolso[90]). Neste caso, porém, não estamos no plano da indiferença normativa, mas antes no de comportamentos que, sendo materialmente possíveis, são negativamente valorados pelo Direito e, portanto, ilícitos[91].

Com efeito, o n.º 5 do artigo 4.º do RJPPR estabelece que, fora das situações previstas nos números anteriores (isto é, fora das condições legais), o reembolso do valor do PPR pode ser exigido a qualquer tempo, nos termos contratualmente estabelecidos e com as consequências previstas nos n.ºs 4 e 5 do artigo 21.º do EBF. Na parte que agora releva, essas consequências são, em virtude do caráter normativamente desviante da conduta, a reposição do benefício fiscal acrescido de uma *penalização*. Vejamos em que termos.

II – Em virtude de os PPR visarem promover a poupança de longo prazo, o incentivo à mesma – traduzido, designadamente, na dedução dos

[90] Apesar de o direito ao reembolso se situar na esfera da pessoa segura – e não do tomador do seguro, quando não coincida com aquela – pensamos que (embora a lei o não exija) o segurador deverá informar o tomador da operação. Neste sentido, Francisco Luís Alves, "O regime jurídico dos Planos Poupança Reforma", *cit.*, p. 350, n. 53.

[91] A ilicitude fiscal do reembolso fora das condições legais não tem obstado ao reconhecimento jurisprudencial da penhora do *direito* (de crédito) ao reembolso. Numa perspetiva pragmática, assente na materialidade subjacente, de ponderação entre o interesse do credor (exequente) na conservação do seu crédito e o interesse do devedor (executado) em não sofrer a penalização fiscal prevista, a jurisprudência assume o reembolso fora das condições legais como um ato normativamente neutro, configurado como um *direito* do participante: «os diversos Planos de Poupança visam, além de eventuais critérios de justiça social, cativar e estimular as poupanças e nunca como um meio de os devedores porem os seus bens a salvo das medidas processuais coercivas com que os credores procurem recuperar os seus créditos» – Ac. TRL de 23/06/2005 – Proc. n.º 4218/2005-8 (António Valente). Cfr. também, p. ex., Ac. TRP de 06/05/2008 – Proc. n.º 0723831 (Maria Eiró). Aludindo à problemática, Francisco Luís Alves, "O regime jurídico dos Planos Poupança Reforma", *cit.*, p. 352, n. 58.

prémios à coleta - depende, como vimos, da restrição das circunstâncias em que o reembolso é legalmente admissível.

Diversamente, quando o reembolso é efetuado *fora das condições legais* (fiscalmente ilícito), dispõe o n.º 4 do artigo 21.º do EBF que a fruição do benefício previsto no n.º 2 (dedução à coleta) fica sem efeito, devendo as importâncias deduzidas, majoradas em 10%, por cada ano ou fração, decorrido desde aquele em que foi exercido o direito à dedução, ser acrescidas à coleta do IRS do ano da verificação dos factos[92], se aos participantes for atribuído qualquer rendimento ou for concedido o reembolso dos certificados (salvo em caso de morte do subscritor ou quando tenham decorrido, pelo menos, cinco anos a contar da respetiva entrega e ocorra qualquer uma das situações definidas na lei[93]).

A majoração em 10% por cada ano ou fração constitui atualmente uma pesada penalização, autêntica sanção proporcional ao elevado desvalor tributário do reembolso fora das condições legais, fundamentando a qualificação de tal reembolso como um ilícito fiscal[94]. Com efeito, se tiverem decorrido 10 anos a contar da entrega objeto do reembolso, o sujeito passivo que tenha beneficiado da dedução terá de repô-la em dobro (acréscimo de 100%).

[92] O ano da verificação dos factos corresponderá, assim, ao ano em que é executado o reembolso. Consumando-se a ilicitude fiscal com a operação correspondente ao reembolso, pensamos que será esse o momento - coincidente com o pagamento ou colocação à disposição do valor de reembolso - que determina o ano em que haverá de verificar-se o acréscimo à coleta (mesmo que a instrução de reembolso do participante tenha sido emitida em momento que corresponda ao ano civil anterior).

[93] O trecho final (que colocámos entre parêntesis) ressalva, portanto, as situações em que o reembolso ocorra dentro das condições legais, caso em que, sendo lícitas, não lhes é aplicável a penalização referida.

[94] Na sua origem, o reembolso fora das condições legais constituía uma operação normativamente neutra. Assim, na versão inicial do EBF, o n.º 4 do artigo 21.º previa apenas, em caso de reembolso fora das condições legais, a devolução do benefício fiscal acrescido de *juros compensatórios*. A majoração em 10% foi introduzida pela Lei n.º 34-B/94, de 27/12 (Lei do Orçamento do Estado para 1995), assentando então, como se pode ler na respetiva nota justificativa, em «razões de simplicidade e eficácia, e salvaguardando-se a reparação dos prejuízos sofridos pela Fazenda Pública». A inflação e as taxas de juro bancárias situavam-se então em patamares tais que os 10% rondavam os referidos juros compensatórios. Atualmente, com a descida gradual da inflação e das taxas de juro, a manutenção no texto legal da referida majoração constitui uma penalização descontextualizada e desproporcionada.

III – *Quid iuris* se, num determinado ano fiscal, o participante efetuar uma entrega em PPR de valor muito superior ao que lhe proporcionaria a dedução fiscal máxima, vindo alguns anos depois a solicitar um reembolso parcial, fora das condições legais, sem ofender o montante necessário para proporcionar aquela dedução máxima?

Exemplificando com uma situação concreta: o participante efetuou em 2014 uma entrega em PPR de € 10.000,00. Tendo menos de 35 anos, conseguiria, com uma entrega de € 2.000,00, a dedução máxima (€ 400,00). Em 2018, pretendeu efetuar um reembolso parcial, fora das condições legais, de € 8.000,00, mantendo, portanto, imobilizado o valor que havia sido necessário para garantir a referida dedução fiscal máxima (€ 400,00).

Efetuado pedido de informação vinculativa à AT, foi esta do entendimento[95] de que haveria que aplicar uma regra proporcional. Assim, se o participante obteve um benefício de € 400,00 com uma entrega de € 10.000,00, então, ao pedir o reembolso de € 8.000,00, o mesmo representou 4/5 do benefício obtido, isto é, € 320,00. Tendo decorrido 4 anos entre a entrega e o reembolso, o benefício haveria de ser reposto, majorado de 40%. Em suma, teria de ser reposto um valor de € 448,00, a acrescer à coleta.

Não podemos concordar com esta perspetiva. No referido caso concreto, se o participante tivesse efetuado duas entregas em dois PPR distintos – uma de € 8.000,00 (que não utilizaria para efeitos de dedução fiscal) e uma de € 2.000,00 (cujo valor declararia fiscalmente, com ele obtendo a dedução máxima de € 400,00) – teríamos a mesma situação material. Em tal caso, porém, o reembolso dos € 8.000,00 seria fiscalmente irrelevante: não tendo a respetiva entrega originado um benefício fiscal, o reembolso não daria lugar à sua reposição com penalização. Ora, considerando a igualdade material de situações, a solução defendida pela AT revela-se profundamente injusta.

IV – O referido trecho do n.º 4 do artigo 21.º do EBF – «se aos participantes for *atribuído qualquer rendimento* ou for *concedido o reembolso* dos

[95] Cfr. a ficha doutrinária de informação vinculativa da AT respeitante ao Proc. n.º 1425/2018, com despacho concordante da Diretora de Serviços do IRS, de 26/07/2018, disponível em https://info.portaldasfinancas.gov.pt/pt/informacao_fiscal/informacoes_vinculativas/beneficios_fiscais/Documents/PIV_13778.pdf.

certificados» – toma o termo *reembolso*, não no sentido amplo (e também ambíguo e pouco rigoroso), que encontramos no RJPPR (como sinónimo de resgate ou vencimento), mas num sentido economicamente mais acertado, distinguindo, por um lado, o *reembolso* do valor correspondente aos prémios pagos e, por outro, a atribuição de um *rendimento* gerado pela aplicação daquele valor.

V – Já a parte final do n.º 4 do artigo 21.º do EBF («salvo em caso de morte do subscritor ou quando tenham decorrido, pelo menos, cinco anos a contar da respetiva entrega e ocorra qualquer uma das situações definidas na lei»), a mesma padece, do nosso ponto de vista, de uma redação descuidada, pouco rigorosa e desalinhada do RJPPR, o que não é compreensível[96].

Na verdade, não é concebível, em substância, uma cisão entre o regime contratual injuntivo dos PPR e o respetivo regime fiscal, já que, em matéria de condições de reembolso, a relevância daquele se coloca exclusivamente no plano fiscal, como bem resulta do n.º 5 do artigo 4.º do RJPPR.

Assim, a prevalência da parte final do n.º 4 do artigo 21.º do EBF sobre o artigo 4.º do RJPPR (designadamente, os respetivos n.ºs 2 e 3) teria como efeito prático eliminar qualquer conteúdo útil a este. Por outras palavras, seria absurdo que, tendo-se o legislador dedicado a regular à exaustão as condições de reembolso dos PPR (cujas únicas implicações ou consequências são de âmbito tributário), fosse, afinal, o mesmo o tratamento fiscal

[96] A Lei do Orçamento do Estado para 2003 introduziu também uma redação no n.º 2 do artigo 21.º do EBF que exigia, para a aceitação da dedução, uma imobilização mínima de 5 anos para todas as entregas. Sobre esta incoerência adicional com o RJPPR foi a AT questionada pela ASF, tendo o entendimento então emitido sido divulgado através da Circular da ASF n.º 25/2003, de 30 de setembro. Tal entendimento, tentando retirar um sentido útil das incongruências do texto legal, identificava três tipos de situações: (*i*) nos casos de reembolso fora das condições legais, haveria reposição, com majoração de 10%, do valor deduzido; (*ii*) no caso de reembolso dentro das condições legais, haveria, quanto às entregas com menos de 5 anos, reposição do benefício fiscal (exceto nos casos de morte do participante), sem majoração; (*iii*) no caso de reembolso dentro das condições legais e para todas as entregas com mais de 5 anos (ou em caso de morte do participante), não haveria reposição do benefício fiscal.

do reembolso com respeito por aquelas condições ou com inobservância das mesmas[97].

Ora, consideramos que a referência aos cinco anos a contar da respetiva entrega, feita no n.º 4 do artigo 21.º do EBF, haverá apenas de se reportar aos casos em que a circunstância legitimadora do reembolso fosse previsível (alíneas a), e), f) e g) do n.º 1 do artigo 4.º do RJPPR, como resulta do n.º 2 do mesmo artigo) ou em que o participante se encontrasse já nessa circunstância à data do pagamento do prémio (n.º 4 do artigo 4.º). Não chega, por outro lado, mencionar os cinco anos a contar da respetiva entrega (n.º 2 do artigo 4.º) sem mencionar a exceção prevista no n.º 3 do mesmo artigo (contrato com mais de 5 anos e pagamento de 35% da totalidade dos prémios na primeira metade de vigência do mesmo). Por fim, a referência à morte do "subscritor", não só configura uma das circunstâncias que legitima o reembolso sem penalização (alínea a) do n.º 7 do artigo 4.º), mas haverá que atender, não apenas à morte do participante, mas também à do respetivo cônjuge (alínea b) do n.º 7 do artigo 4.º). Em suma, mais valeria que o n.º 4 do artigo 21.º do EBF terminasse com uma formulação como: «...se aos participantes for atribuído qualquer rendimento ou for concedido o reembolso dos certificados *fora das circunstâncias e condições legalmente definidas*».

IV.2. Os casos de *investimento financeiro*

Vimos os casos em que – quer pela situação subjetiva de vulnerabilidade da pessoa segura, quer pela função objetiva e tipicamente previdencial do seguro – é reconhecida a dedutibilidade fiscal dos prémios suportados pelo sujeito passivo de IRS (situações que, no quadro da tipologia traçada, correspondem ao tipo *previdência individual*).

No contexto da referida tipologia, as situações de tipo 2 (*investimento financeiro*) definem-se com base na *função* visada pela pessoa singular que economicamente suporta, à custa dos seus rendimentos disponíveis (prévia ou concomitantemente[98] sujeitos a tributação) o valor do prémio. Essa

[97] Acresce que, como já referimos, a redação vigente dos n.ºs 2 e 3 do artigo 4.º do RJPPR tem por fonte a Lei n.º 44/2013, de 3 de julho, sendo, portanto, posterior à do n.º 4 do artigo 21.º do EBF (que tem por fonte o artigo 144.º da Lei n.º 64-B/2011, de 30 de dezembro).

[98] Estes serão os casos de prémios suportados pela entidade patronal, que, por serem tributados como rendimentos do trabalho dependente do trabalhador, aquando do seu pagamento

função corresponde, desta feita, à utilização instrumental de um produto de seguros (no caso, de um seguro financeiro do ramo vida), pelo sujeito passivo de IRS, não com fins previdenciais, mas com propósitos de estrito investimento, isto é, de extrair do referido produto um ganho financeiro.

Estamos, portanto, no domínio restrito dos produtos financeiros do ramo vida (em regra, seguros de capitalização ou *unit linked*) funcionalmente usados como instrumentos de investimento, à semelhança de outros produtos financeiros exteriores à atividade seguradora (como as operações ou os contratos bancários).

Ora, como oportunamente referimos, faltando, do ponto de vista do legislador fiscal, a função previdencial típica do contrato de seguro, não haveria fundamento para a atribuição do benefício fiscal (dedução à coleta) que vimos ser aplicável às situações que designámos como de *previdência individual*, às quais é reconhecida – ainda em moldes bastante restritivos – a dita função previdencial e o referido benefício, a estimular o reforço dessa vertente da previdência.

IV.3. As situações de *remuneração em espécie*

I – As situações que designámos de *remuneração em espécie* são definidas pela lógica e função que preside ao pagamento do prémio pela entidade patronal em benefício do trabalhador: uma finalidade e utilidade remuneratória, tendo por base uma relação de trabalho dependente entre o tomador do seguro (entidade patronal) e a pessoa segura (trabalhador).

É essa função remuneratória que determina a tributação do trabalhador, na categoria A de IRS pelo rendimento do trabalho dependente aqui consubstanciado. E é, reflexamente, essa tributação que permite à entidade patronal a dedução do custo em IRC, na mesma medida em que, como ocorre com as demais modalidades de remuneração, se trata de um gasto ou de uma perda inerente à atividade da empresa e que concorre para a obtenção dos rendimentos sobre os quais incide o IRC.

II – Naturalmente que o seguro tenderá a ser, em si mesmo, valioso para o trabalhador, quer porque assuma uma utilidade como meio de

ao segurador, correspondem materialmente aos casos em que o titular do contrato (pessoa singular) custeia diretamente o pagamento do prémio com valores anteriormente tributados (aquando do ingresso dos mesmos na sua esfera jurídico-patrimonial).

previdência, quer porque consubstancie um veículo de investimento. Não serão, porém, estas funções do seguro, que nortearão agora a nossa análise, porquanto – estando o prémio sujeito a tributação na esfera do trabalhador (como rendimento da categoria A de IRS), situação assimilável à do pagamento do prémio diretamente pelo trabalhador – a mesma corresponderia, afinal, aos contornos já referenciados a propósito das duas situações securitário-tributárias anteriores (*previdência individual* e *investimento financeiro*).

Interessa-nos, desta feita, apenas a utilidade do seguro como instrumento para a transferência de valores – com liquidez imediata, no caso de se tratar de um produto financeiro do ramo vida – entre a esfera do empregador e a do trabalhador. Neste domínio, começaremos por analisar o enquadramento da dedutibilidade do prémio em IRC, passando subsequentemente a abordar a tributação do trabalhador na categoria A de IRS.

IV.3.1. A dedução do prémio, pelo empregador, em IRC

Quanto à dedutibilidade dos prémios de seguros em IRC, o regime-regra resulta do artigo 23.º do CIRC. Nos termos do n.º 1 do preceito, para a determinação do lucro tributável, são dedutíveis todos os gastos e perdas incorridos ou suportados pelo sujeito passivo para obter ou garantir os rendimentos sujeitos a IRC. Acrescenta depois a alínea d) do n.º 2 que se consideram abrangidos pelo número anterior, nomeadamente, os gastos e perdas de natureza administrativa, tais como *seguros, incluindo os de vida, doença ou saúde, e operações do ramo vida, contribuições para fundos de poupança-reforma, contribuições para fundos de pensões e para quaisquer regimes complementares da segurança social.*

No preceito em análise podemos identificar três tipos distintos de situações: (*i*) os seguros patrimoniais (multirriscos, responsabilidade civil, etc.) ou de acidentes de trabalho inerentes à atividade da entidade em questão, contratados no interesse da mesma ou por determinação legal; (*ii*) os seguros de risco, contratados no interesse de alguns trabalhadores e que constituirão remunerações em espécie dos mesmos; (*iii*) os seguros de vida financeiros cujos prémios consubstanciam valores que ingressam imediata e irreversivelmente na esfera jurídico-patrimonial dos trabalhadores. Quanto às situações (*ii*) e (*iii*), o facto de terem por base uma relação laboral e constituírem, portanto, uma contrapartida da prestação de trabalho – tratando-se, pois, de rendimentos do trabalho dependente – determina que sejam gastos efetuados para a manutenção da fonte geradora de rendimentos sujeitos a IRC[99].

Quanto a este terceiro tipo de situações, verifica-se, na substância económica da operação, uma transferência de fundos da esfera da entidade patronal (tomadora do seguro) para a do trabalhador (pessoa segura), titular do direito ao resgate ou do direito ao capital na respetiva data de vencimento. No plano fiscal, tudo se passa como se houvesse o pagamento direto de uma remuneração do empregador ao trabalhador, sendo fundamental que a titularidade dos fundos constitua um direito adquirido e individualizado do trabalhador, isto é, que essa titularidade seja incondicional e irreversível (designadamente, que não fique dependente da manutenção do vínculo laboral até uma data futura, em regra, a data de reforma do trabalhador).

Do mesmo modo que as remunerações são gastos dedutíveis em IRC, também o são, portanto, os prémios de seguro que consubstanciam remunerações.

IV.3.2. A tributação, à entrada, na categoria A de IRS

Vejamos circunstanciadamente as duas situações referidas de pagamento de prémios de seguro que configuram um rendimento do trabalho dependente do trabalhador (pessoa segura), começando pelas que suscitam menores dificuldades: as dos seguros de risco.

IV.3.2.1. Seguros de risco

I – Como tivemos já oportunidade de referir, enquanto nos seguros de risco o valor do prémio é "consumido" no custeio da cobertura de um risco (traduzindo-se essa cobertura num efeito de segurança valorizado por quem dele beneficia), nos de vida financeiros o valor do prémio não é "consumido" (é mesmo passível de valorização, designadamente numa lógica de capitalização), consubstanciando o capital pagável em vida à pessoa segura (mediante uma operação de resgate ou de vencimento).

[99] Duarte Galhardas, "A tributação em sede de imposto sobre o rendimento dos regimes complementares de segurança social", *Fisco*, n.º 76/77 (mar.-abr. 1996), p. 50.

Significa isto, como também já referimos, que, nos seguros de vida financeiros suportados pela entidade patronal, há, no plano económico, um valor pecuniário que transita da esfera patronal para a do trabalhador, a sugerir, desde logo, a sua tributação como rendimento do trabalho dependente.

Já nos seguros de risco, o valor do prémio pago, por uma empresa tomadora do seguro, a favor de um trabalhador seu, não é objeto de investimento (nem ingressa, de algum modo, na esfera do trabalhador), mas antes se destina integralmente a custear a cobertura de um risco pelo segurador. O benefício do trabalhador não corresponde, portanto, diretamente ao próprio valor pecuniário do prémio, mas ao que o mesmo adquire: o efeito de segurança resultante da cobertura do risco. Importa verificar, assim, se, e em que medida, esses prémios são passíveis de tributação na categoria A de IRS.

Para tanto, consideraremos, por ora, os casos em que os seguros de risco beneficiam apenas alguns trabalhadores (ou beneficiam discricionariamente mais uns do que outros) e que, portanto, não assumem o elemento de generalidade que caracteriza as realizações de utilidade social (às quais, adiantemos, está associado um regime específico). Concentrar-nos-emos, portanto, nos seguros de risco com caráter pontual (e não geral).

II – Nestes casos de benefício pontual, discricionariamente atribuído, não parece haver fundamento para não sujeitar a IRS, na categoria A, os prémios pagos pela entidade patronal. Vejamos.

O artigo 2.º do CIRS qualifica, nos seus n.ºs 1 e 2, como rendimento do trabalho dependente a remuneração principal, descrevendo e identificando as múltiplas formas que pode revestir. Já outras regalias complementares da remuneração principal – como é o caso dos prémios de seguro subscritos no interesse e em benefício do trabalhador – recaem na fórmula ampla da alínea b) do n.º 3 do artigo 2.º, sendo qualificadas como *remuneração acessória*. Com efeito, estabelece a referida disposição: «consideram-se ainda rendimentos do trabalho dependente [...] as remunerações acessórias, nelas se compreendendo todos os direitos, benefícios ou regalias não incluídos na remuneração principal que sejam auferidos devido à prestação de trabalho ou em conexão com esta e constituam para o respetivo beneficiário uma vantagem económica».

Ora, perante esta formulação de âmbito lato, não haverá fundamento para excluir de tributação, na categoria A de IRS, os prémios de seguros de risco pagos pela entidade patronal estabelecidos no interesse e em benefício de alguns trabalhadores[100].

III – Sendo certo que, como vimos, os prémios de seguro em análise constituem uma remuneração acessória, os mesmos são também qualificáveis como *remuneração em espécie.* Na verdade, embora a lei fiscal não apresente uma definição de remuneração em espécie, a mesma constrói-se facilmente a partir dos vários exemplos constantes do artigo 24.º do CIRS (que ostenta precisamente essa epígrafe).

Assim, a noção de remuneração em espécie traduz as situações em que o empregador não paga diretamente ao trabalhador uma quantia pecuniária, antes lhe proporcionando um benefício ou regalia que represente para o mesmo uma vantagem económica. Em certos casos, esse benefício é conferido diretamente pela entidade patronal (por exemplo, a cedência de um apartamento propriedade do empregador para habitação do trabalhador), enquanto noutros a entidade patronal paga a um terceiro o custo da vantagem ou regalia de que beneficia o trabalhador (num exemplo análogo ao anterior, a entidade patronal toma de arrendamento um apartamento destinado a habitação do trabalhador).

Os prémios de seguros de risco estão precisamente entre estas últimas situações. O prémio é pago pelo empregador (na qualidade de tomador do seguro) ao segurador, mas é o trabalhador que beneficia da cobertura do risco, sendo, portanto, a esfera e o interesse deste que são protegidos pela cobertura do seguro.

IV – Poderá suscitar-se, neste quadro, a questão de saber se a entidade patronal deverá efetuar retenção na fonte de IRS relativamente ao valor do prémio pago ao segurador. Em termos práticos – e porque, como vimos, está em causa uma remuneração em espécie – a retenção teria de ser efetuada, não sobre o valor do prémio, mas sobre os restantes rendimentos disponíveis do trabalhador. Quanto a esta matéria rege a alínea a) do n.º 1 do artigo 99.º do CIRS, nos termos da qual «são obrigadas a reter o imposto no momento do seu pagamento ou colocação à disposição dos

[100] A sujeição a imposto decorre também expressamente do n.º 3 do artigo 87.º e da alínea b) do n.º 1 do artigo 78.º-C, ambos do CIRS.

respetivos titulares as entidades devedoras de rendimentos de trabalho dependente, com exceção dos rendimentos em espécie [...]»[101].

A retenção na fonte é, portanto, estabelecida relativamente aos rendimentos pagos diretamente ao trabalhador sob forma pecuniária, de tal modo que a retenção sobre eles, sendo meramente parcial, não afeta a disponibilidade de parte essencial desse rendimento. A ter sido estabelecida a possibilidade de retenção relativamente a rendimentos em espécie, a mesma teria de ser efetuada à custa dos outros rendimentos disponíveis (diretamente atribuídos sob forma pecuniária), os quais poderiam ser insuficientes para suportar o próprio valor do imposto a reter ou implicar que o sujeito passivo ficasse privado da disponibilidade de um valor mínimo de subsistência[102].

Naturalmente que o facto de os referidos rendimentos não serem submetidos a retenção na fonte não obsta à sua sujeição a IRS nem, por inerência, ao cumprimento das obrigações declarativas de que depende a tributação.

V – Por fim, como também já mencionámos, sendo os prémios de seguro em análise sujeitos a imposto, os mesmos são dedutíveis à coleta pelo trabalhador (como se tivessem sido por si diretamente pagos), nos termos e na medida em que a situação em causa seja configurada – pela situação subjetiva do trabalhador ou pela situação objetiva do seguro – entre as que, na tipologia definida, apelidámos de *previdência individual*. Esta circunstância encontra-se, aliás, expressamente prevista para os casos de pessoas com deficiência (n.º 3 do artigo 87.º do CIRS) e para os seguros de saúde (alínea b) do n.º 1 do artigo 78.º-C do CIRS).

IV.3.2.2. Seguros financeiros

Passaremos agora a analisar as situações de tributação na categoria A de IRS cujo regime é mais complexo, a saber, as que se reportam a prémios, pagos pela entidade patronal, relativamente a seguros de vida

[101] Sobre as noções de pagamento ou colocação à disposição, cfr. Manuel Faustino, *O Dever de Retenção na Fonte e Outros Deveres Autónomos de Cooperação em IRS*, Lisboa, Áreas, 2003, pp. 44 ss.

[102] Sobre a problemática, cfr. Diogo Feyo, "Retenção na fonte e rendimentos em espécie", *Fiscalidade*, n.º 10 (abr. 2002), pp. 113-126.

com componente de investimento. Nestes, como melhor veremos, a lei fiscal é sensível à materialidade económica do valor do *prémio* (convertido, logo que pago, em *capital seguro*) como *bem*, com expressão pecuniária, que – por efeito da titularidade do direito de resgate – se transfere, aquando do pagamento ou em momento posterior, da esfera patrimonial do tomador (entidade patronal) para a da pessoa segura (trabalhador).

Nem sempre, porém, o legislador foi tão atento à matéria. Anteriormente ao CIRS, era entendimento pacífico que tais valores e inerentes vantagens económicas para o trabalhador não se encontravam sujeitos a tributação[103], o mesmo sucedendo, em grande medida, nos primeiros anos de vigência do Código[104]. No entanto, com as profundas alterações de regime introduzidas em 1995, a situação alterou-se.

A disciplina fiscal da matéria encontra-se, desde então, estruturada em torno da natureza da posição ativa da pessoa segura (trabalhador) – de *direitos adquiridos* ou de *meras expectativas* – face aos fundos correspondentes ao valor dos prémios pagos pelo tomador do seguro (empregador). Vejamos detidamente o sentido e alcance destas noções.

IV.3.2.3. Cont.: a noção central de "direitos adquiridos"

I – Fixemo-nos, em primeira linha, na noção de *direito subjetivo*, recorrendo a definições formuladas por diferentes autores. Assim, segundo Carlos Mota Pinto – adepto da conceção voluntarista da *teoria do poder da vontade* (Savigny) – o *direito subjetivo stricto sensu* «pode definir-se como o

[103] Cfr. o Ac. STA de 09/07/1997: «está viciada de violação de lei uma liquidação de Imposto Complementar que, ao abrigo dessa norma do Código de Imposto Profissional, tributou como rendimentos de um administrador de uma sociedade anónima os prémios, por esta suportados, de um seguro de capitais diferidos celebrado por essa sociedade em favor daquele administrador em virtude do trabalho prestado» – *Acórdãos Doutrinais do Supremo Tribunal Administrativo*, Ano XXXVI, n.º 432 (dez. 1997), pp. 1475-1480.

[104] Como afirmava José Noronha Alberto, «as contribuições efetuadas por entidades patronais para seguros de grupo ou fundos de pensões não constituem matéria coletável para IRS (Código do IRS – art.º 51.º)» – José Paulo Noronha Alberto, "Incentivos fiscais às reformas no âmbito de um regime de três pilares", *cit.*, p. 11 (*idem*, p. 15). Sobre o regime fiscal anterior a 1995, cfr. João Espanha, *Do Regime Fiscal dos Produtos do Ramo Vida*, s.l., s.d. (1993), http://www.espanhaassociados.pt/fotos/editor2/regimefiscaldosprodutosdoramovida.pdf (consult. 14/07/2015), pp. 20 ss.; Rogério Fernandes Ferreira, "Enquadramento fiscal do setor segurador (resenha legislativa)", *Fisco*, n.º 37 (dez. 1991), p. 4.

poder jurídico (reconhecido pela ordem jurídica a uma pessoa) de livremente exigir ou pretender de outrem um comportamento positivo (ação) ou negativo (omissão)»[105]. Já de acordo com Castro Mendes – defensor da *teoria objetivista do interesse* (Jhering) – o direito subjetivo consiste no «poder concedido pela ordem jurídica para tutela de um interesse ou de um núcleo de interesses de uma ou mais pessoas determinadas»[106].

Na perspetiva de Gomes da Silva, o direito subjetivo consiste numa faculdade juridicamente consagrada de agir ou não agir de certa forma[107], ou, mais rigorosamente, na «afetação jurídica dum bem à realização dum ou mais fins de pessoas individualmente consideradas»[108]. Segundo Carvalho Fernandes, consiste no «poder jurídico de realização de um fim de determinada pessoa, mediante a afetação jurídica de um bem»[109]. Por seu turno, para António Menezes Cordeiro, trata-se de uma «permissão normativa específica de aproveitamento de um bem»[110].

Abstraindo das particularidades de cada formulação, ou do contexto teórico que lhe subjaz, o *direito subjetivo stricto sensu* traduz-se, portanto, num poder, faculdade ou permissão normativa conferida a um sujeito. Numa relação jurídica, o direito corresponde à posição ativa – à qual se opõe um dever da contraparte – tendo por corolário a possibilidade de obter coercivamente (por recurso aos meios judiciais ou à autoridade pública) a respetiva satisfação.

II – A expressão *direitos adquiridos* encontra-se refletida em diversos contextos. À primeira vista, a adição do adjetivo *adquiridos* ao substantivo *direitos* parece despicienda e redundante, nada acrescentando ao seu

[105] Carlos Mota Pinto, *Teoria Geral do Direito Civil*, 3ª Ed., Coimbra, Coimbra Ed., 1985, p. 169.

[106] João de Castro Mendes, *Direito Civil – Teoria Geral*, Vol. I, Lisboa, AAFDL, 1978 (Reimpr. 1993), p. 325. Nesta mesma linha, para Santoro-Passarelli o direito subjetivo decorre de um reconhecimento legal direto a um indivíduo de um poder para a realização de um interesse seu – Francesco Santoro-Passarelli, *Dottrine Generali del Diritto Civile*, *cit.*, p. 50.

[107] Manuel Gomes da Silva, *O Dever de Prestar e o Dever de Indemnizar*, Lisboa, Faculdade de Direito da Universidade de Lisboa, 1944, p. 28.

[108] Manuel Gomes da Silva, *idem*, p. 85.

[109] Luís Carvalho Fernandes, *Teoria Geral do Direito Civil*, Vol. II, 3ª Ed., Lisboa, Universidade Católica Ed., 2001, p. 549.

[110] António Menezes Cordeiro, *Tratado de Direito Civil Português*, I – Parte Geral, Tomo I, 3ª Ed., Coimbra, Almedina, 2007, p. 332.

sentido e alcance. É percetível o propósito de realçar que se trata de direitos subjetivos cuja aquisição pelo titular se consumou já no tempo, isto é, que não de trata de direitos ainda em formação (expectativa de aquisição futura de direitos subjetivos), mas de direitos já consolidados, com caráter incondicional e irreversível, na esfera de titularidade de um sujeito. Porém, tal decorre já da noção de direito subjetivo acima analisada, porquanto não há conceptualmente *direitos não adquiridos*: os direitos subjetivos são, por definição e natureza, *adquiridos*, ou não seriam *direitos*.

A expressão é frequentemente usada a propósito da salvaguarda das situações jurídicas constituídas perante o alcance retroativo da lei[111], ou no contexto do Direito do trabalho. Neste último domínio, a expressão reporta-se à irredutibilidade dos direitos adquiridos, no sentido de que não pode verificar-se uma diminuição dos direitos do trabalhador no quadro de uma relação laboral[112].

No contexto que ora nos prende, a expressão é utilizada no n.º 3) da alínea b) do n.º 3 do artigo 2.º do CIRS, onde se estabelece que se consideram rendimentos do trabalho dependente as remunerações acessórias, nelas se compreendendo todos os direitos, benefícios ou regalias não incluídos na remuneração principal que sejam auferidos devido à prestação de trabalho ou em conexão com esta e constituam para o respetivo beneficiário uma vantagem económica, designadamente as importâncias despendidas, obrigatória ou facultativamente, pela entidade patronal: (*i*) com seguros e operações do ramo vida, contribuições para fundos de pensões, fundos de poupança-reforma ou quaisquer regimes complementares de segurança social, *desde que constituam direitos adquiridos e individualizados dos respetivos beneficiários*; ou (*ii*) para os fins previstos na subalínea anterior e que, *não constituindo direitos adquiridos e individualizados dos respetivos beneficiários*, sejam por estes objeto de resgate, adiantamento, remição ou qualquer outra forma de antecipação da correspondente disponibilidade.

Sem prejuízo de adiante regressarmos, numa análise mais detida, à disposição transcrita, logo se verifica que a expressão *direitos adquiridos* é,

[111] Cfr., p. ex., José de Oliveira Ascensão, *O Direito – Introdução e Teoria Geral*, 3ª Ed., Lisboa, Fundação Calouste Gulbenkian, 1984, pp. 389 ss.

[112] Cfr., p. ex., Carlos Cadilha, *Direitos Adquiridos na Relação Laboral Pública e Privada*, s.l., s.d., – https://www.stj.pt/wp-content/uploads/2012/10/carlos_cadilha.pdf (consult. 09/08/2019).

com efeito, estruturante do regime. Entretanto, no n.º 9 do mesmo artigo esclarece-nos o legislador que, para efeitos da referida disposição, se consideram direitos adquiridos «*aqueles cujo exercício não depende da manutenção do vínculo laboral, ou como tal considerado para efeitos fiscais, do beneficiário com a respetiva entidade patronal*»[113].

O que a disposição fiscal, portanto, significa, é que ao trabalhador são atribuídos *direitos adquiridos* quando o mesmo detém (e mantém) a titularidade dos fundos decorrentes dos prémios de seguro pagos pelo empregador, mesmo quando cesse o vínculo laboral que o ligava a este. Por outras palavras, que o trabalhador (pessoa segura) tem direitos adquiridos quando lhe é contratualmente[114] atribuído um direito de crédito, perante o segurador (correspondente ao direito de resgate ou, pelo menos, ao vencimento do capital seguro), o qual é irreversível e incondicional[115], isto é, que não depende nem cessa com a extinção do vínculo laboral.

III – Como vimos, o n.º 3) da alínea b) do n.º 3 do artigo 2.º do CIRS utiliza a expressão direitos adquiridos e *individualizados*, não esclarecendo, porém, qual o sentido deste último termo.

Ora, o sentido da *individualização* do direito remete-nos para os seguros individuais (onde a titularidade de todo o capital seguro pertencerá à pessoa segura) ou para os seguros de grupo com alocações (isto é, com contas segregadas por pessoa segura, normalmente correspondentes a

[113] Acrescenta o n.º 10 do mesmo artigo: «considera-se entidade patronal toda a que pague ou coloque à disposição remunerações que, nos termos deste artigo, constituam rendimentos de trabalho dependente, sendo a ela equiparada qualquer outra entidade que com ela esteja em relação de grupo, domínio ou simples participação, independentemente da respetiva localização geográfica». Igualmente relevante é o n.º 11 do citado artigo, onde se esclarece que «para efeitos da alínea b) do n.º 3, consideram-se rendimentos do trabalho do sujeito passivo os benefícios ou regalias atribuídos pela respetiva entidade patronal a qualquer outra pessoa do seu agregado familiar ou que a ele esteja ligado por vínculo de parentesco ou afinidade até ao 3.º grau da linha colateral, ao qual se equipara a relação de cada um dos unidos de facto com os parentes do outro».

[114] Esse direito tem uma vertente laboral (inerente ao contrato de trabalho), mas tem também de encontrar-se refletido no contrato de seguro, ou seria ineficaz perante o segurador.

[115] O exercício de tal direito pode ficar sujeito a um termo suspensivo (só podendo, p. ex., ser exercido no momento da passagem à reforma do trabalhador), mas não a uma condição. Se a sua atribuição for condicionada, então, até à verificação de tal condição suspensiva, estamos perante uma mera expectativa e não um direito adquirido.

planos de contribuição definida)[116], nos quais é, portanto, possível saber em cada momento qual o valor cuja titularidade pertence a cada pessoa segura[117]. Essa individualização não se verifica nos seguros de grupo sem alocações, correspondentes, em regra, a planos de benefício definido geridos coletivamente. Nestes casos, o valor cuja titularidade pertence a cada pessoa segura, sendo atuarialmente determinável, permanece, não obstante, indeterminado, só vindo a apurar-se no momento em que se vence o respetivo benefício.

Sendo este o contexto subjacente ao adjetivo *individualizados*, certo é que individualizadas são (ou não) as contas das pessoas seguras. Os direitos, esses, serão por natureza - no contexto da situação em análise - individualizados, porquanto da titularidade de cada trabalhador[118].

[116] Os contratos de seguro de vida, com componente de investimento, que garantam benefícios de reforma, pré-reforma ou complemento de reforma, podem ter por base planos de pensões de contribuição definida ou de benefício definido. No primeiro caso, o plano define o critério de determinação e distribuição dos prémios por cada trabalhador (p. ex., 2% do respetivo salário anual), caso em que o benefício na idade normal de reforma será, à partida, indeterminado, correspondendo à soma dos prémios pagos, acrescida da rendibilidade dos investimentos efetuados. No segundo caso, o plano define o benefício que cada trabalhador deverá ter, em regra, no momento em que atinja a idade normal de reforma ao serviço do empregador. Assim, os planos de benefício definido implicam uma gestão atuarial e financeira no sentido de determinar, em cada ano, qual o prémio que o tomador do seguro deverá pagar para cada trabalhador, de modo a assegurar-lhe o benefício pretendido. Esta gestão depende de parâmetros (evolução do quadro de pessoal da empresa, da massa salarial e da rendibilidade dos investimentos) que podem carecer de correção ao longo do tempo. Sobre as diferenças entre planos de contribuição definida e de benefício definido, cfr. Ana Paula Quelhas, "Da diferenciação entre planos de pensões de benefício definido e planos de pensões de contribuição definida - Mitos e realidades", *Boletim de Ciências Económicas*, V. 57, T. 3 (2014), pp. 2733-2764; Maria Inês Oliveira Martins, "Regime de tributação dos planos de pensões "qualificados", no momento da atribuição de rendimentos aos participantes beneficiários de direitos adquiridos", *cit.*, p. 145.

[117] Como refere Rui Marques, «os montantes despendidos pela entidade patronal [...] constituirão direitos individualizados quando não exista a aplicação genérica a todos os trabalhadores e os montantes se encontrem alocados individualmente a cada trabalhador, sendo possível, a todo o momento, determinar o que foi atribuído a cada um» - Rui Marques, *As Realizações de Utilidade Social em IRC e IRS*, Lisboa, Wolters Kluwer, 2016 (ebook).

[118] Dificilmente se configuram aqui, portanto, situações de contitularidade de direitos. Sobre as mesmas, cfr. Pedro Pais Vasconcelos e Pedro Leitão Pais Vasconcelos, *Teoria Geral do Direito Civil*, *cit.*, pp. 295 ss.

Melhor teria sido que o legislador aludisse a direitos adquiridos sobre contas individualizadas.

IV.3.2.4. Cont.: as situações de meras expectativas

I – Como vimos, a subalínea *ii*) do n.º 3) da alínea b) do n.º 3 do artigo 2.º do CIRS reporta-se a situações que, *não constituindo direitos adquiridos e individualizados dos respetivos beneficiários*, sejam por estes objeto de resgate, adiantamento, remição ou qualquer outra forma de antecipação da correspondente disponibilidade. Esta redação suscita uma apreensão prévia, que importa descartar: como pode haver um resgate, adiantamento, etc., a favor da pessoa segura, se a mesma não tinha a ele direito?

Ora, o preceito visa as situações em que inexistiam direitos adquiridos, não no momento do resgate (já que este terá de resultar de um direito da pessoa segura sobre o segurador), mas em momento anterior, designadamente, aquando do pagamento do prémio pelo tomador do seguro. Melhor teria sido que o legislador tivesse dito «que, *não tendo constituído direitos adquiridos e individualizados dos respetivos beneficiários*, sejam por estes objeto de resgate», etc.

II – Visam-se, assim, as situações que têm vindo a ser referenciadas como de expectativas jurídicas ou *meras expectativas*[119]. Na formulação de Carlos Mota Pinto, a *mera expectativa* é a «situação ativa, juridicamente tutelada, correspondente a um estádio dum processo complexo de formação sucessiva de um direito. É uma situação em que se verifica a possibilidade, juridicamente tutelada, de aquisição futura de um direito, estando já parcialmente verificada a situação jurídica (o facto jurídico) complexa, constitutiva desse direito»[120].

[119] Embora sem consagração no artigo 2.º do CIRS, a expressão *meras expectativas* foi desde o início referenciada pela doutrina para qualificar as situações que não constituem direitos adquiridos e individualizados – Cfr., p. ex., Manuel Faustino, *Alguns Aspetos Decorrentes das Alterações ao Quadro da Tributação do Rendimento, em IRS, Introduzidas Pela Lei N.º 39-9/94*, s.n., s.l., 1995 (polic.), p. 4; Duarte Galhardas, "A tributação em sede de imposto sobre o rendimento dos regimes complementares de segurança social", *cit.*, p. 45.

[120] Carlos Mota Pinto, *Teoria Geral do Direito Civil, cit.*, p. 180. Em sentido convergente, alude Carvalho Fernandes à «situação juridicamente relevante de tutela de interesses durante o curso de constituição (ou aquisição) de um direito [a qual] depende de um facto complexo

Assim, como explica António Menezes Cordeiro, nos factos jurídicos complexos de produção sucessiva, a expectativa corresponde à esperança de que, considerada uma sucessão temporal e articulada de eventos tendente à produção de determinado efeito jurídico, o beneficiário veja constituir-se um direito ou uma vantagem similar[121].

A mera expectativa corresponde a uma elaboração dogmática, sem regime específico, construída a partir de alguns exemplos de situações ativas particulares a que a lei confere alguma tutela, entre as quais, por exemplo, a do adquirente sob condição suspensiva[122].

Estando em causa, portanto, a tutela de um direito em formação, o n.º 9 do artigo 2.º do CIRS fornece-nos o sentido e alcance da expressão no contexto que nos ocupa: por contraste com os direitos adquiridos, há *meras expectativas* se o direito ao capital seguro ficar sujeito à condição suspensiva de que, durante um determinado período ou até um determinado momento (em regra, a passagem à situação de reforma), não cesse o vínculo laboral por causa diferente da própria reforma. Assim, até que se verifique a referida condição, a pessoa segura (o trabalhador) não tem, verdadeiramente, a titularidade de quaisquer fundos nem tem direitos de crédito sobre o segurador, os quais se mantêm na esfera do tomador do seguro (entidade patronal).

III – Em suma, se, no momento em que o prémio é pago ao segurador, os fundos correspondentes ao respetivo valor ingressarem na esfera de titularidade jurídico-patrimonial do trabalhador / pessoa segura (de tal modo que, mesmo que cesse o vínculo laboral, o mesmo mantenha irreversivelmente essa titularidade), estamos perante uma situação de *direitos adquiridos*.

Diversamente, se, aquando do pagamento do prémio, os fundos inerentes ao valor do mesmo se mantiverem na esfera de titularidade

de produção sucessiva» – Luís Carvalho Fernandes, *Teoria Geral do Direito Civil*, Vol. II, *cit.*, p. 595. Cfr. também Pedro Pais Vasconcelos e Pedro Leitão Pais Vasconcelos, *Teoria Geral do Direito Civil*, *cit.*, pp. 299-300.

121 António Menezes Cordeiro, *Tratado de Direito Civil Português*, I, Tomo I, *cit.*, p. 348.

122 Raquel Rei, "Da expectativa jurídica", *Revista da Ordem dos Advogados*, Ano 54, Vol. I (abr. 1994), pp. 154 e 167 ss. Sem prejuízo da definição da *expectativa jurídica* como posição jurídica ativa correspondente a um direito em formação, é usual e recorrente, no domínio do direito transitório, a contraposição entre direitos adquiridos e meras expectativas – *idem*, p. 150.

jurídico-patrimonial da entidade patronal / tomador do seguro (que conserva, designadamente, o direito de resgate), só vindo a ingressar na esfera de titularidade do trabalhador / pessoa segura num momento futuro (em regra, a passagem à situação de reforma) na condição de que, até esse momento, se mantenha o vínculo laboral, então estamos perante uma situação de *meras expectativas.*

Como veremos de seguida, é em função da natureza de *direitos adquiridos* dessa posição ativa do trabalhador (pessoa segura) sobre os fundos correspondentes ao prémio pago que se determina o regime de tributação na categoria A aplicável às situações securitário-tributárias de *remuneração em espécie*, em análise[123]. Quanto às posições ativas de *meras expectativas*, a relevância das mesmas, para efeitos de tributação na categoria A, manifesta-se apenas nas situações securitário-tributárias de *beneficiação social*, que mais adiante analisaremos.

IV.3.2.5. Cont.: a tributação dos seguros financeiros com direitos adquiridos

I – Seguindo a própria ordem do n.º 3) da alínea b) do n.º 3 do artigo 2.º do CIRS, temos em primeiro lugar as situações de direitos adquiridos. Nos termos da subalínea *i*) da citada disposição, «consideram-se rendimentos do trabalho dependente [...] as importâncias despendidas, obrigatória ou facultativamente, pela entidade patronal, com seguros e operações do ramo "Vida", contribuições para fundos de pensões, fundos de poupança-reforma ou quaisquer regimes complementares de segurança social, *desde que constituam direitos adquiridos e individualizados dos respetivos beneficiários*».

A *ratio* da citada disposição é a de clarificar que o valor dos referidos prémios (as importâncias despendidas, obrigatória ou facultativamente, pela entidade patronal) constitui rendimento do trabalho dependente. Em virtude da existência de direitos adquiridos, o trabalhador ganha imediatamente a titularidade sobre os fundos correspondentes às referidas

[123] Como cremos resultar evidente do que antecede, a relevância da referida posição ativa (direitos adquiridos ou meras expectativas) só se verifica, por natureza, relativamente aos seguros de vida com componente de investimento. Em todos os outros casos (seguros de risco), esgotando-se o prémio no custeio da cobertura de um risco, o trabalhador não tem qualquer posição ativa sobre o valor do prémio, mas apenas sobre a prestação (eventual) do segurador em caso de sinistro.

importâncias (mesmo que, nos termos do contrato de seguro, as mesmas só sejam passíveis de resgate em momento posterior). O que releva, à luz da lei fiscal, é o tempo em que essa titularidade se torna irreversível, sendo esse, portanto, o momento em que se produz o rendimento do trabalho dependente.

Assim, se aquando do pagamento do prémio o trabalhador tiver direitos adquiridos (originários), a data do rendimento coincide com a desse pagamento ao segurador. Se, diversamente, o trabalhador só vier a ter direitos adquiridos ao fim de um certo tempo (supervenientes), será esse o momento do rendimento.

Certo, em qualquer caso, é que, estando em causa um rendimento em espécie (na medida em que não há um pagamento direto de um benefício monetário ao trabalhador), não há lugar, nos termos do n.º 1 do artigo 99.º do CIRS, já analisado, a retenção na fonte de imposto, sem prejuízo das obrigações declarativas, quer da entidade patronal, quer do próprio sujeito passivo de IRS reportadas ao ano da obtenção do rendimento[124].

II – São múltiplas as configurações de seguros de vida com componente de investimento em que podemos verificar a existência de direitos adquiridos das pessoas seguras. Porque os planos de benefícios que observam os requisitos das realizações de utilidade social (n.º 4 do artigo 43.º do CIRC) seguem um regime próprio, que analisaremos adiante, focaremos agora os casos que não respeitam esses requisitos, sobretudo o da *generalidade*, o do pagamento de parte do benefício em *renda*, e o da *idade* de acesso ao benefício.

Encontramos, assim, situações em que o contrato de seguro é estabelecido apenas a favor de alguns trabalhadores (quadros dirigentes da empresa tomadora do seguro, por exemplo); em que o benefício é totalmente pago sob a forma de capital; ou em que a pessoa segura pode aceder ao benefício (pelo exercício do direito de resgate) de forma imediata ou ao fim de um curto período de tempo.

[124] Neste Sentido, João Espanha, "Life insurance and tax planning for portuguese clients", *Fiscalidade*, n.º 25 (jan.-mar. 2006), p. 142. Sustentando a existência de retenção na fonte a cargo da entidade patronal, José de Campos Amorim, "Benefícios fiscais em matéria de proteção social", *cit.*, p. 219.

Um caso típico de seguro em regime de direitos adquiridos que não segue os requisitos do n.º 4 do artigo 43.º do CIRC é o dos PPR. Na verdade, como vimos atrás, trata-se de um contrato em que, por natureza (decorrente do seu regime legal exaustivo) o direito ao "reembolso" pertence sempre à pessoa segura (participante), e não ao tomador do seguro (cfr. *supra*, IV.1.4.2), pelo que, logo que o prémio é pago pela entidade patronal, o respetivo valor entra na esfera de titularidade do trabalhador (pessoa segura). Por outro lado, também por efeito do regime legal rígido, as condições de reembolso legalmente estabelecidas (cfr. *supra*, IV.1.4.4) não coincidem com o previsto no n.º 4 do artigo 43.º do CIRC, podendo, ademais, ocorrer totalmente em capital. Como referimos também, o próprio n.º 8 do artigo 21.º do EBF reconhece a possibilidade de os prémios serem pagos pelas entidades empregadoras em nome e a favor dos seus trabalhadores, caso em que, por estarem sujeitos a tributação, como rendimento da categoria A de IRS, no ano desse pagamento, conferem ao trabalhador (pessoa segura) o direito, quer à dedução fiscal do valor do prémio, quer ao benefício estabelecido no n.º 3 do mesmo artigo, tal como sucederia se o prémio fosse pago diretamente pelo trabalhador à custa dos seus rendimentos disponíveis.

III – Em suma, nos seguros de vida com componente de investimento em regime de *direitos adquiridos* (e em que, como melhor veremos, não se observem os requisitos do n.º 4 do artigo 43.º do CIRC), o prémio pago pela entidade patronal constitui um rendimento do trabalho dependente do ano em que ingressa na esfera jurídico-patrimonial do trabalhador (o ano do pagamento do prémio, no caso de haver direitos adquiridos originários, ou o ano da aquisição desses direitos, no caso de os mesmos serem supervenientes), não estando, no entanto (por se tratar de um rendimento em espécie), sujeito a retenção na fonte de imposto.

IV.4. Os fenómenos de *beneficiação social*

Fora da situação-regra do artigo 23.º do CIRC, são também dedutíveis em IRC os prémios de seguros subscritos pela entidade patronal, a favor dos respetivos trabalhadores, que consubstanciem as situações securitário-tributárias que designámos por *beneficiação social* e que assumem, como oportunamente indicámos (*supra*, II.5), duas modalidades distintas.

As duas modalidades gravitam em torno da noção de *realizações de utilidade social*. A primeira delas, corresponde precisamente às realizações de utilidade social com natureza de seguros. Quanto à segunda modalidade, a mesma constitui, se assim podemos dizer, uma variante de tal noção, que observa a generalidade (embora não *todos*) os respetivos elementos e requisitos de qualificação, com pequenas divergências e com um regime, em substância e em termos práticos, equivalente.

Assim, a noção-chave do presente tipo de situações securitário-tributárias é precisamente a de realizações de utilidade social, que cumpre analisar detidamente. Para além da sua delimitação, importa escalpelizar a multiplicidade de condições, requisitos e limites de que depende a dedutibilidade dos prémios, bem como as consequências do respetivo incumprimento relativamente às duas modalidades referidas. Foquemo-nos, portanto, em primeiro lugar, na mencionada noção.

IV.4.1. *Em busca da noção central de* **realizações de utilidade social**

Não há uma noção legal de *realizações de utilidade social*. Não obstante, pode essa noção ser construída por indução, a partir dos elementos comuns às várias situações que o artigo 43.º do CIRC como tal qualifica.

Para o efeito, analisaremos comparativamente dois grupos de situações, que surgem agrupadas sob a mesma designação, mas que apresentam características distintas: (*i*) as que nada têm a ver com seguros, referenciadas no n.º 1 e no n.º 15 do artigo 43.º; e (*ii*) aquelas que se reportam a seguros, surgindo discriminadas no n.º 2 do mesmo artigo. Comecemos por identificar as primeiras e os requisitos de que dependem.

IV.4.1.1. Situações extra-securitárias abrangidas

I – Começando pelas situações alheias ao universo segurador, estabelece o n.º 1 do artigo 43.º que são dedutíveis os gastos do período de tributação, incluindo depreciações ou amortizações e rendas de imóveis, relativos à manutenção facultativa de *creches, lactários, jardins-de-infância*[125],

[125] Os gastos respeitantes a creches, lactários e jardins-de-infância beneficiam de uma majoração de 40%, nos termos do n.º 9 do artigo 43.º.

cantinas, bibliotecas e escolas, bem como outras realizações de utilidade social como tal reconhecidas pela AT, feitas em benefício do pessoal ou dos reformados da empresa e respetivos familiares, desde que tenham caráter geral e não revistam a natureza de rendimentos do trabalho dependente ou, revestindo-o, sejam de difícil ou complexa individualização relativamente a cada um dos beneficiários.

Acrescenta o n.º 15 do mesmo artigo que se consideram incluídos no n.º 1 os gastos suportados com a aquisição de passes sociais em benefício do pessoal do sujeito passivo, verificados os requisitos aí exigidos, os quais são considerados, para efeitos da determinação do lucro tributável, em valor correspondente a 130%.

Vejamos primeiro as situações identificadas, focando-nos depois nos respetivos requisitos de dedutibilidade. Assim, os citados preceitos aludem expressamente a: gastos relativos à manutenção de *creches, lactários, jardins-de-infância, cantinas, bibliotecas e escolas*, bem como gastos suportados com a aquisição de *passes sociais*.

Importa ainda acrescentar os *vales sociais* destinados ao pagamento de creches, jardins de infância e lactários (*vales de infância*), previstos no Decreto-Lei n.º 26/99, de 28 de janeiro, que consistem em títulos pré-pagos pelo empregador, e atribuídos, em cheque ou e-voucher, aos trabalhadores que tenham a cargo filhos ou equiparados com idade inferior a sete anos[126].

II – Para além desta identificação expressa, que permite a qualificação imediata dos casos referenciados como realizações de utilidade social, o n.º 1 do artigo 43.º prevê ainda o reconhecimento administrativo, pela AT, de outras realizações de utilidade social. Vejamos algumas das situações que têm beneficiado desse reconhecimento.

Desde logo, o fornecimento de refeições aos trabalhadores, em instalações próprias (cantina), incluindo, não só os gastos suportados com a

[126] Nos termos do n.º 1 do art.º 10.º do citado Decreto-Lei, os encargos suportados pelas entidades empregadoras com o pagamento daqueles Vales Sociais são considerados gastos do período, nos termos do n.º 9 do art.º 43.º do CIRC, isto é, com uma majoração de 40%. Cfr. também a Informação Vinculativa de 29/06/2018 (Proc. n.º 508/2018) – https://info.portaldasfinancas.gov.pt/pt/informacao_fiscal/informacoes_vinculativas/rendimento/circ/Documents/FD_CIRC_2018_000508.pdf.

manutenção da cantina, mas a própria *subcontratação da confeção das refeições*[127]. Também se admite a qualificação, como realização de utilidade social, de *ginásios* diretamente geridos pela entidade patronal (ou por uma entidade do grupo, criada para o efeito)[128]. Idêntica qualificação merecem os gastos incorridos pela empresa com *almoços convívio* entre os trabalhadores, incluindo o *jantar de Natal*, e com a colocação à disposição dos mesmos de água, café, snacks, sumos e fruta[129].

Alguma doutrina considera ainda outros casos equacionáveis como realizações de utilidade social. Assim, Mónica Ferreira alude a «gastos com arrendamento de casas na praia para todos os trabalhadores e familiares passarem férias; gastos com manutenção de colónias de férias para os filhos dos empregados; gastos com a manutenção de casas de repouso para os empregados e familiares; prémios escolares para os filhos dos empregados; despesas com passeio de confraternização do pessoal, [...] pagamento de férias (viagens e estadias) a todos os trabalhadores, tratamentos de *spa* ou ginásio ou os vales de bem-estar»[130]. Também Rui Marques alude aos vales de bem-estar, «atribuídos para ajudar nas despesas de serviços de apoio social (internamento em lares, centros de dia, apoio domiciliário, fisioterapia e outras despesas de saúde, etc.)»[131]. Em qualquer dos casos, a aceitação destas situações para efeitos de enquadramento no artigo 43.º sempre dependerá de reconhecimento expresso pela AT.

[127] Informação Vinculativa de 29/10/2018 (Proc. n.º 3262/2018) – https://info.portaldasfinancas.gov.pt/pt/informacao_fiscal/informacoes_vinculativas/rendimento/circ/Documents/FD_Proc_2018_003262.pdf.

[128] Cfr. Informação Vinculativa de 27/09/2019 (Proc. n.º 2006/2019) – https://info.portaldasfinancas.gov.pt/pt/informacao_fiscal/informacoes_vinculativas/rendimento/circ/Documents/PIV_15662_2006_2019.pdf.

[129] Informação Vinculativa de 28/07/2017 (Proc. n.º 2321/2017) – https://info.portaldasfinancas.gov.pt/pt/informacao_fiscal/informacoes_vinculativas/rendimento/circ/Documents/FD_CIRC_2321_2017.pdf. Porém, como afirma a AT, se naqueles almoços ou jantares participarem clientes, fornecedores, ou outras pessoas ou entidades, as inerentes despesas não se enquadram no artigo 43.º.

[130] Mónica Duarte Ferreira, *Realizações de Utilidade Social: Alcance e Limitações*, Dissertação de Mestrado em Contabilidade, Aveiro, Instituto Superior de Contabilidade e Administração da Universidade de Aveiro, 2018, p. 48 – https://ria.ua.pt/bitstream/10773/24858/1/Documento.pdf (consult. 08/08/2021).

[131] Rui Marques, *As Realizações de Utilidade Social em IRC e IRS, cit.*

III – Pode suscitar-se a questão de saber se o elenco de situações qualificáveis, nos termos do n.º 1 do artigo 43.º do CIRC, como realizações de utilidade social, corresponde a uma enumeração taxativa ou meramente enunciativa. Se a admissibilidade legal do reconhecimento de outras situações pela AT suporta a ideia de uma enumeração enunciativa[132], a identificação circunscrita de situações de qualificação "automática", por via interpretativa, induz no sentido da taxatividade[133].

Cremos que se trata de uma falsa questão, já que as situações de reconhecimento administrativo, pela AT, não se encontram no mesmo plano das que constam do elenco legal. Com efeito, aquele "reconhecimento" assume caráter constitutivo, não resultando de uma mera operação de qualificação jurídica por via interpretativa. Por essa razão, o elenco legal é taxativo e fechado. Isto não impede que o sentido substancial da norma seja o de permitir o alargamento do leque de situações qualificáveis como realizações de utilidade social, precisamente por recurso ao reconhecimento administrativo de outros casos.

IV.4.1.2. Cont.: requisitos de dedutibilidade

I – A dedutibilidade dos gastos, nas situações enquadráveis no n.º 1 do artigo 43.º, depende, porém, da verificação de alguns requisitos que expressamente vertem desta citada disposição. Vejamos sumariamente quais.

Desde logo, a referência à *manutenção* de creches, etc., tem permitido identificar como requisito o de que os equipamentos em causa devem ser diretamente geridos pela entidade patronal. Assim, como resulta, por exemplo, da Informação Vinculativa de 27/09/2019 (Proc. n.º 2006/2019), *cit.*, a AT não admite a qualificação nos casos em que a empresa celebra um acordo com terceiros (no caso, um ou vários ginásios) para prestarem o

132 Neste sentido, Sérgio Ravara Cruz, "Realizações de utilidade social", *Contabilista*, n.º 229 (abril 2019), p. 38 – disponível em https://ria.ua.pt/bitstream/10773/28703/1/Artigo_RContabilista_OCC_RealizacoesUtilidade%20Social_SRC_ISCA.pdf (consult. 08/08/2021).

133 Para Rui Marques, as situações legalmente elencadas não são meros exemplos de realizações de utilidade social nem uma enumeração taxativa, tratando-se de «uma enumeração, ainda que tendencialmente fechada na vertical, exemplificativa na horizontal» – Rui Marques, *As Realizações de Utilidade Social em IRC e IRS*, *cit.*

serviço (ou, mormente, quando procede ao reembolso ou comparticipação das despesas diretamente ao colaborador, mediante a apresentação do comprovativo)[134] [135].

II – Por outro lado, como expressamente resulta do n.º 1 do artigo 43.º («manutenção *facultativa* de creches, etc.»), as realizações de utilidade social ali previstas abrangem apenas situações de atribuição facultativa, como tal, assumindo um sentido de algum altruísmo ou liberalidade por parte da entidade patronal). Visa-se, assim, incentivar atribuições que constituam um benefício social acrescido e não acolher a dedutibilidade de gastos que a empresa teria já, obrigatoriamente, de efetuar.

III - Adicionalmente, quanto aos destinatários destas atribuições, as mesmas devem ser feitas «em benefício do pessoal ou dos reformados da empresa e respetivos familiares». Em causa estão, portanto, os trabalhadores atuais da empresa, os ex-trabalhadores que se tenham reformado ao serviço da mesma, e, em qualquer dos casos, os familiares de qualquer destas categorias de pessoas[136].

IV - Ademais, o benefício deve ter, na letra do n.º 1 do artigo 43.º, *caráter geral*. Sem prejuízo de retomarmos adiante o aprofundamento deste requisito a propósito das realizações de utilidade social de caráter securitário, sempre adiantaremos que os benefícios em análise (creches,

[134] Também no caso da Informação Vinculativa de 04/03/2019 (Proc. n.º 201/2019) – https://info.portaldasfinancas.gov.pt/pt/informacao_fiscal/informacoes_vinculativas/rendimento/circ/Documents/PIV_14899.pdf se recusa o enquadramento no n.º 1 do artigo 43.º de uma situação em que a responsabilidade pela prestação dos serviços médicos é transferida para entidades terceiras, e não diretamente assegurada pela entidade patronal.

[135] Com entendimento diverso, considera Rui Marques que «a empresa poderá optar pelo apoio financeiro concedido ao trabalhador para utilização de equipamentos, escolhidos ou não por este, mas geridos por terceiros e não pela empresa empregadora» – Rui Marques, *As Realizações de Utilidade Social em IRC e IRS, cit.* Porém, à exceção dos vales-infância ou dos passes sociais (expressamente admitidos no texto legal), a concessão de apoio financeiro implicaria uma individualização do benefício imputado a cada trabalhador que permitiria qualificá-lo como rendimento do trabalho dependente, pondo em causa um outro requisito do n.º 1 do artigo 43.º, que abaixo melhor veremos.

[136] Adiante, a propósito das realizações de utilidade social com caráter securitário, escalpelizaremos melhor algumas destas noções.

lactários, jardins-de-infância, cantinas, bibliotecas, escolas...) assumem, por natureza, abrangência coletiva – não implicando uma atribuição casuística nem permitindo uma imputação individual do gasto –, já indiciando a respetiva generalização.

Antecipe-se também que, pela natureza de alguns dos benefícios em causa, nem todos os trabalhadores estarão em condições de usufruírem dos mesmos (por exemplo, os trabalhadores sem filhos, ou equiparados, a cargo, não poderão usufruir de creches, lactários ou jardins-de-infância). Mas isso não afeta, obviamente, o requisito da *generalidade*. De outra forma, ficaria esvaziado o sentido útil do n.º 1 do artigo 43.º quanto a algumas realizações de utilidade social. Portanto, o caráter geral não implica que *todos* os trabalhadores usufruam *necessariamente* do benefício[137].

V – Finalmente, como resulta do n.º 1 do artigo 43.º, os benefícios não devem ter *a natureza de rendimentos do trabalho dependente ou, tendo-a, devem ser de difícil ou complexa individualização relativamente a cada um dos beneficiários*. Este requisito está, de algum modo, relacionado com o anterior, na medida em que, sendo individualizável (e atribuído casuisticamente), o gasto em causa pode ser imputado a cada beneficiário, permitindo sustentar a sua qualificação como rendimento do trabalho dependente.

Neste quadro, no caso da citada Informação Vinculativa de 04/03/2019 (Proc. n.º 201/2019), ao analisar-se a possibilidade de a entidade patronal suportar despesas de saúde de cada trabalhador, seja diretamente junto dos prestadores clínicos de uma rede, seja reembolsando o trabalhador, considerou a AT que «uma vez que a empresa pretende proceder ao reembolso ou comparticipação das despesas de saúde, isto significa que, nesse momento, o trabalhador usufrui do benefício, estando perfeitamente quantificado o montante da despesa, pelo que os gastos correspondentes poderão ser aceites como gasto nos termos do artigo 23.º do CIRC, desde que sejam tributados em IRS, como rendimentos do trabalho dependente, na esfera do trabalhador, nos termos da alínea b) do n.º 3 do artigo 2.º do Código do IRS (CIRS)».

[137] Como refere Rui Marques, «o conceito de generalidade não deverá ser entendido como a "totalidade" dos trabalhadores. Verba cum effectu, sunt accipienda: não se presumem na lei palavras inúteis» – Rui Marques, *As Realizações de Utilidade Social em IRC e IRS*, *cit.*

IV.4.2. As realizações de utilidade social baseadas em seguros

Após um breve relance sobre as realizações de utilidade social alheias aos seguros, focar-nos-emos agora nas que se situam no âmago no nosso objeto de estudo, as quais se encontram previstas no n.º 2 do artigo 43.º, sendo mais detalhadamente reguladas nos números subsequentes.

IV.4.2.1. Modalidades de seguros abrangidas: o n.º 2 do artigo 43.º

I – O n.º 2 do artigo 43.º admite, como gastos do período de tributação – ainda que com os limites que mais adiante analisaremos – custos suportados com: (a) contratos de seguros de *acidentes pessoais*, bem como com contratos de *seguros de vida*, de *doença ou saúde*, *contribuições para fundos de pensões* e equiparáveis ou para quaisquer *regimes complementares de segurança social*, que garantam, exclusivamente, o benefício de reforma, pré-reforma, complemento de reforma, benefícios de saúde pós-emprego, invalidez ou sobrevivência a favor dos trabalhadores da empresa; e (b) contratos de seguros de doença ou saúde em benefício dos trabalhadores, reformados ou respetivos familiares.

As modalidades de seguros surgem claramente identificadas, cumprindo deixar nota para a dupla referência e para a dupla designação do seguro de *doença* (terminologia da alínea b) do artigo 8.º do RJASR) e *saúde* (terminologia dos artigos 213.º ss. da LCS).

II – Como já referimos a propósito de outras disposições fiscais (*supra*, IV.1.1.III e IV.1.2.I), o advérbio *exclusivamente* tem o sentido de vedar a dedutibilidade dos gastos quando o seguro em causa cubra outras eventualidades ou benefícios para além da reforma, pré-reforma, complemento de reforma, benefícios de saúde pós-emprego, invalidez ou sobrevivência.

Recordemos, ademais, que os seguros de doença (ou saúde), de acidentes pessoais ou de vida que garantem exclusivamente os riscos de morte ou invalidez constituem *seguros de risco*, enquanto os seguros de vida que garantem benefícios de reforma, pré-reforma ou complemento de reforma constituem *seguros de vida financeiros* (ou com componente de investimento). Esta ressalva ajudar-nos-á a compreender o complexo (e confuso, a uma primeira leitura) regime do artigo 43.º.

III – De uma breve leitura às duas alíneas do n.º 2, logo constatamos que o seguro de doença (ou saúde) surge referenciado em ambas: na alínea a), a favor dos trabalhadores; e, na alínea b), em benefício dos trabalhadores, reformados ou respetivos familiares. Assim, a dupla menção dos seguros de doença é uma descabida redundância.

A única razão plausível para esta autonomização é que a alínea a) do n.º 2 apenas admite que o benefício seja constituído «a favor dos trabalhadores da empresa», enquanto a alínea b) permite a constituição «em benefício dos trabalhadores, reformados ou respetivos familiares». Melhor teria sido, então, que os seguros de doença apenas fossem referidos na alínea b)[138], ou que o legislador, com alguma habilidade, fundisse a redação das duas alíneas, contemplando a ressalva de que, no caso dos seguros de doença, também é admissível a cobertura de reformados e de agregados familiares.

Em rigor – e como veremos de seguida –, também os seguros de vida de risco e os de acidentes pessoais (em ambos os casos, quanto à cobertura base, correspondente ao risco de morte) são estabelecidos, não a favor do trabalhador (a pessoa segura), mas a favor dos beneficiários designados, que são, em regra, os familiares.

IV.4.2.2. Categorias de beneficiários

I – Importa agora clarificar a favor de quem podem estes benefícios ser estabelecidos para que sejam qualificáveis como realizações de utilidade social[139].

Ora, o leque de beneficiários é distinto em função dos seguros em causa, como resulta da comparação entre as duas alíneas do n.º 2 do artigo 43.º. Assim, enquanto os seguros de acidentes pessoais, de vida, os fundos de pensões e equiparáveis ou quaisquer regimes complementares de segurança social, que garantam, exclusivamente, o benefício de reforma, pré-reforma, complemento de reforma, benefícios de saúde pós-emprego, invalidez ou sobrevivência, terão de ser estabelecidos (apenas) a favor *dos trabalhadores* da empresa (alínea a)), já os seguros de doença (ou saúde) poderão ser estabelecidos em benefício, tanto dos trabalhadores, como dos reformados e respetivos familiares (alínea b)).

[138] Também neste sentido, Mónica Duarte Ferreira, *Realizações de Utilidade Social: Alcance e Limitações, cit.*, p. 52.

[139] As alíneas a) e b) do n.º 2 do artigo 43.º utilizam como sinónimas, respetivamente, as expressões «*a favor* dos trabalhadores...» e «*em benefício* dos trabalhadores...».

II - Como já atrás aflorámos, os seguros compreendidos na alínea a) do n.º 2 do artigo 43.º podem pagar benefícios tanto em caso de vida da pessoa segura (benefícios de invalidez ou reforma), como em caso de morte da mesma (benefício "de sobrevivência").

Naturalmente que, neste último caso, assumindo o trabalhador a posição de pessoa segura, será sobre a vida dele que incidirá o risco coberto pelo segurador[140]. Ora, como é evidente, o trabalhador não poderá beneficiar do capital que o segurador pagará caso ocorra a sua morte. Portanto, no que respeita ao designado "benefício de sobrevivência" (em rigor, trata-se de um benefício em caso de morte), os beneficiários da prestação do segurador serão as pessoas para o efeito designadas pelo trabalhador (beneficiários em caso de morte)[141], que tenderão, em regra, a corresponder a familiares do mesmo.

Neste contexto, a referência a que tais seguros são estabelecidos *a favor* dos trabalhadores haverá - no caso do "benefício de sobrevivência" - de ser entendida *cum grano salis*, no sentido de que são estabelecidos para proteger a esfera de interesses do trabalhador, tal como sucederia se fosse o trabalhador a contratar um seguro sobre a sua própria vida para, ocorrendo a sua morte, proteger patrimonialmente os seus entes queridos.

III - Relativamente às categorias de beneficiários, encontramos, desde logo, a alusão aos *trabalhadores*. Estão, naturalmente, em causa trabalhadores dependentes, isto é, pessoas que mantêm um vínculo laboral com a empresa, fundado num contrato de trabalho. Voltaremos adiante, e de forma mais burilada, a esta noção, a propósito dos requisitos de dedutibilidade estabelecidos nas alíneas a) e b) do n.º 4 do artigo 43.º (*infra*, IV.4.3.2).

A referência aos *reformados* também não suscita grandes dúvidas. Tratar-se-á, do nosso ponto de vista, de reformados *da empresa*, na expressão clarificadora do n.º 1 do artigo 43.º. Isto é, trata-se de ex-trabalhadores que tenham atingido a situação de reforma *ao serviço da empresa*, e não de pessoas, atualmente reformadas, que, em dado momento do respetivo percurso profissional, tenham, de forma passageira, mantido um vínculo laboral com a empresa.

140 Cfr. artigos 175.º, 183.º e 210.º da LCS.

141 Cfr. artigo 81.º da LCS.

IV – Já a menção aos *familiares* (também refletida no n.º 1 do artigo 43.º) assume um sentido e alcance mais duvidosos, não contribuindo o artigo 43.º para os clarificar em definitivo.

Assim, é questionável se será legítima a remissão para a noção de *agregado familiar* que, para efeitos de operacionalização da determinação do imposto, consta do n.º 4 do artigo 13.º do CIRS[142]. Nos termos desta disposição, o agregado familiar é constituído por: (*a*) os cônjuges não separados judicialmente de pessoas e bens, ou os unidos de facto, e os respetivos dependentes; (*b*) cada um dos cônjuges ou ex-cônjuges, respetivamente, nos casos de separação judicial de pessoas e bens ou de declaração de nulidade, anulação ou dissolução do casamento, e os dependentes a seu cargo; (*c*) o pai ou a mãe solteiros e os dependentes a seu cargo; (*d*) o adotante solteiro e os dependentes a seu cargo[143].

Do ponto de vista de Mónica Ferreira, o artigo 43.º parece apontar para uma noção mais ampla de "familiares", que, para além do cônjuge e descendentes, inclua também os ascendentes que vivam em economia comum com o trabalhador. Para tanto, invoca a autora a relevância fiscal das deduções, em IRS, respeitantes às despesas com descendentes e ascendentes que vivam em comunhão de habitação com o sujeito passivo, bem como de encargos com lares (respetivamente, artigos 78.º-A e 84.º do CIRS)[144]. Concordamos com esta perspetiva, desde que assente no requisito da vida em comum (*agregado*), como melhor veremos de seguida.

V – O trecho «em benefício dos trabalhadores, reformados *ou respetivos* familiares» suscita também apreensões interpretativas. Desde logo, não é claro a quem se reporta a expressão "respetivos", isto é, se estão em causa

[142] Suscitando a dúvida, Sérgio Ravara Cruz, "Realizações de utilidade social", *cit.*, p. 36.

[143] Acrescenta o n.º 5 do mesmo artigo que, para efeitos do disposto na citada disposição, e desde que devidamente identificados pelo número fiscal de contribuinte na declaração de rendimentos, consideram-se dependentes: (*a*) os filhos, adotados e enteados, menores não emancipados, bem como os menores sob tutela; (*b*) os filhos, adotados e enteados, maiores, bem como aqueles que até à maioridade estiveram sujeitos à tutela de qualquer dos sujeitos a quem incumbe a direção do agregado familiar, que não tenham mais de 25 anos nem aufiram anualmente rendimentos superiores ao valor da retribuição mínima mensal garantida; (*c*) os filhos, adotados, enteados e os sujeitos a tutela, maiores, inaptos para o trabalho e para angariar meios de subsistência; e (*d*) os afilhados civis.

[144] Mónica Duarte Ferreira, *Realizações de Utilidade Social: Alcance e Limitações*, *cit.*, p. 15.

familiares dos trabalhadores, familiares dos reformados, ou familiares de quaisquer deles. A letra da lei favorece a interpretação de que estariam apenas em causa os familiares dos reformados, mas isso comportaria uma conclusão absurda. Portanto, estarão em causa os familiares, tanto dos trabalhadores como dos reformados.

Por outro lado, a conjunção "ou" induz à ideia de que o benefício a favor dos familiares seria alternativo (e não cumulativo) com a abrangência dos trabalhadores ou dos reformados. Ora, para além de igualmente absurda, esta interpretação colidiria com o funcionamento do seguro de saúde. Com efeito, este contrato cobre os riscos respeitantes a uma pessoa segura, havendo a *possibilidade* de extensão da cobertura ao agregado familiar. O que a configuração do contrato não admite é a cobertura do agregado sem a da pessoa segura.

Em suma, parece-nos qualificável como realização de utilidade social o seguro de saúde que cubra: (*i*) só os trabalhadores; (*ii*) só os reformados; (*iii*) os trabalhadores e os reformados; (*iv*) os trabalhadores e seus familiares; (*v*) os reformados e seus familiares; (*vi*) os trabalhadores, os reformados, e os familiares de quaisquer deles.

VI – Uma última questão é a de saber se, relativamente aos seguros elencados na alínea a) do n.º 2, serão dedutíveis como realizações de utilidade social os gastos em benefício dos trabalhadores *e, adicionalmente, também dos reformados e familiares*. Por outras palavras, tratando-se de um benefício social, porque não admitir a abrangência, num seguro de acidentes pessoais, dos trabalhadores e seus familiares?

A letra da alínea a) – sobretudo, por comparação com a da alínea b) – parece excluir essa abrangência, caso em que, sendo discrimináveis os gastos com os trabalhadores, só estes seriam aceites (e, não sendo discrimináveis, seria integralmente recusada a dedutibilidade do gasto).

Vejamos. O Ac. CAAD de 05/07/2012 – Proc. n.º 22/2012-T (Manuel Vaz)[145] pronunciou-se sobre factos com algum paralelismo. A decisão reporta-se a factos ocorridos em 2000, antes da consagração dos familiares como beneficiários admissíveis dos seguros de saúde (apenas se prevendo então os benefícios com seguros «a favor dos trabalhadores da empresa»).

[145] Cfr. https://caad.org.pt/tributario/decisoes/decisao.php?s_irc=1&s_processo=22%2F2012-T&s_data_ini=&s_data_fim=&s_resumo=&s_artigos=&s_texto=&id=54.

No caso, a «*empresa considerou como custo fiscal* [...] *prémios de seguro de doença pagos, tendo como beneficiários três grupos: funcionários no ativo e familiares, reformados e viúvos.* [...] A AT considerou que tais despesas suportadas relativas a realizações de utilidade social [...] não podiam ser dedutíveis por falta de assento legal» – o n.º 2 do então artigo 38.º (atual 43.º) do CIRC.

Ora, perante esta factualidade, o tribunal ponderou duas ordens de argumentos. Segundo um argumento literal (que consideramos muito duvidoso e discutível), considerou que a disposição legal não restringe os gastos com seguros de doença e acidentes pessoais aos trabalhadores da empresa[146]. E segundo um argumento substancial e teleológico considerou consentânea com o propósito regulador das realizações de utilidade social a abrangência dos familiares por seguros de saúde e de acidentes pessoais[147].

[146] Lê-se no acórdão: «não estando expressamente prevista na lei a inclusão dos familiares, o que é facto é que também tal não é excluído se atentarmos no primeiro segmento do artigo 38º-2, CIRC/2008: "(...) 2 — São igualmente considerados gastos do período de tributação, até ao limite de 15% das despesas com o pessoal escrituradas a título de remunerações, ordenados ou salários respeitantes ao período de tributação, *os suportados com contratos de seguros de doença e de acidentes pessoais,* (...)" (grifado nosso). // Pelo contrário, no segundo segmento da norma em causa, a exclusão dos familiares parece já evidenciada ou, pelo menos, muito mais discutível: "(...) 2.(...) *bem como* com contratos de seguros de vida, contribuições para fundos de pensões e equiparáveis ou para quaisquer regimes complementares de segurança social, que garantam, exclusivamente, o benefício de reforma, pré-reforma, complemento de reforma, benefícios de saúde pós-emprego, invalidez ou sobrevivência *a favor dos trabalhadores da empresa* (...)" (grifado nosso). // Ou seja: haverá que distinguir entre seguros de doença e acidentes pessoais, por um lado, e seguros de vida, contribuições para fundos de pensões e equiparáveis ou para quaisquer regimes complementares de segurança social, que garantam, exclusivamente (grifado nosso), o benefício de reforma, pré-reforma, complemento de reforma, benefícios de saúde pós-emprego, invalidez ou sobrevivência, por outro, sendo que só nestes últimos casos existe ou subsiste a limitação desses benefícios apenas aos trabalhadores [atente-se no elemento literal: "(...) a favor dos trabalhadores da empresa (...)"] para efeito do cálculo da dedução ao lucro tributável». *Cit.*

[147] Assim, entendeu o tribunal que, «à luz do conceito de realizações de utilidade social que se extrai da leitura e de toda a economia do artigo 38º-2, do CIRC/2000, torna-se assim plausível e mais consentânea com o espírito e fins, designadamente, sociais, dessa norma e os ideais de Justiça – fim último e primeiro das normas jurídicas – a interpretação de que os contratos de seguro de doença e acidentes pessoais, desde que abranjam – como é o caso – todos os trabalhadores da ... e constituam, pela consagração em instrumento de negociação coletiva de trabalho ou pela prática reiterada ao longo de vários anos, um direito laboral adquirido, podem incluir no seu âmbito os familiares dos trabalhadores desde que reunidos os demais

Transposta a questão para o atual teor do n.º 2 do artigo 43.º, entendemos que houve um propósito claro do legislador de distinguir os seguros de saúde – onde é mais largo o leque de beneficiários admitidos – dos outros seguros referenciados, que apenas se admite beneficiarem os trabalhadores da empresa. Esse propósito afigura-se justificado quanto à cobertura dos benefícios em caso de morte e de reforma, que pareceria incoerente, excessivo ou inexequível estender aos atuais reformados ou aos familiares dos trabalhadores. Já não se acompanha nem compreende a restrição quanto aos seguros de acidentes pessoais. Porém, tratando-se de uma opção legislativa clara, cremos que os ditames da interpretação das normas, que vertem do artigo 9.º do CC[148], não deixam margem para a admissibilidade dos referidos gastos quando reportados a familiares ou reformados.

IV.4.3. As condições de dedutibilidade

Para que os referidos prémios de seguros sejam considerados despesas dedutíveis, enquanto realizações de utilidade social, terão de verificar-se cumulativamente várias condições, estabelecidas no n.º 4 do artigo 43.º. Vamos de seguida analisá-las paulatinamente.

IV.4.3.1. Igualdade e não discriminação

I – As duas primeiras condições de dedutibilidade, em IRC, como realização de utilidade social, dos prémios suportados pela entidade patronal, correspondem a duas vertentes do princípio da igualdade.

Este princípio remonta à *Déclaration des Droits de l'Homme et du Citoyen*, de 1793, encontrando consagração no artigo 13.º da Constituição da República Portuguesa (doravante, CRP)[149]. De acordo com o n.º 1 deste

pressupostos, para efeitos do citado normativo». E remata que «os contratos de seguro de doença e acidentes pessoais [...] abrangem, para além dos trabalhadores, os familiares destes». Embora não se tenha expressamente pronunciado quanto aos reformados e viúvos – que dificilmente são abrangidos pela argumentação expendida – o tribunal entendeu que também quanto a eles a despesa era admissível como realização de utilidade social.

[148] Nos termos do n.º 1 do artigo 11.º da LGT, as leis fiscais seguem as regras gerais de interpretação das normas jurídicas.

[149] O princípio decorre igualmente de outros preceitos constitucionais: a tutela contra quaisquer formas de discriminação, prevista no artigo 26.º; a expressa consagração dos direitos

artigo, todos os cidadãos têm a mesma dignidade social e são iguais perante a lei. Ora, a base comum a todos os homens, em que se fundamenta o princípio da igualdade, constituirá, assim, uma *qualidade da essência humana*, um elemento base da ideia de pessoa e componente da personalidade física ou moral de todos os indivíduos[150]. Como tal, a igualdade é tutelada, quer no quadro constitucional, quer no civil (artigo 70.º do CC), quer também, designadamente, e como melhor veremos adiante, no laboral e no fiscal.

Historicamente, verificou-se uma evolução do sentido atribuído ao princípio da igualdade. Numa fase inicial, o mesmo era entendido como sinónimo do princípio da prevalência da lei, sobre tudo e sobre todos, igualmente (lógica aritmética de *igualdade formal*). Mais tarde, o princípio da igualdade passou a assumir já um sentido relativo, segundo o qual *o igual deve ser tratado igualmente e o desigual desigualmente, na exata medida dessa diferença*, de acordo com uma fórmula ainda desprovida de conteúdo material (não identificando critérios concretos de comparação entre as situações, no sentido de determinar a respetiva igualdade ou desigualdade, nem o tratamento a dar às mesmas). Está, no fundo, em causa uma dimensão democrática do princípio, a qual, mediante a proibição do arbítrio, cumpre uma função de limite externo à atuação do poder público como princípio negativo de controlo.

O princípio da igualdade veio a assumir progressivamente um conteúdo material mais marcado, assentando na proibição de discriminações materialmente desrazoáveis. A evolução terá culminado numa fase em que o princípio da igualdade assume o sentido material da própria realização da justiça, configurando-se como limite interno da atuação do poder público e assumindo uma dimensão social. Neste quadro, o sentido do princípio desloca-se do critério de qualificação da igualdade ou desigualdade para o tratamento jurídico visado. Este comporta uma intencionalidade normativa que visa corrigir desigualdades de facto, dando cumprimento a um programa de realização da igualdade social (igualdade jurídico-material).

dos cidadãos portadores de deficiência, no artigo 71.º; ou a alínea d) do artigo 9.º, nos termos da qual, são tarefas fundamentais do Estado promover o bem-estar e a qualidade de vida do povo *e a igualdade real* entre os portugueses...

150 Diogo Leite de Campos, *Lições de Direitos da Personalidade* (Separata do *Boletim da Faculdade de Direito da Universidade de Coimbra*, Vol. LXVI, 1990), 2.ª Ed., Coimbra, 1992, p. 81; Rabindranath Capelo de Sousa, *O Direito Geral de Personalidade*, Coimbra, Coimbra Editora, 1995, p. 289.

Por outro lado, para determinar a materialidade orientadora da ação do poder público em cumprimento do princípio da igualdade, haverá que apelar aos valores dominantes em cada contexto social[151].

Como decorrência do princípio da igualdade, e no quadro do n.º 2 do artigo 13.º da CRP são ilícitas quaisquer discriminações arbitrárias ou carecidas de fundamento material, por parte de entidades públicas ou privadas, designadamente em função da ascendência, sexo, raça, língua, território de origem, religião, convicções políticas ou ideológicas, instrução, situação económica, condição social ou orientação sexual[152]. Por outro lado, a proibição da discriminação reporta-se tanto a discriminações diretas como indiretas (as que, assentando num critério aparentemente neutral, produzem efeitos materialmente infundados e desiguais para categorias de pessoas diversas)[153].

[151] Cfr. Gomes Canotilho e Vital Moreira, *Constituição da República Portuguesa Anotada*, Vol. I, 4ª Ed., Coimbra, Coimbra Editora, 2007, pp. 337 ss.; Maria da Glória Ferreira Pinto, "Princípio da igualdade - Fórmula vazia ou fórmula 'carregada' de sentido?", *Boletim do Ministério da Justiça*, n.º 358 (jul. 1986), pp. 25 ss. Como refere Glória Pinto, no plano da igualdade de oportunidades, «há que discriminar para igualar» - *idem*, p. 54.

[152] Tem sido entendimento da doutrina que a enumeração transcrita no n.º 2 do artigo 13.º é meramente exemplificativa. Assim, os fatores de discriminação ali referidos correspondem apenas às categorias historicamente mais relevantes, sendo também as que merecem do legislador uma recusa mais veemente. Gomes Canotilho e Vital Moreira, *Constituição da República Portuguesa Anotada*, Vol. I, *cit.*, pp. 339-340; Helena Pereira de Melo, *Implicações Jurídicas do Projeto do Genoma Humano: Constituirá a Discriminação Genética Uma Nova Forma de Apartheid?*, Vol. I, [s.l.], Associação Portuguesa de Bioética, 2007, p. 369; Jorge Miranda e Rui Medeiros, *Constituição Portuguesa Anotada*, Tomo I, 2ª Ed., Coimbra, Coimbra Editora, 2010, pp. 230-231. Como referem Gomes Canotilho e Vital Moreira, «o que se exige é que as medidas de diferenciação sejam materialmente fundadas sob o ponto de vista da segurança jurídica, da proporcionalidade, da justiça e da solidariedade, e não se baseiem em qualquer motivo constitucionalmente impróprio» - Gomes Canotilho e Vital Moreira, *Constituição da República Portuguesa Anotada*, Vol. I, *cit.*, p. 340.

[153] Gomes Canotilho e Vital Moreira, *Constituição da República Portuguesa Anotada*, Vol. I, *cit.*, p. 341. Como sublinha a doutrina, o princípio consagrado no artigo 13.º da CRP configura uma igualdade em sentido material ou substancial, assente, portanto, num substrato de justiça material. Isso mesmo implica o tratamento igual do que é igual, segundo o critério dessa igualdade, e o tratamento desigual do que é desigual, de acordo com o critério dessa desigualdade - Helena Pereira de Melo, *Implicações Jurídicas do Projeto do Genoma Humano: Constituirá a Discriminação Genética Uma Nova Forma de Apartheid?*, *cit.*, p. 366; Rabindranath Capelo de Sousa, *O Direito Geral de Personalidade*, *cit.*, p. 293. Por outras palavras, o princípio da igualdade não só traduz uma proscrição da arbitrariedade e da discriminação injusta

Por seu turno, o princípio constitucional da igualdade abrangerá a *igualdade de oportunidades*, isto é, a criação, pelos poderes públicos, de condições de discriminação positiva que corrijam – ou, pelo menos, compensem – uma determinada desigualdade de oportunidades. Na verdade, esta resulta frequentemente de uma desigualdade *de facto*, no plano social, económico, cultural, etc. – seja em virtude de um desfavorecimento de caráter biológico, seja em consequência de representações e práticas sociais sedimentadas – que a mera consagração do princípio da igualdade material é incapaz de suprir sem uma intervenção corretora do poder público, designadamente no plano legislativo[154].

Enquanto princípio objetivo essencial da Constituição, o princípio da igualdade será informador de todo o ordenamento, assumindo eficácia horizontal na sua aplicabilidade às relações entre particulares. Será, assim, de considerar: a proibição de discriminações em atos ou negócios jurídicos, sob cominação de invalidade ou responsabilidade civil; e a imposição, a indivíduos ou organizações com posições de poder social, ou a particulares que explorem serviços ou estabelecimentos abertos ao público, de um dever de igualdade de tratamento[155].

II – Como referimos, o princípio da igualdade reflete-se também no Direito fiscal. Configura-se aí, na sua vertente material, segundo uma ideia de generalidade ou universalidade dos impostos, de tal forma que – tomando como fio de prumo a proibição da arbitrariedade e a ideia de justiça –, a uma igual capacidade contributiva haverão de corresponder iguais impostos (igualdade horizontal), e, reflexamente, a uma diferente capacidade contributiva haverão de corresponder diferentes impostos, na medida dessa diferença (igualdade vertical)[156].

(porque carecida de uma base objetiva de justiça material) – sentido negativo – mas encerra também um sentido positivo, de realização da igualdade pelo tratamento material, igual ou desigual, a dar às situações - Jorge Miranda e Rui Medeiros, *Constituição Portuguesa Anotada*, Tomo I, *cit.*, pp. 222-223.

[154] Helena Pereira de Melo, *Implicações Jurídicas do Projeto do Genoma Humano: Constituirá a Discriminação Genética Uma Nova Forma de Apartheid?*, *cit.*, p. 377.

[155] Gomes Canotilho e Vital Moreira, *Constituição da República Portuguesa Anotada*, Vol. I, *cit.*, pp. 347-348; Jorge Miranda e Rui Medeiros, *Constituição Portuguesa Anotada*, Tomo I, *cit.*, p. 237.

[156] José Casalta Nabais, *Direito Fiscal*, 10ª Ed., Coimbra, Almedina, 2017, p. 154; e Paula Rosado Pereira, "As diversas vertentes do princípio da capacidade contributiva e o IRS", *in*

Por seu turno, o princípio da igualdade e não discriminação manifesta-se também, de forma vincada, no domínio do Direito do trabalho, designadamente sob a fórmula *para trabalho igual, salário igual*. A matéria - que encontra igualmente fundamento no Direito da União Europeia (doravante, UE) - tem fonte expressa na alínea a) do n.º 1 do artigo 59.º da CRP e é também regulada nos artigos 23.º ss. do Código do Trabalho (doravante, CT)[157].

Esta última vertente do princípio da igualdade é particularmente relevante no tema que nos ocupa, já que, em matéria de realizações de utilidade social, estamos no âmbito de uma relação de trabalho. Desta forma, a igualdade exigida pela regra fiscal traduz-se, em substância, um padrão de justiça e equidade de tratamento dos trabalhadores pela entidade patronal, isto é, da realização da igualdade na relação laboral. Por outras palavras, a regra fiscal tutela, na verdade, a igualdade laboral.

III - Como melhor veremos de seguida, as duas primeiras condições de dedutibilidade dos gastos, enquanto realizações de utilidade social, radicam ambas no princípio da igualdade - e, logo, de não discriminação injustificada - quanto ao universo de pessoas potencialmente abrangidas pelo benefício em apreço.

No plano tributário, não está propriamente em causa a definição de regras de tributação equitativas que tomem por objeto aqueles beneficiários, mas da delimitação da regra tributária no sentido de garantir que a valoração de uma situação como realização de utilidade social depende de um tratamento equitativo (universal, não discriminatório nem arbitrário e, portanto, justo) da população visada por aquela situação. Daí depende o reconhecimento da *utilidade social* da dita situação. Como diria o povo, *ou comem todos, ou há moralidade* (fiscal, acrescente-se).

Paula Rosado Pereira, (Coord.), *Temas de IRS – Princípios Constitucionais, Tributação e Garantias*, Coimbra, Almedina, 2020, pp. 18-19. Mais desenvolvidamente, Sérgio Vasques, *O Princípio da Equivalência como Critério de Igualdade Tributária*, Coimbra, Almedina, 2008, pp. 29 ss.

157 Sobre a matéria, cfr. Maria Rosário Palma Ramalho, *Tratado de Direito do Trabalho*, Parte II – Situações Laborais Individuais, 6ª Ed. Coimbra, Almedina, 2016, pp. 172 ss.; Júlio Gomes, "Algumas reflexões sobre o ónus da prova em matéria de paridade de tratamento retributivo ('a trabalho igual salário igual')", *in* António Moreira (Coord.), *I Congresso Nacional de Direito do Trabalho – Memórias*, Coimbra, Almedina, 1998, pp. 311-324.

IV.4.3.2. Cont.: igualdade formal – generalidade da abrangência

I – Estabelece a alínea a) do n.º 4 do artigo 43.º que os benefícios devem ser estabelecidos para a generalidade dos trabalhadores permanentes da empresa ou no âmbito de instrumento de regulamentação coletiva de trabalho para as classes profissionais onde os trabalhadores se inserem. Ora, a interpretação deste requisito tem suscitado diversas dúvidas de que importa dar conta.

Desde logo, a dúvida sobre o que devam ser considerados trabalhadores *permanentes* da empresa. A questão foi objeto da Informação Vinculativa de 10/04/2018 (Proc. n.º 3139/2017), onde a AT, suportada, designadamente, pela contraposição estabelecida no artigo 146.º do CT, entendeu que a expressão se reporta aos trabalhadores com contrato por tempo indeterminado: «enquanto que o trabalhador permanente, como decorre da própria designação, preencherá um posto de trabalho que corresponde a uma necessidade permanente da empresa, tal não sucederá com o trabalhador contratado a termo. Neste caso as necessidades da empresa, precisamente por revestirem um caráter temporário, permitem a celebração de contratos temporalmente limitados»[158].

Desta forma, a noção exclui os trabalhadores com contrato a termo, bem como os estagiários, os trabalhadores temporários, os trabalhadores independentes ("recibo verde"). Não serão, portanto, dedutíveis situações que abranjam *apenas* trabalhadores contratados a termo, mas, atendendo ao caráter social do benefício, não deixarão de ser fiscalmente aceites os gastos que abranjam todos os trabalhadores (incluindo, para além dos permanentes, os contratados a termo e os trabalhadores temporários)[159]. Neste sentido, afirma-se na citada Informação Vinculativa de 06/12/2018 (Proc. n.º 3021/2018), que «os benefícios devem ser estabelecidos para a generalidade dos trabalhadores permanentes, ou seja, a obrigatoriedade,

[158] Cfr. https://info.portaldasfinancas.gov.pt/pt/informacao_fiscal/informacoes_vinculativas/rendimento/circ/Documents/PIV_12659_3139_2017.pdf. Cfr. igualmente a Informação Vinculativa de 06/12/2018 (Proc. n.º 3021/2018) – https://info.portaldasfinancas.gov.pt/pt/informacao_fiscal/informacoes_vinculativas/rendimento/circ/Documents/PIV_14217_2018_003021_DSIRC.pdf.

[159] Se, em termos práticos, não terá cabimento a celebração de um contrato de seguro de longo prazo (p. ex., um seguro de vida) para um trabalhador interino, já terá utilidade e expressão prática a sua inclusão num seguro de saúde ou de acidentes pessoais.

para efeitos fiscais, é apenas para estes, podendo contudo ser extensíveis aos restantes trabalhadores da empresa». Em suma, se o seguro abranger *apenas alguns* trabalhadores, o mesmo não é dedutível pela entidade patronal como realização de utilidade social.

II – Vejamos em maior detalhe a interpretação da segunda parte desta condição – «ou no âmbito de instrumento de regulamentação coletiva de trabalho para as classes profissionais onde os trabalhadores se inserem» –, cujo sentido é menos evidente.

Ora, o trecho tem o alcance que, em coerência com a lógica do regime, é aclarado pela Informação Vinculativa de 21/03/2019 (Proc. n.º 213/2019)[160]. Assim, o requisito ter-se-á por verificado não apenas quando o benefício abranja o universo dos trabalhadores permanentes da empresa, mas também quando se limite a *todos os trabalhadores pertencentes a determinadas classes profissionais*, desde que, neste caso, esse benefício seja imposto, para essas classes, por instrumento de regulamentação coletiva de trabalho (doravante, IRCT). Portanto, a exceção à regra da generalidade consiste nos casos em que, por exemplo, uma convenção coletiva de trabalho horizontal (celebrada por associações sindicais que representem apenas algumas profissões, correspondentes a específicas categorias de trabalhadores da empresa) confere o direito a um seguro apenas para essas categorias de trabalhadores.

III – Sobre a questão de saber se a noção de trabalhadores permanentes da empresa é extensível aos membros dos órgãos sociais, a AT manifesta-se em sentido afirmativo, na medida em que os membros dos órgãos sociais – e não os sócios da sociedade, enquanto tal[161] – consideram-se, para efeitos fiscais, trabalhadores dependentes[162].

[160] Cfr. https://info.portaldasfinancas.gov.pt/pt/informacao_fiscal/informacoes_vinculativas/rendimento/circ/Documents/PIV_14992.pdf.

[161] Numa sociedade por quotas, o sócio-gerente será considerado trabalhador dependente, mas não o sócio. Cfr. Informação Vinculativa de 24/04/2019 (Proc. n.º 1289/2019) – https://info.portaldasfinancas.gov.pt/pt/informacao_fiscal/informacoes_vinculativas/rendimento/circ/Documents/PIV_15354_1289_2019.pdf.

[162] Cfr. Informação Vinculativa de 07/06/2017 (Proc. n.º 1591/2017) – https://info.portaldasfinancas.gov.pt/pt/informacao_fiscal/informacoes_vinculativas/rendimento/circ/Documents/FD_CIRC_1591_2017.pdf; Informação Vinculativa de 24/04/2019 (Proc.

IV – Sendo claro que o benefício haverá de contemplar a generalidade dos trabalhadores, suscita-se a questão de saber se todos eles são obrigados a aceitá-lo, ou, mais propriamente, se o facto de algum ou alguns trabalhadores recusarem o benefício compromete a verificação do requisito em análise e, consequentemente, a dedutibilidade dos gastos. A questão não é puramente teórica, já que alguns tipos de benefícios podem comportar encargos para os trabalhadores, que os mesmos não pretendam suportar. Será o caso, por exemplo, de a empresa oferecer 80% do prémio de um seguro, ficando os outros 20% por conta dos trabalhadores.

Como vimos a propósito das realizações de utilidade social previstas no n.º 1 do artigo 43.º, o trabalhador pode não reunir sequer condições objetivas que lhe permitam usufruir do benefício. Por exemplo, só poderão beneficiar de creches, lactários ou jardins de infância os trabalhadores com crianças a cargo. Ainda assim, não deixará de se verificar o requisito do caráter geral do benefício na medida em que o mesmo é oferecido ou disponibilizado a todos os trabalhadores.

Também relativamente aos seguros, o regime terá visado, não a efetiva abrangência matemática de *todos* os trabalhadores, mas antes que nenhum deles seja discricionariamente excluído pela empresa. Por outras palavras, o requisito da *generalidade* ter-se-á por preenchido desde que o benefício seja *oferecido* ou *disponibilizado* a todo o universo da população definida, sem prejuízo da possibilidade de cada trabalhador, voluntariamente, prescindir da respetiva fruição: «o que importa saber é se à generalidade dos trabalhadores foi dada *a possibilidade da opção* pelo seguro de saúde, independentemente de ser ou não aceite por alguns colaboradores» (sublinhado nosso)[163].

n.º 1289/2019), *cit.*; Informação Vinculativa de 06/04/2020 (Proc. n.º 1076/2020) – https://info.portaldasfinancas.gov.pt/pt/informacao_fiscal/informacoes_vinculativas/rendimento/circ/Documents/FD_PIV_17196.pdf; João Espanha, "Life insurance and tax planning for portuguese clients", *cit.*, p. 143; João Espanha, *Do Regime Fiscal dos Produtos do Ramo Vida, cit.*, p. 23, n. 68.

[163] Informação Vinculativa de 08/01/2021 (Proc. n.º 2548/2020) – https://info.portaldasfinancas.gov.pt/pt/informacao_fiscal/informacoes_vinculativas/rendimento/circ/Documents/FD_PIV_17782.pdf. Cfr., no mesmo sentido, as seguintes Informações Vinculativas: de 22/10/2008 (Proc. n.º 2957/2008) – https://info.portaldasfinancas.gov.pt/pt/informacao_fiscal/informacoes_vinculativas/rendimento/circ/Documents/CIRC_040_2957-2008.pdf; e de 21/03/2019 (Proc. n.º 213/2019), *cit.*

Para o efeito, «caso o benefício em causa reúna todos os requisitos para ser enquadrado no regime previsto no art.º 43.º do CIRC e algum (ou alguns) trabalhadores não pretendam usufruir do contrato de seguro de saúde, por não ser do seu interesse pessoal, podem manifestar a sua renúncia àquele, mediante documento escrito, assinado e datado, que a ateste, sem que isso represente implicações fiscais para a requerente»[164].

V – Isto traz-nos, inerentemente, a uma outra análise, sobre a admissibilidade dos chamados *planos flex*. Trata-se de planos flexíveis de benefícios, disponibilizados aos trabalhadores, a quem é permitido selecionar, de entre um leque de benefícios alternativos, um ou mais, de acordo com razões de conveniência ou interesse pessoal. O propósito é claro: em vez de limitar a oferta, aos trabalhadores, de benefícios que os mesmos possam não valorizar, ou de que não estejam sequer aptos a usufruir, visa-se proporcionar-lhes uma escolha coerente com as respetivas necessidades ou interesses, proporcionando uma maximização, no plano motivacional, dos gastos suportados pelo empregador.

Vejamos um primeiro exemplo: a empresa estabelece um *plafond* anual por trabalhador (idêntico para todos), permitindo que cada um deles opte por afetar esse valor à aquisição de um seguro de acidentes pessoais, de saúde ou de vida. Para este tipo de circunstancialismo, entende a AT que «num programa em que é dada a possibilidade de escolha entre diferentes benefícios, a todos os trabalhadores da empresa, sem qualquer distinção, dentro de um limite estabelecido, entre os elencados no n.º 2 do artigo [43.º], podem considerar-se cumpridas as condições estabelecidas nas alíneas a) e b) do n.º 4 do artigo [43.º] do CIRC»[165].

Imagine-se agora uma situação diferente: por exemplo, que a entidade patronal oferece aos trabalhadores, à escolha, um seguro de acidentes pessoais ou um vale de desconto em viagens turísticas (assumindo que esta última opção não tem enquadramento no artigo 43.º). Quanto a este tipo de situações, é posição da AT que «a análise do cumprimento dos requisitos previstos no n.º 4 do preceito em questão é feita ao conjunto dos benefícios dados a escolher, *de entre os previstos no nº 2 do artigo [43.º] do*

[164] Cfr. Informação Vinculativa de 06/12/2018 (Proc. n.º 3021/2018), *cit.*

[165] Informação Vinculativa de 22/10/2008 (Proc. n.º 2957/2008), *cit.* Também neste sentido, Rui Marques, *As Realizações de Utilidade Social em IRC e IRS, cit.*

CIRC e apenas estes, pois, se for dada a opção aos trabalhadores por outros benefícios ou regalias, que não sejam os aí descritos, tal situação pode pôr em causa a aceitação fiscal dos encargos em questão, tal como resulta daquela norma» (*itálico nosso*)[166]. Por outras palavras, sendo a opção entre um benefício com seguros enquadráveis no n.º 2 do artigo 43.º e outro que consubstancie uma remuneração em espécie, a posição da AT que resulta do trecho transcrito é a de que o benefício com seguros não seria dedutível em IRC (segundo supomos, por falta de preenchimento do requisito da generalidade)[167].

Discordamos, em absoluto, desta perspetiva, que consideramos incoerente com os contornos que a AT reconhece ao requisito da generalidade. Vejamos. Como referimos (*supra*, IV.4.3.2.IV), a AT aceita que o requisito da generalidade se satisfaz se aos trabalhadores for dada a possibilidade de opção entre a aceitação e a recusa, pura e simples, do benefício (sem que tenha de haver uma opção por outro benefício equivalente). Logo, no nosso exemplo, a livre opção pelo seguro de acidentes pessoais terá sido proporcionada à generalidade dos trabalhadores, o que bastará para que se dê por verificado o requisito da generalidade. Para o efeito, será indiferente se, em vez da recusa pura e simples, houver uma opção por uma outra vantagem, qualquer que ela seja e qualquer que seja o respetivo valor, desde que, quanto a esta, se respeite o enquadramento fiscal aplicável[168].

Por outras palavras, o facto de apenas uma reduzida minoria de trabalhadores optar pelo seguro de acidentes pessoais não obstará a que o mesmo seja considerado, segundo o critério da generalidade, como realização de utilidade social. Será, para o efeito, indiferente se, para a entidade patronal, o custo dos dois benefícios é equivalente ou não, relevando, sim, a possibilidade de livre escolha por todos os trabalhadores. Para o efeito, será, portanto, também indiferente o facto de a outra alternativa (o vale de desconto em viagens turísticas) não ser enquadrável como realização de utilidade social, mas antes como remuneração em espécie.

[166] Informação Vinculativa de 22/10/2008 (Proc. n.º 2957/2008), *cit.*

[167] Parece ser também esta a perspetiva de Rui Marques, *As Realizações de Utilidade Social em IRC e IRS*, *cit.*

[168] No nosso exemplo, o valor do vale de desconto em viagens turísticas, constituindo um rendimento do trabalho dependente, seria tributado na categoria A de IRS e dedutível pela empresa no quadro do artigo 23.º do CIRC.

Em suma, à luz do requisito da generalidade não se nos afigura haver um obstáculo à aceitação fiscal dos *planos flex*, ainda que os benefícios proporcionados não tenham todos o mesmo enquadramento como realização de utilidade social.

VI – Importa ainda testar os limites *mínimo* e *máximo* da noção de generalidade. Vimos já que, de acordo com a própria apreciação da AT, generalidade não é sinónimo de totalidade e que, no quadro do princípio da igualdade, o critério de aferição do requisito se traduz em que o benefício seja disponibilizado aos trabalhadores em condições idênticas e sem arbitrariedades.

Neste contexto, estará verificado o requisito da generalidade se o benefício for disponibilizado a todos os trabalhadores à exceção de um? A AT pronunciou-se precisamente sobre um caso em que uma empresa pretendia atribuir um seguro de grupo de saúde a todos os trabalhadores, mas um deles não foi, por razões de ordem clínica, considerado elegível pelo segurador, decidindo a empresa garantir-lhe o mesmo benefício, mas através de um seguro individual. Neste contexto, considerou a AT verificado o requisito da generalidade para o seguro de grupo (e a consequente dedutibilidade do gasto no quadro do artigo 43.º)[169], mas considerou que a individualização do gasto relativamente ao seguro individual impunha o respetivo enquadramento em sede de artigo 23.º do CIRC e a inerente tributação do trabalhador na categoria A[170].

[169] Como se argumenta na Informação Vinculativa de 21/06/2021 (Proc. n.º 1397/2021) – https://info.portaldasfinancas.gov.pt/pt/informacao_fiscal/informacoes_vinculativas/rendimento/circ/Documents/FD_PIV_20548.pdf, «uma vez que esta situação se deve efetivamente à seguradora e não resulta de uma opção do sujeito passivo e desde que seja dada a possibilidade a todos os outros colaboradores de fruição desse seguro, pode-se considerar que a atribuição do beneficio em questão terá caráter geral. [...] Assim sendo, desde que a opção seja dada a todos, mesmo que um dos colaboradores não possa ficar abrangido pelo seguro de saúde a efetuar em nome da empresa por razões impostas pela seguradora, este seguro poderá ter cabal enquadramento no artigo 43.º do Código do IRC, desde que cumpridos os demais requisitos».

[170] Cfr. Informação Vinculativa de 21/06/2021 (Proc. n.º 1397/2021), *cit.* Esta solução, precisamente à luz do princípio que norteia o requisito da generalidade (princípio da igualdade), merece o nosso total desacordo. Com efeito, se o artigo 43.º visa fomentar os benefícios com caráter social e em plano de igualdade, e se foi precisamente esse o propósito da empresa (que terá, inclusivamente, suportado um gasto superior no seguro individual, de modo a que

No quadrante oposto, estão as situações quem que se verifica a abrangência de apenas um trabalhador (o único) da empresa. Quanto a estas situações, tem vindo a considerar a AT que a atribuição do benefício «não tem caráter geral, aliás, trata-se, neste caso, de um benefício de caráter individual perfeitamente identificável, logo, tributado em sede de IRS como rendimento da categoria A, sendo o gasto aceite em sede de IRC, à luz do artigo 23.º do CIRC»[171]. Em suma, quando a empresa tem apenas um trabalhador, considera a AT estar-se perante um benefício individual, e não geral.

IV.4.3.3. Cont.: igualdade material – critério objetivo e idêntico

I – Como referimos, o princípio da igualdade não se traduz apenas na vertente formal da abrangência da generalidade dos trabalhadores (alínea a) do n.º 4 do artigo 43.º), mas – quando um mesmo benefício não seja atribuído de forma idêntica a *todos* os trabalhadores (por exemplo, um seguro de vida com um capital seguro de valor idêntico para todos eles) – haverá que aferir se essa atribuição respeita um critério de igualdade material.

Neste sentido, estabelece a alínea b) do n.º 4 do artigo 43.º do CIRC que «os benefícios devem ser estabelecidos segundo um critério objetivo e idêntico para todos os trabalhadores ainda que não pertencentes à mesma classe profissional, salvo em cumprimento de instrumentos de regulamentação coletiva de trabalho». No quadro desta condição, a atribuição do benefício não deverá ser substancialmente discriminatória (ainda que sob a aparência de um critério objetivo de diferenciação, que haverá, ademais, de ser atendível).

o trabalhador em causa tivesse um benefício idêntico aos demais) revela-se de uma injustiça clamorosa sujeitar o trabalhador em causa a tributação em IRS, discriminando-o fiscalmente face aos outros trabalhadores que auferiram de idêntico benefício. Por outro lado, o argumento da individualização do gasto não é, sequer, rigoroso, já que, em matéria de seguros de saúde (mesmo em seguros de grupo), quer o prémio seja idêntico para todas as pessoas seguras, quer seja diferenciado em função, p. ex., da idade, o mesmo é *sempre* individualizável (isto é, é sempre possível determinar qual o custo que o prémio representa relativamente a cada pessoa segura). Voltaremos adiante a esta matéria (*infra*, IV.4.4.1).

[171] Informação Vinculativa de 24/04/2019 (Proc. n.º 1289/2019), *cit.* No mesmo sentido, cfr. também a Informação Vinculativa de 06/04/2020 (Proc. n.º 1076/2020), *cit.*

II – A disposição citada comporta, porém, uma primeira perplexidade. Aí se lê, como referimos, que os benefícios devem ser estabelecidos segundo um critério objetivo e idêntico para todos os trabalhadores *ainda que não pertencentes à mesma classe profissional*, salvo em cumprimento de instrumentos de regulamentação coletiva de trabalho.

Ora, embora a formulação literal do preceito (designadamente, o recurso à conjunção adversativa *ainda que*) possa sugerir equívocos, o sentido da mesma alcança-se sem dificuldade: a classe profissional[172] não é um critério aceitável de atribuição ou diferenciação do benefício. Aliás, o critério não poderia ter de ser idêntico para todos os trabalhadores (independentemente da classe profissional) e, simultaneamente, ser idêntico apenas para os trabalhadores da mesma classe.

À semelhança do requisito da generalidade (alínea a) do n.º 4 do artigo 43.º), o previsto na alínea b), em análise, admite também como exceção o enquadramento em IRCT. Portanto, se o critério de abrangência ou de diferenciação na atribuição de um benefício – quer consista na classe profissional ou noutro – resultar de disposição aplicável de uma convenção coletiva de trabalho ou outro IRCT, ter-se-á por verificado o requisito em análise.

III – Um primeiro critério de diferenciação admissível (objetivo e idêntico) que reflete a vertente material do princípio da igualdade, consistirá em alinhar o benefício com a remuneração do trabalhador.

Assim, do mesmo modo que a pensão de reforma é calculada em função da carreira contributiva de cada trabalhador, também um seguro de vida com componente de investimento que visa estabelecer um benefício complementar de reforma poderá respeitar idêntico critério. Desta forma, um plano complementar de reforma de benefício definido poderá fixar esse benefício, por exemplo, num capital igual a 14 meses de salário à data de reforma (parcialmente convertível em renda); ou numa renda mensal de 20% do último salário. Por seu turno, um plano de contribuição definida poderá estabelecer essa contribuição em, por exemplo, 3% do salário de cada trabalhador.

[172] O que entender por *classe profissional*? A resposta mais rigorosa encontramo-la na Classificação Portuguesa das Profissões, que identifica precisamente as profissões (ou classes de profissões), estruturadas por grandes grupos e sub-grandes grupos.

Da mesma forma, num seguro de vida de risco ou num seguro de acidentes pessoais, será admissível estabelecer, como capital seguro em caso de morte do trabalhador, um valor de, por exemplo, 20 meses de salário. Em suma, portanto, corresponde a um critério objetivo e idêntico para todos os trabalhadores abrangidos a determinação do benefício numa proporção – rigorosamente igual para todos eles – do salário mensal (embora, em termos absolutos, beneficiando mais, justificadamente, as funções com salários mais elevados).

IV – O que já não será admissível é o estabelecimento de planos diferenciados (por exemplo, num seguro de saúde) segundo critérios com alguma discricionariedade: num exemplo típico, um plano rico para os quadros superiores e um plano pobre para os restantes trabalhadores.

Sobre um circunstancialismo como o referido – atribuição de um seguro de saúde com maiores coberturas e capitais aos gerentes e diretores, e atribuição de um outro, com menos coberturas e capitais mais reduzidos, aos outros trabalhadores, desde que com uma antiguidade na empresa superior a um ano – pronunciou-se já a AT, considerando que «no caso concreto, verificamos que os seguros de saúde apresentados são diferentes, quer ao nível das coberturas, quer ao nível dos capitais previstos, e ainda quanto ao período de permanência na empresa de que depende a sua atribuição. [...] É, portanto, de concluir que os contratos de seguros de saúde apresentados não cumprem os requisitos previstos no n.º 4 do artigo 43.º, mormente o constante da alínea b), uma vez que os benefícios não foram estabelecidos segundo um critério idêntico para todos os trabalhadores»[173].

Esta perspetiva afigura-se-nos correta. Neste sentido, discordamos do ponto de vista segundo o qual o *grau de risco* (de morte ou invalidez), sendo mais elevado entre os quadros superiores de uma empresa (em virtude da sujeição a deslocações frequentes e a uma maior pressão psicológica) justificaria um critério diferenciado de atribuição do benefício em seguros de vida de puro risco (capital seguro correspondente a 28 meses de salário, sendo de 14 meses de salário para os restantes trabalhadores)[174].

[173] Informação Vinculativa de 10/04/2018 (Proc. n.º 3139/2017), *cit.*

[174] Defendendo esta perspetiva, Pedro Marinho Falcão e Adriana Monteiro, "Relevância fiscal dos gastos suportados com a apólice de seguro de grupo", *Cadernos de Justiça Tributária*, n.º 4 (abr.-jun. 2014), pp. 26-28.

Com efeito, consideramos muito discutível a existência de um *grau de risco* diferenciado e que o mesmo constitua um critério objetivo, já que não está suportado por dados estatísticos. Pelo contrário, o que parece estar em causa é a procura de um argumento objetivo para justificar uma diferenciação arbitrária e subjetiva (porquanto assente na qualidade dos sujeitos beneficiários).

Cremos que a solução – securitária e fiscal – mais adequada para o problema equacionado seria a implementação de um seguro de vida de risco com um capital correspondente a 14 meses de salário para todos os trabalhadores, cujo gasto seria dedutível como realização de utilidade social. A esse benefício acresceria um seguro de acidentes pessoais (cobrindo, portanto, o risco de morte por acidente em deslocação) destinado apenas aos quadros superiores e com um capital fixado em 14 meses de salário. Este último seguro não constituiria uma realização de utilidade social, mas os respetivos prémios seriam dedutíveis no quadro do artigo 23.º do CIRC (e tributados como rendimento da categoria A de IRS).

V – A AT pronunciou-se sobre um outro caso, em que uma empresa estabeleceu um seguro de saúde com duas componentes: um plano base (A), integralmente suportado pela empresa; e um plano complementar (B), suportado em parte pela empresa e em parte pelo trabalhador. Neste caso, entendeu a AT que «apesar de ser facultado a todos os trabalhadores a possibilidade de usufruírem de um determinado beneficio, a imposição do pagamento de uma parte do prémio como condição adicional para poder beneficiar do seguro de saúde em causa pode levar ao afastamento/exclusão dos trabalhadores do usufruto do referido benefício ou conduzir à existência de benefícios diferentes para os trabalhadores em causa [...], o que, para além de pôr em causa o cumprimento dos requisitos previstos nas alíneas a) e b) do n.º 4 do art.º 43.º do CIRC, não se coaduna com o cariz social subjacente aos gastos abrangidos pelo regime previsto no art.º 43.º do CIRC, pelo que, não poderão tais gastos ser enquadrados no referido normativo»[175].

Que dizer? Do nosso ponto de vista, a repartição de custos de um seguro entre a empresa e o trabalhador não é um critério discriminatório de abrangência, desde que o benefício seja disponibilizado a todos os

[175] Informação Vinculativa de 06/12/2018 (Proc. n.º 3021/2018), *cit.*

trabalhadores (e fique, portanto, sujeito a uma livre opção destes) e desde que o concreto desenho do plano não esconda intuitos discriminatórios[176]. Aliás, a própria AT tem utilizado este exemplo (repartição de custos) para dar por verificado o requisito da generalidade quando alguns trabalhadores renunciam ao benefício (precisamente porque este não é totalmente gratuito)[177].

Em qualquer caso, a própria solução equacionada pela AT (a não dedutibilidade do gasto *in totum*) se afigura deslocada. Com efeito, se é configurável o enquadramento do plano complementar (B) no artigo 23.º do CIRC (com a inerente tributação na categoria A de IRS), já não vemos qualquer razão para afastar a dedutibilidade dos gastos com o plano base (A) como realização de utilidade social, na medida em que abrange todos os trabalhadores.

VI – Igualmente relevante é a hipótese de ser estabelecido um plano de benefícios diferenciado para trabalhadores no ativo e para reformados da empresa. Quanto à dedutibilidade dos gastos, como realização de utilidade social, a matéria mereceu parecer favorável da AT, que considerou que, «quando existam dois Planos de Pensões, em que o critério estabelecido para a generalidade dos trabalhadores no ativo é diferente do determinado para os pensionistas, considera-se que não há discriminação relativamente aos trabalhadores, desde que todos os trabalhadores no ativo tenham a mesma acessibilidade aos benefícios estabelecidos no Plano de Pensões, independentemente da categoria ou do tipo de funções e apenas os pensionistas tenham um critério diferente. O facto de coexistirem 2 Planos, um para os trabalhadores no ativo e um para os reformados, não significa que se esteja a conceder benefícios diferentes aos trabalhadores»[178].

[176] Seria o caso, p. ex., de uma empresa com um fosso remuneratório muito pronunciado entre os quadros superiores e os restantes trabalhadores, em que um plano de benefícios de luxo fosse colocado à disposição de todos os trabalhadores mas em que os termos da repartição de custos o tornassem economicamente inacessível a todos os não-quadros.

[177] Cfr., p. ex., as Informações Vinculativas: de 22/10/2008 (Proc. n.º 2957/2008), *cit.*; de 21/03/2019 (Proc. n.º 213/2019), *cit.*; e de 08/01/2021 (Proc. n.º 2548/2020), *cit.*

[178] Cfr. Informação Vinculativa de 09/02/2021 (Proc. n.º 5326/2020) – https://info.portaldasfinancas.gov.pt/pt/informacao_fiscal/informacoes_vinculativas/rendimento/circ/Documents/FD_PIV_19236.pdf.

VII – Para além do conteúdo do benefício, o critério de atribuição pode refletir-se sobre a abrangência, sendo então mais evidente a complementaridade entre os requisitos das alíneas a) e b) do n.º 4 do artigo 43.º do CIRC.

Neste contexto, não é invulgar que, para limitar os gastos e promover a retenção dos trabalhadores e a estabilidade dos vínculos, a empresa pretenda estabelecer um período de carência, atribuindo o benefício apenas aos trabalhadores com uma determinada antiguidade (por exemplo, somente para os trabalhadores com 3 anos de antiguidade na empresa). Ora, neste caso, verifica-se, simultaneamente o requisito da generalidade e observa-se um critério objetivo e idêntico para todos. Assim, todos os trabalhadores são elegíveis de acordo com um critério não discriminatório, na medida em que todos os trabalhadores terão a aspiração e a expectativa de atingirem o referido tempo de antiguidade, independentemente da sua posição hierárquica[179] [180].

Neste sentido, entendeu-se no Ac. STA de 01/12/2019 – Proc. n.º 01170/05.7BELSB (Francisco Rothes) que, tendo sido seguido pela empresa um critério de atribuição de benefícios que incluía, «*como beneficiários da apólice de seguro de vida todas as pessoas suas empregadas há mais de um ano e beneficiários do complemento de reforma os trabalhadores empregados durante um ano civil completo*», considerou o tribunal que «esse critério, perfeitamente razoável e em nada arbitrário, é aplicável à generalidade dos trabalhadores e assente em premissas objetivas e idênticas para todos os trabalhadores»[181].

[179] No sentido de ser consentâneo com o requisito da generalidade o estabelecimento de um critério de elegibilidade requerendo uma antiguidade mínima na empresa, Mónica Duarte Ferreira, *Realizações de Utilidade Social: Alcance e Limitações*, *cit.*, p. 31, e, implicitamente, a Informação Vinculativa de 10/04/2018 (Proc. n.º 3139/2017), *cit.*

[180] Haverá sempre que verificar em concreto se o critério, sob a aparência de objetividade e igualdade, não esconde uma prática de atribuição subjetiva e arbitrária. Seria o caso, p. ex., de, numa empresa com elevada rotatividade, se limitar o benefício aos trabalhadores com mais de 15 anos de antiguidade, verificando-se depois que, por "coincidência", só os sócios gerentes tinham uma tal antiguidade na empresa.

[181] Cfr. http://www.dgsi.pt/jsta.nsf/35fbbbf22e1bb1e680256f8e003ea931/572f1a13a2a68865802584cd003dc2dd?OpenDocument. Em sentido convergente, cfr. a Informação Vinculativa de 21/03/2019 (Proc. n.º 213/2019), *cit.*

VIII – Questão diversa, mas igualmente relevante, é a de saber se a abrangência dos trabalhadores, a favor de quem é estabelecido o benefício, ou o próprio valor do benefício, pode assentar num critério de mérito, distinguindo, por exemplo, os trabalhadores que, em cada ano, atinjam determinados objetivos de desempenho.

Quanto a saber-se se o mérito profissional constituirá um critério objetivo e idêntico para todos os trabalhadores, a AT[182], embora não se focando diretamente na temática, parece entender que, mesmo tomando como universo elegível a generalidade dos trabalhadores, as «métricas internas com base em funções, antiguidade e atingimento de objetivos» se afastam do âmbito das realizações de utilidade social, incidindo em primeira linha sobre a contrapartida do desempenho profissional, isto é, evidenciando uma natureza de rendimento do trabalho dependente.

Concordamos com esta perspetiva, na medida em que a recompensa do mérito visa promover a competitividade e a diferenciação, e não fomentar a proteção social dos trabalhadores, não sendo, em substância, uma realização de utilidade social.

IX – O n.º 14 do artigo 43.º estabelece uma exceção ao requisito em análise. Com efeito, este pode deixar de verificar-se desde que seja demonstrado que a diferenciação introduzida tem por base critérios objetivos, *designadamente*[183] em caso de entidades sujeitas a processos de reestruturação empresarial, devendo esta alteração ser comunicada à AT até ao termo do período de tributação em que ocorra.

Será o caso, por exemplo, de uma fusão por incorporação, em que os trabalhadores de uma das sociedades (incorporante ou incorporada) beneficiavam de um plano complementar de reforma inexistente na outra sociedade. Não sendo exequível para a sociedade incorporante generalizar o benefício a todos os trabalhadores, a diferenciação considera-se objetivamente justificada.

A AT pronunciou-se já sobre casos deste tipo, entendendo que «uma das duas situações se verificará: ou haverá trabalhadores com benefícios e outros que não usufruem de qualquer benefício ou uns terão direito ao

[182] Informação Vinculativa de 29/06/2018 (Proc. n.º 508/2018), *cit.*

[183] Não se vislumbram facilmente que outros critérios objetivos possam ser considerados, para além dos processos de reestruturação, embora a lei os admita literalmente.

Plano de Benefício Definido e outros ao Plano de Contribuição Definida. [...] De qualquer modo, é permitida essa situação, nos termos do n.º 14 do artigo 43.º do CIRC, [...] designadamente em caso de entidades sujeitas a processos de reestruturação empresarial, como acontece no caso apresentado»[184].

IV.4.3.4. Limite de dedução: remissão

I – Estabelece a alínea c) do n.º 4 do artigo 43.º que, sem prejuízo do disposto no n.º 6, a totalidade dos prémios e contribuições previstos nos n.ºs 2 e 3 do mesmo artigo, em conjunto com os rendimentos da categoria A isentos nos termos do n.º 1 do artigo 18.º do EBF, não devem exceder, anualmente, os limites naqueles estabelecidos ao caso aplicáveis, não sendo o excedente considerado gasto do período de tributação.

Para a boa compreensão deste preceito, adiantemos, desde já, que as realizações de utilidade social de caráter securitário apenas são dedutíveis como gastos do período de tributação até ao limite de 15% das despesas com o pessoal contabilizadas a título de remunerações, ordenados ou salários respeitantes ao período de tributação (n.º 2 do artigo 43.º), sendo esse limite elevado para 25%, se os trabalhadores não tiverem direito a pensões da segurança social (n.º 3 do mesmo artigo). Sobre estes limites e as exceções admissíveis, remetemos o leitor para a análise que adiante efetuaremos (cfr. *infra*, IV.4.6).

Neste quadro, o que nos diz a alínea c) do n.º 4 do artigo 43.º é que, para os limites de dedutibilidade que acabamos de referir concorrem duas situações, correspondentes às duas modalidades de situações securitário-tributárias correspondentes a *beneficiação social* que identificámos oportunamente, *supra*, em II.5, a saber:

a) As que correspondem aos seguros de risco e, bem assim, aos seguros de vida com componente de investimento em regime de meras expectativas, todos eles previstos no n.º 2 do artigo 43.º e que consubstanciam realizações de utilidade social em sentido próprio (*Modalidade A*);
b) E as que correspondem aos seguros de vida com componente de investimento em regime de direitos adquiridos que respeitam as

[184] Informação Vinculativa de 09/02/2021 (Proc. n.º 5326/2020), *cit.*

condições previstas nas alíneas a), b), d), e) e f) do n.º 4 do artigo 43.º, como resulta do n.º 1 do artigo 18.º do EBF, e que consubstanciam uma variante aproximada e funcionalmente equivalente às realizações de utilidade social (*Modalidade B*).

Em qualquer destes casos estamos, materialmente, e do nosso ponto de vista, perante realizações de utilidade social em sentido amplo, na medida em que, em ambos, se respeitam os requisitos previstos naquelas alíneas do n.º 4 do artigo 43.º. Em substância, portanto, o facto de as situações da *Modalidade B* terem enquadramento, quanto à dedutibilidade dos gastos em IRC, no artigo 23.º, não lhes retira – com a exceção de comportarem direitos adquiridos para os trabalhadores beneficiados – as características centrais das realizações de utilidade social, seguindo, em tudo o mais, as condições estabelecidas para as situações da *Modalidade A*. Aliás, o decalque de regimes é até reforçado pelo benefício fiscal estabelecido no n.º 1 do artigo 18.º do EBF, o qual alinha, para as situações da *Modalidade B*, o momento da tributação dos trabalhadores na categoria A com o estabelecido para as situações da *Modalidade A*.

É em virtude destes requisitos comuns, a determinarem a similitude substancial e a equivalência funcional das duas modalidades, que as classificámos num mesmo tipo de situação securitário-tributária, que apelidámos de *beneficiação social*.

II – Como resulta da disposição em análise (alínea c) do n.º 4 do artigo 43.º), poderão os referidos limites de dedutibilidade ser ultrapassados em caso de cobertura de responsabilidades por serviços passados, nos termos previstos no n.º 6 do artigo 43.º do CIRC (disposição que respeita apenas a seguros de vida com componente de investimento).

Analisaremos adiante, em maior detalhe, este preceito (*infra*, IV.4.6.4.II).

IV.4.3.5. Pagamento em renda vitalícia

I – Nos termos da alínea d) do n.º 4, que se aplica apenas a seguros de vida com componente de investimento (seguros que garantam benefícios de pré-reforma, reforma ou complemento de reforma, como resulta, *a contrario*, do corpo do n.º 4 e da própria lógica da referida alínea), devem ser efetivamente pagos sob a forma de prestação pecuniária mensal vitalícia (renda) pelo menos dois terços dos benefícios em caso de reforma, invalidez ou sobrevivência[185].

Neste quadro, quando estejam em causa seguros de vida (com componente de investimento) destinados a financiar benefícios de reforma ou complemento de reforma e também quando, adicionalmente, cubram benefícios de invalidez ou sobrevivência, estes benefícios não deverão ser pagos integralmente em capital (*lump sum*), mas, pelo menos, 2/3 do benefício haverão de ser convertidos numa *renda* (prestação pecuniária) *mensal vitalícia.*

Esta conversão de, pelo menos, 2/3 do benefício em renda mensal vitalícia poderá operar diretamente, no caso de a modalidade de seguro em causa o admitir, ou indiretamente. Neste último caso, a parte do benefício que não for liquidada em capital (*lump sum*) constituirá um prémio único de aquisição de um contrato de renda junto do mesmo ou de outro segurador.

II - Esta condição de dedutibilidade dos prémios como realização de utilidade social coloca-nos no âmago da previdência empresarial e na complementaridade à segurança social. Assim, à semelhança da forma de pagamento dos correspondentes benefícios pela segurança social, também relativamente às realizações de utilidade social em causa há uma preocupação - em certa medida, paternalista - de proteger a posição do beneficiário. A ideia subjacente será a de garantir a este um rendimento regular e duradouro (vitalício), em vez de uma prestação única, de valor mais avultado, suscetível de ser desbaratada, deixando depois o beneficiário desapoiado para o futuro.

185 Afigura-se confusa, quanto aos seguros e benefícios abrangidos, a articulação entre o n.º 2, o corpo do n.º 4 e o teor da respetiva alínea d). Vejamos. De entre as modalidades de seguros que constituem realizações de utilidade social (n.º 2), a alínea d) não se aplica (corpo do n.º 4) aos seguros de doença ou saúde, de acidentes pessoais ou de seguros de vida que garantam *exclusivamente* os riscos de morte (benefício de sobrevivência) ou invalidez, isto é, seguros de vida de risco. Portanto, *a contrario*, a alínea d) aplica-se aos seguros de vida restantes: os que têm componente de investimento e que, portanto, cobrem benefícios de reforma ou complemento de reforma, podendo também cobrir (embora não exclusivamente, como sucede com os seguros de vida de risco) benefícios de sobrevivência ou de invalidez.

III – A disposição admite, porém, a remição de rendas vitalícias em pagamento que não tenham sido fixadas judicialmente, nos termos e condições estabelecidos em norma regulamentar emitida pela ASF, e desde que seja apresentada prova dos respetivos pressupostos pelo sujeito passivo. A referida norma regulamentar é a 16/95-R, de 12 de setembro, cujo n.º 31 estabelece as condições em que é admissível a remição de rendas em pagamento. Esta só é possível se o montante da prestação periódica mensal for inferior à décima parte do salário mínimo nacional em vigor para a generalidade das profissões à data da remição.

Retomaremos, a seu tempo, o tema das rendas e da respetiva tributação na categoria H do IRS (*infra*, VI).

IV.4.3.6. Idade e categorias de titulares do benefício

I – Também no que respeita apenas a seguros de vida com componente de investimento[186], estabelece a alínea e) do n.º 4 do artigo 43.º que as disposições de regime legal da pré-reforma e do regime geral de segurança social devem ser acompanhadas, no que se refere à *idade* e aos *titulares* do direito às correspondentes prestações, sem prejuízo de regime especial de segurança social, de regime previsto em IRCT ou de outro regime legal especial, ao caso aplicáveis.

II – Começando pelo regime da pré-reforma, o mesmo é estabelecido pelos artigos 318.º ss. do CT. Como resulta precisamente do artigo 318.º, considera-se pré-reforma a situação de redução ou suspensão da prestação de trabalho, constituída por acordo entre empregador e trabalhador com idade igual ou superior a 55 anos, durante a qual este tem direito a receber do empregador uma prestação pecuniária mensal, denominada de pré-reforma[187].

Assim, para que seja aceite a dedutibilidade fiscal de um seguro de vida com componente de investimento que garanta um benefício de pré-reforma, este terá de ter por titular o trabalhador pré-reformado e só poderá ser concedido quando este atingir os 55 anos ou em momento posterior.

[186] Como resulta, *a contrario*, do corpo do n.º 4 do artigo 43.º e nos termos já explicados a propósito do requisito da alínea d) do n.º 4 (*supra*, IV.4.3.5).

[187] Sobre a situação de pré-reforma, cfr. Maria Rosário Palma Ramalho, *Tratado de Direito do Trabalho*, Parte II, *cit.*, pp. 703 ss.

III – Para além do regime legal da pré-reforma, o preceito remete também para o regime geral de segurança social. A proteção na eventualidade de velhice dos beneficiários do regime geral de segurança social encontra-se estabelecida pelo Decreto-Lei n.º 187/2007, de 10 de maio. Quanto ao benefício de reforma, o n.º 3 do artigo 20.º deste diploma estabelece que a idade normal de reforma (idade de acesso a pensão de velhice) varia em função da esperança média de vida aos 65 anos de idade, de acordo com uma fórmula definida no referido preceito. Neste quadro, e nos termos do n.º 9 do mesmo artigo, a idade normal de reforma é determinada em portaria do membro do Governo responsável pela área da solidariedade e segurança social, no segundo ano imediatamente anterior àquele a que se reporta[188].

Por seu turno, relativamente à eventualidade de invalidez, a proteção depende – nos termos previstos no artigo 16.º do mesmo diploma –, do cumprimento de um prazo de garantia, mas não propriamente da idade do beneficiário.

Já quanto à titularidade do direito às prestações, nos termos do artigo 5.º do citado decreto-lei, a mesma cabe aos beneficiários que integrem o âmbito pessoal do mesmo diploma[189] e satisfaçam as respetivas condições de atribuição. Em suma, têm direito às prestações por velhice ou invalidez, respetivamente, os beneficiários que atinjam a idade de acesso a pensão de velhice, e os que se encontrem em situação de invalidez.

IV – Sendo certo que a alínea em análise apenas se reporta a seguros de vida com componente de investimento (aqueles que não garantem *exclusivamente* os riscos de morte ou invalidez), poderá questionar-se se a mesma abrangerá o benefício de sobrevivência (risco de morte) coberto por aqueles contratos. Com efeito, em regra, em caso de morte da pessoa segura num seguro de vida com componente de investimento, o valor alocado a essa pessoa é objeto de liquidação a terceiros. Poderão estes, no

[188] A título de exemplo, a Portaria n.º 307/2021, de 17 de dezembro, estabeleceu a idade normal de reforma para 2023 em 66 anos e 4 meses.

[189] Nos termos do artigo 3.º do mesmo decreto-lei, integram o âmbito pessoal deste os beneficiários com enquadramento obrigatório no regime geral, para efeitos de proteção nas eventualidades de invalidez e velhice.

quadro do artigo 43.º do CIRC, corresponder a beneficiários livremente designados pela pessoa segura, como permite o artigo 81.º da LCS[190]?

A letra da alínea e), em análise, exige que «as disposições de regime legal da pré-reforma e do regime geral de segurança social sejam acompanhadas, no que se refere à idade *e aos titulares do direito às correspondentes prestações*». Ora, a proteção na eventualidade da morte dos beneficiários do regime geral de segurança social é definida e regulada pelo Decreto-Lei n.º 322/90, de 18 de outubro, traduzindo-se, nos termos do n.º 1 do respetivo artigo 3.º, na atribuição das prestações pecuniárias denominadas *pensões de sobrevivência* e *subsídio por morte*. Como resulta do artigo 4.º do mesmo diploma, enquanto as primeiras são prestações pecuniárias que têm por objetivo compensar os familiares de beneficiário da perda dos rendimentos de trabalho determinada pela morte deste, o segundo destina-se a compensar o acréscimo dos encargos decorrentes da morte do beneficiário, tendo em vista facilitar a reorganização da vida familiar.

Desta forma, estando definidas prestações do regime geral de segurança social correspondentes à eventualidade de morte (benefício de sobrevivência), aplicar-se-ão a este benefício as regras legais estabelecidas quanto à titularidade daquelas prestações. Assim, nos termos do n.º 1 do artigo 7.º e artigo 8.º do citado decreto-lei, a titularidade do direito às mencionadas prestações é reconhecida às seguintes pessoas: (*a*) cônjuges, unidos de facto e ex-cônjuges; (*b*) descendentes[191], ainda que nascituros, incluindo os adotados plenamente; e (*c*) ascendentes[192]. Os artigos 9.º ss. do mesmo diploma regulam em detalhe situações especiais de titularidade e condições de atribuição das prestações, que não cumpre analisar aqui detidamente.

[190] Não se aplicando a alínea e) do n.º 4 do artigo 43.º a seguros de risco (os que garantem exclusivamente os riscos de morte ou invalidez), a livre designação, quanto a estes, de um qualquer beneficiário em caso de morte não afeta a dedutibilidade do gasto.

[191] Como resulta do n.º 2 do mesmo artigo, para efeitos da titularidade do direito, são considerados descendentes os enteados dos beneficiários falecidos desde que estes, em relação aos mesmos, estivessem obrigados à prestação de alimentos nos termos da alínea f) do n.º 1 do artigo 2009.º do CC.

[192] O n.º 3 do artigo 7.º acrescenta que, na falta das pessoas referidas no n.º 1 ou das condições que as mesmas devem reunir para ter direito à prestação, têm direito ao subsídio por morte outros parentes, afins ou equiparados, em linha reta e até ao 3.º grau da linha colateral, incluindo os adotados e os adotantes restritamente.

Ora, do nosso ponto de vista, no que respeita ao benefício de sobrevivência, a remissão para as regras que definem a titularidade do direito às prestações da segurança social haverá de ser entendida com alguma prudência. Com efeito, enquanto as prestações por morte do regime geral de segurança social representam um custo para o Estado e não têm de ser forçosamente atribuídas (razão porque ficam sujeitas, designadamente, às condições estabelecidas nos artigos 9.º ss. do mencionado decreto-lei), o mesmo não se passa com o benefício resultante de um seguro de vida. Aqui, se o contrato previr a liquidação em caso de morte da pessoa segura, essa liquidação corresponde a uma obrigação do segurador e não deverá deixar de ser efetuada.

Portanto, a *ratio* da alínea e) do n.º 4 do artigo 43.º consiste em delimitar o critério de atribuição do benefício, garantindo que este não será concedido fora da esfera de pessoas protegidas pela prestação equivalente do regime geral de segurança social. Mas não poderá decalcar o regime daquela atribuição de tal forma que a consequência pudesse redundar na pura e simples exclusão do direito ao mesmo. Portanto, a alínea e) deverá ser interpretada, quanto ao benefício de sobrevivência, com alguma margem de flexibilidade, de modo a assegurar plenamente a sua *ratio*.

É entendimento da AT que a atribuição do benefício de sobrevivência aos *herdeiros legais* poderá, em concreto, não cumprir o requisito da alínea e) do n.º 4 do artigo 43.º, caso em que a alternativa equacionada pela AT, para evitar o incumprimento deste artigo, consistiria na realocação dos valores afetos ao trabalhador falecido pelas contas dos restantes trabalhadores, contribuindo para financiar os benefícios destes[193].

V – Como referimos, a alínea e) do n.º 4, em análise, exceciona a aplicação do requisito ali consagrado a situações previstas em regime especial de segurança social, em instrumento de regulamentação coletiva de trabalho ou noutro regime legal especial, ao caso aplicáveis. Tal é o caso, que já referenciámos (*supra*, IV.1.1), das profissões de desgaste rápido, para as quais foi legalmente estabelecido um regime específico de antecipação da idade de acesso às pensões de velhice.

[193] Cfr. Informação Vinculativa de 02/06/2017 (Proc. n.º 3439/2016) – https://info.portaldasfinancas.gov.pt/pt/informacao_fiscal/informacoes_vinculativas/rendimento/circ/Documents/FD_CIRC_3439_2016.pdf.

VI – À semelhança do comentário que deixámos na alínea precedente, o requisito em análise remete-nos também para o cerne das situações de previdência empresarial e de complementaridade face à segurança social. Este alinhamento entre, por um lado, as regras de atribuição dos benefícios garantidos por realizações de utilidade social de caráter securitário e, por outro lado, os concedidos pela segurança social, acentua a natureza de proteção social comum a ambos. O paralelismo de requisitos evita a instrumentalização do benefício securitário e a decorrente frustração do propósito de fomento da proteção social, na base do regime do artigo 43.º do CIRC.

IV.4.3.7. Gestão e disposição dos fundos

I – Adicionalmente, mas, desta feita, quanto a todas as modalidades de seguro compreendidas no n.º 2 do artigo 43.º, estabelece a alínea f) do n.º 4 do mesmo artigo que a gestão e disposição das importâncias despendidas com tais seguros não deverão pertencer à própria empresa, e que os contratos de seguro deverão ser celebrados com empresas de seguros que possuam sede, direção efetiva ou estabelecimento estável em território português (ou com empresas de seguros que estejam autorizadas a operar neste território em livre prestação de serviços)[194].

Dito por outras palavras, a gestão e a disposição dos montantes considerados realizações de utilidade social – e, a esse título, deduzidos fiscalmente em IRC – não deverá caber à empresa (entidade patronal), mas sim a uma entidade terceira (segurador, no caso).

II – Assim, por exemplo, uma empresa que pretendesse, com base em critérios e cálculos atuariais, constituir anualmente provisões destinadas a pagar um subsídio em caso de morte ou invalidez dos respetivos trabalhadores, não poderia deduzir fiscalmente essas provisões como realizações de utilidade social. Desde logo, porque a internalização, por uma empresa,

[194] Para quando esteja em causa um fundo de pensões, acrescenta o preceito que o este (ou equiparável) deverá ser constituído de acordo com a legislação nacional ou gerido por instituição de realização de planos de pensões profissionais à qual seja aplicável a Diretiva n.º 2003/41/CE, do Parlamento Europeu e do Conselho, de 3 de junho, que esteja autorizada a aceitar contribuições para planos de pensões de empresas situadas em território português.

da cobertura de um risco de morte ou invalidez não assume a natureza de um seguro, na medida em que o próprio tipo contratual *seguro* implica, como requisito indispensável, a especial qualidade de uma das partes (o segurador), que, quer para a sua constituição, quer para o exercício da atividade seguradora, depende, por seu turno, de autorização da autoridade de supervisão (ASF), nos termos, designadamente, dos artigos 48.º ss. do RJASR e dos artigos 1.º e 16.º da LCS.

Mas, para além de não estarmos perante um seguro (o que logo faria inquinar o enquadramento no n.º 2 do artigo 43.º do CIRC), também faltaria a verificação da alínea f) do n.º 4 do mesmo artigo, na medida em que a gestão e a disposição das referidas provisões não poderiam ficar na disponibilidade da própria empresa que as houvesse constituído.

Releva, para o efeito, a já citada Informação Vinculativa de 04/03/2019 (Proc. n.º 201/2019), onde se reitera que «só cabem no n.º 2 situações em que a responsabilidade pela atribuição dos benefícios é transferida para terceiros, como acontece nos seguros de saúde, em que se transfere para outra entidade o risco da eventual verificação de um determinado sinistro, ficando a entidade patronal obrigada a proceder ao pagamento dos prémios à seguradora, independentemente de esses sinistros ocorrerem ou não. Para além disso, e como se refere expressamente na alínea f) do n.º 4 do artigo 43.º do CIRC, a gestão das importâncias despendidas nunca pode pertencer à própria empresa».

III – É facilmente compreensível a exigência do requisito em análise. Na ausência do mesmo, a empresa poderia discricionariamente instrumentalizar, em seu proveito e frustrando a utilidade social do benefício criado, a gestão e disposição das quantias que houvessem sido fiscalmente deduzidas, com o que se desvirtuaria a função do enquadramento fiscal do artigo 43.º. Acresce que a supervisão, pela ASF, dos seguradores e entidades gestoras de fundos de pensões, e o regime legal rigoroso a que os mesmos obedecem, garantem uma gestão prudente e independente dos fundos alimentados pelos montantes fiscalmente deduzidos.

Como refere Rui Marques, «a *ratio* deste requisito será a de assegurar que o benefício do trabalhador não fique à mercê do empregador. [...] Durante a vigência do contrato de seguro a gestão e disposição das verbas a ele afetos pertence necessariamente à seguradora, e não ao empregador.

Por isso, a gestão das verbas afetas a estas realizações deve ser confiada a uma entidade distinta do respetivo instituidor»[195].

IV – Face ao exposto, *quid iuris* se a pretendida realização de utilidade social for constituída por uma empresa de seguros a favor dos seus trabalhadores? Poderá o seguro ser subscrito pela própria entidade patronal, que assumiria, então, simultaneamente, a posição de tomador do seguro e de segurador?

No plano contratual, mas também no do Direito institucional de seguros, não se suscitam, à partida, dificuldades em que a mesma entidade assuma a posição de parte e contraparte num contrato de seguro, na medida em que a segregação de contas e patrimónios, sujeita ao escrutínio comportamental e prudencial da ASF, garante a ausência de conflito de interesses ou, pelo menos, que, a verificar-se este, não será de molde a afetar os interesses ou a posição da mutualidade de segurados.

E que dizer quanto ao requisito fiscal em análise? Do nosso ponto de vista, o propósito que se visa acautelar na alínea f) do n.º 4 do artigo 43.º é o da preservação da idoneidade (no espartilho das regras fiscais) e da utilidade social do benefício constituído. Ora, sendo certo que a consecução desse propósito repousa mais facilmente na intervenção de uma entidade terceira na gestão do contrato do que na respetiva gestão pela entidade patronal, cremos que a referida segregação de contas e patrimónios é de molde a assegurar a idoneidade do benefício. Por outras palavras, pensamos que a boa gestão prudencial da carteira de seguros (garantida pela autoridade de supervisão) afastará o risco de que a empresa (segurador e tomador do seguro) desvirtue o condicionalismo fiscal de que depende a dedutibilidade dos gastos como realização de utilidade social.

Não obstante, a letra da alínea f) do n.º 4, ao impor que «a gestão e disposição das importâncias despendidas não pertençam à própria empresa» – não se limitando, pois, a dispor que «os contratos de seguros sejam celebrados com empresas de seguros que possuam sede, direção efetiva ou estabelecimento estável em território português», etc. – parece apontar em sentido diverso, não excecionando as empresas de seguros da necessidade de intervenção de uma entidade terceira. Em suma, portanto, do rigor literal das condições do n.º 4 do artigo 43.º resulta que, quando a

[195] Rui Marques, *As Realizações de Utilidade Social em IRC e IRS, cit.*

entidade patronal seja uma empresa de seguros, a mesma deverá celebrar o contrato de seguro com uma congénere, não assumindo ela própria a posição de segurador.

IV.4.4. Cont.: modalidades de **beneficiação social** *quanto à titularidade do benefício*

I – A alínea g) do n.º 4 do artigo 43.º estabelece ainda, como condição de dedutibilidade, que os gastos (no caso, os prémios de seguro) suportados pela empresa não sejam considerados rendimentos do trabalho dependente, nos termos da primeira parte do n.º 3) da alínea b) do n.º 3 do artigo 2.º do CIRS[196]. A presente condição é facilmente indutora de equívocos e, portanto, merece uma análise atenta, que faremos de seguida.

Para o efeito, importa recordar o que atrás escrevemos a propósito das situações securitário-tributárias de tipo 4[197], que apelidámos de *beneficiação social* e que constituem o objeto do presente capítulo. Aí identificámos duas modalidades, quanto à natureza da posição ativa do titular do benefício (o trabalhador e pessoa segura): as situações de *meras expectativas* e as de *direitos adquiridos*. Tivemos já posteriormente oportunidade de densificar estas noções a propósito das situações securitário-tributárias de tipo 3, que designámos como de *remuneração em espécie*, para lá remetendo o leitor[198].

Para uma compreensão global do regime aplicável e como chave interpretativa da alínea g) do n.º 4, em análise, impõe-se agora retomarmos o tema, começando pela modalidade de *meras expectativas*.

II – Antes, porém, importa deixar uma ressalva. Diversamente do que sucede com as condições previstas nas alíneas d) e e) do n.º 4 do artigo 43.º – relativamente às quais o próprio corpo do n.º 4 esclarece, *a contrario*, apenas serem aplicáveis a seguros de vida com componente de investimento (os que garantem o benefício de reforma, pré-reforma ou complemento de reforma) – a condição prevista na alínea g) não é

[196] Face à atual redação do artigo 2.º do CIRS, a remissão ter-se-á agora por feita para a subalínea i) do n.º 3) da alínea b) do n.º 3 do artigo 2.º.

[197] Cfr. *supra*, II.5.

[198] Cfr. *supra*, IV.3.2.3 e IV.3.2.4.

favorecida por semelhante clarificação, embora incida também e apenas sobre esse tipo de seguros.

Não obstante, e como, aliás, já oportunamente referimos, a distinção entre situações de meras expectativas e de direitos adquiridos apenas tem sentido útil quando o benefício é passível de transitar irreversivelmente para a esfera jurídico-patrimonial do trabalhador (caso dos fundos inerentes a seguros de vida com componente de investimento) e não relativamente aos seguros de risco. Nestes, com caráter aleatório, em que o prémio custeia a probabilidade de ocorrência do sinistro nos termos do seguro contratado, não há, mesmo numa lógica estritamente económica, uma transferência de fundos para a esfera do trabalhador, mas apenas a aquisição do direito à prestação pecuniária do segurador, condicionada à ocorrência do sinistro.

IV.4.4.1. Meras expectativas (realizações de utilidade social em sentido próprio)

I – Note-se que o próprio n.º 1 do artigo 43.º do CIRC estabelece como requisito das realizações de utilidade social que «não revistam a natureza de rendimentos do trabalho dependente ou, revestindo-o, sejam de difícil ou complexa individualização relativamente a cada um dos beneficiários». Ora, se a instalação de uma creche ou de uma biblioteca dificilmente se configuram como rendimento do trabalho dependente, até pelo caráter difuso do benefício (e da inerente dificuldade de imputação do respetivo custo), já o prémio de um seguro de risco, sendo, por natureza, individualizável, poderia ser configurado como um rendimento em espécie.

Neste contexto, observamos uma circularidade viciosa nas remissões legais: um benefício será uma realização de utilidade social se não for um rendimento do trabalho dependente (n.º 1 do artigo 43.º do CIRC); e não será um rendimento do trabalho dependente se, nos termos da alínea b) do n.º 1 do artigo 2.º-A do CIRS, constituir uma realização de utilidade social.

II – Esta circularidade não a encontramos já na alínea g) do n.º 4 do artigo 43.º. Porém, esta disposição deve ser lida com atenção e cautela, já que é, talvez, de entre as condições elencadas no mesmo número, aquela cuja redação mais se presta a equívocos.

Note-se que não se diz aí que os prémios em causa não devem constituir rendimento do trabalho dependente (*tout court*). Diz-se, sim, que não devem ser um rendimento do trabalho dependente *nos termos da primeira parte* – atualmente, subalínea i) – *do n.º 3) da alínea b) do n.º 3 do artigo 2.º do CIRS*.

Por outras palavras, *no momento* em que são pagos pela empresa (tomadora do seguro) os prémios de seguros de vida com componente de investimento, os mesmos não ingressam imediata e irreversivelmente na esfera jurídico-patrimonial do trabalhador (pessoa segura), pelo que a posição ativa deste em relação ao capital constituído a seu favor é (apenas) de meras expectativas[199].

III – A expressão "direitos adquiridos *e individualizados*", que já oportunamente criticámos[200], e para a qual nos reencaminha a remissão para a subalínea i) do n.º 3) da alínea b) do n.º 3 do artigo 2.º do CIRS, é também geradora de equívocos. Assim, por exemplo, entende Rui Marques que «em face do disposto no n.º 1 e no n.º 4, alínea g), ambos do artigo 43.º, a Administração Fiscal não poderá reconhecer, para efeitos de dedutibilidade fiscal, uma realização de caráter social numa situação em que se encontrava individualizado, relativamente a cada trabalhador, o montante do respetivo benefício»[201].

Não podemos concordar com este ponto de vista. O que está em causa no requisito da alínea g), em análise, é a natureza da posição ativa do trabalhador (situação de meras expectativas, ou inexistência de direitos adquiridos), mas não a individualização da despesa. Com efeito, o prémio de um seguro de doença, de acidentes pessoais ou de um seguro de vida

[199] A AT nem sempre lida de forma coerente com a noção de meras expectativas. Veja-se, p. ex., a Informação Vinculativa de 03/02/2005 (Proc. n.º 1151/2003), onde se refere que «na lógica dos princípios subjacentes ao IRC e ao IRS, os custos de "realização de utilidade social" [...] são, na perspetiva do trabalhador, meras expectativas *uma vez que não há um direito efetivo ao benefício futuro, que não se sabe se virá a usufruir*» (sublinhado nosso) – cfr. https://info.portaldasfinancas.gov.pt/pt/informacao_fiscal/informacoes_vinculativas/rendimento/circ/Documents/circ_040_01.pdf.

[200] Cfr., *supra*, IV.3.2.3.III.

[201] Rui Marques, *As Realizações de Utilidade Social em IRC e IRS, cit.* Valorando também a individualização do benefício – no sentido de excluir a dedutibilidade fiscal dos prémios de seguro de vida à luz do artigo 43.º do CIRC – cfr. o Ac. TCAS de 24/06/2008 – Proc. n.º 2369/08 (Eugénio Sequeira) – http://www.dgsi.pt/jtca.nsf/170589492546a7fb802575c3004c6d7d/4b6576c2ed14636e802574780044c7d9?OpenDocument.

de risco (ou financeiro) é perfeitamente individualizável, por trabalhador, qualquer que seja o método de cálculo, o que não afeta a dedutibilidade fiscal do respetivo gasto (de outra forma, os seguros de vida, doença e acidentes pessoais não poderiam, por natureza, ser qualificados como realizações de utilidade social)[202].

IV – A alínea g) do n.º 4 assume o sentido de que a dedutibilidade dos gastos, no quadro do artigo 43.º, implica que a posição do beneficiário (trabalhador) em relação ao benefício tenha a natureza de meras expectativas. Trata-se de uma asserção verdadeira, já que, como vimos atrás a propósito das situações securitário-tributárias de *remuneração em espécie*[203], os prémios que constituam rendimento do trabalho dependente *nos termos da referida subalínea i) do n.º 3) da alínea b) do n.º 3 do artigo 2.º* são tipicamente dedutíveis, na esfera da entidade patronal, no âmbito do artigo 23.º do CIRC, e não no do artigo 43.º, cuja aplicabilidade fica, assim, afastada.

Mas a alínea g) do n.º 4 parece comportar também um outro alcance: o de que as realizações de utilidade social não admitem que a natureza da posição do beneficiário em relação ao benefício seja de direitos adquiridos. Ora, essa ideia não é, do nosso ponto de vista, inteiramente exata, já que, como oportunamente referimos e veremos melhor adiante, das disposições conjugadas do n.º 1 do artigo 18.º do EBF e da alínea c) do n.º 4 do artigo 43.º do CIRC resulta a existência, a par das situações de meras expectativas (que constituem realizações de utilidade social em sentido próprio), de uma outra modalidade de *beneficiação social*, em que a posição do beneficiário corresponde a direitos adquiridos e que constitui uma variante, substancial e funcionalmente qualificável como realização de utilidade social em sentido amplo.

V – O presente requisito dá suporte a uma exceção à regra que verte do n.º 12 do artigo 18.º do CIRC, segundo a qual, exceto quando estejam abrangidos pelo disposto no artigo 43.º, os gastos relativos a benefícios de cessação de emprego, benefícios de reforma e outros benefícios pós emprego ou a longo prazo dos empregados que não sejam considerados rendimentos de trabalho dependente, nos termos da primeira parte do

[202] A única circunstância, no que respeita a seguros, em que tal individualização não ocorre é relativamente aos seguros financeiros de capitalização coletiva, sem alocações.

[203] Cfr. *supra*, IV.3.1 e IV.3.2.5.

n.º 3) da alínea b) do n.º 3 do artigo 2.º do Código do IRS, são imputáveis ao período de tributação em que as importâncias sejam pagas ou colocadas à disposição dos respetivos beneficiários.

Por outras palavras, fora das circunstâncias em análise o gasto apenas é dedutível relativamente ao ano em que as importâncias são pagas ou postas à disposição dos trabalhadores que delas beneficiam.

IV.4.4.2. Direitos adquiridos (variante – sentido amplo)

Como já oportunamente referimos (II.5), as situações de meras expectativas não esgotam o espetro de modalidades que apelidámos de *beneficiação social.*

Portanto, a alínea g) é, também por esta via, equívoca, já que dela parece resultar que, ainda que cumulativamente verificados os outros requisitos do n.º 4 do artigo 43.º, a falta do presente – ou seja, a circunstância de as pessoas seguras terem direitos adquiridos sobre os fundos a elas alocados – logo faria inquinar a possibilidade de qualificação do plano de benefícios como realização de utilidade social.

Ora, o n.º 1 do artigo 18.º do EBF, bem como a alínea c) do n.º 4 do artigo 43.º, admitem expressamente uma modalidade equiparável às realizações de utilidade social, em que se verificam cumulativamente todos os requisitos materiais, previstos no n.º 4 do artigo 43.º, de qualificação e dedutibilidade de um gasto no quadro deste artigo, com a diferença de que a posição ativa do titular do benefício não corresponderá já a meras expectativas, mas sim a direitos adquiridos.

Do nosso ponto de vista, estamos, portanto, no plano substancial e funcional, também perante realizações de utilidade social em sentido amplo, precisamente porque se respeitam os requisitos relevantes do artigo 43.º (designadamente, a abrangência da generalidade dos trabalhadores, o pagamento de pelo menos dois terços do benefício sob a forma de renda e o respeito pelas disposições do regime legal da pré-reforma e do regime geral de segurança social, no que se refere à idade e aos titulares do direito às correspondentes prestações).

Como melhor veremos, as duas modalidades de beneficiação social (meras expectativas e direitos adquiridos) – embora encontrem enquadramento, quanto à dedutibilidade dos prémios, em disposições distintas (respetivamente, o artigo 43.º e o artigo 23.º do CIRC) – obedecem, no essencial, a requisitos comuns, concorrem para os mesmos limites de dedutibilidade (previstos no artigo 43.º) e implicam, no fundamental, o mesmo tratamento fiscal, em sede de IRS, para os trabalhadores beneficiados (pessoas seguras).

IV.4.4.3. Planos mistos

Importa referir que, na prática seguradora, encontramos planos de benefícios que conjugam as duas modalidades de beneficiação social que acabamos de referenciar. Com efeito, são, com alguma frequência, desenhados planos mistos, designadamente quando os trabalhadores se mantêm em regime de meras expectativas até um determinado momento (por exemplo, até perfazerem 5 anos de antiguidade na empresa), passando depois, gradualmente, a adquirir direitos sobre os valores que lhes estão alocados[204], até que, com a aproximação da idade de reforma, todo o capital seguro se encontre já na sua esfera de titularidade.

Respeitando-se as várias condições previstas no n.º 4 do artigo 43.º do CIRC, não haverá fundamento para questionar a conformidade dos planos mistos à lei fiscal, aplicando-se as regras respeitantes às realizações de utilidade social sob a forma de seguros financeiros em regime de meras expectativas ou de direitos adquiridos, respetivamente, à correspondente componente do plano. Na perspetiva que vimos defendendo, os planos mistos correspondem, portanto, também a uma variante qualificável como realização de utilidade social em sentido amplo.

IV.4.5. Cont.: perspetiva de síntese

Passando em revista os vários requisitos do n.º 4 do artigo 43.º do CIRC, podemos obter o seguinte quadro de síntese (tabela 4) quanto à respetiva aplicabilidade às duas grandes categorias de seguros consideradas: os seguros de risco, incluindo os de saúde, os de acidentes pessoais e os de vida-risco (que garantem exclusivamente os riscos de morte e invalidez); e os seguros de vida financeiros (ou com componente de investimento).

[204] P. ex., aquisição progressiva da titularidade sobre 10% dos fundos alocados ao trabalhador, no termo de cada período de 5 anos de antiguidade na empresa.

TABELA 4 – Requisitos do art. 43.º/4 CIRC por tipos de produtos de seguros

Requisitos do n.º 4 do artigo 43.º	Seguros de risco (vida, acidentes pessoais e saúde)	Seguros de vida financeiros
Generalidade dos trabalhadores – al. a)	✔	✔
Critério objetivo e idêntico para todos – al. b)	✔	✔
Limites de dedutibilidade – al. c)	✔	✔
Pagamento de pelo menos 2/3 sob a forma de renda – al. d)	–	✔
Respeito pelas disposições legais quanto à idade e aos titulares do direito às prestações – al. e)	–	✔
Gestão e disposição por terceiros – al. f)	✔	✔
Meras expectativas – al. g)	–	✔

Retomemos, entretanto, uma questão que apenas aflorámos a propósito da alínea c) do n.º 4 e para a regulação da qual concorrem vários outros números do artigo 43.º do CIRC.

IV.4.6. Os limites de dedutibilidade em IRC

IV.4.6.1. Regra geral

Os gastos incorridos pela empresa com seguros que constituam realizações de utilidade social não são ilimitadamente dedutíveis em IRC, sendo a regra geral quanto a tal limite estabelecida no n.º 2 do artigo 43.º. Com efeito, nos termos deste preceito, os mesmos apenas são considerados gastos do período de tributação, até ao limite de 15% das despesas com o pessoal contabilizadas a título de remunerações, ordenados ou salários respeitantes ao período de tributação.

Por seu turno, estabelece o n.º 3 do mesmo artigo que o referido limite é elevado para 25% se os trabalhadores não tiverem direito a pensões da segurança social. Esta solução terá sido gizada em atenção a situações especiais, como foi a dos trabalhadores do setor bancário, mas veio a esvaziar-se de sentido útil com o decurso do tempo.

Note-se que, como resulta do n.º 5 do artigo 43.º, os mencionados limites dos n.ºs 2 e 3 referem-se apenas a encargos com trabalhadores no ativo.

Por outro lado, como tivemos já oportunidade de referir[205], e como resulta da alínea c) do n.º 4 do artigo 43.º, para os referidos limites concorrem as duas modalidades de *beneficiação social* consideradas, isto é, tanto as situações de meras expectativas que resultam da alínea g) do n.º 4 do mesmo artigo (realizações de utilidade social em sentido próprio), como as de direitos adquiridos a que se reporta o n.º 1 do artigo 18.º do EBF (variante de realizações de utilidade social em sentido amplo).

Assim, estando em causa planos mistos, ambos os planos (regime de meras expectativas e regime de direitos adquiridos) concorrem conjuntamente para efeito dos limites estabelecidos nos n.ºs 2 e 3 do artigo 43.º do CIRC (respetivamente, limite de 15% ou de 25% das despesas com o pessoal contabilizadas a título de remunerações, ordenados ou salários respeitantes ao período de tributação em causa). Como também verte da citada alínea c) do n.º 4, o excedente acima dos referidos limites não é considerado gasto do período de tributação.

IV.4.6.2. Cont.: noção de despesas com o pessoal

I – Para efeito de clarificação quanto à abrangência da noção de *despesas com o pessoal contabilizadas a título de remunerações, ordenados ou salários*, considerou-se na informação vinculativa n.º 695/1996, de 21 de junho, que a mesma se reporta às despesas com a natureza genérica de remunerações, sujeitas a descontos obrigatórios para a segurança social ou para qualquer regime substitutivo, excluindo, portanto, a título de exemplo, os valores de compensação por cessação do contrato de trabalho[206].

Esta orientação veio mais tarde a ser posta em causa por jurisprudência do STA. Neste contexto, refere-se no Ac. STA de 29/11/2017 - Proc. n.º 013/14 (Pedro Delgado)[207] que, para determinação dos referidos limites, «as despesas com o pessoal que relevam são aquelas que, em termos contabilísticos, devam ser escrituradas como remunerações, ordenados ou

[205] Cfr., *supra*, IV.4.3.4.

[206] Cfr. https://info.portaldasfinancas.gov.pt/pt/informacao_fiscal/informacoes_vinculativas/rendimento/circ/Documents/CIRC_040_695-1996.pdf.

[207] Cfr. http://www.dgsi.pt/jsta.nsf/35fbbbf22e1bb1e680256f8e003ea931/daf5f7c9d28d1085802581ed003e7b6a?OpenDocument.

salários, não se vislumbrando na lei outro critério que permita considerar apenas as despesas que sejam objeto de descontos para a segurança social».

Na sequência desta jurisprudência do STA, a AT veio a alterar a sua orientação. Assim, pode ler-se na Informação Vinculativa de 18/06/2020 (Despacho n.º 227/2020-XXII, do Secretário de Estado dos Assuntos Fiscais – Proc. n.º 2020 000298)[208], que «foi superiormente decidido [...] proceder a uma alteração do entendimento que vinha sendo adotado pela AT, no sentido de, para efeitos do cálculo do limite previsto no n.º 2 do artigo 43.º do CIRC, serem consideradas despesas com o pessoal todas as despesas que devam ser escrituradas como "remunerações, ordenados ou salários"».

II – Quanto à questão de saber se, para o efeito do cômputo dos limites dos n.ºs 2 e 3 do artigo 43.º so CIRC, as despesas com o pessoal contabilizadas a título de remunerações, ordenados ou salários – isto é, a massa salarial – incluem os encargos com remunerações (contribuições patronais para a segurança social), a resposta haverá de ser negativa[209], na medida em que se trata de categorias de gastos material e contabilisticamente distintos.

IV.4.6.3. Cômputo e ratio *dos limites*

I – Uma questão que pode suscitar-se é a de saber se os limites dos n.ºs 2 e 3 do artigo 43.º deverão ser aferidos: (*i*) *globalmente*, ponderando o peso, na massa salarial total, da soma dos prémios de seguros considerados; (*ii*) *por trabalhador*, ponderando separadamente a proporção dos prémios de seguros em benefício de cada trabalhador, nas despesas com pessoal anuais atinentes ao mesmo.

Embora alguma doutrina defenda a perspetiva do limite individual por trabalhador[210], discordamos desse ponto de vista, que não encontra apoio na letra da lei. Note-se que a questão não é despicienda, na medida em que, estando em causa um plano de pensões de benefício definido, os

[208] Cfr. https://info.portaldasfinancas.gov.pt/pt/informacao_fiscal/informacoes_vinculativas/rendimento/circ/Documents/FD_043.pdf.

[209] Neste sentido, Rui Marques, *As Realizações de Utilidade Social em IRC e IRS*, *cit.*

[210] Parece ser o caso de Duarte Galhardas, "A tributação em sede de imposto sobre o rendimento dos regimes complementares de segurança social", *cit.*, p. 51, n. 23.

trabalhadores mais idosos requererão dotações mais elevadas, que poderão exceder o referido limite por trabalhador (ainda que acomodáveis, por compensação com dotações inferiores para os trabalhadores mais jovens, no limite geral para toda a população segura).

O propósito da realização de utilidade social, estribado nos requisitos do artigo 43.º do CIRC, aponta, portanto, para um limite da massa salarial global, e não para um limite da massa salarial de cada trabalhador[211].

II – Não é inteiramente clara a *ratio* dos limites estabelecidos nos mencionados n.ºs 2 e 3 do artigo 43.º, sobretudo considerando a ausência de imposição de limites às demais realizações de utilidade social.

Para Rui Marques, o propósito do legislador no estabelecimento de tais limites terá sido o de «dissuadir as empresas de aumentar, exponencialmente, a componente de seguros de saúde ou doença, em detrimento de outras, no pacote remuneratório do trabalhador, acomodando-o a menores encargos com impostos e, eventualmente, contribuições à Segurança Social»[212]. Nesta perspetiva, o limite visaria o equilíbrio do cabaz retributivo, visando assegurar que a parte substancial do mesmo seria auferida em dinheiro, beneficiando de liquidez, mas também de sujeição a impostos e contribuições.

Ora, se a observação do autor é pertinente para os seguros de risco, a mesma já não colhe para os seguros de vida com componente de investimento. Com efeito, estando em causa situações em regime de meras expectativas, os prémios suportados pelo empregador não integram, por definição (até se converterem em direitos), o pacote remuneratório. Também nos casos de situações de beneficiação social na modalidade de direitos adquiridos, os mesmos não assumem disponibilidade e liquidez

[211] Questão de importância relativamente marginal é a da relevância fiscal das variações patrimoniais negativas dos Fundos de Pensões na esfera da empresa que efetua contribuições, designadamente, para efeito dos limites dos n.ºs 2 e 3 do artigo 43.º. Quanto a essa matéria, clarifica-se na Informação Vinculativa de 02/05/2016 (Proc. n.º 1172/2015) – https://info.portaldasfinancas.gov.pt/pt/informacao_fiscal/informacoes_vinculativas/rendimento/circ/Documents/FD_art_43_CIRC_Criterio_determinacao_gasto_fiscal.pdf, que só são considerados gastos as contribuições efetuadas, sendo, neste domínio, fiscalmente irrelevantes as variações patrimoniais negativas, decorrentes de perdas atuariais ou financeiras, no plano subjacente ao fundo de pensões.

[212] Rui Marques, *As Realizações de Utilidade Social em IRC e IRS*, *cit.*

imediata, pelo que o próprio bom senso laboral e o funcionamento do mercado de trabalho sempre se encarregariam de assegurar o referido equilíbrio.

IV.4.6.4. Exceções aos referidos limites

I – Note-se que os encargos com pensionistas já existentes na empresa à data da celebração do contrato de seguro não estão sujeitos aos limites dos n.ºs 2 e 3, sendo, portanto, integralmente aceites como gastos. Com efeito, esclarece o n.º 4 do artigo 43.º que, para os efeitos dos limites estabelecidos nos referidos nºs 2 e 3, não são considerados os valores atuais dos encargos com pensionistas já existentes na empresa à data da celebração do contrato de seguro ou da integração em esquemas complementares de prestações de segurança social previstos na respetiva legislação, devendo esse valor, calculado atuarialmente, ser certificado pelas seguradoras ou outras entidades competentes.

Que significa isto? Como vimos, enquanto realização de utilidade social o pagamento de pensões complementares de reforma, a favor dos pensionistas já existentes na empresa, não pode ficar diretamente a cargo desta, devendo ser assegurado mediante contrato de seguro celebrado com segurador com sede, direção efetiva ou estabelecimento estável em território português (ou autorizado a operar neste território em livre prestação de serviços)[213]. Ora, para esse efeito, a empresa pagará uma dotação (prémio único) ao segurador, destinado a custear as referidas pensões. Esse montante, que será calculado de acordo com a tarifa em vigor para a modalidade de contrato em causa (seguro de rendas), tomará em consideração, de acordo com os parâmetros em que assenta essa tarifa, a esperança de vida dos pensionistas (tábua de mortalidade) e uma taxa de juro. Será esse o *valor atual dos encargos com pensionistas*, o qual deverá ser calculado atuarialmente e certificado pelo segurador ou outra entidade competente[214].

[213] Cfr. alínea f) do n.º 4 do artigo 43.º do CIRC. Admite também este preceito, como vimos, o recurso a fundos de pensões ou equiparáveis constituídos de acordo com a legislação nacional ou geridos por instituições de realização de planos de pensões profissionais, que estejam autorizadas a aceitar contribuições para planos de pensões de empresas situadas em território português.

[214] É o caso das sociedades gestoras de fundos de pensões.

II – Por seu turno, nos termos do n.º 6 do artigo 43.º, as contribuições destinadas à cobertura de responsabilidades com os benefícios previstos no n.º 2 do pessoal no ativo em 31 de dezembro do ano anterior ao da celebração dos contratos de seguro ou das entradas para fundos de pensões correspondentes aos benefícios por tempo de serviço anterior a essa data, são igualmente aceites como gastos nos termos e condições estabelecidos nos n.ºs 2, 3 e 4, podendo, no caso de aquelas responsabilidades ultrapassarem os limites estabelecidos naqueles dois primeiros números, mas não o dobro dos mesmos, o montante do excesso ser também aceite como gasto, anualmente, por uma importância correspondente, no máximo, a um sétimo daquele excesso, sem prejuízo da consideração deste naqueles limites, devendo o valor atual daquelas responsabilidades ser certificado por seguradoras, sociedades gestoras de fundos de pensões ou outras entidades competentes.

O preceito reporta-se, portanto, às dotações (no caso, prémios de seguro de vida), do ano de implementação do benefício, respeitantes a responsabilidades do empregador, por serviços passados dos trabalhadores beneficiados (pessoal no ativo em 31 de dezembro do ano anterior ao da celebração do contrato de seguro), certificadas por seguradores, sociedades gestoras de fundos de pensões ou outras entidades competentes.

Relativamente a estas situações, se a dotação respeitante às responsabilidades por serviços passados ultrapassar os referidos limites (15% ou 25%) mas não o seu dobro (respetivamente, 30% ou 50%), o montante que exceder 15% ou 25% será aceite como gasto, em cada ano, *até* 1/7 do seu valor, concorrendo este limite de 1/7 para o cômputo dos mencionados 15% ou 25%.

III – Por seu turno, o n.º 7 do artigo 43.º dispõe que as contribuições suplementares destinadas à cobertura de responsabilidades por encargos com benefícios previstos no n.º 2, quando efetuadas em consequência de alteração dos pressupostos atuariais em que se basearam os cálculos iniciais daquelas responsabilidades, reportados à data da celebração do contrato de seguro ou da constituição do fundo de pensões ou à data em que as responsabilidades foram transferidas, e desde que devidamente certificadas pelas entidades competentes, podem também ser aceites como gastos nos seguintes termos: (*a*) no período de tributação em que sejam efetuadas, num prazo máximo de cinco, contado daquele em que se verificou a alteração dos pressupostos atuariais ou a transferência de responsabilidades; (*b*) na parte em que não excedam o montante acumulado das diferenças entre os valores dos limites previstos nos nºs 2 ou 3 relativos ao período constituído pelos 10 períodos de tributação imediatamente anteriores ou, se inferior, ao período contado desde o período de tributação da transferência das responsabilidades ou da última alteração dos pressupostos atuariais e os valores das contribuições efetuadas e aceites como gastos em cada um desses períodos de tributação.

Que situações são aqui abrangidas? Como tivemos oportunidade de referir, os planos de pensões podem ser de contribuição definida ou de benefício definido[215]. Neste último caso, é necessária uma gestão atuarial e financeira que, com base em determinados pressupostos (evolução do quadro de pessoal da empresa, da massa salarial e da rendibilidade dos investimentos, etc.) estime quais as dotações anuais necessárias para assegurar o benefício pré-estabelecido para os trabalhadores abrangidos.

Ora, os referidos pressupostos atuariais e financeiros podem vir a revelar-se desadequados ao longo do tempo, redundando num subfinanciamento do plano, que venha a carecer de correção. Para estes casos, estabelece-se nos n.ºs 7 e 8 do artigo 43.º a possibilidade, nos termos aí definidos, da dedução de contribuições suplementares pelo tomador do seguro, quando decorrentes da alteração dos pressupostos atuariais em que se basearam os cálculos iniciais, mediante certificação pelas entidades competentes.

Essa dedutibilidade, nos termos do n.º 7, é aceite no período de tributação em que as dotações suplementares sejam efetuadas, desde que estas ocorram num prazo máximo de cinco períodos de tributação, contados desde aquele em que se verificou a alteração de pressupostos. Como nota Rui Marques, «em face da alínea a) do n.º 7, se no período de tributação em que se verificou a alteração dos pressupostos atuariais, ou nos quatro seguintes, a empresa não tiver efetuado as necessárias contribuições suplementares, a dedução dos gastos fica inviabilizada»[216].

[215] Cfr. *supra*, IV.3.2.3.III.

[216] Rui Marques, *As Realizações de Utilidade Social em IRC e IRS, cit.* Acrescenta o autor que, «não parece que depois, ao abrigo da alínea c) do n.º 13, o mesmo sujeito passivo possa ainda aproveitar-se de um novo prazo de cinco anos para o direito à dedução, mesmo que invocando que da aplicação de normas contabilísticas resultara o reconhecimento de passivo relativo a contribuições suplementares» – *idem*.

Mesmo verificada a referida condição, a dedutibilidade está sujeita a um limite. Com efeito, este corresponde ao montante acumulado das diferenças entre os limites previstos nos n.ºs 2 e 3 (15% ou 25% da massa salarial, consoante o caso) e os valores dos prémios ou contribuições efetivamente pagos e aceites fiscalmente como gastos nos 10 períodos de tributação anteriores ou, tratando-se de um lapso temporal inferior, no intervalo decorrido desde o período de tributação da transferência das responsabilidades ou da última alteração ocorrida nos pressupostos atuariais[217] (alínea b) do n.º 7). Ou seja, só na medida em que a empresa não tenha esgotado, nos períodos de tributação anteriores, a totalidade dos limites dedutíveis, é que poderá, relativamente às dotações suplementares, deduzi-las como gasto até perfazer aquele total acumulado[218].

IV – Complementarmente ao último preceito analisado, estabelece o n.º 8 do artigo 43.º que, para efeitos do disposto na alínea b) do n.º 7, não são consideradas as contribuições suplementares destinadas à cobertura de responsabilidades com pensionistas (que podem ser deduzidas na totalidade), não devendo igualmente ser tidas em conta para o cálculo daquelas diferenças as eventuais contribuições efetuadas para a cobertura de responsabilidades passadas nos termos do n.º 6[219].

V – Por fim, nos termos do n.º 13 do artigo 43.º, não concorrem também para os referidos limites de 15% ou 25% as contribuições suplementares para fundos de pensões e equiparáveis destinadas à cobertura de responsabilidades com benefícios de reforma que resultem da aplicação: (*a*) das normas internacionais de contabilidade (NIC) por determinação do Banco de Portugal às entidades sujeitas à sua supervisão, sendo consideradas como gastos durante o período transitório fixado por esta

[217] Cfr. Informação Vinculativa de 27/06/2017 (Proc. n.º 3688/2016) – https://info.portaldasfinancas.gov.pt/pt/informacao_fiscal/informacoes_vinculativas/rendimento/circ/Documents/FD_CIRC_3688_2016.pdf; e Informação Vinculativa de 02/05/2016 (Proc. n.º 1172/2015), *cit.*

[218] Helena Martins, "O Imposto sobre o Rendimento das Pessoas Coletivas", *in* João Ricardo Catarino e Vasco Branco Guimarães (Coords.), *Lições de Fiscalidade*, Vol. I – Princípios Gerais e Fiscalidade Interna, 4ª Ed., Coimbra, Almedina, 2015, p. 314; Rui Marques, *As Realizações de Utilidade Social em IRC e IRS*, *cit.*

[219] Informação Vinculativa de 02/05/2016 (Proc. n.º 1172/2015), *cit.*

instituição[220]; (*b*) do Plano de Contas para as Empresas de Seguros em vigor, aprovado pela ASF, sendo consideradas como gastos, de acordo com um plano de amortização de prestações uniformes anuais, por um período transitório de cinco anos contado a partir do exercício de 2008; (*c*) das normas internacionais de contabilidade adotadas pela UE ou do Sistema de Normalização Contabilística (SNC), consoante os casos, sendo consideradas como gastos, em partes iguais, no período de tributação em que se aplique pela primeira vez um destes novos referenciais contabilísticos e nos quatro períodos de tributação subsequentes.

IV.4.7. Incumprimento das condições de dedutibilidade

IV.4.7.1. Planos de benefícios na modalidade de meras expectativas

I – Analisámos as várias condições de que depende a dedutibilidade dos gastos enquanto realizações de utilidade social (n.º 4 do artigo 43.º), bem como os limites de dedutibilidade desses gastos (n.ºs 2 e 3 do mesmo artigo). *Quid iuris*, porém, se tais condições ou limites não forem respeitados? Nesse caso, o incumprimento de tais condições implica uma penalização a cargo do sujeito passivo de IRC – o tomador do seguro (e entidade patronal) que tenha beneficiado do regime.

A solução verte do n.º 10 do artigo 43.º, segundo o qual, no caso de incumprimento das condições estabelecidas nos n.ºs 2, 3 e 4, à exceção das referidas nas alíneas c) e g) deste último número[221], ao *valor do IRC liquidado relativamente a esse período de tributação* deve ser *adicionado o IRC correspondente aos prémios e contribuições considerados como gasto em cada um dos períodos de tributação anteriores*, nos termos deste artigo, *agravado de uma importância que resulta da aplicação ao IRC correspondente a cada um daqueles períodos de tributação do produto de 10% pelo número de anos decorridos desde a*

[220] Cfr., com relevância para esta alínea, a Informação Vinculativa n.º 315, de 12/03/2010 (Proc. n.º 3433/2009), disponível em https://info.portaldasfinancas.gov.pt/pt/informacao_fiscal/informacoes_vinculativas/rendimento/circ/Documents/Inf_Vinc_IRC%20proc%C2%BA%203433_2009.pdf; e a Informação Vinculativa de 19/01/2006 (Proc. n.º 3409/2005) – https://info.portaldasfinancas.gov.pt/pt/informacao_fiscal/informacoes_vinculativas/rendimento/circ/Documents/circ_040_02.pdf.

[221] A alínea c) tem consequências específicas associadas (a não dedutibilidade do excedente), enquanto a g) tem implicações relativamente inócuas em sede de IRC.

data em que cada um daqueles prémios e contribuições foram considerados como gastos, não sendo, em caso de resgate em benefício da entidade patronal, considerado como rendimento do período de tributação a parte do valor do resgate correspondente ao capital aplicado.

II – Desde logo, o n.º 10 do artigo 43.º não atende à dimensão – isto é, à gravidade – do incumprimento nem à circunstância de o mesmo ser originário ou superveniente. Assim, bastará que não seja observada, ainda que de forma pouco expressiva, uma das condições ou requisitos de dedutibilidade (à exceção dos contemplados nas alíneas c) e g) do n.º 4 do mesmo artigo) relativamente a um trabalhador, para que fique irremediavelmente inquinado todo o plano de benefícios, a determinar a aplicação, sobre todo ele, da sanção prevista.

III – Essa sanção corresponde à que vimos aplicável em caso de reembolso de PPR fora das condições legalmente previstas. Assim, no período de tributação em que se verifica o incumprimento não há, naturalmente, lugar à dedutibilidade, como realização de utilidade social, de quaisquer prémios e contribuições despendidos com o plano de benefícios em causa. Por outro lado, quanto ao valor dos prémios e contribuições deduzidos como gasto em cada um dos períodos de tributação anteriores, é o mesmo adicionado ao IRC do período de tributação em que se verifica o incumprimento, acrescido de um agravamento correspondente ao produto de 10% do valor deduzido como gasto em cada ano pelo número de anos decorridos desde aquela dedução.

Assim, se uma empresa tiver efetuado, durante cinco anos, entregas de prémios de seguros de vida com componente de investimento, no valor anual de € 10.000,00, tendo-os deduzido fiscalmente nos termos do artigo 43.º do CIRC, e se incumprir as condições desse artigo no sexto ano, então, adicionalmente ao IRC do ano em que se verificar o incumprimento, deverá efetuar uma correção à declaração modelo 22 desse mesmo ano, repondo o IRC dos períodos anteriores que deixou de liquidar em virtude do artigo 43.º (€ 10.000,00 x 5 anos, no total de € 50.000,00), com um agravamento de 10% por cada ano decorrido desde a dedução como gasto[222].

[222] Assim, o valor deduzido no ano n-5 teria um agravamento de € 5.000,00 (5 x 10% x € 10.000,00); o valor deduzido no ano n-4 teria um agravamento de € 4.000,00 (4 x 10% x € 10.000,00); e assim sucessivamente, perfazendo um agravamento total de € 15.000,00.

Como referimos, a cominação prevista não incide apenas sobre a parte do plano de benefícios afetada pelo incumprimento (por exemplo, uma parte objeto de resgate indevido)[223], mas sobre *todo* o plano. Precisamente à semelhança do que dissemos a propósito do regime dos reembolsos de PPR fora das condições legais, está aqui em causa uma verdadeira e pesada penalização, isto é, uma cominação severa que, aos olhos do legislador, é adequada à gravidade dos factos praticados e à censurabilidade da conduta do tomador.

IV.4.7.2. Cont.: resgate a favor da empresa

I – Estando em causa uma realização de utilidade social, naturalmente que o benefício terá de ser estabelecido a favor dos trabalhadores da empresa (n.º 2 e alíneas a) e b) do n.º 4 do artigo 43.º do CIRC) e não a favor desta. Por outro lado, também as condições (*o momento* e *o modo*) do pagamento a favor dos trabalhadores são definidas nas alíneas d) e e) do referido n.º 4, ficando também claro, como vimos, que a empresa não poderá gerir nem dispor dos fundos inerentes ao plano de benefícios (alínea f) do mesmo número). Por todas estas razões, e embora não conste expressamente do n.º 4 do artigo 43.º, o resgate, a favor da empresa (tomador do seguro), dos fundos inerentes ao plano de benefícios, constitui uma evidente modalidade de incumprimento das condições estabelecidas naquele número (bem como no n.º 2 do mesmo artigo), a determinar a severa cominação que referimos acima.

Porém, o resgate a favor da empresa poderá não se traduzir numa *causa* de incumprimento, antes sendo efetuado *no decurso* de um incumprimento. Expliquemo-nos: se a empresa incumpre as condições do artigo 43.º (por exemplo, porque o plano de benefícios não observa o requisito da generalidade), então a aplicação da cominação fiscal decorrente desse

[223] Em termos práticos, poderia não ser sequer possível determinar a cominação aplicável a um incumprimento parcial. P. ex., imagine-se que o plano abrange todos os trabalhadores, à exceção de um que é excluído sem fundamento. Neste caso, embora se tratasse de um incumprimento "parcial", não haveria como operacionalizar a limitação da cominação. Mesmo que o incumprimento se traduzisse num resgate antecipado a favor de um trabalhador, se o valor resgatado tivesse resultado de realocações, contemplando contribuições de anos diferentes e uma parcela de rendimento gerado, poderia não ser simples ou sequer exequível a aplicação da cominação apenas a esse valor.

incumprimento libera a empresa de manter o plano de benefícios, para o que não teria qualquer incentivo económico. Aliás, sendo já penalizado por um motivo de incumprimento, o subsequente resgate a favor da empresa não configuraria já um novo incumprimento, pelo que seria de exercício livre. A consequência normalmente decorrente do incumprimento e da aplicação da referida cominação será, portanto, o resgate dos fundos a favor da empresa.

Sendo esse o caso, esclarece o n.º 10 do artigo 43.º que, aplicada a penalização que referimos, o resgate em benefício da entidade patronal não é considerado como rendimento do período de tributação na parte do valor do resgate correspondente ao capital aplicado (isto é, às contribuições e prémios pagos)[224] [225].

II – Verificam-se, não obstante, duas circunstâncias em que o resgate a favor da entidade patronal não é considerado um incumprimento das condições estabelecidas no n.º 4. A primeira encontra-se prevista no n.º 11 do artigo 43.º e visa os casos em que, *para a transferência de responsabilidades, sejam celebrados contratos de seguro de vida com outros seguradores*, que possuam

[224] De outra forma, haveria uma dupla penalização sobre o mesmo valor. O mesmo não poderá dizer-se quanto ao rendimento gerado (juro), o qual, como acréscimo patrimonial, é sujeito a tributação em IRC.

[225] Importa referir que só são considerados proveitos os reembolsos a favor da empresa (n.º 10 do art. 43.º), sendo, neste domínio, fiscalmente irrelevantes as variações patrimoniais positivas, decorrentes de ganhos atuariais ou financeiras, no plano subjacente ao fundo de pensões. Assim, quanto à relevância fiscal das variações patrimoniais positivas dos Fundos de Pensões na esfera da empresa, diz-se na Informação Vinculativa de 02/05/2016 (Proc. n.º 1172/2015), *cit.*: «o reconhecimento dos ganhos e perdas atuariais [...] poderá gerar variações patrimoniais positivas. // Tendo em conta que estes ganhos são, em substância, ganhos potenciais, deve-se-lhes dar o devido tratamento fiscal, isto é, não devem concorrer para a determinação do lucro tributável, nos termos do artigo 21.º do CIRC. [...] De qualquer modo, o legislador só previu expressamente no artigo 43.º do Código do IRC, a tributação dos ganhos gerados pelos fundos de pensões, quando materializados através de resgates a favor da entidade patronal, bem como a respetiva penalização, nos termos previstos no n.º 10, excecionando as situações previstas nos n.ºs 11 e 12. // Nestes termos, enquanto que, para efeitos contabilísticos, os montantes em excesso são registados, no momento em que se verifique a existência de tal excesso, "em outro rendimento integral", para efeitos fiscais, os montantes em excesso apenas terão relevância fiscal no momento em que a empresa os venha a resgatar em seu favor, o que significa que quando os montantes em excesso forem transferidos para a própria requerente, nessa data aplica-se a limitação prevista no n.º 10 do art.º 43.º do CIRC».

sede, direção efetiva ou estabelecimento estável em território português, ou com empresas de seguros que estejam autorizadas a operar neste território em livre prestação de serviços, ou se forem efetuadas contribuições para fundos de pensões constituídos de acordo com a legislação nacional, ou geridos por instituições de realização de planos de pensões profissionais às quais seja aplicável a Diretiva n.º 2003/41/CE, do Parlamento Europeu e do Conselho, de 3 de junho, que estejam autorizadas a aceitar contribuições para planos de pensões de empresas situadas em território português, *em que, simultaneamente, seja aplicada a totalidade do valor do resgate e se continuem a observar as condições estabelecidas neste artigo.*

Por outras palavras, pretendendo a entidade patronal (tomadora do seguro) transferir os fundos geridos por um segurador para outro, com suporte num novo contrato de seguro, não se verifica um incumprimento do n.º 4 do artigo 43.º, desde que: (*i*) todo o valor resgatado seja transferido para o novo segurador; e (*ii*) se mantenha a conformidade às condições estabelecidas no n.º 4 do referido artigo. Visa-se, no fundo, evitar que, por constrangimentos de ordem fiscal, a empresa fique cativa de um segurador ou de um suporte contratual concreto, na medida em que, em substância, o plano de benefícios mantenha a sua continuidade e continue a assegurar-se a conformidade com as condições do artigo 43.º[226].

[226] Com relevância para a operacionalização do preceito, importa ter em conta a Informação Vinculativa (Proc. n.º 1020/1996) – https://info.portaldasfinancas.gov.pt/pt/informacao_fiscal/informacoes_vinculativas/rendimento/circ/Documents/circ_040_03.pdf. Aí se estabelece, textualmente, o seguinte, relativamente ao preceito em análise: «1. A empresa tomadora do seguro deverá documentar o seu pedido de resgate com: (a) a declaração de que irá subscrever uma nova apólice com as mesmas características em outra companhia seguradora; (b) a identificação dessa outra companhia seguradora; (c) a proposta e condições do novo contrato de seguro a celebrar com seguradora pelo seu montante total. // 2. A empresa seguradora que receber o pedido de resgate nestas condições deverá: (a) não tributar o valor de resgate; (b) informar a outra companhia seguradora sobre: (i) qual o montante dos prémios pagos por pessoa segura e respetiva data de pagamento; (ii) data do início da apólice e respetiva periodicidade; (iii) montante e data do pagamento do valor do resgate por pessoa segura. // Relativamente a apólices de seguros que confiram direitos adquiridos aos respetivos beneficiários, foi também sancionado o mesmo entendimento no sentido de não se proceder à tributação da parte do valor do resgate que constitui rendimento, em virtude de não haver efetiva disponibilização do mesmo, mas, desde que o montante total do resgate seja aplicado em novo contrato de seguro com as mesmas características bem definidas. Nestas situações a companhia de seguros, no seu texto informativo referenciado no ponto 2, deverá indicar, também, que as respetivas apólices conferem direitos adquiridos».

A solução assenta, portanto, na manutenção da integridade e conformidade do plano de benefícios. Na verdade, não há aqui um resgate a favor da entidade patronal, mas uma transferência de valores diretamente para outra entidade gestora do plano de benefícios. E é por esta razão que não se verifica um incumprimento do artigo 43.º.

Do nosso ponto de vista, não há razão para que a solução se aplique apenas à celebração de contratos de seguro de vida *com outros seguradores* (como resulta da letra do preceito). Com efeito, pode a empresa pretender que a transferência do plano de benefícios se opere para outro suporte contratual *no mesmo segurador*. Ora, também aqui não há razões de substância para se considerar haver um incumprimento do artigo 43.º, pelo que, por interpretação extensiva (na medida em que o alcance normativo do preceito está para além da sua letra) consideramos que o mesmo se aplica também a estas situações.

III – A segunda circunstância em que o resgate é considerado lícito encontra-se prevista no n.º 12 do mesmo artigo e visa as situações em que o tomador do seguro demonstre a existência de excesso de fundos originada por cessação de contratos de trabalho.

Nestes casos – e porque a modalidade correspondente a realizações de utilidade social em sentido próprio se reporta precisamente às situações de *meras expectativas* –, cessando os contratos de trabalho de trabalhadores para os quais a entidade patronal efetuou dotações em seguros de vida com componente de investimento, os mesmos veem extinguir-se, nesse momento, as suas expectativas ao benefício. Neste contexto, com a referida cessação de contratos de trabalho, se os fundos inerentes ao plano de benefícios forem superiores às responsabilidades da empresa, o financiamento do plano revelar-se-á excedentário[227].

[227] Como é evidente, isso não ocorrerá na modalidade de beneficiação social em que os trabalhadores beneficiados tenham direitos adquiridos (variante de realizações de utilidade social em sentido amplo). Nesse caso, quer se trate de um plano de contribuição definida ou de benefício definido, a cessação de contratos de trabalho não afeta o direito dos trabalhadores ao benefício. Nesse caso, portanto, a cessação de contratos de trabalho não determina qualquer *superavit* do plano. Por outro lado, situando-se o benefício na esfera jurídico-patrimonial dos trabalhadores, não assiste, em qualquer caso, à empresa o direito de resgate quanto aos respetivos fundos.

Perante esse *superavit*, duas soluções alternativas poderão equacionar-se. Uma consistirá na realocação dos valores excedentários pelos trabalhadores que permanecerem abrangidos pelo plano, caso em que a empresa suspenderá a entrega de prémios ou dotações até que o plano volte a atingir o equilíbrio[228]. Outra alternativa, sobretudo nos casos em que o *superavit* seja expressivo e se preveja duradouro, consistirá no resgate a favor da empresa.

É precisamente esta segunda solução que surge regulada no n.º 12 do artigo 43.º. Assim, verificando-se um sobrefinanciamento do plano de benefícios decorrente da extinção de contratos de trabalho, o resgate desse excesso a favor da entidade patronal não é considerado um incumprimento do artigo 43.º[229].

[228] Importa notar que as realocações de valores pelas pessoas seguras são fiscalmente irrelevantes, não constituindo uma situação de incumprimento por resgate a favor da empresa (ou um caso de resgate justificado nos termos do n.º 12 do artigo 43.º) nem dando lugar a nova dedutibilidade do valor. Informação Vinculativa de 02/06/2017 (Proc. n.º 3439/2016), *cit.*: «caso esses valores alocados à conta residual do associado se destinem a financiar as contribuições futuras da empresa, ou seja, não revertam para a própria empresa nem para os herdeiros legais que não reúnam as condições de elegibilidade previstas no regime geral da Segurança Social, esta operação não constitui uma operação de resgate, pois não há qualquer restituição de fundos por parte do Fundo de Pensões a favor do sujeito passivo, não sendo aplicável nem o n.º 11 nem o n.º 12 do artigo 43.º do CIRC e, por conseguinte, não sendo aplicável a limitação prevista no n.º 10 da mesma norma. // Quando os montantes forem alocados às contas individuais, no futuro, em vez de serem efetuadas novas contribuições pelo associado do plano de pensões, não serão, de facto, dedutíveis em sede de IRC, pois esses montantes já foram considerados gastos (dentro dos limites previstos no n.º 2 do artigo 43.º do CIRC), quando ocorreu o financiamento do plano de pensões».

[229] Cfr. Informação Vinculativa de 30/09/2016 (Proc. n.º 726/2016) – https://info.portaldasfinancas.gov.pt/pt/informacao_fiscal/informacoes_vinculativas/rendimento/circ/Documents/FD_art_43_CIRC_726_2016_Alocacao_contribuicoes_excedentarias.pdf, sobre os casos em que uma associada de um Fundo de Pensões que apresenta um saldo atuarial com superavit pretende alocar as contribuições excedentárias a favor de uma associada deficitária, suscitando-se a questão de saber se a alocação da contribuição excedentária pode ser considerada, na esfera da associada superavitária, como um rendimento tributável e se, na esfera da associada deficitária, pode haver lugar à consideração de um gasto dedutível, sujeito aos limites impostos pelo n.º 2 do artigo 43.º do CIRC. A AT considera que «quando a associada com superavit aloca os montantes em excesso à associada deficitária é, em substância, como se procedesse ao resgate desses montantes (como se revertesse para a própria) e lhos emprestasse, o que significa que, nesse momento, os ganhos potenciais anteriormente registados como variações patrimoniais positivas, decorrentes do registo contabilístico desse superavit,

Quanto à demonstração, requerida pelo n.º 12, de que se verifica um excesso de fundos, a mesma é simples quando esteja em causa um plano de contribuição definida, caso em que o excesso corresponderá ao valor alocado às pessoas seguras que tenham deixado de ter vínculo com o tomador. Já num plano de benefício definido em que não haja alocações de valores às pessoas seguras, a demonstração requerida pela disposição legal deverá assentar num estudo atuarial que ateste o excesso de fundos.

IV.4.7.3. Planos de benefícios na modalidade de direitos adquiridos

I – Tivemos oportunidade de analisar as consequências do incumprimento das condições do artigo 43.º do CIRC para as realizações de utilidade social em sentido próprio, em que as pessoas seguras apenas dispõem de meras expectativas face ao benefício. Porém, como referimos já anteriormente, há a considerar outras situações, a saber: as correspondentes à variante de realizações de utilidade social (sentido amplo) em que os trabalhadores dispõem de direitos adquiridos face ao benefício.

Para estes casos, o regime do incumprimento está consagrado no n.º 2 do artigo 18.º do EBF, estabelecendo-se aí consequências, quer para a empresa (tomadora do seguro), em sede de IRC, quer para o trabalhador (pessoa segura), em sede de IRS. Em virtude de analisarmos mais adiante o enquadramento fiscal, para os trabalhadores, em sede de IRS, das situações securitário-tributárias de beneficiação social, ater-nos-emos agora apenas às consequências para a empresa.

Assim, prevê a alínea b) do n.º 2 do artigo 18.º do EBF que a inobservância de qualquer das condições previstas no n.º 1 do mesmo artigo (que, por seu turno, remete para as alíneas a), b), d), e) e f) do n.º 4 do artigo 43.º do

são considerados relevantes para efeitos fiscais, uma vez que, em substância, correspondem a um resgate a favor da associada com superavit, sendo a mesma tributada, nesse momento, nos termos do n.º 10 do art.º 43.º do CIRC. Mas, não será penalizada se, nos termos do n.º 12 do art.º 43.º do CIRC, demonstrar que a existência de excesso de fundos foi originada por cessação de contratos de trabalho. De igual modo, na esfera da associada com saldo atuarial negativo, quando esta entidade recebe o valor alocado pela associada superavitária, poderemos considerar que, em substância, é como se estivesse a fazer uma contribuição a favor do Fundo de Pensões, sendo este gasto dedutível à luz do disposto na alínea a) do n.º 2 do art.º 43.º do CIRC, com os limites aí estabelecidos, ficando devedora desses mesmos montantes à associada superavitária».

CIRC) determina, para a empresa, a tributação autónoma, à taxa de 40%, no exercício do incumprimento, das contribuições ou prémios que nesse exercício, bem como nos dois exercícios anteriores, tenham beneficiado do regime de isenção previsto no n.º 1 do artigo 18.º[230].

II – Relativamente a esta penalização fiscal, importa deixar algumas ressalvas. É que, estando em causa situações em que os trabalhadores têm direitos adquiridos sobre os fundos que lhes são destinados, significa isto que a titularidade do direito de resgate sobre tais fundos pertence aos trabalhadores, e não à empresa tomadora do seguro. Ora, ao fazer incidir uma penalização sobre a empresa, pretende o legislador que a mesma se assegure – pelo menos, através dos termos contratuais acordados com o segurador – que, mesmo pertencendo a titularidade dos fundos ao trabalhador, o contrato lhe veda o recebimento de tais fundos em moldes diferentes dos previstos no artigo 43.º do CIRC. Por outras palavras, a empresa terá de assegurar-se de que o exercício do direito de resgate fica submetido a um termo suspensivo e a limitações quanto ao modo de recebimento, sem o que ficará sujeita à penalização fiscal.

Outro aspeto importante é que o incumprimento das condições do artigo 43.º do CIRC pode ter um âmbito puramente pontual (por exemplo, a um trabalhador é concedida a possibilidade de resgatar, antes da idade de reforma, os fundos de que é titular) ou ser transversal a todo o plano de benefícios (por exemplo, o critério de abrangência do benefício não obedecer aos requisitos de generalidade). Ora, se neste último caso faz sentido que a penalização (tributação autónoma) incida sobre *todas* as contribuições ou prémios do exercício, e dos dois exercícios anteriores, que beneficiaram do regime do n.º 1 do artigo 18.º do EBF, já no primeiro caso a penalização se afigura desproporcionada. Ainda assim, terá o legislador pretendido garantir um compromisso eficaz da empresa contra

[230] Estabelece este preceito – que melhor analisaremos mais adiante – que são isentos de IRS, no ano em que as correspondentes importâncias são despendidas, os rendimentos a que se refere a subalínea i) do n.º 3) da alínea b) do n.º 3 do artigo 2.º do CIRS, quando respeitem a contratos que garantam exclusivamente o benefício de reforma, complemento de reforma, invalidez ou sobrevivência, desde que sejam observadas, cumulativamente, as condições previstas nas alíneas a), b), d), e) e f) do n.º 4 do artigo 43.º do CIRC, na parte em que não excedam os limites previstos nos n.ºs 2 e 3 do mesmo artigo, e sem prejuízo do disposto nos seus n.ºs 5 e 6.

o incumprimento das condições do artigo 43.º, qualquer que seja a sua amplitude[231].

III – Do nosso ponto de vista, não constituirá um incumprimento do disposto no n.º 1 do artigo 18.º do EBF – a determinar a aplicação do n.º 2 do mesmo artigo – a circunstância de a conta do trabalhador ser totalmente resgatada e de o valor de resgate ser diretamente aplicado (isto é, sem passar pela disponibilidade do trabalhador) num outro suporte contratual, do mesmo ou de outro segurador, na condição de que se mantenham no novo suporte os requisitos do plano de benefícios original (respeitando, portanto, as condições do artigo 43.º do CIRC para as quais se remete no n.º 1 do artigo 18.º) e de que a entidade de destino se comprometa formalmente a respeitar o histórico de entregas e a efetuar a tributação devida aquando do pagamento ou colocação à disposição do trabalhador.

Com efeito, estamos, portanto, dentro da esfera de alcance do sentido do n.º 11 do artigo 43.º do CIRC – que atrás analisámos e de acordo com a interpretação extensiva que então preconizámos[232] –, que alarga o âmbito dos requisitos do n.º 4 do mesmo artigo (para os quais, por seu turno, remete o n.º 1 do artigo 18.º do EBF).

Esta ressalva é de grande relevância prática, já que, estando em causa situações de direitos adquiridos, caso cesse o contrato de trabalho, o trabalhador (pessoa segura) manterá a titularidade dos fundos, mas só acederá à disponibilidade do respetivo valor aquando da passagem à situação de reforma, circunstância que poderá ocorrer em momento muito distanciado no tempo. Ora, é inócuo para o efeito do regime fiscal, mas de enorme relevância para o trabalhador (sobretudo, na medida em que a cessação do contrato ocorra em situação de diferendo entre a empresa e o trabalhador), que o benefício transite para um suporte contratual em que o trabalhador figure como tomador do seguro (ou aderente a um fundo de pensões aberto), deixando de ficar dependente da intermediação e dos

[231] A solução (falta de proporcionalidade da penalização que incide sobre a empresa) encontra, assim, paralelo com a prevista, para as situações de meras expectativas, no n.º 10 do artigo 43.º do CIRC. Em contrapartida, como melhor veremos, a penalização estabelecida para os trabalhadores por incumprimento do n.º 1 do artigo 18.º incide apenas sobre aqueles que beneficiaram do incumprimento.

[232] Cfr. *supra*, IV.4.7.2.II.

bons ofícios da antiga entidade patronal – e das vicissitudes que a mesma venha a sofrer – para aceder, no futuro, ao benefício.

IV – Poder-se-á suscitar a questão de saber se a penalização prevista na alínea b) do n.º 2 do artigo 18.º do EBF é cumulável com a prevista no n.º 10 do artigo 43.º do CIRC. Rui Marques entende que sim, dando mesmo um exemplo em que tal se verificaria: «uma empresa efetuou [...] aplicações em fundos de pensões ou equiparáveis [...]. E [...], dadas as suas dificuldades de tesouraria, resgatou antecipadamente e em benefício próprio, todas essas aplicações»[233].

Comecemos por referir que o exemplo não é feliz. Desde logo, porque, estando em causa um fundo de pensões, nem o mesmo está sujeito a operações de resgate, nem o reembolso seria possível a favor da empresa. Aliás, para que pudesse ser aplicável a alínea b) do n.º 2 do artigo 18.º do EBF teria de verificar-se um incumprimento das condições previstas no n.º antecedente. Ora, o n.º 1 do artigo 18.º do EBF reporta-se às situações em que a titularidade do benefício assume a natureza de direitos adquiridos das pessoas seguras (trabalhadores), como resulta da remissão ali efetuada para a subalínea i) do n.º 3) da alínea b) do n.º 3 do artigo 2.º do CIRS. Portanto, num seguro de vida com componente de investimento, ingressando o benefício, de forma irreversível, na esfera jurídico-patrimonial da pessoa segura (o que configura a situação de *direitos adquiridos* e justifica a qualificação dessa atribuição como rendimento do trabalho dependente), não é legal nem contratualmente possível à entidade patronal resgatar ou, de algum modo, recuperar esses valores, que saíram já, definitiva e irreversivelmente, da sua esfera jurídico-patrimonial.

Retomando a questão que nos prende, identificámos, relativamente aos seguros de vida com componente de investimento, duas modalidades de beneficiação social: a correspondente às situações de *meras expectativas* dos trabalhadores (pessoas seguras); e a correspondente a situações de *direitos adquiridos*. No primeiro caso, que atrás analisámos, o incumprimento das condições do n.º 4 do artigo 43.º do CIRC, por parte da empresa, tem como paradigma o resgate dos valores a favor dela (quer esse resgate configure o próprio incumprimento, quer seja logicamente consequência do mesmo). Aí se justifica, por razões de coerência normativa, e de unidade do sistema

[233] Rui Marques, *As Realizações de Utilidade Social em IRC e IRS, cit.*

fiscal, a aplicação de uma sanção – prevista no n.º 10 do artigo 43.º do CIRC – equivalente à do reembolso de PPR fora das condições legais.

Já no caso das situações de *direitos adquiridos*, estamos perante uma modalidade diversa de beneficiação social, que tem como base normativa, não o artigo 43.º do CIRC, mas o n.º 1 do artigo 18.º do EBF (para o qual remete, aliás, a alínea c) do n.º 4 do artigo 43.º do CIRC). Ora, sendo diversa a referida base normativa, diversa e autónoma há de ser a sanção para o respetivo incumprimento (a estabelecida na alínea b) do n.º 2 do artigo 18.º). Aliás, não configurando as situações de direitos adquiridos a possibilidade de resgate a favor da empresa tomadora do seguro (por, como referimos, os fundos em causa estarem fora da sua esfera de titularidade), não faria sentido a aplicação à mesma da sanção prevista no n.º 10 do artigo 43.º, tipicamente pensada para as situações de resgate a favor da empresa. Mas menos sentido faria a acumulação da sanção do n.º 10 do artigo 43.º com a da alínea b) do n.º 2 do artigo 18.º, que penalizaria duplamente – e também de forma infundada e injusta – um incumprimento claramente menos grave do que o ocorrido em situações de meras expectativas.

Crendo que sem necessidade de aduzir mais argumentos, concluímos que são, portanto, distintas e não cumuláveis as sanções legalmente previstas para o incumprimento dos requisitos das realizações de utilidade social quando o mesmo ocorra em situações de meras expectativas ou em situações de direitos adquiridos.

IV.4.8. Enquadramento fiscal do trabalhador na categoria A de IRS

Relativamente às situações securitário-tributárias de beneficiação social, temo-nos concentrado na sua relevância em sede de IRC. Importa, porém, analisar igualmente o seu impacto e enquadramento, relativamente ao trabalhador beneficiado, em sede de IRS. Para o efeito, teremos de distinguir os seguros de risco dos seguros com componente de investimento. É esse o objeto das páginas seguintes.

Antes de prosseguirmos, porém, importa recordar o esquema de estruturação deste livro, organizado em função: (*i*) de cada operação de seguro e sua relevância fiscal; e (*ii*), num segundo plano, de acordo com o tipo de situação securitário-tributária em causa. Em virtude de consagrarmos, por agora, a nossa atenção ao *pagamento do prémio e dedução fiscal* (Cap. IV), detendo-nos nas situações securitário-tributárias que apelidámos de *beneficiação social*, apenas incidiremos, por agora, no regime de categoria A associado ao momento de pagamento do prémio. Outras implicações em matéria de IRS – designadamente, a tributação nas categorias A, E e H – serão analisadas adiante, a propósito das operações de seguro onde as mesmas se suscitarem (resgate ou vencimento e pagamento de renda).

IV.4.8.1. Seguros de risco

Relativamente aos seguros de puro risco que constituam realizações de utilidade social em sentido próprio (observando, portanto, das condições previstas no n.º 4 do artigo 43.º do CIRC) rege o artigo 2.º-A do CIRS, sob a epígrafe *delimitação negativa dos rendimentos da categoria A*. Nos termos das alíneas b) e e) do respetivo n.º 1, não se consideram rendimentos do trabalho dependente, respetivamente: os benefícios imputáveis à utilização e fruição de realizações de utilidade social mantidas pela entidade patronal, desde que observados os critérios estabelecidos no artigo 43.º do CIRC; nem as importâncias suportadas pelas entidades patronais com seguros de saúde ou doença em benefício dos seus trabalhadores ou respetivos familiares desde que a atribuição dos mesmos tenha caráter geral[234].

A redação do preceito é de molde a causar muitas dúvidas e apreensões. Desde logo, se à luz das alíneas a) e b) do n.º 2 do artigo 43.º do CIRC, os seguros de saúde são qualificáveis como realizações de utilidade social exatamente na mesma medida que os seguros de vida de risco ou os de acidentes pessoais, então porque se autonomiza a alínea e) do n.º 1 do artigo 2.º-A do CIRS relativamente à alínea b) do mesmo número[235]? A própria diferença de redações entre as duas alíneas – a alínea b) refere «benefícios imputáveis à utilização e fruição de realizações de utilidade social mantidas pela entidade patronal», enquanto a alínea e) alude às «*importâncias suportadas* pelas entidades patronais com seguros de saúde» – parece sugerir que *as importâncias suportadas pelas entidades patronais com*

[234] De acordo com a Informação Vinculativa de 06/12/2018 (Proc. n.º 3021/2018), *cit.*, para efeitos do artigo 2.º-A do CIRS, entende-se «que terá caráter geral se for atribuído a todos os trabalhadores em condições idênticas, não podendo a sua atribuição estar sujeita a outras condições adicionais impostas pela entidade empregadora».

[235] A própria autonomização entre as alíneas a) e b) do n.º 2 do artigo 43.º não é clara, já que, como vimos, em ambas as alíneas surgem contemplados os seguros de doença (ou de saúde, o que é o mesmo).

seguros de vida de risco e com seguros de acidentes pessoais não se traduziriam em realizações de utilidade social, pelo que, na falta de previsão específica, as mesmas não estariam ao abrigo do artigo 2.º-A e ficariam, portanto, sujeitas a IRS. Será assim?

Certamente que não. Apesar da equívoca e desajeitada redação do artigo 2.º-A, os prémios de seguros de acidentes pessoais, de doença e de vida de risco, que sejam, em qualquer dos casos, qualificáveis como realizações de utilidade social, em função dos critérios do n.º 4 do artigo 43.º do CIRC, não estão sujeitos a IRS.

E as razões são várias. Desde logo, não faria sentido tratar de forma diferente as diversas realizações de utilidade social, sujeitando, nuns casos, o benefício a IRS, e não o sujeitando noutros casos. Mais absurdo seria tratar de forma diferenciada os próprios seguros, sem fundamento sólido, beneficiando umas modalidades em prejuízo de outras, quando o artigo 43.º do CIRC não faz essa distinção.

O argumento decisivo, será, porém, de ordem prática e lógica. Se os prémios de seguros de risco pagos pelo empregador a favor dos respetivos trabalhadores, respeitando as condições do artigo 43.º do CIRC, fossem sujeitos a IRS na categoria A, então que vantagem teria a entidade patronal em enquadrá-los como realizações de utilidade social, sujeitando-os aos apertados requisitos e limites do n.º 4 do artigo 43.º? Com efeito, a serem rendimentos do trabalho dependente dos trabalhadores, sempre poderia a entidade patronal enquadrá-los, sem limites, na alínea d) do n.º 2 do artigo 23.º do CIRC – onde, recorde-se, se abrangem os «seguros, *incluindo* os de vida, doença ou saúde» – não necessitando então de respeitar o exigente espartilho do n.º 4 do artigo 43.º.

Portanto, apesar da desajeitada e enganadora redação do artigo 2.º-A, não está sujeito a IRS na categoria A o valor dos prémios de seguros de risco que, nos termos do artigo 43.º do CIRC, constituam realizações de utilidade social.

IV.4.8.2. Excurso: seguros de risco e regime contributivo de segurança social

Os seguros de vida de risco, os de saúde e os de acidentes pessoais assumem uma função relevante de proteção social[236]. Com efeito, para

[236] Sobre o tema, cfr. Luís Poças, "Problemas e dilemas do setor segurador: o RGPD e o tratamento de dados de saúde", *Banca, Bolsa e Seguros*, n.º 3 / 2018, pp. 280 ss.

além da natureza previdencial que caracteriza transversalmente todas as modalidades de contrato de seguro, os referidos subtipos contratuais cobrem riscos que coincidem com as eventualidades garantidas pelo Sistema Previdencial de Segurança Social e pelo Sistema Nacional de Saúde, acrescendo-lhes e assumindo, portanto, natureza complementar a tais sistemas.

Esta complementaridade encontra reflexo no n.º 3 do artigo 76.º do Código dos Regimes Contributivos do Sistema Previdencial de Segurança Social, aprovado pela Lei n.º 110/2009, de 16 de setembro (doravante, CRCSS)[237], cuja *ratio* é clara: sendo os seguros de vida, de saúde e de acidentes pessoais complementares dos referidos sistemas de proteção social, não faria sentido que os prémios pagos pela entidade empregadora, a favor do trabalhador, na aquisição de tais seguros, fossem considerados como remuneração efetiva do trabalhador, ficando sujeitos a contribuições para a segurança social. A não sujeição a tais contribuições evidencia a referida complementaridade num propósito comum de proteção social[238].

Este manifesto fim de proteção social, em complementaridade com funções próprias do Estado, constitui, de resto, a *ratio* da valoração positiva de que beneficiam os prémios de seguros das referidas modalidades, a qual se traduz na respetiva dedutibilidade fiscal em sede de IRC, nos moldes que analisámos.

IV.4.8.3. Seguros financeiros em regime de meras expectativas

Mais relevante – pela complexidade das questões que suscita – é o tema da tributação das pessoas seguras (trabalhadores) nos seguros de vida com componente de investimento. Para o efeito, temos de distinguir as duas modalidades referidas de situações de beneficiação social: as que

[237] Aí se estabelece que, para efeito de (não) sujeição a contribuições para a segurança social, «não integra o conceito de remuneração mensal efetiva as importâncias despendidas pela entidade empregadora, a favor do trabalhador, na constituição de *seguros de doença, de acidentes pessoais e de seguros de vida que garantam exclusivamente o risco de morte, invalidez* ou reforma por velhice, no último caso desde que o benefício seja garantido após os 55 anos de idade, desde que não garantam o pagamento e este se não verifique nomeadamente por resgate ou adiantamento de qualquer capital em vida durante os primeiros cinco anos».

[238] Veja-se também, neste contexto, o regime do n.º 2 do artigo 43.º do CIRC, bem como o das alíneas a) e b) do n.º 1 do artigo 2.º-A do CIRS, a que adiante melhor aludiremos.

assentam em regimes de meras expectativas e as baseadas em regimes de direitos adquiridos.

Começando pelas situações de *meras expectativas*, como tivemos oportunidade de reiterar, o valor do prémio só ingressa na esfera jurídico-patrimonial do trabalhador em momento posterior ao do respetivo pagamento ao segurador: em regra, como vimos (alínea e) do n.º 4 do artigo 43.º do CIRC) quando o trabalhador passa à situação de reforma, na condição de que, à data, se encontre ainda ao serviço da entidade patronal.

Por outras palavras, as *meras expectativas* só se convertem num direito (e o benefício só se transfere, inerentemente, para a esfera da pessoa segura), mediante a verificação da referida condição, só então constituindo um rendimento do trabalho dependente. Em regra, essa transferência coincide com o efetivo pagamento ou colocação à disposição do respetivo valor pelo segurador, e dá-se no contexto de uma operação de resgate ou vencimento, seja do contrato (em caso de seguro individual), seja da adesão da pessoa segura (no caso de seguro de grupo).

Por essa razão, a fase do pagamento do prémio é, nas situações de meras expectativas, fiscalmente irrelevante em sede de IRS. Só se manifestando, portanto, essa relevância com a própria aquisição do direito sobre o benefício, a ocorrer em sede de resgate ou vencimento, retomaremos então, nesse contexto, a nossa análise (*infra*, V.1.2).

IV.4.8.4. Seguros em regime de direitos adquiridos

I – Se o que acabamos de afirmar faz sentido para a modalidade de meras expectativas, já a de direitos adquiridos conduz – não obstante a observância das condições do n.º 4 do artigo 43.º do CIRC, a justificarem a sua qualificação como variante de realizações de utilidade social em sentido amplo – a conclusão diferente.

Com efeito, os casos de *direitos adquiridos* implicam, como já reiterámos, um ingresso incondicional, definitivo e, portanto, irreversível, dos fundos na esfera do trabalhador, de tal modo que, mesmo cessando a sua relação laboral, o trabalhador mantém a titularidade de tais fundos. Portanto, o acréscimo patrimonial verificado justificaria, aquando da aquisição da titularidade dos fundos – em regra, aquando do pagamento do prémio pela entidade patronal – a tributação do trabalhador na categoria A de IRS, nos mesmos moldes que referimos a propósito das situações securitário-tributárias de remuneração em espécie (*supra*, IV.3.2.5).

Esta solução tornaria, porém – por comparação com o regime das realizações de utilidade social em sentido próprio, com base em seguros financeiros em regime de meras expectativas –, pouco apelativos e de escasso interesse prático os planos de benefícios em regime de direitos adquiridos. Com efeito, nestes casos, embora o trabalhador acedesse de imediato à titularidade dos fundos a ele afetos pela entidade patronal – e embora fosse, portanto, tributado de imediato na categoria A de IRS – só poderia mobilizá-los muitos anos mais tarde, quando atingisse a idade normal de reforma (alínea e) do n.º 4 do artigo 43.º do CIRC, por remissão do n.º 1 do artigo 18.º do EBF).

Essa consideração terá estado, assim, na origem do benefício fiscal que verte do n.º 1 do artigo 18.º do EBF e que procura equiparar, em termos práticos, as modalidades de direitos adquiridos às de meras expectativas no domínio das situações de beneficiação social. Vejamos como.

II – O n.º 1 do artigo 18.º do EBF estabelece que são isentos de IRS, *no ano em que as correspondentes importâncias são despendidas*, os rendimentos a que se refere a subalínea i) do n.º 3) da alínea b) do n.º 3 do artigo 2.º do CIRS, quando respeitem a contratos que garantam exclusivamente o benefício de reforma, complemento de reforma, invalidez ou sobrevivência, desde que sejam observadas, cumulativamente, as condições previstas nas alíneas a), b), d), e) e f) do n.º 4 do artigo 43.º do CIRC, na parte em que não excedam os limites previstos nos n.ºs 2 e 3 do mesmo artigo, e sem prejuízo do disposto nos seus n.ºs 5 e 6.

Embora a redação do preceito possa não ser inteiramente clara, a *isenção de tributação no ano em que os prémios são pagos* corresponde, em termos práticos, a um diferimento da tributação para o momento do pagamento ou colocação à disposição, nos mesmos moldes em que ocorre com os planos em regime de meras expectativas.

III – Compreende-se a diferença de tratamento face aos planos com direitos adquiridos que não constituem situações de beneficiação social, mas antes correspondem à situação securitário-tributária de remuneração em espécie: nestes, presumindo-se que a disponibilidade do capital não fica postergada para o momento da passagem à situação de reforma (e que pode, portanto, verificar-se em termos quase imediatos ou num curto prazo), entendeu o legislador não se justificar o diferimento da tributação.

IV – Como vimos, para o caso de inobservância de qualquer das condições previstas no n.º 1 do artigo 18.º do EBF estabelece o n.º 2 do mesmo artigo consequências, quer para a empresa (tomador do seguro), quer para o trabalhador ou trabalhadores (pessoas seguras) beneficiados pela violação dos ditos requisitos. Analisámos já atrás (*supra*, IV.4.7.3) o sancionamento que incide sobre a empresa em virtude do incumprimento.

Quanto aos trabalhadores beneficiados, o incumprimento determina a perda da isenção e o englobamento como rendimento da categoria A de IRS, no ano em que ocorrer o facto extintivo (isto é, o incumprimento), da totalidade das importâncias que beneficiaram da isenção (diferimento), acrescidas de 10%, por cada ano ou fração, decorrido desde a data em que as respetivas contribuições ou prémios tiverem sido pagos (alínea a) do n.º 2 do artigo 18.º)[239].

Como oportunamente referimos, consideramos que não se verifica um incumprimento do n.º 1 do artigo 18.º quando, na sequência da cessação do contrato de trabalho, haja um resgate total da conta do trabalhador cujo valor seja diretamente transferido para um novo suporte contratual, no mesmo ou em outro segurador (ou entidade gestora de fundos de pensões), em que seja aplicada a totalidade do valor dessa conta e se continuem a observar os requisitos para os quais se remete no n.º 1 do artigo 18.º do EBF[240].

V – Ficando, em suma, postergada a tributação na categoria A de IRS para o momento do efetivo pagamento ou colocação à disposição do benefício pelo segurador – à semelhança do que ocorre com as situações de meras expectativas – veremos adiante, a propósito das operações de resgate ou vencimento, como se processa a tributação nessa fase.

[239] A penalização de 10% por cada ano ou fração seguirá o regime tributário da categoria A – Duarte Galhardas, "A tributação em sede de imposto sobre o rendimento dos regimes complementares de segurança social", *cit.*, p. 45, n. 9.

[240] Cfr. *supra*, IV.4.7.3.III.

IV.4.9. Sobre a natureza das realizações de utilidade social: noção unitária?

I – Da análise efetuada, foi possível identificar as características comuns às várias realizações de utilidade social. Assim, no essencial, esses elementos comuns são os seguintes: (*i*) as mesmas têm por base ou pressuposto a existência de uma relação de trabalho entre a entidade que atribui o benefício (empregador) e aquela em cuja esfera (pessoal ou familiar) se produz o benefício (trabalhador); (*ii*) trata-se de *benefícios* ou *atribuições com valor económico*, comportando, nessa medida, custos para a entidade patronal, correspondendo a gastos fiscalmente aceites quando verificados os requisitos previstos no artigo 43.º do CIRC; (*iii*) os referidos benefícios assumem caráter "social", no duplo sentido de que não têm natureza estritamente pecuniária (correspondendo antes, em grande medida, a *atribuições em espécie*, traduzidas em prestações ou benefícios complementares ou análogos aos que são concedidos pela segurança social ou pelo sistema nacional de saúde), e que devem abranger toda a população elegível (*generalidade dos trabalhadores* e/ou *reformados* e/ou *familiares*); e (*iv*) quanto ao regime fiscal inerente, o mesmo corresponde à dedutibilidade fiscal dos gastos em IRC (nalguns casos, com majoração) e à exclusão de tributação em IRS[241].

Ora, com base nos traços caracterizadores das várias *realizações de utilidade social* identificadas, alguns autores esboçam a correspondente noção. A título de exemplo, para Rui Marques, está em causa um instrumento fiscal que visa promover a responsabilidade social das empresas e, por essa via, a realização, por privados (empregadores), de benefícios visando o bem-estar, a qualidade de vida, a proteção e a previdência relativamente aos respetivos trabalhadores[242]. Convergentemente, para Sérgio Cruz, tratar-se-á de «um conjunto de benefícios de natureza social que as empresas proporcionam aos seus trabalhadores (dependentes), aos "seus" reformados e aos respetivos familiares»[243].

[241] Quanto aos seguros de vida com componente de investimento, não será inteiramente assim. Com efeito, como já adiantámos, verificar-se-á a tributação aquando do pagamento ou colocação à disposição do benefício.

[242] De algum modo, está em causa o fomento privado de benefícios que, em regra, são assegurados pelos poderes públicos. Cfr. Rui Marques, *As Realizações de Utilidade Social em IRC e IRS*, *cit.* Cfr., também, com relevância, o Ac. CAAD de 05/07/2012 – Proc. n.º 22/2012-T (Manuel Vaz), *cit.*

[243] Sérgio Ravara Cruz, "Realizações de utilidade social", *cit.*, p. 36.

II – Sem prejuízo desta noção abrangente e unitária, é possível distinguir dois grandes grupos de realizações de utilidade social, que apresentam perfis divergentes: as extra-securitárias (n.º 1 do artigo 43.º do CIRC); e as que têm base em seguros (n.º 2 do mesmo artigo). Vejamos.

As situações elencadas no n.º 1 do artigo 43.º do CIRC apresentam as seguintes características: (*i*) são mais heterogéneas; (*ii*) embora o respetivo elenco, legalmente estabelecido, seja taxativo, admite-se o reconhecimento administrativo, pela AT, de outras situações; (*iii*) beneficiam, em grande medida, da possibilidade de majoração em 40%; (*iv*) reportam-se a benefícios que, por natureza, não são individualizados ou individualizáveis – com exceções pontuais, como a dos passes sociais (n.º 15 do mesmo artigo) – isto é, que são globalmente atribuídos aos colaboradores, mas relativamente aos quais a imputação individual e rigorosa, a cada colaborador, da quota-parte do respetivo custo é impossível ou de muito difícil operacionalização; (*v*) abrangem os familiares e reformados; (*vi*) são de atribuição meramente facultativa; (*vii*) dependem (apenas) de um requisito de generalidade.

Já as realizações de utilidade social previstas no n.º 2 do artigo 43.º têm como traços comuns: (*i*) reportam-se apenas a seguros, os quais traduzem regimes complementares de segurança social; (*ii*) apresentam um elenco com caráter taxativo; (*iii*) não beneficiam de majoração; (*iv*) estão sujeitas a limites de dedutibilidade (15% ou 25%); (*v*) reportam-se a despesas facilmente individualizáveis (possibilidade de imputação exata do custo a cada trabalhador[244]) e, como tal, assumem uma relação próxima com o artigo 23.º do CIRC; (*vi*) abrangem apenas os trabalhadores e, no caso do seguro de doença, também os familiares e reformados; (*vii*) são de atribuição obrigatória ou facultativa); (*viii*) dependem de um amplo leque de requisitos (que não apenas o da generalidade).

O reconhecimento destas duas grandes categorias de realizações de utilidade social, com características próprias, é relevante, já que, como se retira do Ac. TCAS de 24/10/2006 – Proc. n.º 00763/05 (José Correia)[245], a mesma impede o alargamento do âmbito dos benefícios previstos no n.º 2 por importação dos requisitos do n.º 1. Assim, por exemplo, conforme

[244] A exceção são os seguros de vida com componente de investimento que suportam planos de benefício definido em regime de capitalização coletiva.

[245] Cfr. http://www.dgsi.pt/jtca.nsf/170589492546a7fb802575c3004c6d7d/908061542a1763828025721300369485?OpenDocument.

decidido no citado acórdão, não será admissível a celebração de um seguro de acidentes pessoais para os familiares dos trabalhadores.

Do mesmo modo, não serão admissíveis outras modalidades de seguro para além das enunciadas no n.º 2 (por exemplo, um seguro de desemprego), ainda que expressamente reconhecidos pela AT. Com efeito, em virtude da dualidade, no artigo 43.º, de realizações de utilidade social, com as suas regras e coerência próprias, a ressalva, quanto a seguros, respeitante ao reconhecimento pela AT nem pode ocorrer no quadro do n.º 1 do artigo 43.º (que não incide em seguros), nem no do n.º 2 (que não admite esse reconhecimento).

III – Mesmo entre as realizações de utilidade social com base em seguros é útil distinguir diferentes categorias. Desde logo, a que separa os seguros de risco (vida e não-vida) dos seguros de vida com componente de investimento. Com efeito, como referimos, alguns dos requisitos do n.º 4 do artigo 43.º só a esta última categoria dizem respeito e também só quanto a ela se suscita a questão da tributação do trabalhador na categoria A de IRS aquando do efetivo pagamento ou colocação à disposição do benefício.

É precisamente nesta categoria dos seguros financeiros (ou seguros de vida com componente de investimento) que encontramos duas subcategorias também de grande relevância: a dos seguros em regime de meras expectativas (que são realizações de utilidade social em sentido próprio) e a dos que consubstanciam direitos adquiridos (que, consideramos qualificáveis como realizações de utilidade social em sentido amplo).

Em rigor, nos seguros em regime de meras expectativas – aqueles que, como resulta da alínea g) e também da primeira parte da alínea c), ambas do n.º 4 do artigo 43.º, se situam no núcleo duro das realizações de utilidade social – paradoxalmente não existe, aquando do pagamento do prémio, um benefício efetivo para o trabalhador, mas apenas um benefício *potencial*, dependente de uma condição suspensiva (a de que o contrato de trabalho perdure até à idade de reforma do trabalhador). Por essa razão, não há propriamente uma exclusão de tributação em IRS na categoria A, mas uma tributação diferida para o momento da efetiva aquisição do benefício.

A outra subcategoria de realizações de utilidade social (em sentido amplo) com base em seguros financeiros reporta-se aos planos de direitos adquiridos. Não obstante os benefícios aqui atribuídos constituírem – imediatamente, e não, como nos casos de meras expectativas, em momento futuro e incerto – rendimentos do trabalho dependente, consideramos correta a qualificação destes casos como realizações de utilidade social (numa natural extensão desta noção), atendendo ao seu conteúdo material, escrutinado pela observância dos vários requisitos relevantes do n.º 4 do artigo 43.º do CIRC.

Note-se que, não abarcando as duas subcategorias sob a designação de realizações de utilidade social, o legislador não deixou de se referir a ambas num mesmo artigo – o 18.º do EBF, que regula aspetos de ambas – rotulando-as sob a designação comum de *contribuições das entidades patronais para regimes de segurança social* (teor da epígrafe do artigo 18.º).

IV.4.10. Articulação com o art. 23.º do CIRC

Referimos a aplicabilidade do artigo 23.º do CIRC às situações securitário-tributárias que designámos por rendimentos em espécie, enquanto as que apelidámos de beneficiação social são enquadráveis no artigo 43.º do CIRC. Em ambos os casos, os gastos são fiscalmente dedutíveis em sede de IRC, mas só no primeiro o benefício está sujeito a tributação, em sede de IRS, aquando do pagamento do prémio pela entidade patronal.

Qual será, então, o tipo de relação entre os dois regimes fiscais, ancorados, respetivamente, no artigo 23.º e no artigo 43.º do CIRC? Nesta matéria, podemos contrapor duas posições, cingindo-nos sempre, para o efeito, aos benefícios sob a forma de seguros. Vejamos como se equacionam essas posições.

IV.4.10.1. A perspetiva das naturezas distintas

I – Uma primeira posição, que procuraremos sistematizar de seguida, tem sido partilhada pela generalidade da doutrina. Segundo esta perspetiva, verifica-se uma diferença *de natureza* entre os custos enquadrados no artigo 43.º e os enquadrados no artigo 23.º do CIRC.

Assim, embora com uma função paralela em sede de IRC, e, de algum modo, complementar – ambos contemplam a aceitação como gastos de despesas com os trabalhadores –, o âmbito de aplicação dos dois regimes seria alternativo e mutuamente exclusivo.

Com base, sobretudo, nas realizações de utilidade social sediadas no n.º 1 do artigo 43.º, considera esta perspetiva que – em contraste com o quadro do artigo 23.º – as mesmas requerem a abrangência da generalidade dos trabalhadores permanentes da empresa e que se reportam a benefícios cujo custo ou valor económico é de difícil ou inviável determinação para cada trabalhador individualmente considerado.

Ora, como referimos, este último argumento não é extensível aos seguros, que – com exceção dos seguros financeiros de benefício definido em regime de capitalização coletiva (portanto, sem alocações de valores a cada trabalhador) – permitem sempre a individualização do gasto por beneficiário.

II – Também numa perspetiva de distintas naturezas, surge o argumento de que o artigo 23.º respeitaria a despesas necessárias ou indispensáveis à manutenção da fonte produtiva[246] (obrigatórias, portanto), o que já não ocorreria com as acolhidas pelo artigo 43.º (facultativas e de índole altruísta). Ora, este critério de distinção não é isento de críticas, já que, na redação atual, os gastos aceites fiscalmente ao abrigo do artigo 23.º não são apenas os indispensáveis para garantir os rendimentos sujeitos a IRC[247].

Por outro lado, se um seguro de saúde – quer seja atribuído à generalidade dos trabalhadores ou a apenas um deles – constitui um benefício com valor económico, valorizado pelo trabalhador como contrapartida da sua prestação de trabalho, como podemos dizer que os gastos se destinaram ou não à obtenção ou garantia dos rendimentos sujeitos a IRC em função

[246] Neste sentido, considera Mónica Ferreira que «os gastos dedutíveis ao abrigo do artigo 23.º do CIRC são os suportados pelo sujeito passivo que garantam os rendimentos sujeitos a IRC. Por seu turno, os gastos dedutíveis ao abrigo do artigo 43.º do CIRC não são condição necessária para obter ou garantir rendimentos sujeitos a IRC e têm um caráter de utilidade social» – Mónica Duarte Ferreira, *Realizações de Utilidade Social: Alcance e Limitações, cit.*, p. 17. No mesmo sentido, afirma Rui Marques que «no artigo 23.º [...] a guarida, à falta de mais, é antes dada a gastos direcionados para a obtenção ou garantia dos rendimentos sujeitos a IRC, ou seja, confinados ao objeto prosseguido pela empresa. E não ditados por interesses que o extravasam, como é o caso das "realizações» de «utilidade social"» – Rui Marques, *As Realizações de Utilidade Social em IRC e IRS, cit.*

[247] Na redação em vigor até 2014, dizia o n.º 1 do artigo 23.º: «consideram-se gastos *os que comprovadamente sejam indispensáveis* para a realização dos rendimentos sujeitos a imposto ou para a manutenção da fonte produtora». Atualmente, diz a disposição que, «para a determinação do lucro tributável, são dedutíveis todos os gastos e perdas incorridos ou suportados pelo sujeito passivo para obter ou garantir os rendimentos sujeitos a IRC».

de, respetivamente, terem como beneficiário apenas um ou todos os trabalhadores[248]?

III – Corroborando também a ideia da distinta natureza, encontramos o argumento de que o artigo 23.º contemplaria as situações de seguros obrigatórios, designadamente, por IRCT, enquanto o 43.º contemplaria apenas as situações de constituição facultativa[249].

Este argumento, porém, é contrariado pela referência ao cumprimento de disposições (obrigatórias) de IRCT, que encontramos plasmada nas alíneas a) e b) do artigo 43.º. Acrescente-se, por outro lado, que, após a concessão de um seguro pela entidade patronal, ele torna-se obrigatório no plano laboral, na medida em que integra o pacote remuneratório dos trabalhadores, não podendo ser depois retirado.

IV – Refletindo igualmente a natureza distinta dos dois enquadramentos, evidencia-se o argumento de que, enquanto os gastos enquadrados em sede de artigo 23.º são considerados um rendimento da categoria A do trabalhador (tributado em IRS), o mesmo não sucede com os gastos aceites ao abrigo do artigo 43.º (em virtude da alínea b) do n.º 1 do artigo 2.º-A do CIRS).

Seria, assim, a diferente natureza do 43.º a ditar a delimitação negativa de incidência de IRS, prevista na alínea b) do n.º 1 do artigo 2.º-A do CIRS. Porém, servindo também essa delimitação negativa de incidência como critério de qualificação de um gasto como realização de utilidade social – como resulta do n.º 1 do artigo 43.º e, aparentemente, também da alínea g)

[248] Do nosso ponto de vista, a resposta de Rui Marques não se afigura convincente: «o artigo 43.º trata das prestações da empresa em benefício dos trabalhadores apenas pelo motivo de estes o serem, e não como contrapartida ou em ligação direta à prestação de trabalho realizada ou a realizar. Daqui decorre que os gastos suportados pelo empregador, mesmo sendo efetuados a favor dos trabalhadores, não devem ser considerados como rendimento de trabalho dependente, mas antes como verdadeiras liberalidades (social welfare actions)» – Rui Marques, *As Realizações de Utilidade Social em IRC e IRS, cit.*

[249] Como refere Rui Marques, «quando, por imposição de convenção coletiva de trabalho, uma empresa é obrigada a garantir, só a alguns dos seus trabalhadores, pensões de reforma, deverá este encargo ser aceite como gasto fiscal na totalidade, mas enquadrado na alínea d) do n.º 1 do artigo 23.º, visto ser obrigatório» – Rui Marques, *As Realizações de Utilidade Social em IRC e IRS, cit.*

do n.º 4 do mesmo artigo –, cai o argumento num raciocínio circular: um benefício não é um rendimento do trabalho dependente porque tem a natureza de realização de utilidade social e tem a natureza de realização de utilidade social porque não é um rendimento do trabalho dependente.

V – Em suma, segundo esta perspetiva, verificar-se-á uma dicotomia, com uma fronteira rígida e bem delimitada, entre os dois enquadramentos: ou o gasto é, *por natureza*, um rendimento do trabalho dependente (aplicando-se o artigo 23.º) ou não seria dedutível caso não existisse o artigo 43.º. Este dará, portanto, enquadramento a situações que, de outra forma, não seria possível considerar à luz do artigo 23.º.

Por outras palavras, as situações que não sejam enquadráveis no artigo 23.º poderão sê-lo no quadro do artigo 43.º, mediante a verificação dos requisitos deste. Assim, embora reportando-se aos gastos enquadráveis no *n.º 1* do artigo 43.º, considera Helena Martins que os mesmos não seriam aceites fiscalmente à luz do artigo 23.º[250]. Nesta linha, mas reportando-se já aos benefícios baseados em seguros, sustenta Rui Marques que os planos de benefícios aplicáveis à generalidade dos trabalhadores, mas que não preenchessem todos os requisitos do n.º 4 do artigo 43.º não seriam aceites como gasto, nem pelo artigo 23.º nem pelo artigo 43.º[251].

De acordo com esta perspetiva, a relação entre os dois enquadramentos corresponderá a uma relação de regra-exceção ou – melhor – a uma relação entre regra geral (artigo 23.º) / regra excecional (artigo 43.º).

[250] Helena Martins, "O Imposto sobre o Rendimento das Pessoas Coletivas", *cit.*, p. 312.

[251] Como refere o autor, «o contrato de seguro ou o plano de contribuições que não cumpram com certos requisitos, não serão aceites como gastos do período de tributação, seja pelo artigo 23.º, como vimos, seja também pelo artigo 43.º». Rui Marques, *As Realizações de Utilidade Social em IRC e IRS*, *cit.* No mesmo sentido, afirma o autor: «gastos que não seriam aceites, por não os conseguirmos acomodar no disposto no artigo 23.º, são dedutíveis para efeitos fiscais em face da norma especial do artigo 43.º – mesmo que essa faculdade seja depois sujeita a condições adicionais ou específicas». Ou, noutro trecho, «o artigo 43.º constitui regra excecional em relação ao disposto no artigo 23.º, porquanto dispõe diferentemente do que naqueloutro preceito se faz, permitindo a aceitação como gasto de despesas não necessárias à obtenção ou garantia do rendimento». *Ibidem*.

IV.4.10.2. Posição adotada: a zona de sobreposição

I – Constatámos paulatinamente serem insubsistentes os argumentos em torno da perspetiva das naturezas distintas dos dois enquadramentos. Assim, diversamente da ideia de fundo subjacente à perspetiva que vimos de analisar, pensamos que não há, no domínio dos seguros, uma diferença *de natureza* entre os custos à luz do artigo 43.º e os enquadrados no artigo 23.º. Logo, não há uma fronteira rígida entre os dois enquadramentos, mas sim uma zona de sobreposição ou interseção entre ambos, na qual qualquer dos enquadramentos é possível. No perímetro dessa zona de sobreposição, a qualificação de um benefício na esfera do artigo 23.º ou do 43.º resultará fundamentalmente de um ato discricionário da empresa, determinando, como consequência, a sujeição ou não a IRS, na categoria A, do respetivo benefício.

II – Vejamos. Na ausência do artigo 43.º, os seguros de risco (vida, saúde e acidentes pessoais) seriam gastos do exercício, dedutíveis pelo artigo 23.º, na medida em que os prémios são individualizáveis e poderiam ser considerados rendimentos em espécie (caráter não taxativo do n.º 2 do artigo 23.º do CIRC nem da alínea b) do n.º 3 do artigo 2.º do CIRS), o que não seria, obviamente, posto em causa pelo facto de terem caráter geral[252].

Já quanto aos seguros financeiros em regime de *meras expectativas*, na ausência do regime do artigo 43.º os mesmos não seriam enquadráveis no artigo 23.º, mas por uma razão distinta. É que, mantendo-se a titularidade dos fundos na esfera da empresa, os prémios não representariam qualquer rendimento (acréscimo patrimonial) para os trabalhadores, que apenas teriam a expectativa a um benefício futuro. Em contrapartida, o resgate a favor da empresa também não seria penalizado nem constituiria um proveito do exercício. Quanto aos trabalhadores, o rendimento só se verificaria com a aquisição do *direito* ao capital seguro, aquando do resgate ou vencimento a favor do colaborador. O respetivo valor seria, nessa altura,

[252] Relativamente aos seguros de saúde, em particular, pensamos que, na ausência do artigo 43.º do CIRC, a delimitação negativa de incidência em IRS, prevista na alínea e) do n.º 1 do artigo 2.º-A do CIRS não obstaria à dedutibilidade fiscal do gasto pelo artigo 23.º do CIRC. Aliás, a alínea d) do n.º 2 do artigo 23.º alude expressamente aos seguros de saúde, não exigindo, como requisito de dedutibilidade em IRC, que os prémios estejam sujeitos a IRS na esfera do trabalhador.

um gasto do exercício para a empresa e, simultaneamente, um rendimento do trabalho dependente para o trabalhador.

III – Nesta perspetiva, a ideia de que o regime do artigo 43.º, em matéria de seguros, constitui um *benefício* para a empresa não é rigorosa, já que esta sempre poderia enquadrar os gastos, pelo artigo 23.º, quer dos seguros de risco, quer dos financeiros (neste caso, atribuindo direitos adquiridos aos trabalhadores).

Logo, o regime do artigo 43.º *apenas beneficia os trabalhadores*. Por um lado, porque, quanto aos seguros de risco, ao acolher a qualificação dos gastos como realizações de utilidade social, permite a isenção de IRS sobre os respetivos prémios (alínea b) do n.º 1 do artigo 2.º-A do CIRS e, quanto aos seguros de saúde, também alínea e) da mesma disposição). Por outro lado, porque, quanto aos seguros financeiros, o artigo 43.º é o pressuposto de aplicação aos mesmos dos benefícios fiscais previstos no artigo 18.º do EBF, que incidem, em qualquer dos casos, apenas no IRS dos trabalhadores. Por outras palavras, trata-se de um regime relativamente inócuo ou indiferente para a própria empresa em sede de IRC.

IV – Em suma, relativamente a algumas categorias de seguros (os de risco), verifica-se uma zona de sobreposição entre o artigo 23.º e o 43.º, pelo que, de algum modo, o respetivo enquadramento resulta de uma livre opção da empresa. Neste quadro, o benefício da delimitação negativa de incidência de IRS previsto na alínea b) do n.º 1 do artigo 2.º-A do CIRS é uma *consequência* do enquadramento, promovido pela empresa, do gasto como realização de utilidade social (artigo 43.º) e não *o critério* de qualificação desse gasto no artigo 43.º.

Assim, por exemplo, relativamente aos prémios de um seguro de acidentes pessoais, a empresa pode discricionariamente: (*i*) qualificar o gasto como rendimento em espécie (alínea b) do n.º 3 do artigo 2.º do CIRS), ainda que abrangendo a generalidade dos trabalhadores, enquadrando-o no artigo 23.º do CIRC, caso em que não é aplicável a delimitação negativa de incidência da alínea b) do n.º 1 do o artigo 2.º-A do CIRS; ou (*ii*) qualificá-lo como realização de utilidade social (artigo 43.º do CIRC), verificadas as condições deste artigo, caso em que há lugar à delimitação negativa de incidência de IRS prevista na alínea b) do n.º 1 do artigo 2.º-A do CIRS.

V – A dicotomia ou fronteira rígida entre o regime do artigo 23.º e o do artigo 43.º é também desafiada por uma categoria mista: a das situações de beneficiação social em regime de direitos adquiridos, que observam os requisitos do artigo 43.º e que beneficiam, portanto, da isenção (diferimento) de tributação previsto no n.º 1 do artigo 18.º do EBF. Trata-se, materialmente, de realizações de utilidade social (em sentido amplo), razão porque concorre, juntamente com as situações de meras expectativas, aos limites estabelecidos nos n.ºs 2 e 3 do artigo 43.º do CIRC.

A título de conclusão, diremos que, se o caráter inconciliável entre o artigo 23.º e o n.º 1 do artigo 43.º aponta para uma relação de regra / exceção (ou regra geral / regra excecional), já a articulação entre o artigo 23.º e as realizações de utilidade social com base em seguros, consagradas no n.º 2 do artigo 43.º, traduz-se, em grande medida, e não obstante a zona de sobreposição que referimos, por uma relação regra geral / regra especial.

V

Resgate ou vencimento de seguros e tributação do rendimento

O capítulo anterior foi consagrado ao enquadramento fiscal, nas suas múltiplas vertentes, dos prémios de seguros *à entrada*, isto é, aquando do respetivo pagamento, pelo tomador do seguro, *ao* segurador. É agora o momento de analisarmos o enquadramento *à saída*, isto é, aquando do pagamento ou colocação à disposição do capital seguro *pelo* segurador ao respetivo titular.

Para tanto, e porque o presente texto está estruturado em função das operações de seguro relevantes, atenderemos, no presente capítulo, às operações de resgate e vencimento, que tivemos oportunidade de definir *supra*, em I.3.

Como então dissemos, só algumas modalidades de seguros estão sujeitas a resgate ou vencimento. Desde logo, são operações que apenas respeitam a seguros do ramo vida, com exclusão dos designados de risco. Tipicamente, esta operação assume relevância fiscal nos seguros financeiros, ou seguros de vida com componente de investimento. É, portanto, a estes que nos ateremos na análise a desenvolver.

O presente capítulo comporta dois subcapítulos. O primeiro, incidindo sobre as situações securitário-tributárias em que os prémios de seguro são pagos pela entidade patronal, é consagrado ao enquadramento tributário desses rendimentos na categoria A de IRS.

O segundo subcapítulo incidirá sobre o rendimento gerado na vigência do contrato de seguro – isto é, sobre o juro ou proveito que acresce ao valor dos prémios inicialmente pagos –, sendo, portanto, consagrado ao enquadramento fiscal de tal rendimento na categoria E de IRS.

V.1. Rendimentos do trabalho dependente: categoria A de IRS

De entre as situações securitário-tributárias típicas identificadas (*supra*, capítulo II), apenas as duas que se reportam a prémios pagos pela entidade patronal relevam, como é evidente, para efeitos de tributação do inerente rendimento na categoria A de IRS. Vejamos os dois casos.

V.1.1. Situações de remuneração em espécie

Como oportunamente referimos, nas situações securitário-tributárias que apelidámos de *remuneração em espécie*, o seguro constitui tipicamente um veículo de transferência de fundos, com função remuneratória, da esfera da empresa para a do trabalhador dependente. Esta função económico-social requer que o trabalhador adquira de forma imediata, definitiva e incondicional a titularidade de tais valores, ou seja, que detenha direitos adquiridos sobre os mesmos. Consequentemente, a aquisição do rendimento do trabalho dependente dá-se tipicamente aquando do pagamento do prémio.

Trata-se, portanto, como vimos também, de situações que, à entrada, são enquadráveis no artigo 23.º do CIRC, não reunindo as condições exigidas pelas realizações de utilidade social (n.º 4 do artigo 43.º do CIRC).

Assim sendo, tudo se passa como se os prémios tivessem sido diretamente pagos pelo trabalhador à custa dos seus rendimentos disponíveis. Por outras palavras, tendo já sido tributado, como vimos, aquando do pagamento do prémio – ou, no caso de ser posterior a aquisição da titularidade dos direitos sobre o capital seguro, no momento da aquisição de tais direitos –, não é o rendimento de categoria A sujeito a nova tributação no momento do vencimento ou resgate a favor do trabalhador[253].

[253] Questionar-se-á o leitor menos familiarizado com estas matérias, qual o interesse económico da operação, na medida em que seria mais simples o pagamento da remuneração diretamente ao trabalhador, sem a interposição de um seguro. A resposta, encontramo-la mais abaixo, a propósito do regime contributivo de segurança social aplicável.

Desta forma, a relevância da tributação, na categoria A de IRS, aquando do resgate ou vencimento, apenas se verifica na outra situação securitário-tributária analisada: a que apelidámos de *beneficiação social*, na sua dupla vertente. É esse o contexto que nos ocupará de seguida.

V.1.2. Casos de **beneficiação social** *na modalidade de meras expectativas*

Analisámos acima o enquadramento, em sede de IRC, dos prémios pagos pela entidade patronal, a favor dos respetivos trabalhadores, enquanto realizações de utilidade social com base em seguros. Vimos então, nesse contexto, o regime fiscal aplicável em sede de pagamento do prémio. É agora altura de retomar o tema a propósito das operações de resgate e vencimento. Para tanto, iremos distinguir as duas modalidades de beneficiação social que identificámos: aquelas em que a posição dos trabalhadores beneficiados, aquando do pagamento do prémio, se traduz em *meras expectativas* (realizações de utilidade social em sentido próprio) e as que comportam *direitos adquiridos* (variante de realizações de utilidade social em sentido amplo). Iremos de seguida analisar cada uma destas modalidades.

V.1.2.1. O momento da tributação

I – Comecemos pelo regime de tributação na categoria A dos seguros de vida com componente de investimento nas situações de meras expectativas, que constituem a modalidade mais expressiva das situações securitário-tributárias que apelidámos de beneficiação social. Antes de prosseguirmos, importa, porém, clarificarmos melhor o nosso objeto de estudo.

Como vimos, um dos requisitos dos seguros de vida com componente de investimento correspondentes a realizações de utilidade social, previsto na alínea d) do n.º 4 do artigo 43.º do CIRC, é o de que, «sejam efetivamente pagos sob a forma de prestação pecuniária mensal vitalícia [isto é, de *renda vitalícia*] pelo menos dois terços dos benefícios em caso de reforma, invalidez ou sobrevivência», sem prejuízo da possibilidade legal da respetiva remição. Consagraremos adiante um capítulo à parte do benefício paga sob a forma de renda, que, como melhor veremos, constitui um rendimento da categoria H de IRS.

Concentrar-nos-emos, assim, no presente capítulo, na parte do benefício paga sob a forma de capital (ou seja, numa única prestação). Quanto a esta, podemos identificar duas componentes: uma delas, equivale ao valor do prémio pago – ou, mais rigorosamente, à parte do valor do prémio pago pela entidade patronal que não seja afetada à aquisição da renda vitalícia –, correspondendo ao rendimento da categoria A. É essa componente que merecerá agora a nossa atenção.

A outra componente, que se reporta ao valor que excede o prémio pago, resulta do investimento efetuado na modalidade de seguro em causa, correspondendo a um rendimento da categoria E de IRS. Será tema a analisar no subcapítulo seguinte.

II – Focando-nos então no rendimento de categoria A de IRS, o acréscimo patrimonial inerente ao mesmo produz-se, na esfera do trabalhador, precisamente aquando do resgate ou vencimento. É nesse momento que a posição ativa do trabalhador relativamente aos fundos em causa se transforma de uma *mera expectativa* num verdadeiro *direito*, adquirido de forma definitiva e irreversível. Inerente e simultaneamente, os valores em causa transitam da esfera de titularidade da empresa (que detém, até então, o direito de resgate) para a do trabalhador a quem o capital seguro é pago pelo segurador.

O momento e o modo de produção do rendimento do trabalho dependente na esfera do trabalhador encontram enquadramento na subalínea ii) do n.º 3) e n.º 11) da alínea b) do n.º 3 do artigo 2.º do CIRS. Aí se estabelece que se consideram rendimentos do trabalho dependente as remunerações acessórias, nelas se compreendendo as *importâncias despendidas*, obrigatória ou facultativamente, pela entidade patronal (referência aos prémios pagos, que ingressam, sob a forma de capital seguro, na esfera do trabalhador[254]) com seguros e operações do ramo «Vida» que, não constituindo direitos adquiridos e individualizados dos respetivos beneficiários, *sejam por estes objeto de resgate, adiantamento, remição ou qualquer outra forma de antecipação da correspondente disponibilidade* [subalínea ii) do n.º 3)] ou *quando ocorra recebimento em capital*, mesmo que estejam reunidos os requisitos exigidos pelos sistemas de segurança social obrigatórios, aplicáveis para a passagem à situação de reforma ou esta se tiver verificado [n.º 11)].

[254] É o que designámos por *ciclo do prémio*, em Luís Poças, "O ciclo do prémio de seguro e o IRS: entre a dedução à coleta e a tributação na categoria A", *cit.*

Voltaremos daqui a pouco à dissecação destas duas disposições – cuja articulação é mais intrincada do que, à partida, aparenta – mas fixemo-nos, por ora, no que parece estar na base da sua separação. Ambas se reportam: (*i*) a situações de meras expectativas («não constituindo direitos adquiridos»); (*ii*) a um benefício correspondente a prémios pagos pelo empregador («importâncias despendidas... pela entidade patronal»); e (*iii*) a um recebimento em capital. Porém, enquanto a subalínea ii) do n.º 3) se reporta a casos de *antecipação da disponibilidade* (mormente, através de operação de *resgate*[255]), o n.º 11) constitui uma previsão residual que abrange quaisquer outras formas de recebimento em capital («quando ocorra recebimento em capital») não especificadas na referida subalínea ii), abrangendo, portanto, as situações de pagamento na maturidade do seguro (operação de vencimento).

III – Como acima referimos, uma das condições do n.º 4 do artigo 43.º do CIRC é a de que o plano de benefícios respeite as disposições do regime geral de segurança social quanto à idade de acesso ao benefício (alínea e)). Por outras palavras, se o seguro de vida com componente de investimento garante um benefício de reforma ou complemento de reforma, para que os respetivos prémios sejam fiscalmente dedutíveis como realizações de utilidade social, então o acesso do trabalhador ao benefício haverá de respeitar a idade legal de reforma.

Portanto, para que sejam observadas as condições da alínea e) do n.º 4 do artigo 43.º, o benefício não poderá ser liquidado *antecipadamente* face à idade normal de reforma (sem prejuízo de regime especial de segurança

[255] Como oportunamente referimos, o *adiantamento* corresponde a um mútuo, caucionado pelo valor de resgate, tendo sido opção do legislador equipará-lo (na medida em que implica a disponibilização de um capital) ao próprio resgate. Trata-se, todavia, de uma operação sem expressão prática nos dias de hoje. Quanto à *remição*, foi menos acertada a opção legislativa. Com efeito, como também já referimos, trata-se aqui da conversão antecipada de uma multiplicidade de prestações periódicas (pensão ou renda) numa única prestação de capital. Sucede, porém, que, nos termos do n.º 2 do artigo 11.º do CIRS, a remição ou qualquer outra forma de antecipação de disponibilidade dos rendimentos da categoria H (onde se enquadram as rendas e as pensões) não lhes modifica a natureza de pensões. Significa isto que a referência à remição no artigo 2.º do CIRS está deslocada, na medida em que a remição se reporta a rendimentos da categoria H, e não da categoria A. Para uma análise da tributação dos rendimentos da categoria H, cfr., *infra*, VI.

social, de regime previsto em instrumento de regulamentação coletiva de trabalho ou de outro regime legal especial, ao caso aplicáveis).

Porém, nada impõe que o contrato de seguro atinja o seu termo necessariamente na idade de reforma do trabalhador, podendo o termo contratual ocorrer *depois* daquele momento. Não poderá é ocorrer *antes*, sob pena de se terem por incumpridas as condições do artigo 43.º, com as consequências que oportunamente referimos.

Ora, a *antecipação da correspondente disponibilidade*, referida na citada subalínea ii) do n.º 3), refere-se ao termo contratual estabelecido, e não à idade normal de reforma. Assim, nos casos em que o termo contratual ocorra após a idade normal de reforma do trabalhador, poderá o contrato cessar *antecipadamente* (por resgate) sem que isso implique um incumprimento das condições do artigo 43.º do CIRC.

Por outras palavras, a diferença entre a subalínea ii) do n.º 3) e o n.º 11) – traduzindo-se na dicotomia entre, respetivamente, o recebimento *antecipado* do capital (por resgate), e o recebimento *na maturidade* (por vencimento) – não corresponde a uma dicotomia entre *incumprimento* e *observância* das condições do artigo 43.º do CIRC. Por outras palavras, o regime de IRS (categoria A) não reflete o enquadramento em IRC como realização de utilidade social.

Voltaremos daqui a pouco à articulação entre os dois preceitos, na medida em que a mesma é de enorme relevância a propósito do âmbito de aplicação de um benefício fiscal – isenção parcial de tributação – com que o EBF favorece as situações de recebimento do capital em análise. Vejamos em que se traduz esse benefício.

V.1.2.2. A isenção parcial de tributação (n.º 3 do art. 18.º do EBF)

I – Como já adiantámos, o regime de tributação, na categoria A, dos capitais pagos, em seguros de vida financeiros, nas situações de meras expectativas, contempla um benefício fiscal, previsto no n.º 3 do artigo 18.º do EBF, e que se traduz numa isenção parcial de tributação.

Assim, nos termos do referido n.º 3 do artigo 18.º, verificando-se o disposto na subalínea ii) do n.º 3) da alínea b) do n.º 3 do artigo 2.º do CIRS, *beneficia de isenção o montante correspondente a um terço das importâncias pagas ou colocadas à disposição com o limite de € 11.704,70.*

Acrescenta o n.º 4 do mesmo artigo que a isenção a que se refere o número anterior não prejudica o englobamento dos rendimentos isentos, para efeitos do disposto no n.º 4 do artigo 22.º do CIRS, bem como a determinação da taxa aplicável ao restante rendimento coletável.

Veremos melhor de seguida como opera este benefício. Antes de prosseguirmos, porém, apelamos, desde já, a uma especial atenção e paciência do leitor para uma disciplina que, sendo complexa e tendo já nascido com incoerências entre a letra da norma e o sentido visado, veio, fruto de intervenções legislativas descuidadas, a tornar-se num dos mais confusos e incongruentes regimes com que podemos deparar-nos na nossa lei fiscal.

II – Para podermos dar conta do atual tecido normativo do artigo 18.º do EBF – e na medida em que o mesmo remete para o artigo 2.º do CIRS –, teremos de recuar a 1995, altura em que a tributação das situações em análise foi, pela primeira vez, fixada entre nós (regime introduzido, no essencial, pela Lei n.º 39-B/94, de 27 de dezembro).

Nesse quadro legal (e até às alterações ao CIRS introduzidas pelas Leis n.º 82-D/2014 e 82-E/2014, ambas de 31 de dezembro), dispunha o n.º 3) da alínea b) do n.º 3 do artigo 2.º do CIRS que se consideravam rendimentos do trabalho dependente as remunerações acessórias, nelas se compreendendo todos os direitos, benefícios ou regalias não incluídos na remuneração principal que fossem auferidos devido à prestação de trabalho ou em conexão com esta e constituíssem para o respetivo beneficiário uma vantagem económica, designadamente: as importâncias despendidas, obrigatória ou facultativamente, pela entidade patronal com seguros e operações do ramo vida, contribuições para fundos de pensões, fundos de poupança-reforma ou quaisquer regimes complementares de segurança social, desde que constituíssem direitos adquiridos e individualizados dos respetivos beneficiários, *bem como as que* – no que agora releva –, *não constituindo direitos adquiridos e individualizados dos respetivos beneficiários, fossem por estes objeto de resgate, adiantamento, remição ou qualquer outra forma de antecipação da correspondente disponibilidade, ou, em qualquer caso, de recebimento em capital, mesmo que estivessem reunidos os requisitos exigidos pelos sistemas de segurança social obrigatórios aplicáveis para a passagem à situação de reforma ou esta se tivesse verificado.*

Sucede que, como acima referimos, esta disposição é complementar ao citado artigo 18.º do EBF. No que agora importa, o n.º 1 do artigo 18.º, estabelecendo um diferimento de tributação, aplicava-se, na redação de então, aos «rendimentos a que se refere a *primeira parte* do n.º 3) da alínea b) do n.º 3 do artigo 2.º do CIRS», enquanto o n.º 3 do mesmo artigo, consagrando uma isenção parcial de tributação, estabelecia: «verificando-se o disposto na *parte final* do n.º 3) da alínea b) do n.º 3 do artigo 2.º do CIRS, beneficia de isenção o montante correspondente a um terço das importâncias pagas ou colocadas à disposição, com o limite de 2000 contos». Em suma, para determinar o âmbito de aplicação destes dois benefícios fiscais, havia que identificar qual a *primeira parte* e qual a *parte final* do n.º 3) da alínea b) do n.º 3 do artigo 2.º do CIRS.

Literalmente, o artigo 18.º do EBF parecia apontar para a autonomização de duas partes na referida redação do n.º 3) da alínea b) do n.º 3 do artigo 2.º do CIRS:

a) A primeira parte, respeitante às situações de *direitos adquiridos e individualizados*, corresponderia ao trecho «as importâncias despendidas, obrigatória ou facultativamente, pela entidade patronal com seguros e operações do ramo "Vida", contribuições para fundos de pensões, fundos de poupança-reforma ou quaisquer regimes complementares de segurança social, desde que constituam direitos adquiridos e individualizados dos respetivos beneficiários»;
b) A parte final, respeitante às situações de *meras expectativas*, reportar-se-ia ao trecho «bem como[256] as que, não constituindo direitos adquiridos e individualizados dos respetivos beneficiários, sejam por estes objeto de resgate, adiantamento, remição ou qualquer outra forma de antecipação da correspondente disponibilidade, ou, em qualquer caso, de recebimento em capital, mesmo que estejam reunidos os requisitos exigidos pelos sistemas de segurança social obrigatórios aplicáveis para a passagem à situação de reforma ou esta se tiver verificado».

Esta divisão da disposição em duas partes, com apoio interpretativo na literalidade e na sistemática da mesma, bem como nos trabalhos preparatórios da intervenção legislativa[257], tinha por consequência que a

[256] A conjunção comparativa "bem como" é um indicador interpretativo relevante no sentido de se iniciar aí a segunda parte (ou parte final) da disposição.

[257] O relatório do grupo de trabalho na origem do regime considera precisamente que a isenção agora contida no n.º 3 do artigo 18.º se aplicava, tanto às várias formas de *antecipação*

isenção parcial de tributação estabelecida no n.º 3 do artigo 18.º do EBF beneficiava *todas as situações* em que, em regime de meras expectativas, se verificasse um qualquer resgate a favor da pessoa segura (ainda que o plano de benefícios não contemplasse todos os trabalhadores da empresa, que o benefício fosse integralmente atribuído em capital e que fosse auferido pela pessoa segura muito antes da sua passagem à situação de reforma). O facto de não haver no artigo 2.º do CIRS nem no n.º 3 do artigo 18.º do EBF qualquer remissão para os requisitos do artigo 43.º do CIRC, tinha, assim, por consequência, que o benefício fiscal em causa abrangesse indiscriminadamente, tanto as situações que a lei visou estimular (realizações de utilidade social previstas no artigo 43.º do CIRC), como as que não refletem qualquer mérito social ou fiscal[258].

III – Outra interpretação – que parece ter correspondido ao sentido pretendido pelo legislador fiscal[259], mas que, como veremos, não leva a melhor desfecho – é aquela que identifica três partes na citada disposição do n.º 3) da alínea b) do n.º 3 do artigo 2.º do CIRS, a saber:

a) *A primeira parte* (casos de *direitos adquiridos e individualizados*) consistiria no trecho «as importâncias despendidas, obrigatória ou facultativamente, pela entidade patronal com seguros e operações do ramo "Vida", contribuições para fundos de pensões, fundos de poupança-reforma ou quaisquer regimes complementares de segurança social, desde que constituam direitos adquiridos e individualizados dos respetivos beneficiários»;

b) Uma *segunda parte* (casos de *meras expectativas*) à qual não estaria associado qualquer regime especial ou benefício estabelecido pelo artigo 18.º do EBF, corresponderia ao trecho «bem como

da correspondente disponibilidade como às situações de *recebimento em capital* – AAVV, *Tributação dos Seguros, Fundos de Pensões e Fundos de Poupança-Reforma – Relatório do Grupo de Trabalho Constituído para o Efeito*, Lisboa, s.n., 1994 (polic.), p. 53.

[258] Concretizando, teria a mesma vantagem fiscal tanto o plano de meras expectativas estabelecido para todos os trabalhadores de uma empresa com um capital pago aquando da passagem à reforma, como outro estabelecido apenas para os diretores de topo, a ser-lhes pago por resgate ao fim do prazo de um ano.

[259] Manuel Faustino, *Imposto Sobre o Rendimento das Pessoas Singulares (IRS) nos Seguros, nos PPR e Fundos de Pensões*, Lisboa, Associação Portuguesa de Seguradores, 2003 (polic.), p. 3.

as que, não constituindo direitos adquiridos e individualizados dos respetivos beneficiários, sejam por estes objeto de resgate, adiantamento, remição ou qualquer outra forma de antecipação da correspondente disponibilidade»[260];

c) A *parte final* (respeitante, tanto às situações de *direitos adquiridos* como de *meras expectativas*)[261], reportar-se-ia ao trecho «ou, em qualquer caso[262], de recebimento em capital, mesmo que estejam reunidos os requisitos exigidos pelos sistemas de segurança social obrigatórios aplicáveis para a passagem à situação de reforma ou esta se tiver verificado».

Esta tripartição do n.º 3) da alínea b) do n.º 3 do artigo 2.º do CIRS traria um sentido útil ao n.º 3 do artigo 18.º do EBF. Com efeito, a isenção parcial de tributação ali prevista beneficiaria apenas os casos em que se verificasse um pagamento em capital quando estivessem já reunidos os requisitos exigidos pelos sistemas de segurança social obrigatórios aplicáveis para a passagem à situação de reforma, ou quando a reforma já se tivesse verificado[263]. Seria então indiferente que o plano de benefícios seguisse um regime de meras expectativas ou de direitos adquiridos: se o pagamento do capital ocorresse após a passagem à reforma do trabalhador, a situação seria merecedora de uma isenção parcial de tributação.

Infelizmente, o sentido literal desta "parte final" da disposição é bem outro (na verdade, é o oposto do que teria, eventualmente, sido pretendido). Com efeito, a locução conjuntiva "mesmo que", tratando-se de uma subordinativa concessiva, significa, não "de recebimento em capital,

[260] Este trecho seria caracterizado por referenciar as situações de *antecipação do benefício face à passagem à situação de reforma*, na medida em que, estando em causa regimes complementares de segurança social, os mesmos haveriam de visar precisamente o pagamento de complementos de reforma, tendo por pressuposto, portanto, a verificação desta. Neste sentido, Manuel Faustino, *Alguns Aspetos Decorrentes das Alterações ao Quadro da Tributação do Rendimento, em IRS, Introduzidas Pela Lei N.º 39-9/94, cit.*, p. 5.

[261] Neste sentido, Manuel Faustino, *ibidem*.

[262] Nesta interpretação, «ou em qualquer caso» significaria *quer nos casos de direitos adquiridos, quer nos de meras expectativas*, e não *qualquer que seja a designação associada ao pagamento efetuado*.

[263] Neste sentido, Manuel Faustino, *Alguns Aspetos Decorrentes das Alterações ao Quadro da Tributação do Rendimento, em IRS, Introduzidas Pela Lei N.º 39-9/94, cit.*, p. 7.

apenas quando (ou *sempre que*) estejam reunidos os requisitos exigidos pelos sistemas de segurança social obrigatórios aplicáveis para a passagem à situação de reforma ou esta se tiver verificado", mas sim "de recebimento em capital, *quando não estejam* reunidos os requisitos exigidos pelos sistemas de segurança social, etc., *ou ainda que* os mesmos estejam reunidos". Por outras palavras, o trecho *não se restringe aos casos* em que estejam reunidos os referidos requisitos, mas *abrange como regra os casos em que tais requisitos não estão reunidos, estendendo-se mesmo àqueles em que esses requisitos estão reunidos*. Em suma, portanto, é indiferente para o trecho em causa se estão ou não reunidos os requisitos exigidos pelos sistemas de segurança social obrigatórios aplicáveis para a passagem à situação de reforma ou se esta já se verificou.

Logo, a consequência desta tripartição do n.º 3) da alínea b) do n.º 3 do artigo 2.º do CIRS é a de que a isenção parcial de tributação prevista no n.º 3 do artigo 18.º do EBF é aplicável a todos os casos de recebimento em capital, quer estejam ou não reunidos os requisitos exigidos pelos sistemas de segurança social obrigatórios aplicáveis para a passagem à situação de reforma ou quer esta se tenha já (ou não) verificado.

IV – Regressando ao momento presente, o legislador optou, entretanto, pela tripartição enunciada, pelo que, desde a republicação operada pela Lei n.º 82-E/2014, de 31 de dezembro, passou a ser a seguinte a redação, nas partes relevantes, da alínea b) do n.º 3 do artigo 2.º do CIRS:

> Consideram-se [...] rendimentos do trabalho dependente [...], designadamente:
>
> [...]
>
> 3) As importâncias despendidas, obrigatória ou facultativamente, pela entidade patronal:
>
> i) Com seguros e operações do ramo «Vida», contribuições para fundos de pensões, fundos de poupança-reforma ou quaisquer regimes complementares de segurança social, desde que constituam direitos adquiridos e individualizados dos respetivos beneficiários;
>
> ii) Para os fins previstos na subalínea anterior e que, não constituindo direitos adquiridos e individualizados dos respetivos beneficiários, sejam por estes objeto de resgate, adiantamento, remição ou qualquer outra forma de antecipação da correspondente disponibilidade; [...]

11) As contribuições referidas no n.º 3) da presente alínea, não anteriormente sujeitas a tributação, quando ocorra recebimento em capital, mesmo que estejam reunidos os requisitos exigidos pelos sistemas de segurança social obrigatórios, aplicáveis para a passagem à situação de reforma ou esta se tiver verificado».

Com pequenas alterações de formulação, manteve-se, portanto, no essencial, a redação anterior, com uma nova estrutura tripartida. O legislador conservou, no entanto, a locução subordinativa concessiva "mesmo que", comprometendo o sentido aparentemente visado. Pior ainda, porém, foi a errada intervenção operada sobre o n.º 3 do artigo 18.º do EBF, que, como transcrevemos já, reza agora: «verificando-se o disposto na subalínea ii) do n.º 3) da alínea b) do n.º 3 do artigo 2.º do CIRS, beneficia de isenção o montante correspondente a um terço das importâncias pagas ou colocadas à disposição com o limite de (euro) 11 704,70».

Em suma, no termo de tão longa história, o legislador autonomizou a "parte final" do n.º 3) da alínea b) do n.º 3 do artigo 2.º do CIRS, para a qual eventualmente remeteria a anterior redação do n.º 3 do artigo 18.º do EBF, mas não tirou proveito dessa autonomização, já que esta última disposição deixou de remeter para ela. Ao alterar o sentido da remissão do n.º 3 do artigo 18.º do EBF, o legislador acabou por conferir um benefício fiscal precisamente aos casos que o não deveriam ter (situações de pagamento antecipado do capital às pessoas seguras) e não o atribui àquelas que o mereceriam (situações de pagamento do capital quando verificados os requisitos exigidos pela segurança social para a passagem à situação de reforma, em parte abrangidas pelo n.º 11) da alínea b) do n.º 3 do artigo 2.º do CIRS).

A autonomização do n.º 11) acaba por ter uma função meramente taxológica, apenas esclarecendo que o pagamento em capital está sempre sujeito a IRS (quando não tenha já sido anteriormente tributado), quer ocorra em situações de direitos adquiridos ou de meras expectativas, o que, reconheça-se, já resultaria em grande parte do n.º 3) ou, pelo menos, dispensaria a autonomização operada.

V – Aqui chegados, impõe-se um ponto de situação e uma densificação do confuso regime vigente em matéria de seguros financeiros com meras expectativas. Assim, apesar de o n.º 4 do artigo 43.º definir um exigente conjunto de requisitos para as realizações de utilidade social, a verdade é que os mesmos não encontram reflexo (sendo, portanto, irrelevantes) em sede de IRS e de benefícios fiscais nos contratos em regime de meras expectativas.

Neste contexto, quaisquer pagamentos em capital efetuados à pessoa segura no âmbito destes contratos, constituem, até ao limite do valor dos prémios pagos[264], rendimento do trabalho dependente (subalínea ii) do n.º 3) e n.º 11) da alínea b) do n.º 3 do artigo 2.º do CIRS), beneficiando de uma isenção parcial de tributação, correspondente a *um terço* do seu valor, com o máximo de € 11.704,70 (n.º 3 do artigo 18.º do EBF).

Embora a lei o não esclareça, pensamos que se trata de um limite anual (e não por resgate ou por apólice), pelo que, havendo vários resgates (ou outro tipo de pagamento em capital) no mesmo ano civil, ainda que em apólices distintas, a isenção não deverá exceder os € 11.704,70[265].

Sem prejuízo do n.º 3 do artigo 18.º do EBF, é igualmente aplicável às mesmas situações o já citado n.º 4 do mesmo artigo, no sentido de que a isenção ali prevista não prejudica a obrigatoriedade do englobamento dos rendimentos isentos, para efeitos do disposto no n.º 4 do artigo 22.º do CIRS. Assim, embora não sendo eles próprios objeto de tributação, os rendimentos isentos são englobados para efeito de determinação da taxa a aplicar aos restantes rendimentos coletáveis.

VI – Importa, entretanto, indagar se a remissão do n.º 3 do artigo 18.º do EBF para a subalínea ii) do n.º 3) da alínea b) do n.º 3 do artigo 2.º do CIRS será extensível às situações de meras expectativas previstas no n.º 11) da alínea b) do n.º 3 deste mesmo artigo. Para o efeito, teremos de interpretar a fonte legal, isto é, de extrair do texto o seu sentido e alcance normativo.

De acordo com o n.º 1 do artigo 11.º da LGT, as leis fiscais seguem as regras gerais de interpretação das normas jurídicas[266], sem prejuízo, em

[264] Como mencionámos já, o montante que exceder os prémios pagos constitui um rendimento da categoria E, cuja análise faremos no subcapítulo seguinte.

[265] Em contrapartida, ocorrendo resgates em anos diferentes, o sujeito passivo poderá, do nosso ponto de vista, auferir do benefício em cada um desses anos.

[266] Neste sentido, apelar-se-á aos vários elementos da interpretação admitidos pela metodologia jurídica, e não estritamente à interpretação literal – Ana Paula Dourado, *Direito Fiscal*, 3ª Ed., Coimbra, Almedina, 2018, pp. 267 ss.; J. L. Saldanha Sanches, *Manual de Direito Fiscal*,

caso de dúvida subsistente, da relevância do elemento teleológico da interpretação na ponderação da materialidade económica da situação subjacente (n.º 3 do artigo 11.º)[267].

Ora, tomando em consideração os elementos da interpretação, há que partir do *sentido literal* do texto, domínio onde é claro que o benefício previsto no n.º 3 do artigo 18.º do EBF se cinge à subalínea ii) do n.º 3), da alínea b) do n.º 3 do artigo 2.º do CIRS. Não obstante, se atendermos ao *pensamento legislativo* originário (para usar a expressão dos n.ºs 1 e 2 do artigo 9.º do CC), conseguimos recuperá-lo no relatório do grupo de trabalho que preparou as alterações legislativas de 1994, sendo clara a intenção de abranger tanto os casos previstos na atual subalínea ii) do n.º 3), como no atual n.º 11), ambos da alínea b) do n.º 3 do artigo 2.º do CIRS[268]. Terá a adaptação do n.º 3 do artigo 18.º do EBF, face à reestruturação do artigo 2.º do CIRS operada em 2014, visado alterar a regra anterior ou clarificar o seu sentido (ou terá apenas resultado de uma intervenção desastrada)?

Pensamos que não houve qualquer intenção de excluir do âmbito do n.º 3 do artigo 18.º as situações de meras expectativas contempladas no n.º 11) da alínea b) do n.º 3 do artigo 2.º do CIRS. Com efeito, a referida subalínea ii) do n.º 3) compreende os vários casos de pagamento *antecipado* de capital, enquanto o n.º 11) é uma disposição residual que contempla todos os casos de recebimento em capital não anteriormente tributados, ainda que *coincidentes com a passagem à reforma ou posteriores à mesma*. Ora, sendo o propósito da isenção do n.º 3 do artigo 18.º o de estimular a constituição de regimes complementares de proteção social, seria um absurdo lógico e valorativo que se beneficiassem os pagamentos em capital anteriores à reforma e não os contemporâneos ou posteriores à mesma.

3ª Ed., Coimbra, Coimbra Ed., 2007, pp. 146 ss.; Sérgio Vasques, *Manual de Direito Fiscal*, Coimbra, Almedina, 2011, p. 307.

[267] José Casalta Nabais, *Direito Fiscal*, *cit.*, p. 210.

[268] Com efeito, pode ler-se no relatório: «considerando-se, por um lado, o facto de *a antecipação da correspondente disponibilidade ou o recebimento em capital* determinam, nos termos da parte final do n.º 3) da alínea c) do n.º 3 do artigo 2.º do Código do IRS, a qualificação dos montantes percebidos como rendimentos do trabalho dependente e, por outro, a progressividade do imposto, considera-se adequado conceder o benefício da isenção a 1/3 das importâncias recebidas a esses títulos e com o limite de 2.000 contos» (sublinhado nosso) – AAVV, *Tributação dos Seguros, Fundos de Pensões e Fundos de Poupança-Reforma – Relatório do Grupo de Trabalho Constituído para o Efeito*, *cit.*, p. 53.

A tal conclusão se chega por via de interpretação enunciativa (a regra que beneficia o menos, *por maioria de razão* beneficia o mais) ou, ainda que assim se não entenda, de interpretação extensiva, a qual não bule com o facto de o n.º 3 do artigo 18.º consubstanciar um benefício fiscal, assumindo, portanto, caráter excecional[269].

Com efeito, o conteúdo útil do n.º 11) (no que respeita às situações de meras expectativas ali contempladas) está já contido na subalínea ii) do n.º 3) e na isenção que lhe é dirigida. Assim, as formas de antecipação da disponibilidade previstas nesta subalínea funcionarão como um limite mínimo de aplicação do referido benefício fiscal: quando se isenta parcialmente de imposto um pagamento em capital ocorrido quando a pessoa segura tenha, por exemplo, 52 anos e não se encontre reformado, também se isenta quando o pagamento ocorra tendo a mesma 53, 54, ... 68, 69 anos, etc. As perplexidades resultantes da não inclusão do n.º 11) na letra do n.º 3 do artigo 18.º revelam bem o artificialismo da autonomização, entre aquele e a subalínea ii) do n.º 3), operada em 2014, mas não deverão ser de molde a excluir, pelos argumentos apontados, a aplicação da isenção também a esses casos.

VII – E será a remissão do n.º 3 do artigo 18.º do EBF extensível aos rendimentos a que se refere a subalínea i) do n.º 3) da alínea b) do n.º 3 do artigo 2.º do CIRS, quando sejam observadas as condições do artigo 43.º do CIRC, isto é, à variante de realizações de utilidade social em sentido amplo, em regime de direitos adquiridos?

Ora, nenhum elemento da interpretação permite sustentar esse entendimento, que, de resto, não encontra também um apoio mínimo na letra da lei. Importará, pois, trazer à colação, também por força do n.º 1 do artigo 11.º da LGT, o teor do n.º 3 do artigo 9.º do CC, cumprindo presumir que o legislador consagrou as soluções mais acertadas e que soube exprimir o seu pensamento em termos adequados.

[269] J. L. Saldanha Sanches, *Manual de Direito Fiscal, cit.*, p. 122; Nuno Sá Gomes, *Teoria Geral dos Benefícios Fiscais*, Coleção Cadernos de Ciência e Técnica Fiscal (n.º 165), Lisboa, Centro de Estudos Fiscais, 1991, pp. 267 ss. Esta circunstância determinaria, no contexto da regra geral do artigo 11.º do CC, a proibição de aplicação analógica, não prejudicando, porém, a admissibilidade de interpretação extensiva, também admitida pelo artigo 10.º do EBF.

E daqui teremos de concluir por uma intenção de restringir o âmbito da isenção do n.º 3 do artigo 18.º do EBF às situações de *meras expectativas*, que são objeto exclusivo da referida subalínea ii). Para o facto – concorde-se ou não com a solução – há uma justificação plausível: a da atribuição, a cada tipo de situação ativa, de um diferente benefício fiscal. Assim, as situações de direitos adquiridos seriam beneficiadas pelo n.º 1 do artigo 18.º do EBF (diferimento de tributação), enquanto as de meras expectativas o seriam pelo n.º 3 (isenção parcial de imposto), não se verificando, portanto, a acumulação dos dois benefícios em nenhuma daquelas situações.

V.1.2.3. Operacionalização do regime

I – Quanto à determinação do rendimento sujeito, e como referimos já atrás, o mesmo tem por limite o valor dos prémios pagos pela entidade patronal (tomador do seguro) em benefício do trabalhador (pessoa segura). O montante do capital, pago pelo segurador à pessoa segura, que exceder o valor dos prémios, corresponderá, como também já referimos, a rendimento de categoria E de IRS, cujo regime adiante analisaremos (*infra*, V.3).

Em apólices de seguro individual, ou em apólices de seguro de grupo com alocações (e, mormente, em regime de contribuição definida), é relativamente simples o apuramento do rendimento de categoria A. Já o mesmo não se passa em apólices de seguro de grupo em regime de capitalização coletiva (em regra, correspondentes a planos de benefício definido). Nestes casos, tanto os prémios como o rendimento que, fruto dos investimentos efetuados pelo segurador, for gerado pelos mesmos, encontram-se indistintamente afetos à totalidade da população segura no âmbito de uma apólice.

Ora, em tais casos, poderá não ser exequível a discriminação do que, em cada pagamento de capital efetuado a uma pessoa segura, constitui rendimento da categoria A. Para estas situações, o artigo 26.º do CIRS remete para uma tabela aprovada por portaria do Ministro das Finanças, a qual corresponde à Portaria n.º 543/2000, de 4 de agosto. A referida tabela, assumindo como pressupostos a constância do valor e da regularidade do pagamento dos prémios, bem como do rendimento obtido com o respetivo investimento, define, em função do número de anos completos decorridos desde o pagamento do primeiro prémio, a percentagem do capital que, por estimativa, corresponderá ao rendimento da categoria A a considerar.

II – Quanto à retenção na fonte de imposto, dispõe, na parte relevante, a alínea a) do n.º 1 do artigo 99.º do CIRS que são obrigadas a reter o imposto no momento do seu pagamento ou colocação à disposição dos respetivos titulares as entidades devedoras de rendimentos de trabalho dependente, com exceção dos rendimentos em espécie[270], esclarecendo o n.º 3 do mesmo artigo que, nos casos previstos na segunda parte do n.º 3) da alínea b) do n.º 3 do artigo 2.º do CIRS, considera-se, para todos os efeitos legais, como entidade devedora dos rendimentos aquela que os pagar ou colocar à disposição do respetivo beneficiário. No caso dos seguros do ramo vida com componente de investimento, o preceito atribui o dever de retenção na fonte às entidades seguradoras, sem, não obstante, as nomear expressamente.

Como vimos, a redação n.º 3 do artigo 99.º não foi atualizada aquando da republicação do CIRS pela Lei n.º 82-E/2014, de 31 de dezembro, continuando a aludir à *segunda parte* do n.º 3) da alínea b) do n.º 3 do artigo 2.º do CIRS. Com a tripartição do referido n.º 3), de que acima demos conta, a remissão deverá ter-se por efetuada para a subalínea ii) do n.º 3) e para o n.º 11) da alínea b) do n.º 3 do artigo 2.º do CIRS (situações de meras expectativas).

Quanto à tabela de retenção na fonte aplicável, a lei não fornece nenhuma especificamente pensada para as situações em análise. Considerando, porém, que os planos de benefícios comportam, em regra, prémios pagos ao longo de vários anos, seria desapropriada a aplicação de qualquer tabela de retenção concebida para remunerações mensais. Aquela que mais facilmente se ajusta à situação em apreço é a constante do artigo 100.º do CIRS, aplicável à retenção na fonte sobre remunerações não fixas, cujas taxas são concebidas em função de uma remuneração anual estimada (n.º 2 do artigo 100.º).

V.1.3. Situações de **beneficiação social** *na modalidade de direitos adquiridos*

I – Vimos oportunamente que, relativamente às situações securitário-tributárias que apelidámos de beneficiação social, na modalidade de direitos adquiridos, aquando do pagamento do prémio pela entidade

[270] Não é este agora o caso, em virtude de a perceção do rendimento coincidir com o pagamento direto do capital (benefício pecuniário), pelo segurador, à pessoa segura.

patronal o trabalhador a favor de quem se dá o inerente acréscimo patrimonial beneficia de um diferimento de tributação, na categoria A de IRS, por força do estabelecido no n.º 1 do artigo 18.º do EBF (*supra*, IV.4.8.4). Vamos ver agora em que termos ocorre essa tributação.

Ora, a mesma segue os termos e trâmites que vimos há pouco a propósito dos planos em regime de meras expectativas, com as ressalvas que deixaremos de seguida.

II – Já nos pronunciámos sobre a questão de saber se o benefício fiscal estabelecido no n.º 3 do artigo 18.º do EBF (isenção parcial de tributação) é cumulativamente aplicável às situações que beneficiam também do previsto no n.º 1 do mesmo artigo (regimes de direitos adquiridos que observam o disposto no n.º 4 do artigo 43.º) – *supra*, V.1.2.2.VII.

Como referimos, apesar de ser de toda a justiça – até pelo paralelismo de regimes com os planos de meras expectativas que configuram realizações de utilidade social – que o referido benefício contemplasse também as situações de direitos adquiridos[271], foi outro o desígnio do legislador.

Recordamos apenas que, ao remeter, no n.º 3 do artigo 18.º do EBF, para a subalínea ii) do n.º 3) da alínea b) do n.º 3 do artigo 2.º do CIRS, o legislador restringiu o âmbito da isenção às situações de meras expectativas. Ora, embora pudessem suscitar-se, relativamente às situações de direitos adquiridos que seguem os requisitos do n.º 4 do artigo 43.º do CIRC, os mesmos argumentos de justiça e maioria de razão que invocámos para sustentar a extensão de tal isenção às situações de meras expectativas incluídas no n.º 11) da alínea b) do n.º 3 do artigo 2.º do CIRS, cremos que a diferente natureza da posição ativa da pessoa segura (direitos adquiridos) colocará aqui reservas a esse passo interpretativo. Com efeito, as especiais cautelas que as regras de benefícios fiscais recomendam – porquanto assumem caráter excecional, antissistemático, e conflituante, nessa medida, com o princípio da capacidade contributiva[272] – levam-nos a considerar justificado, à luz do n.º 3 do artigo 9.º do CC, o tratamento diferenciado que

[271] Neste sentido, relativamente ao regime introduzido em 1995, Manuel Faustino, *Alguns Aspetos Decorrentes das Alterações ao Quadro da Tributação do Rendimento, em IRS, Introduzidas Pela Lei N.º 39-9/94, cit.*, p. 9; e Duarte Galhardas, "A tributação em sede de imposto sobre o rendimento dos regimes complementares de segurança social", *cit.*, p. 47.

[272] J. L. Saldanha Sanches, *Manual de Direito Fiscal, cit.*, pp. 449 ss.; Sérgio Vasques, *Manual de Direito Fiscal, cit.*, pp. 311-312.

o legislador dispensou às situações de direitos adquiridos (beneficiados pelo n.º 1 do artigo 18.º do EBF) face às de meras expectativas (favorecidas pelo n.º 3 do mesmo artigo).

Tratando-se de espécies distintas de posições ativas (*direitos adquiridos* e *meras expectativas*), não consideramos defensável que os casos de direitos adquiridos se encontrem no perímetro de alcance do n.º 3 do artigo 18.º. As razões que permitiriam encontrar uma analogia (mais propriamente, uma identidade substancial) com a solução que defendemos acima, por via de interpretação enunciativa (argumento de maioria de razão), para os casos de meras expectativas abrangidas pelo n.º 11), chocam agora com a proibição de integração analógica dispensada à lei fiscal (n.º 4 do artigo 11.º da LGT) e, em qualquer caso, às regras excecionais (artigo 11.º do CC).

Assim, na medida em que a remissão do n.º 3 do artigo 18.º do EBF para a subalínea ii) do n.º 3) da alínea b) do n.º 3 do artigo 2.º do CIRS afasta a atribuição do benefício às situações de direitos adquiridos, não haverá fundamento para estender a aplicação daquela isenção a estas situações, ainda que observem os requisitos do n.º 4 do artigo 43.º do CIRC.

III – Por fim, cumpre verificar em que termos deverá proceder-se à retenção de imposto. Ora, como vimos, o n.º 3 do artigo 99.º do CIRS não atualizou a remissão para o n.º 3) da alínea b) do n.º 3 do artigo 2.º, continuando a remeter para a segunda parte do referido n.º 3), isto é, apenas para situações que configuravam meras expectativas.

Desta forma, a assertividade literal do texto legal e o princípio da legalidade impedirão que os prémios fiquem sujeitos a retenção na fonte pela entidade patronal (nos termos do n.º 1 do artigo 99.º, por serem rendimentos em espécie) e que o capital fique sujeito a retenção na fonte pelo segurador aquando do respetivo pagamento ou colocação à disposição (por, nos termos do n.º 3 do artigo 99.º, essa retenção dever ocorrer apenas nos casos de meras expectativas).

V.2. O enquadramento em sede de segurança social

I – Embora o objeto do presente livro se situe no domínio tributário, julgamos relevante uma referência ao regime contributivo para a segurança social relativamente aos prémios pagos pela entidade patronal para seguros financeiros. Com efeito, e em rigor, uma boa parte do interesse económico, para a empresa e para o trabalhador, das situações securitário-tributárias que apelidámos, respetivamente, de remuneração em espécie e de beneficiação social, prende-se com o regime de segurança social (por comparação com o que incide sobre as remunerações normais).

Vejamos. Até à aprovação do CRCSS, faltava o enquadramento que desse um suporte claro à consideração dos referidos prémios como base de incidência contributiva, para além de um contexto de tolerância generalizada por parte da própria segurança social.

Esse estado de coisas veio a alterar-se com o CRCSS, onde o legislador veio a assumir expressamente uma pretensão de regulação da matéria. Desde logo, a disposição genérica do n.º 1 do artigo 46.º do CRCSS (sob a epígrafe *delimitação da base de incidência contributiva*), dispõe que, para efeitos de delimitação da base de incidência contributiva, consideram-se remunerações as prestações pecuniárias ou em espécie que, nos termos do contrato de trabalho, das normas que o regem ou dos usos, são devidas pelas entidades empregadoras aos trabalhadores como contrapartida do seu trabalho.

Sem prejuízo da referida disposição, e com propósitos de melhor clarificação, estabelece a alínea x) do n.º 2 do mesmo artigo que integram a base de incidência contributiva, designadamente, os valores despendidos obrigatória ou facultativamente pela entidade empregadora[273] com aplicações financeiras, a favor dos trabalhadores, designadamente seguros do ramo «Vida»[274], fundos de pensões e planos de poupança reforma ou quaisquer regimes complementares de segurança social, quando sejam objeto de resgate, adiantamento, remição ou qualquer outra forma de antecipação de correspondente disponibilidade ou em qualquer caso de recebimento de capital antes da data da passagem à situação de pensionista, ou fora dos condicionalismos legalmente definidos.

II – Comecemos por sublinhar o paralelismo entre a redação da citada disposição da alínea x) e a que, à data (e até às alterações ao CIRS

[273] Logo, não é base de incidência contributiva o rendimento gerado por aqueles valores (o que, em IRS, corresponderá ao rendimento da categoria E).

[274] Como é evidente, apenas estão em causa seguros de vida com componente de investimento.

introduzidas pelas já mencionadas Leis n.º 82-D/2014 e 82-E/2014), correspondia ao n.º 3) da alínea b) do n.º 3 do artigo 2.º do CIRS[275]. Não obstante esse paralelismo quase literal, algumas diferenças são de assinalar.

Desde logo, a de que apenas é prevista a incidência contributiva para os casos em que a mobilização dos valores – pagamento em capital, designadamente por resgate ou vencimento – se dá antes da data da passagem à situação de pensionista, ou, no caso dos PPR, fora dos condicionalismos legalmente definidos. Logo, *a contrario*, ocorrendo o pagamento do benefício após aquela data (ou verificados aqueles condicionalismos), não há incidência contributiva sobre os valores despendidos pela entidade empregadora.

Assim, é irrelevante para efeitos de delimitação da incidência contributiva se estão ou não preenchidas as condições previstas no n.º 4 do artigo 43.º do CIRC (para além daquela a que aludimos no parágrafo anterior, a que se reporta, *grosso modo*, a alínea e) desse n.º 4). É, assim, indiferente se o benefício foi ou não estabelecido para a generalidade dos trabalhadores, se obedece a um critério objetivo e idêntico para todos, etc.

Desta forma, apenas se requer que o benefício seja estabelecido *a favor dos trabalhadores*. O regime – no que respeita à exclusão de incidência sobre os benefícios pagos após a data da passagem à situação de pensionista – prescinde de uma lógica de *justiça coletiva* inerente às realizações de utilidade social (a abrangência, não discriminatória, da generalidade dos trabalhadores, em igualdade de circunstâncias), para se fixar na *justiça do caso individual*, segundo a lógica de que os benefícios complementares de

[275] Na parte relevante, esta disposição aludia às «importâncias despendidas, obrigatória ou facultativamente, pela entidade patronal com seguros e operações do ramo Vida, contribuições para fundos de pensões, fundos de poupança-reforma ou quaisquer regimes complementares de segurança social [... quando sejam ...] objeto de resgate, adiantamento, remição ou qualquer outra forma de antecipação da correspondente disponibilidade, ou, em qualquer caso, de recebimento em capital, mesmo que estejam reunidos os requisitos exigidos pelos sistemas de segurança social obrigatórios aplicáveis para a passagem à situação de reforma ou esta se tenha verificado». Assinale-se igualmente a assertividade desta alínea x) do n.º 2 do artigo 46.º, ao recorrer à fórmula «antes da data da passagem à situação de pensionista», em vez da tortuosa e equívoca «*mesmo que estejam* reunidos os requisitos exigidos pelos sistemas de segurança social obrigatórios aplicáveis para a passagem à situação de reforma ou esta se tenha verificado».

segurança social, ainda que atribuídos a uma única pessoa, não devem constituir base de incidência contributiva, já que isso representaria uma duplicação da incidência sobre a mesma base[276].

De resto, a disposição da alínea x) não distingue igualmente qual a posição ativa do titular do benefício (direitos adquiridos ou meras expectativas), abrangendo ambos os casos. Para o efeito visado – e diversamente do que sucede em termos fiscais – é, portanto, indiferente o momento em que os valores suportados pela entidade patronal ingressam na esfera jurídico-patrimonial do trabalhador. O que releva é o momento em que os valores ficam na efetiva disponibilidade do beneficiário, isto é, aquele em que os valores lhe são pagos ou colocados à sua disposição.

III – O regime afigura-se, a uma primeira leitura, claro e simples, superando algumas das mencionadas incongruências do n.º 3) da alínea b) do n.º 3 do artigo 2.º do CIRS. Porém, logo a uma análise mais refletida se anteveem dificuldades práticas difíceis de ultrapassar.

Vejamos. Em IRS os dados da equação são relativamente simples: o trabalhador beneficiado pelo capital de um seguro financeiro é sempre tributado na categoria A; o imposto é devido exclusivamente pelo trabalhador; e, quando a retenção na fonte de imposto deva ocorrer aquando do recebimento em capital, a mesma é efetuada pela empresa de seguros que paga ou coloca à disposição o rendimento.

Já no domínio das contribuições para a segurança social, tudo se complica. Desde logo, o capital do seguro financeiro não é sempre base de incidência contributiva, só o sendo se for liquidado ao trabalhador antes do momento da reforma. Por outro lado, as contribuições são devidas, tanto pelo colaborador (taxa social única) como pela entidade patronal. Ora, aquando do pagamento dos prémios, a entidade patronal não estará em condições de saber se os mesmos serão ou não base de incidência contributiva, só vindo a sê-lo: (*i*) se o trabalhador não perder o direito ao benefício em caso de cassação do contrato de trabalho, ou, perdendo-o, se se mantiver ao serviço da empresa até à idade de reforma; e (*ii*) se apenas receber o capital após o dia de passagem à situação de pensionista. Ora, ficando a incidência contributiva dependente de condições fora do

[276] Nos termos da alínea b) do artigo 48.º do CRCSS, não integram a base de incidência contributiva as importâncias atribuídas a título de complemento de prestações do regime geral de segurança social.

controlo da entidade patronal, fica inviabilizada a liquidação de contribuições aquando do pagamento do prémio.

Por outro lado, a possibilidade de ser o segurador a efetuar a retenção de contribuições aquando do pagamento do capital - quando já está resolvida a incerteza quanto à incidência contributiva - é também inviável. Com efeito, como pode então o segurador assegurar a retenção de contribuições a cargo da entidade patronal? E, ainda que a efetuasse à custa do próprio benefício, qual a taxa contributiva que deveria considerar (tendo em conta que a mesma pode variar em função do setor de atividade)? Em suma, em matéria contributiva, como se operacionaliza tudo isto: quem liquida o quê, quando, como e com que taxas?

IV - É em vista destas - e, certamente, de outras - dificuldades, que o citado preceito da alínea x) do n.º 2 do artigo 46.º do CRCSS é insuscetível, sem mais, de operacionalização imediata, requerendo regulamentação. Mas é também em vista de todas estas dificuldades que a regulamentação não se adivinha, ela própria, fácil e que, na presente data, a mesma continua por emitir.

Com efeito, estabelece-se no n.º 3 do artigo 6.º da citada Lei n.º 110/2009, na versão consolidada, que o disposto na referida alínea x) do n.º 2 do artigo 46.º só entra em vigor quando for regulamentado. Por outro lado, esclarece o n.º 2 do artigo 4.º da mesma lei que a regulamentação da alínea x) é precedida de avaliação efetuada em reunião da Comissão Permanente de Concertação Social.

Como dissemos, na presente data, a referida regulamentação continua por efetuar, o que, obstando à entrada em vigor do preceito - e à consequente incidência contributiva - constitui um incentivo económico muito relevante à celebração de seguros de vida com componente de investimento, sobretudo nas situações securitário-tributárias que apelidámos de *remuneração em espécie*.

V.3. Rendimentos de capitais: categoria E de IRS

Relativamente às operações de resgate e vencimento, analisámos a respetiva relevância fiscal - na categoria A de IRS - quanto à parte do valor liquidado que corresponde ao montante de prémios pagos pela entidade patronal. Em termos económicos, como vimos, a intermediação de um produto de seguros entre a entidade patronal e o trabalhador não interfere significativamente na consideração daquela atribuição patrimonial com o rendimento do trabalho dependente. Vimos também o enquadramento desse mesmo benefício em sede de regime contributivo para a segurança social.

Porém, a atribuição patrimonial decorrente dos produtos de seguros financeiros – seguros de vida com componente de investimento e PPR – não se esgota aí (de outra forma, estes produtos perderiam o seu interesse económico). Com efeito, os produtos de seguros em causa geram, em regra, um rendimento, isto é, um montante que acresce aos prémios pagos e que os remunera em função dos investimentos inerentes à gestão dos fundos subjacentes a esses produtos.

É essa atribuição patrimonial – que consiste na diferença positiva entre o valor recebido pelo tomador do seguro ou pessoa segura, aquando do resgate ou vencimento, e o valor dos prémios pagos ao segurador – o objeto do presente subcapítulo.

Quanto a esta categoria de rendimentos, a incidência tributária depende do tipo de produto de seguros em causa (seguros de vida financeiros), e não propriamente da situação securitário-tributária típica. Com efeito, como melhor veremos, só relevam, para a análise desta categoria de rendimentos, os produtos financeiros do ramo vida (isto é, os seguros de vida com componente de investimento, incluindo PPR), mas não já os seguros de risco. Por outro lado, assumem relevância as quatro situações securitário-tributárias que inicialmente identificámos, já que qualquer delas é suscetível de implicar a subscrição de produtos geradores deste tipo de rendimentos, embora tal apenas se verifique de forma necessária no tipo que designámos por *investimento financeiro* e de forma tendencial no tipo *remuneração em espécie*. Porém sendo o regime indistintamente aplicável a todas as referidas situações, sem particularidades de qualquer delas, a nossa abordagem não se estruturará em função das mesmas.

V.3.1. A norma de incidência tributária

O regime de tributação dos rendimentos objeto deste subcapítulo consta fundamentalmente do n.º 3 do artigo 5.º do CIRS. Nos termos desta disposição, consideram-se rendimentos de capitais a diferença positiva entre os montantes pagos a título de resgate, adiantamento ou vencimento de seguros e operações do ramo "Vida" e os respetivos prémios pagos ou importâncias investidas, bem como a diferença positiva entre os montantes pagos a título de resgate, remição ou outra forma de antecipação de disponibilidade por fundos de pensões ou no âmbito de outros regimes complementares de segurança social, incluindo os disponibilizados por associações mutualistas, e as respetivas contribuições pagas, sem prejuízo do disposto nas alíneas seguintes, quando o montante dos prémios, importâncias ou contribuições pagos na primeira metade da vigência dos contratos representar pelo menos 35% da totalidade daqueles: a) são excluídos da tributação um quinto do rendimento, se o resgate, adiantamento, remição ou outra forma de antecipação de disponibilidade, bem como o vencimento, ocorrerem após cinco e antes de oito anos de vigência do contrato; b) são excluídos da tributação três quintos do rendimento, se o resgate, adiantamento, remição ou outra forma de antecipação de disponibilidade, bem como o vencimento, ocorrerem depois dos primeiros oito anos de vigência do contrato.

Desta forma - para além da delimitação positiva da incidência tributária - cumpre sublinhar as soluções de exclusão de tributação sobre uma parcela do rendimento, a qual aumenta na razão direta da antiguidade do contrato, desde que verificado o equilíbrio temporal da distribuição dos prémios. Nesta medida, a taxa efetiva de imposto a aplicar à totalidade do rendimento é decrescente, variando na razão inversa da duração da aplicação efetuada. Assim, considerando que, nos termos da alínea a) do n.º 1 do artigo 71.º do CIRS, os referidos rendimentos estão sujeitos a retenção na fonte[277], a título definitivo, à taxa liberatória de 28%[278], as exclusões de tributação atrás referidas correspondem à aplicação de taxas efetivas de imposto de: 22,4%, para rendimentos auferidos entre o 5.º e o 8.º anos de vigência do contrato; e 11,2% para rendimentos obtidos após o 8.º ano de vigência.

De forma muito sintética, o regime de tributação pode ser esquematizado do modo seguinte (figura 6):

[277] A retenção incumbe à entidade devedora dos rendimentos, nos termos da alínea a) do n.º 2 do artigo 101.º do CIRS, que fica ainda sujeita aos deveres de colaboração previstos no n.º 12 do artigo 119.º do mesmo Código.

[278] Se o rendimento de capitais for obtido por um sujeito passivo de IRC, a retenção na fonte é feita à taxa de 25%, nos termos do n.º 4 do artigo 94.º do CIRC, assumindo, porém, o caráter de retenção por conta e seguindo, quanto ao mais, os termos previstos no CIRS (cfr. n.º 6 do artigo 94.º do CIRC).

FIGURA 6 – Esquema de síntese do n.º 3 do artigo 5.º do CIRS

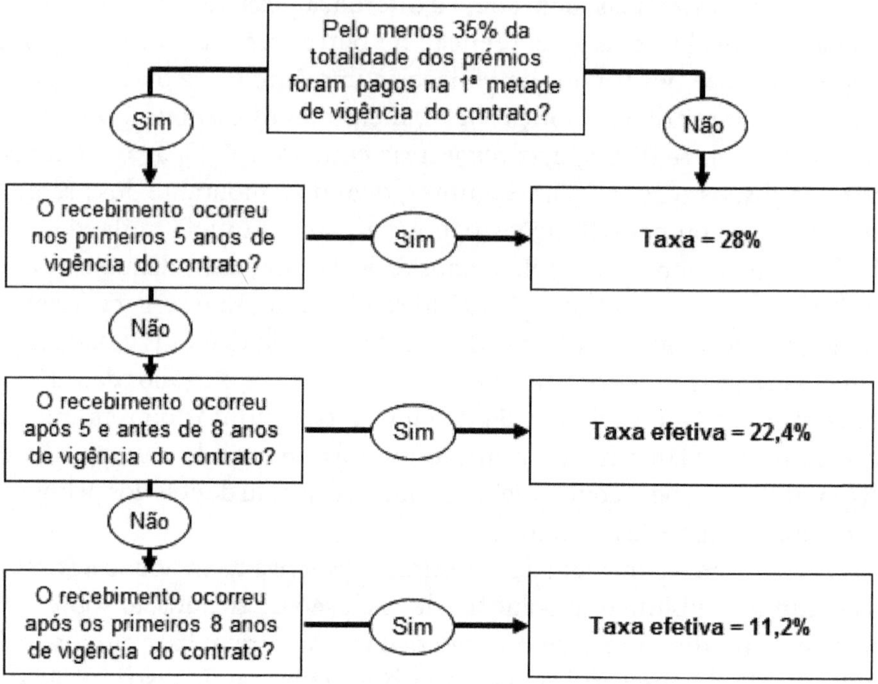

V.3.2. Os pressupostos da previsão normativa

V.3.2.1. Produtos de seguros e operações contratuais abrangidos

I – A previsão normativa do n.º 3 do artigo 5.º do CIRS refere-se expressamente a seguros e operações do ramo vida, bem como fundos de pensões e outros regimes complementares de segurança social (incluindo os disponibilizados por associações mutualistas). Quanto aos seguros de vida, embora todas as modalidades tenham por base uma tábua de mortalidade e uma taxa de juro, aquelas que comportam a efetiva possibilidade de distribuição de rendimentos de capitais limitam-se[279] aos financeiros,

[279] P. ex., no seguro de vida inteira ou nos seguros de vida mistos tradicionais – em que o contrato conjuga a probabilidade de morte da pessoa segura com a probabilidade da sua sobrevivência no termo contratual – os montantes liquidados em caso de vida da pessoa segura são inferiores aos prémios pagos. Sobre estas modalidades, cfr. Luís Poças, "Os seguros de

ou seguros de vida com componente de investimento, incluindo os seguros *unit linked*[280].

II - O preceito em análise refere várias formas de perceção do rendimento, a que já fizemos referência, sendo de destacar, pela sua relevância, o *resgate* e o *vencimento*. Quando ao *adiantamento*, trata-se, como já dissemos, de uma operação atualmente sem expressão prática, enquanto a referência à *remição* carece de sentido útil face ao disposto no n.º 2 do artigo 11.º do CIRS. Por fim, a menção a *outras formas de antecipação de disponibilidade* por fundos de pensões ou no âmbito de outros regimes complementares de segurança social constitui uma expressão residual.

Assinale-se, de resto, que o n.º 3 do artigo 5.º do CIRS não se refere a uma outra modalidade de disponibilização do rendimento: a liquidação do capital por *sinistro*. Atendendo, decerto, ao enquadramento tributário que é conferido pelo Código do Imposto do Selo (doravante, CIS) aos capitais por morte emergentes de seguros de vida, o n.º 3 do artigo 5.º afasta o apuramento, nesta operação, de rendimentos de capitais e, portanto, a sua consequente tributação[281].

capitalização", *cit.*, pp. 34-35; S.S. Huebner e Kenneth Black Jr., *Life Insurance, cit.*, pp. 113 ss. e 141 ss.

[280] Atendendo à sua indiscutível natureza de seguro do ramo vida (alínea c) do artigo 9.º do RJASR) e ao fundamento do regime de beneficiação fiscal do n.º 3 do artigo 5.º, consideramos pacífico o enquadramento dos seguros *unit linked* entre as abrangidas por este regime, o que não é prejudicado pelo facto de a generalidade dos contratos deste tipo não garantir o capital investido (como, aliás, pode suceder com os próprios fundos de pensões ou com os planos de poupança - PPR - que assumam a forma de certificados de participação em fundos mobiliários ou imobiliários). Perspetiva diversa - que se estriba nos riscos financeiros dos *unit linked* - é defendida pela AT (cfr., designadamente, o Parecer n.º 9/2005, de 24 de janeiro, do Centro de Estudos Fiscais e Aduaneiros - doravante CEF). Sobre a problemática, cfr. António Martins, "Aspetos do tratamento fiscal dos seguros *Unit Linked* em sede de IRS", *cit.*. O autor destaca o facto de os investimentos de maior risco estarem associados a rendibilidades médias mais elevadas e de a diversificação das carteiras estar associado à redução do risco. Neste quadro, e atendendo às características dos seguros *unit linked*, conclui que «a aplicação de fundos [...] num produto *unit linked* não configura, necessariamente, uma decisão especulativa ou de elevado risco» (p. 821) e que, portanto, carece de fundamento a recusa, pela AT, de aplicação aos mesmos do regime do n.º 3 do artigo 5.º do CIRS.

[281] Sobre esta matéria, cfr., *infra*, VII.3.

V.3.2.2. Quem é o sujeito passivo?

O n.º 3 do artigo 5.º do CIRS nada refere quanto ao sujeito passivo do imposto. De acordo com a lógica inerente à categoria de rendimentos em causa – rendimento de capitais – é pertinente que esse sujeito passivo seja *exclusivamente* o titular do capital investido (que beneficia, portanto, do acréscimo patrimonial correspondente à diferença positiva entre os montantes recebidos e os «respetivos prémios pagos ou importâncias investidas»). Por outras palavras, só aquele que cede um capital por um dado período de tempo e que o recupera majorado de uma remuneração (juro) beneficia do *rendimento de capitais* e é, portanto, sujeito passivo do imposto[282].

Sucede, porém, que foi outra a linha seguida pelo legislador, que se concentra objetivamente na unidade do contrato – considerando a respetiva duração e o equilíbrio das entregas efetuadas – abstraindo da relação entre o sujeito passivo e a titularidade do capital investido. Assim, se é certo que o direito de resgate (ou de adiantamento) cabe, em regra, ao tomador do seguro, nada impede que o mesmo ceda esse direito a um terceiro, por exemplo, para garantia de um crédito deste (artigo 196.º da LCS). Por outro lado, pode também o rendimento ser auferido por: (*i*) um tomador não originário, em caso de cessão da posição contratual num seguro de vida (artigo 197.º da LCS); (*ii*) um terceiro, designado como beneficiário em caso de vida, quando o contrato o admita (casos em que temos um contrato a favor de terceiro); ou (*iii*), tratando-se de operação de capitalização, de transmissão *inter vivos* do título.

De resto, não coincidindo o tomador com a pessoa segura, o direito ao capital na data de vencimento é, em regra, contratualmente atribuído à pessoa segura, como sucede nas situações securitário-tributárias que apelidámos de *remuneração em espécie* e de *beneficiação social*, em que os prémios são pagos pela entidade patronal a favor do trabalhador.

Ora, ao tributar a referida diferença positiva entre os montantes recebidos e os *respetivos* prémios pagos sem atender à identidade entre o titular

[282] Nesta perspetiva, João Espanha, *Do Regime Fiscal dos Produtos do Ramo Vida, cit.*, p. 17 e n. 49-50. Como refere o autor «em nosso entender, só o segurado [na terminologia atual, dir-se-ia *tomador do seguro*] pode ser titular de rendimentos de capitais derivados de seguros de vida» – *idem*, p. 17.

do rendimento e o do capital investido, o n.º 3 do artigo 5.º opera uma extensão objetiva da noção de rendimento de capitais[283].

V.3.2.3. *O cômputo do rendimento*

A conceção lata de rendimento tributável acolhida no CIRS assenta na *teoria do acréscimo patrimonial líquido*, fazendo corresponder o rendimento à diferença positiva do património (acréscimo) entre o início e o fim do período de tributação considerado, isto é, ao aumento da capacidade aquisitiva (e contributiva) no mesmo período[284].

Desta forma, como decorre da previsão normativa do n.º 3 do artigo 5.º, o rendimento em causa apura-se pela diferença positiva entre o montante *percebido* e o montante *aplicado*. Porém – considerando que, nos seguros financeiros, os prémios pagos são normalmente deduzidos de um encargo de gestão (ou comissão de subscrição, de acordo com a terminologia do segurador) e que os resgates efetuados são também sujeitos, em muitos casos, a penalizações contratuais (ou comissões) de resgate – poder-se-á questionar qual a forma de cálculo da matéria coletável.

Ora, atendendo à conceção de rendimento acolhida, o apuramento do valor sujeito a imposto será, em caso de resgate, a diferença positiva entre o valor resgatado, líquido de comissões ou encargos de resgate, e o prémio bruto pago (valor efetivamente investido, suportado pelo sujeito passivo)[285].

[283] Sublinhando os pressupostos objetivos da norma de incidência, «independente de quaisquer características ou qualidades do sujeito passivo», Ricardo Seabra Moura e Francisco Cabral Matos, "O estranho caso da tributação dos seguros de vida", *Fiscalidade*, n.º 35 (jul.-set. 2008), p. 61.

[284] Cfr., entre outros, José Xavier de Basto, *IRS: Incidência Real de Determinação dos Rendimentos Líquidos*, Coimbra, Coimbra Ed. 2007, pp. 39 ss.; José Casalta Nabais, *O Dever Fundamental de Pagar Impostos*, Coimbra, Almedina, 1998, pp. 512 ss.; Nuno Sá Gomes, *Manual de Direito Fiscal*, Vol. I, Lisboa, Rei dos Livros, 1995 (reimpr.), p. 170; e Rui Duarte Morais, *Sobre o IRS*, 3ª Ed., Coimbra, Almedina, 2016, pp. 36-37.

[285] Como bem refere Pitta e Cunha, numa perspetiva de *jure condendo*, o capital investido haveria de ser objeto de correção monetária, sendo, portanto, atualizado à data do resgate em função da inflação – Paulo Pitta e Cunha, "O regime fiscal das «operações de capitalização» das empresas seguradoras", *cit.*, p. 5.

V.3.2.4. O momento da sujeição à tributação

Quanto ao momento a que se reporta o rendimento – aquele a partir do qual este fica sujeito a tributação – estabelece o n.º 1 do artigo 7.º do CIRS, em conjugação com a alínea b) do n.º 3 do mesmo artigo, que, nos casos do n.º 3 do artigo 5.º, os rendimentos ficam sujeitos a tributação desde os seguintes momentos: (*i*) se o titular dos rendimentos optar por recebê-los sob a forma de capital (*lump sum*), *à data de colocação dos rendimentos à disposição* do titular; e (*ii*) se o titular optar por receber o rendimento sob a forma de renda, *à data de apuramento do respetivo quantitativo*[286].

Embora, como vimos, o rendimento seja tributado a uma taxa liberatória – sendo, portanto, relativamente indiferente para o contribuinte o período a que o mesmo se reporta – situações haverá em que, sendo exercida opção de englobamento[287], poderá ser da maior relevância a determinação daquele período[288] e, bem assim, o momento constitutivo da exigibilidade do imposto.

Se a *data do apuramento do quantitativo* não suscita especiais problemas, já a *data da colocação dos rendimentos à disposição* pode convocar questões de vária ordem[289]. Atendendo a que o rendimento deve ser determinado obje-

[286] Voltaremos ao tema, *infra*, VI.1.2.3.

[287] Nos termos da alínea b) do n.º 3 do artigo 22.º do CIRS, não são englobados para efeitos da sua tributação os rendimentos em causa, se auferidos por residentes em território português, sem prejuízo da opção pelo englobamento prevista no n.º 8 do artigo 71.º, desde que os titulares sejam residentes no território nacional e os rendimentos sejam obtidos fora do âmbito do exercício de atividades empresariais e profissionais. Não obstante, de acordo com o previsto no n.º 5 do art. 22º, quando seja exercida a *opção de englobamento*, fica o sujeito passivo obrigado a englobar a totalidade dos rendimentos da mesma categoria, caso em que a retenção efetuada tem a natureza de pagamento por conta do imposto devido a final (n.º 9 do artigo 71.º).

[288] A questão não é meramente teórica, sobretudo se o segurador, nos termos do artigo 787.º do CC, só disponibilizar o meio de pagamento (cheque ou transferência bancária) após a regularização e devolução, pelo titular do rendimento, de um recibo de quitação. Assim, um resgate efetuado em 30 de dezembro de um dado ano poderá vir a ser efetivamente liquidado por um cheque só emitido no ano civil seguinte.

[289] Como refere Manuel Faustino, «colocar à disposição significa, para o devedor, desonerar-se do cumprimento da obrigação que lhe incumbe sem precisar da colaboração do credor» – Manuel Faustino, *O Dever de Retenção na Fonte e Outros Deveres Autónomos de Cooperação em IRS, cit.*, p. 45. Cfr. também Paula Rosado Pereira, *Estudos Sobre IRS: Rendimentos de Capitais e Mais-Valias*, Coimbra, Almedina, 2005, p. 47.

tivamente, essa determinação e inerente *colocação à disposição* não podem deixar de coincidir com a data do resgate, adiantamento, vencimento ou remição, isto é, com a data em que o segurador efetua essas operações e em que as mesmas produzem efeitos, cessando a remuneração do capital. Por outro lado, é também esse o momento em que os fundos saem da esfera do segurador, ingressando simultaneamente, por ação da própria operação, na esfera de disponibilidade do titular, o qual passa a poder exigir ao segurador a liquidação imediata[290]. De resto, a determinação do referido momento não poderia ficar dependente de fatores contingentes, como sucederia se decorresse da efetiva disponibilidade do montante para o credor[291].

V.3.3. O privilégio tributário e o respetivo fundamento

Como vimos, o n.º 3 do artigo 5.º, para além de uma norma de incidência tributária, comporta exclusões parciais de tributação em função da duração do contrato e da estabilidade, ao longo da sua vigência, do valor dos prémios ou contribuições.

Essas exclusões parciais de tributação – autêntico "privilégio tributário" – têm vindo a ser qualificadas pela doutrina de formas diversas: como delimitação negativa de incidência de imposto *lato sensu*[292]; como *isenção parcial própria*[293]; ou como simples *beneficiação fiscal*[294]. Para Xavier de Basto, a solução é qualificável como uma *atenuação de tributação* ou *desagravamento fiscal*, sublinhando o facto de a mesma ser «mais do que um benefício

[290] Neste sentido, João Espanha, *Do Regime Fiscal dos Produtos do Ramo Vida, cit.*, p. 17.

[291] Considerar-se que a colocação à disposição coincide com o crédito efetivo de uma conta bancária ou com o desconto de um cheque, seria confundir pagamento com colocação à disposição – noções que o legislador dissocia – introduzindo um elemento de incerteza que comprometeria o cumprimento atempado das obrigações tributárias do segurador e a coincidência entre estas e as do contribuinte titular do rendimento. Sobre o sentido da distinção, cfr. Manuel Faustino, *O Dever de Retenção na Fonte e Outros Deveres Autónomos de Cooperação em IRS, cit.*, pp. 44-46. O autor considera, não obstante, que o efetivo pagamento constitui uma modalidade da colocação à disposição. *Idem*, p. 46.

[292] Neste sentido, Teresa Soares Gomes, "O agravamento crescente dos seguros de vida com componente de investimento", *Fisco*, n.º 103-104 (jun. 2002), p. 69.

[293] Manuel Faustino, *IRS – Teoria e Prática*, Lisboa, Edifisco, 1993, pp. 173-174.

[294] Parecer n.º 9/2005, de 24 de janeiro, do CEF, *cit.*

fiscal», já que resulta do regime-regra do CIRS, e não de um regime excecional e temporário acolhido no EBF[295].

Na sua origem, a atribuição de privilégios tributários aos seguros de vida com componente de investimento, ao proporcionar-lhes um regime mais benéfico do que o de outras aplicações financeiras com uma função económica equivalente, violaria, segundo alguns, o princípio da neutralidade fiscal. Porém, não tendo este princípio valor absoluto, haveria o mesmo de ceder para salvaguarda de interesses superiores[296] que, justificando um tratamento mais benéfico, importa analisar. Assim, a criação de vantagens fiscais para seguros de vida com componente de investimento – partilhando, aliás, dos elementos que caracterizam os restantes modelos fiscais europeus sobre seguros[297] – teve em vista vários desideratos.

Ora, desde logo, as modalidades contratuais em análise, com uma inegável componente previdencial, são perspetiváveis como um regime complementar à segurança social[298]. Nesta medida, proporcionam a constituição de um fundo que, por seu turno, permite a aquisição de um complemento de reforma[299] – dando suporte ao segundo e, sobretudo,

[295] José Xavier de Basto, *IRS: Incidência Real de Determinação dos Rendimentos Líquidos, cit.*, pp. 327 ss. Sobre a noção de benefício fiscal e a distinção entre este e o desagravamento fiscal em sentido amplo, Nuno Sá Gomes, *Teoria Geral dos Benefícios Fiscais, cit.*, pp. 31 ss.

[296] Américo Brás Carlos, "Subsídios para um regime fiscal do seguro de vida", *cit.*, p. 20.

[297] José Carlos Gomes Santos, "Tributação dos seguros de vida: que evolução?", *cit.*, pp. 24 ss. Uma análise do Direito comparado, ao nível da UE, relativamente ao regime privilegiado de tributação do rendimento gerado em seguros de vida revela, como ponto comum, a exigência de um prazo de duração do contrato como pressuposto da concessão do benefício – Américo Brás Carlos, "Subsídios para um regime fiscal do seguro de vida", *cit.*, p. 21. Também com relevância, cfr. Maria Inês Oliveira Martins, "A fiscalidade direta no mercado interno europeu – Problemas colocados pelos regimes complementares de segurança social", *cit.*; e Kwang-Yeol Yoo e Alain de Serres, "Tax treatment of private pension savings in OCDE countries", *OECD Economic Studies*, n.º 39 (2004/2), pp. 73-110 – disponível em http://www.oecd.org/dataoecd/19/0/35663569.pdf (consult. 03/01/2021).

[298] Cfr. Ilídio das Neves, "Os regimes complementares de segurança social – Razão de ser, características e limites", *cit.*, pp. 255 ss.; e artigos 83.º ss. da Lei n.º 4/2007, de 16 de janeiro (bases gerais do sistema de segurança social).

[299] Em regra, porém, estas modalidades contratuais preveem o pagamento, no final do prazo contratual, de um capital (*lump sum*) e não de uma renda. Por outro lado, o n.º 3 do artigo 5.º do CIRS prevê a aplicação do regime às liquidações por *vencimento*, isto é, no final do prazo contratual. Não se afigura, portanto, rigorosa a perspetiva, subscrita por Xavier de Basto, de que este regime seria um meio-termo entre o regime regra de tributação dos rendimentos

terceiro pilares de financiamento das reformas[300] – ou a formação de uma reserva que acautela riscos futuros, nomeadamente de perda de rendimento. Desta forma, a complementaridade perante as insuficiências do sistema de segurança social[301] justifica, por si, a tutela do Estado através de uma beneficiação fiscal[302].

Por outro lado, ao constituírem, pela sua natureza, um meio privilegiado de poupança, os seguros financeiros são igualmente um instrumento de política macroeconómica, contribuindo para regular o consumo e a inflação[303]. Simultaneamente – atendendo à composição dos fundos subjacentes às modalidades em causa – a referida poupança é também uma fonte de financiamento dos setores público e privado e, logo, um estímulo ao investimento e à própria economia[304].

As duas principais componentes referidas – a previdencial e a de política macroeconómica – refletiam-se, assim, nos principais traços do regime. Porém, a beneficiação dos referidos contratos relativamente a outros instrumentos financeiros nunca foi isenta de críticas, à luz do já referido princípio da neutralidade fiscal[305]. Em qualquer dos casos, o alargamento do regime do n.º 3 do artigo 5.º do CIRS, operado pelo artigo

de capitais e o dos rendimentos de pensões (categoria H de IRS), sob o argumento de que no n.º 3 do artigo 5.º estaríamos perante pagamentos de prestações antes da maturação do contrato. José Xavier de Basto, *IRS: Incidência Real de Determinação dos Rendimentos Líquidos, cit.*, p. 329.

300 Cfr. José Paulo Alberto, "Incentivos fiscais às reformas no âmbito de um regime de três pilares", *cit.*

301 Cfr. Associação Portuguesa de Seguradores, *O Financiamento das Reformas – Contribuição do Setor dos Seguros, cit.*

302 José Carlos Gomes Santos, "Tributação dos seguros de vida: que evolução?", *cit.*, pp. 25 ss.

303 José Gomes Santos, "Tributação dos seguros de vida: que evolução?", *cit.*, p. 25. No quadro dos PPR, cfr. Miguel Gouveia, *Uma Análise dos Planos de Poupança Reforma, cit.*. Como nota José Paulo Alberto, porém, o efeito de substituição entre formas de poupança pode reduzir perversamente o nível macroeconómico de poupança – José Paulo Alberto, "Incentivos fiscais às reformas no âmbito de um regime de três pilares", *cit.*, p. 11.

304 José Paulo Alberto, "Incentivos fiscais às reformas no âmbito de um regime de três pilares", *cit.*, p. 11; José de Campos Amorim, "Benefícios fiscais em matéria de proteção social", *cit.*; João Espanha, "Life insurance and tax planning for portuguese clients", *cit.*, p. 140; João Espanha, *Do Regime Fiscal dos Produtos do Ramo Vida, cit.*, p. 8; e José Gomes Santos, "Tributação dos seguros de vida: que evolução?", *cit.*, p. 25.

305 A título de exemplo, cfr. José Xavier de Basto, *IRS: Incidência Real de Determinação dos Rendimentos Líquidos, cit.*, pp. 328 ss.; Américo Brás Carlos, "Subsídios para um regime fiscal

20.º-A do EBF, a outras soluções financeiras de poupança de longo prazo – que podem incidir sobre *quaisquer aplicações em instituições financeiras*, ainda que de natureza especulativa – descura por completo os fundamentos que estiveram na base da criação do regime, focando-se apenas no período de imobilização dos valores aplicados.

V.3.4. A sucessão de regimes e a aplicação no tempo

V.3.4.1. Regimes de 1991, 1995 e 2001

I – Uma das fontes de complexidade do regime consagrado no n.º 3 do artigo 5.º decorre das alterações legislativas que, ao longo dos anos, lhe foram sendo introduzidas e das normas transitórias estabelecidas para cada uma dessas modificações. Vejamos em que se traduziu esse processo evolutivo e quais as problemáticas que suscita.

O regime objeto deste subcapítulo foi inicialmente introduzido pelo Decreto-Lei n.º 267/91, de 6 de agosto[306]. A norma de incidência então criada passou a constituir o n.º 2 do artigo 6.º do CIRS, assumindo a seguinte redação: considera-se ainda rendimento de capitais a diferença positiva entre os montantes pagos a título de resgate, vencimento ou adiantamento de apólices de seguros de vida e os respetivos prémios pagos, sem prejuízo do disposto nas alíneas seguintes quando o montante de prémios pagos na primeira metade da vigência do contrato representar pelo menos 35% da totalidade dos prémios pagos: a) é excluída da tributação metade do rendimento se o resgate, o vencimento ou adiantamento ocorrerem entre os 5 e os 7 primeiros anos de vigência do contrato; b) é excluída da tributação a totalidade do rendimento se o resgate, o

do seguro de vida", *cit.*, pp. 19-20; e José Gomes Santos, "Tributação dos seguros de vida: que evolução?", *cit.*, p. 26.

[306] Sobre o enquadramento inicial dos seguros no âmbito do CIRS, cfr. José Carlos Gomes Santos, "O regime fiscal dos seguros – Breves referências", *Ciência e Técnica Fiscal*, n.º 356 (out.-dez. 1989), pp. 101-104. Os fundamentos para a introdução da norma de incidência tributária encontram-se no preâmbulo do diploma, onde se aludia a *razões de equidade*, atento o facto de o regime incidir sobre rendimentos inequívocos de capitais, auferidos, em regra, por pessoas de um escalão socioeconómico elevado.

vencimento ou adiantamento ocorrerem depois dos primeiros 7 anos de vigência do contrato[307].

Quanto à entrada em vigor do novo regime, estabelecia o artigo 2.º do Decreto-Lei n.º 267/91 que «o disposto no n.º 2 do artigo 6.º do CIRS, na redação que lhe é dada pelo presente diploma, produz efeitos a partir de 1 de janeiro de 1992». Perante alguma incerteza suscitada quanto aos contratos abrangidos pelo preceito, o n.º 4 do artigo 28.º da Lei n.º 2/92, de 9 de março, veio estabelecer que o «disposto no n.º 2 do artigo 6.º do CIRS, na redação que lhe foi conferida pelo Decreto-Lei nº 267/91, de 6 de agosto, produz efeitos desde 1 de janeiro de 1992, *aplicando-se somente aos rendimentos auferidos na sequência de contratos celebrados a partir de 1 de janeiro de 1991*».

II – Como já referimos, a Lei do Orçamento do Estado para 1995 reformou profundamente a tributação, nas várias categorias, dos rendimentos com seguros e operações do ramo vida[308]. Neste contexto, e relativamente aos rendimentos de capitais, a Lei n.º 39-B/94, de 27 de dezembro, alargou a previsão tributária e agravou as taxas efetivas de imposto e os períodos a que as mesmas se reportam[309].

Assim, a nova redação do n.º 2 do artigo 6.º do CIRS passou a ser a seguinte: consideram-se ainda rendimentos de capitais a diferença positiva entre os montantes pagos a título de resgate, adiantamento ou vencimento de seguros e operações do ramo vida e os respetivos prémios pagos ou importâncias investidas, bem como a diferença positiva entre os montantes pagos a título de resgate, remição ou outra forma de antecipação de disponibilidade por fundos de pensões ou no âmbito de outros regimes complementares de segurança social e as respetivas contribuições pagas, sem prejuízo do disposto nas alíneas seguintes, quando o montante

[307] Este preceito traduzia os traços essenciais dos regimes que, à data, vigoravam já nos outros países da UE para o mesmo tipo de rendimentos. Cfr. Américo Brás Carlos, "Subsídios para um regime fiscal do seguro de vida", *cit.*, p. 21.

[308] Sobre o âmbito da reforma em IRS, cfr. Manuel Faustino, *Alguns Aspetos Decorrentes das Alterações ao Quadro da Tributação do Rendimento, em IRS, Introduzidas pela Lei n.º 39-B/94, cit.*

[309] Como refere Manuel Faustino, os objetivos do novo regime terão sido, por um lado, de abrangência de outros instrumentos financeiros, por razões de coerência e harmonização, e, por outro, de articulação das regras de tributação nas categorias A e E de IRS – Manuel Faustino, *idem*, pp. 16-17.

dos prémios, importâncias ou contribuições pagos na primeira metade da vigência dos contratos representar pelo menos 35% da totalidade daqueles: a) são excluídos da tributação 2/5 do rendimento, se o resgate, adiantamento, remição ou outra forma de antecipação de disponibilidade, bem como o vencimento, ocorrerem após 5 e antes de 8 anos de vigência do contrato; b) são excluídos da tributação 4/5 do rendimento, se o resgate, adiantamento, remição ou outra forma de antecipação de disponibilidade, bem como o vencimento, ocorrerem depois dos primeiros 8 anos de vigência do contrato.

Por seu turno, o n.º 6 do artigo 25.º da citada Lei n.º 39-B/94 continha uma norma transitória segundo a qual o novo regime seria aplicável, não só aos contratos celebrados *após 31 de dezembro de 1994*, mas igualmente aos celebrados antes dessa data[310], quanto ao rendimento resultante: (*i*) dos *prémios suplementares* posteriores a 31 de dezembro de 1994[311]; (*ii*) dos prémios periódicos posteriores a 31 de dezembro de 1994 e *superiores aos inicialmente contratados*[312]; (*iii*) da *prorrogação do prazo inicialmente estabelecido*[313].

III – Mais tarde, a Lei n.º 30-G/2000, de 29 de dezembro, introduziu novas alterações ao regime em análise – embora apenas no sentido do agravamento das taxas efetivas de imposto – fixando a redação atualmente em vigor[314]. Quanto ao regime transitório, o n.º 3 do artigo 3.º da citada

[310] Relativamente aos rendimentos pagos por fundos de pensões ou outros regimes complementares de segurança social irreleva a data de celebração dos respetivos contratos. Cfr. Manuel Faustino, *idem*, *cit.*, p. 15.

[311] A ressalva é clara: tendo os prémios ou entregas caráter *suplementar* – e, portanto, extraordinário –, o seu montante e momento de pagamento não estavam previstos no contrato, pelo que não devem beneficiar do regime anterior, mais favorável.

[312] Relativamente aos contratos que estabelecem, desde o início, um critério de crescimento dos prémios periódicos, nomeadamente uma taxa de indexação dos mesmos, fixa ou variável (p. ex., tomando por referente a inflação), pensamos que só a alteração dos prémios acima da taxa ou do montante indexado – *e apenas na parte que exceder essa taxa ou montante* – deverá ser tributada no quadro do regime em vigor à data do seu pagamento.

[313] Neste caso, pensamos igualmente que só o rendimento gerado após o termo do prazo inicialmente estabelecido – ou seja, apenas *o rendimento resultante da prorrogação do prazo* contratual – deve ficar sujeito ao novo regime.

[314] O preceito passaria a constituir o n.º 3 do artigo 5.º através do Decreto-Lei n.º 198/2001, de 3 de julho.

Lei n.º 30-G/2000, dispunha que: aos contratos de seguro celebrados até à data de entrada em vigor da presente Lei continua a aplicar-se o disposto no n.º 3 do artigo 6.º do CIRS, na redação anterior, relativamente aos prémios pagos até essa mesma data e às entregas periódicas inicialmente contratadas pagas em data posterior, não podendo o prazo inicialmente estabelecido ser prorrogado[315]. Seguiram-se, portanto os exatos termos da norma transitória do regime de 1995.

IV – Em suma, este regime fiscal, que visou promover a estabilidade das poupanças de longo prazo – gerando, concomitantemente, expectativas de um quadro regulador duradouro –, veio a caracterizar-se precisamente pela inconstância, pela instabilidade, e pela sucessão de disciplinas transitórias, comprometendo a credibilidade do sistema.

Se a analisada sequência de alterações traduz, de algum modo, a complexidade da articulação de regimes quando aplicados a diferentes contratos da mesma modalidade (em função da data de início de cada contrato), a realidade é, porém, bem mais complexa quando os vários regimes de tributação se apliquem *ao mesmo contrato*[316]. Daremos nota, de seguida, do intrincado tecido em que o tema se situa.

V.3.4.2. O aumento da taxa liberatória

A taxa efetiva de tributação dos rendimentos objeto do regime em análise depende da conjugação de dois elementos: a taxa liberatória de retenção na fonte, por um lado, e a proporção do rendimento excluído de tributação, por outro. Assim, por exemplo, sendo a taxa de retenção na fonte de 20% e ficando 4/5 do rendimento sujeitos a tributação, então a

[315] O n.º 10 do artigo 30.º da Lei n.º 109-B/2001, de 27 de dezembro (Lei do Orçamento do Estado para 2002) viria estabelecer a seguinte redação ao n.º 3 do artigo 3.º da Lei n.º 30-G/2000: «aos *contratos* celebrados até à data da entrada em vigor da presente lei continua a aplicar-se o disposto no n.º 3 do artigo 6.º do CIRS, na redação anterior, relativamente às *entregas pagas* até essa mesma data e às entregas periódicas inicialmente contratadas pagas em data posterior, não podendo o prazo inicialmente *previsto* ser prorrogado» (sublinhado nosso, assinalando as partes alteradas).

[316] De facto, considerando um contrato de seguro financeiro com início em 1992 e em que tenham sido pagos prémios suplementares antes de 1995, entre 1995 e 2000 e após 2001, teremos um contrato sujeito a três regimes tributários diferentes. Esta situação foi, aliás, objeto de análise no citado Parecer n.º 9/2005, de 24 de janeiro, do CEF.

taxa efetiva de imposto será de 20% x 80% = 16%. Ora, se relativamente à proporção do rendimento excluído de tributação o legislador teve o cuidado de salvaguardar, através dos regimes transitórios acima referidos, a expectativa dos contribuintes, o mesmo não sucedeu relativamente às alterações de taxa liberatória entretanto ocorridas.

Desde logo, a taxa inicial, que vigorou desde a introdução do regime de tributação em análise pelo Decreto-Lei n.º 267/91, era de 20%. Porém, nos termos definidos pela Lei n.º 12-A/2010, de 30 de junho – que aprovou um conjunto de medidas adicionais de consolidação orçamental que visavam reforçar e acelerar a redução de défice excessivo e o controlo do crescimento da dívida pública previstos no Programa de Estabilidade e Crescimento (PEC), e que entrou em vigor no dia seguinte ao da sua publicação – foi a referida taxa fixada em 21,5%. Posteriormente, conforme estabelecido pela Lei n.º 64-B/2011, de 30 de dezembro, que aprovou o Orçamento do Estado para 2012 e entrou em vigor no dia 1 de janeiro desse mesmo ano, a taxa liberatória aumentou para 25%. Depois, nos termos da Lei n.º 55-A/2012, de 29 de outubro, que introduziu várias alterações ao CIRS e que entrou em vigor no dia seguinte ao da sua publicação, a mencionada taxa subiu para 26,5%. Entretanto, foi fixada pela Lei n.º 66-B/2012, de 31 de dezembro, que aprovou o Orçamento do Estado para 2013 e que entrou em vigor em 1 de janeiro desse ano, a atual taxa liberatória, de 28%, constante do n.º 1 do artigo 71.º do CIRS.

V.3.4.3. Aplicação no tempo e irretroatividade da lei fiscal

I – Como vimos, as normas transitórias de 1991, 1995 e 2001 procuraram ressalvar expectativas dos contribuintes que houvessem contratado no contexto de um regime fiscal mais favorável, garantindo a continuidade de aplicação desse regime aos contratos em vigor, pelo prazo inicialmente contratado e relativamente aos montantes de prémios ou entregas cuja obrigação de pagamento resultasse já, para o tomador do seguro, do contrato. A introdução dos preceitos transitórios prende-se, desta forma, com as problemáticas da irretroatividade da lei fiscal, bem como da segurança e tutela da confiança dos sujeitos passivos[317].

[317] Na verdade, as duas problemáticas surgem associadas, na medida em que a retroatividade da lei fiscal afetaria a certeza e segurança em que deve assentar a ordem jurídica – quer na

Logo aquando da publicação do regime de 1991 se verificou alguma polémica quanto ao sentido da norma transitória e à problemática da retroatividade do regime. Com efeito, entendia Rogério Fernandes Ferreira que, não obstante a letra da norma transitória, o regime introduzido pelo referido Decreto-Lei n.º 267/91 apenas seria aplicável *aos contratos celebrados após a sua entrada em vigor*, já que, de outra forma, teria efeito retroativo, afetando a confiança dos sujeitos passivos[318]. Contra esta perspetiva manifestou-se Manuel Faustino, para quem a norma de incidência tributária não seria retroativa, já que visava apenas os factos tributários (o pagamento ou colocação à disposição do rendimento, e não a celebração do contrato) posteriores à sua data de entrada em vigor[319]. Por seu turno, João Espanha parece sufragar um terceiro entendimento: o de que o facto tributário seria a *produção do rendimento*. Assim, ao incidir sobre rendimentos produzidos durante o ano de 1991 (ainda que só resgatados após 1 de janeiro de 1992) a norma seria retroativa[320].

perspetiva da sua estabilidade, quer na da previsibilidade – comprometendo a confiança dos cidadãos, que ao próprio ordenamento cumpre proteger.

318 Cfr. Rogério Fernandes Ferreira, "Enquadramento fiscal no setor segurador: resenha legislativa", *cit.*, p. 8, n. 14. Como refere o autor, «a possibilidade de uma interpretação (meramente literal) deste preceito implica a alteração do regime fiscal dos seguros de vida no decurso dos mesmos, podendo comprometer a estabilidade das carteiras das seguradoras e a satisfação de responsabilidades já assumidas para garantia de determinados compromissos, além de gerar uma desconfiança que pode pôr em causa a celebração de novos contratos e não ter em consideração uma das características fundamentais do seguro de vida – a do longo prazo de contratação» – *ibidem.*

319 Manuel Faustino, *IRS – Teoria e Prática, cit.*, pp. 151-153, n. 1. Como esclarece o autor, «o facto tributário [...] não é a celebração do contrato, mas sim o seu vencimento, resgate ou adiantamento antes de decorridos certos prazos». *Idem*, p. 153. Deste ponto de vista, o caráter insólito da norma transitória da Lei n.º 2/92 não terá sido a abrangência dos rendimentos pagos ou colocados à disposição após 1 de janeiro de 1992, mas antes a aplicação apenas a contratos celebrados a partir de 1 de janeiro de 1991.

320 Como refere o autor, «de "jure condendo" parece, de facto, que a melhor solução será tributar os rendimentos gerados a partir de 1 de janeiro de 1992, independentemente da data de celebração do contrato. Parece, assim, que a regra acaba por ser retroativa, não quanto à data de celebração do contrato, mas, outrossim, ao impor a tributação dos rendimentos gerados no ano de 1991» – João Espanha, *Do Regime Fiscal dos Produtos do Ramo Vida, cit.*, p. 16, n. 47. O autor assinala, não obstante, a «estranha medida» de o legislador ter salvaguardado os contratos celebrados até 1 de janeiro de 1991.

Que dizer? São, em regra, identificados pela doutrina, dois níveis ou graus de retroatividade: (1) a retroatividade forte, autêntica ou própria, que corresponde à circunstância de a lei nova pretender aplicar-se a factos tributários passados e que já produziram todos os seus efeitos no âmbito da lei antiga; e (2) a retroatividade fraca, inautêntica ou imprópria, que se verifica quando a lei nova pretender aplicar-se a factos tributários anteriores mas cujos efeitos – designadamente quanto à liquidação e pagamento – ainda não se produziram por completo no momento de entrada em vigor da lei nova[321]. Destas situações distingue-se uma outra, que não é de retroatividade e que alguma doutrina apelida de *retrospetividade*, reportando-se aos casos em que o facto tributário que a lei nova pretende regular na sua totalidade não ocorreu totalmente ao abrigo da lei antiga, mas continua formando-se na vigência da lei nova[322].

[321] Sobre a distinção, cfr. Manuel Faustino, "Retroatividade, retrospetividade e alguma serenidade", *Revista de Finanças Públicas e de Direito Fiscal*, Ano III, n.º 3, pp. 183-208; Nuno Sá Gomes, *Manual de Direito Fiscal*, Vol. II, Lisboa, CEF, 1996, pp. 414 ss.; Jónatas Machado e Paulo Nogueira da Costa, *Curso de Direito Tributário*, 2ª Ed., Coimbra, Coimbra Ed., 2012, pp. 73-74; José Casalta Nabais, *O Dever Fundamental de Pagar Impostos*, *cit.*, pp. 403 ss.; José Casalta Nabais, *Direito Fiscal*, *cit.*, pp. 150-151; Manuel Freitas Pereira, *Fiscalidade*, *cit.*, pp. 213-214; Sérgio Vasques, *Manual de Direito Fiscal*, *cit.*, pp. 293 ss.

[322] Cfr. Manuel Freitas Pereira, *Fiscalidade*, *cit.*, pp. 213-214, n. 350; Sérgio Vasques, *Manual de Direito Fiscal*, *cit.*, pp. 298 ss. Com relevância, atenda-se ao Ac. TC n.º 399/10, de 27/10/2010 – Procs. n.º 523 e 524/10 (Ana Guerra Martins), que constituiu um marco jurisprudencial significativo. No caso, o acórdão aprecia a inconstitucionalidade – face ao n.º 3 do artigo 103.º da CRP – de normas agravadoras do IRS, publicadas em junho de 2010 e que entraram em vigor no dia seguinte, suscitando a questão da retroatividade da sua aplicação a rendimentos auferidos desde janeiro de 2010. Ora, entendeu o TC que «dos trabalhos preparatórios da revisão constitucional de 1997 retira-se, por um lado, que o legislador da revisão apenas pretendeu incluir, no n.º 3 do artigo 103.º da CRP, a proibição da retroatividade autêntica, própria ou perfeita da lei fiscal», ou seja, a também chamada retroatividade forte. Assim, face à matéria objeto de apreciação, entendeu o TC que «nenhuma destas normas se pretende aplicar a factos tributários que tenham produzido todos os seus efeitos ao abrigo da lei antiga, pelo que não se verifica a retroatividade autêntica». O caso da matéria objeto do acórdão será antes qualificável como de retrospetividade, já que o IRS constitui um imposto periódico – incidindo sobre factos tributários de formação sucessiva – e que o período de tributação só se estabiliza em 31 de dezembro de cada ano, só então ficando completo o facto tributário sujeito a imposto. Está, pois, na perspetiva do TC, afastada a retroatividade. Cfr. http://www.tribunalconstitucional.pt/tc/acordaos/20100399.html. Criticamente, quanto à solução deste acórdão, António Carlos dos Santos, "Cada cor seu paladar: sobre a aplicação do princípio

Conforme se estabelece no n.º 1 do artigo 36.º da LGT, a relação jurídica tributária constitui-se com o facto tributário. Ora, no caso dos rendimentos de capitais o facto tributário corresponde ao momento da perceção dos rendimentos (colocação dos mesmo à disposição do respetivo titular, nos termos da alínea b) do n.º 3 do artigo 7.º do CIRS), ou seja, o momento do resgate, vencimento ou adiantamento. Desta forma, sendo o regime alterado com efeito imediato, apenas são abrangidos os *factos tributários futuros*. Não há aqui, portanto, qualquer retroatividade, ou sequer *retrospetividade*[323].

II – A problemática, porém, não se esgota aí. Com efeito, questão diversa da retroatividade é a da segurança e da tutela da confiança dos contribuintes[324]. Ora, cada um dos regimes referidos (1991, 1995 e 2001) salvaguardou, de algum modo, as expectativas dos sujeitos passivos já vinculados por contratos de longo prazo. Porém, as recentes alterações à taxa liberatória deixaram de ter esse cuidado, o que vem trazer nova atualidade à discussão sobre a conformidade à CRP dessas alterações de taxa[325].

da irretroatividade às taxas e escalões de IRS", *Revista de Finanças Públicas e de Direito Fiscal*, Ano III, n.º 4, pp. 287-302.

323 Estando em causa factos tributários de formação instantânea (atento o caráter liberatório da tributação), a questão seria diversa se a taxa fosse alterada com efeitos anteriores à data de publicação dessa alteração. Aí – para além de uma evidente dificuldade de operacionalização prática – seria de entender-se haver retroatividade forte, constitucionalmente vedada. Neste sentido, quanto a situação análoga, Paula Rosado Pereira, "O princípio da não retroatividade da lei fiscal no campo da tributação autónoma de encargos", *Revista de Finanças Públicas e Direito Fiscal*, Ano IV, n.º 2, pp. 217-224; e Paula Rosado Pereira, "Novamente a questão da retroatividade da lei fiscal no campo da tributação autónoma de encargos", *Revista de Finanças Públicas e Direito Fiscal*, Ano IV, n.º 3, pp. 267-273.

324 O princípio da segurança e da confiança assenta em critérios materiais – violação, de forma intolerável, da segurança jurídica e da confiança das pessoas na ordem jurídica – fundados no Estado de direito democrático, consagrado no artigo 2.º da CRP.

325 Antes da revisão constitucional de 1997 – que consagrou, no n.º 3 do artigo 103.º da CRP, o princípio da irretroatividade da lei fiscal – o TC fundamentava o princípio da proibição dessa retroatividade no princípio da segurança e da confiança (cfr., p. ex., Ac. TC n.º 67/91, de 09/04/1991 – Proc. n.º 67/91 (Vítor Nunes de Almeida), disponível em http://www.tribunalconstitucional.pt/tc/acordaos/19910067.html). Mesmo após a revisão de 1997, o princípio da segurança e da confiança continua a relevar, sobretudo nos casos em que se considere que uma dada norma não viola o princípio da irretroatividade da lei fiscal.

Não cabendo aqui um aprofundamento do debate nesta matéria, cumpre, não obstante, referenciar a orientação atualmente seguida pelo TC. Assim, perante os requisitos da tutela constitucional da confiança[326], entendeu o TC, no referido Ac. n.º 399/10, que os mesmos não se verificavam relativamente ao agravamento das taxas de imposto a meio do período de tributação. Não cumprindo analisar em detalhe a fundamentação do TC (até porque a mesma não é extrapolável para o caso que ora nos ocupa), a verdade é que a perspetiva restritiva adotada pelo TC no referido acórdão não deixa margem de abertura para um entendimento mais generoso relativamente à sucessão de regimes e taxas de tributação de rendimentos de capitais de seguros. Acaba, aliás, por concluir o TC que «o grau de tolerância da medida legislativa tomada face ao princípio da confiança é diretamente correspondente ao grau de relevância do interesse público constitucionalmente tutelado»[327], pelo que tais medidas estariam justificadas pelo interesse público na obtenção de receita fiscal para equilíbrio das contas do Estado.

V.3.5. Operacionalização da regra

V.3.5.1. O cômputo dos prazos

Questão nunca inteiramente digerida foi a da contagem dos prazos de 5 e 8 anos (inicialmente, 7 anos) de vigência do contrato. Com efeito, na redação atual, o n.º 3 do artigo 5.º refere «após cinco e *antes de* oito anos de vigência...» (alínea a)) e «*depois* dos primeiros oito anos de vigência do contrato» (alínea b)). Aparentemente, haveria uma dificuldade quando

[326] O Ac. TC n.º 128/2009 – Proc. n.º 772/2007 (Maria Lúcia Amaral) estabeleceu quatro requisitos ou "testes" cumulativos de que depende essa tutela: «é necessário, em primeiro lugar, que o Estado (mormente o legislador) tenha encetado comportamentos capazes de gerar nos privados "expectativas" de continuidade; depois, devem tais expectativas ser legítimas, justificadas e fundadas em boas razões; em terceiro lugar, devem os privados ter feito planos de vida tendo em conta a perspetiva de continuidade do "comportamento" estadual; por último, é ainda necessário que não ocorram razões de interesse público que justifiquem, em ponderação, a não continuidade do comportamento que gerou a situação de expectativa». Cfr. http://www.tribunalconstitucional.pt/tc/acordaos/20090128.html.

[327] Cfr. http://www.tribunalconstitucional.pt/tc/acordaos/20100399.html.

o contrato tivesse precisamente 8 anos[328]. Daí, aliás, ter-se generalizado no mercado a celebração de contratos por "oito anos e um dia" (ou "cinco anos e um dia").

Vejamos. A LCS estabelece, na alínea i) do n.º 2 do artigo 37.º, que da apólice devem constar, designadamente, o início de vigência do contrato, com indicação de dia e hora, e a sua duração. Por seu turno, o artigo 39.º do mesmo diploma determina que, salvo convenção em contrário, o contrato de seguro produz efeitos a partir das 0 horas do dia seguinte ao da sua celebração. Em regra – e exceto casos pontuais de seguros de puro risco e de curta duração –, o início de vigência do contrato de seguro reporta-se às 0 horas de um determinado dia (por exemplo, dia 1 de janeiro do ano *n*). Neste exemplo, o contrato completa uma anuidade às 24 horas do dia 31 de dezembro do ano *n*, iniciando simultaneamente a segunda anuidade (0 horas do dia 1 de janeiro do ano *n+1*).

Assim, se um contrato de seguro financeiro iniciar vigência às 0 horas do dia 1 de janeiro do ano *n* e for celebrado pelo prazo de oito anos, atingirá o termo às 24 horas do dia 31 de dezembro do ano *n+7*. Neste caso, portanto, o vencimento não ocorre *antes* dos primeiros 8 anos de vigência do contrato, mas necessariamente *depois*. Para o efeito, não é necessário acrescentar-se um dia (24 horas) ao prazo contratual, sendo certo que o vencimento e respetiva liquidação sempre se produzirão *fora* do período dos oito anos iniciais do contrato[329]. Em suma, não há qualquer vazio temporal entre os dois períodos de tributação[330].

[328] Segundo Duarte Galhardas, «constata-se assim que existe um vazio temporal quando o resgate se efetua nos 8 anos exatos» – Duarte Galhardas, "A tributação em sede de imposto sobre o rendimento dos regimes complementares de segurança social", *cit.*, p. 46, n. 11.

[329] Em abono do que afirmamos, analise-se o teor da disposição que estende o regime do n.º 3 do artigo 5.º a investimentos de outra natureza (depósitos ou quaisquer aplicações em instituições financeiras ou títulos de dívida pública): n.º 1 do artigo 20.º-A do EBF. É aí clara a intenção do legislador de que se verifique uma *imobilização mínima* de 5 anos (completos, mas não mais do que isso) e de que o vencimento da remuneração ocorra *no final do período* contratualizado. A exigência de um dia adicional ao prazo contratual não encontra, portanto, qualquer respaldo na lei fiscal.

[330] No exemplo dado, se o resgate ocorrer durante o dia 31 de dezembro do ano *n+7*, só 1/5 do rendimento está excluído de tributação. Se ocorrer durante o dia seguinte (1 de janeiro do ano *n+8*), verificar-se-á após os primeiros oito anos, pelo que 3/5 do rendimento ficam excluídos de tributação.

V.3.5.2. *Apuramento dos 35%*

I – Como vimos, o n.º 3 do artigo 5.º do CIRS faz depender as exclusões parciais de tributação, quer da duração do contrato à data do resgate ou vencimento, quer do relativo equilíbrio – quanto ao valor e à sua distribuição no tempo – do pagamento de prémios. Desde logo, o patamar mínimo de acesso a este regime mais favorável depende: de o contrato ter mais de 5 anos à data do resgate ou vencimento e de, cumulativamente, terem sido pagos 35% da totalidade dos prémios na primeira metade de vigência do contrato.

Neste contexto, pode questionar-se o sentido da expressão *primeira metade de vigência do contrato*. Defende Teresa Soares Gomes que «nos contratos com termo certo e previamente fixado, metade da sua vigência é metade do período esperado de duração do mesmo, ainda que não decorrido»[331]. Porém, não esclarece se, a seu ver, o cômputo dos 35% deverá fazer-se em função dos prémios efetivamente pagos ou, antes, dos que o tomador se vinculou a pagar durante o contrato. No primeiro caso, haveria que esperar pelo fim do contrato para verificar a condição, o que seria absurdo[332]. No segundo caso, o exercício seria inútil, já que

[331] Teresa Soares Gomes, "O agravamento crescente dos seguros de vida com componente de investimento", *cit.*, p. 71. Acrescenta a autora que «contudo, nos contratos renováveis anualmente, em que um período de duração esperada não possa ser determinado, deve considerar-se como primeira metade do período de vigência do contrato metade do tempo decorrido até à data em que se verifica o resgate ou adiantamento». *Ibidem*. Também, aparentemente, neste sentido, Maria Inês Oliveira Martins, "Regime de tributação dos planos de pensões "qualificados", no momento da atribuição de rendimentos aos participantes beneficiários de direitos adquiridos", *cit.*, p. 162. Por seu turno, João Espanha refere, para efeito da contagem dos 35%, que «a vida (vigência) do contrato será o prazo decorrido entre a data de emissão da apólice e a data da cessação do contrato, independentemente do motivo da mesma, i.e., a vigência tanto se contará até ao resgate total do capital seguro como até ao termo do prazo do contrato (no caso do pagamento no termo do prazo, com ou sem resgates parciais), pois ambos estes eventos fazem cessar o contrato» – João Espanha, *Do Regime Fiscal dos Produtos do Ramo Vida*, *cit.*, p. 16, n. 46. O autor não atende à necessidade de contagem dos 35% no momento de cada resgate parcial, não sendo, portanto, claro, se subscreve posição idêntica à de Teresa Soares Gomes.

[332] Exemplificando: se um contrato foi celebrado por 40 anos, a primeira metade, na perspetiva da autora, seria 20 anos após a data de início. Ora, para sabermos se, ao fim de 20 anos, o tomador do seguro pagou 35% da totalidade dos prémios, teríamos de esperar pelo final do contrato (40 anos). Só então saberíamos se a regra dos 35% na primeira metade havia sido

o resultado da projeção seria sempre previsível mas não asseguraria o cumprimento dos objetivos da norma[333].

Em qualquer dos casos, esta perspetiva colide com a *ratio* do regime, já que favoreceria a subscrição de contratos com um prazo curto, quando o regime visa precisamente incentivar a poupança de médio/longo prazo, sendo tanto mais favorável quanto mais longo for o prazo. Finalmente, esta perspetiva também não se articula com a coerência do regime: se, para o apuramento da parcela do rendimento a excluir de tributação, o preceito conta o número de anos decorridos entre o início do contrato e a data do resgate, faz todo o sentido que o mesmo critério seja utilizado para contar a *primeira metade de vigência do contrato* e o cômputo dos 35%.

Face ao exposto, consideramos que do preceito em análise claramente resulta que a primeira metade de vigência do contrato há de apurar-se pelo período decorrido entre a respetiva data de início e a data do resgate, sendo o cômputo dos 35% efetuado em função de *todos os prémios* efetivamente pagos e não estornados no âmbito do contrato, tenham eles caráter periódico ou suplementar[334].

II – Questão diversa é a de saber se os montantes de prémios considerados "resgatados" em resgates parciais anteriores hão-se ser abatidos, para efeito de aplicação do regime e do cômputo dos 35%, ao total de prémios pagos[335]. Sobre esta matéria, pensamos que a resposta não poderá deixar

cumprida. Esta interpretação retiraria todo o efeito prático ao regime, sendo aplicável apenas às operações de *vencimento* e nunca às de *resgate* ou de *adiantamento* (operações estas que se verificam necessariamente antes do termo contratual).

[333] Exemplificando: se o tomador do seguro se obrigou a pagar € 500,00 por ano durante 30 anos, a projeção para o futuro do pagamento dos prémios levará necessariamente a concluir que, na primeira metade de vigência do contrato, terá pago 50% da totalidade dos prémios. Porém, para além de inútil, esta projeção é enganosa, já que, a todo o tempo, o tomador poderá suspender o pagamento dos prémios (a generalidade dos contratos de seguro do ramo "Vida" admite esta possibilidade, entrando o contrato em situação de *redução*) ou efetuar entregas suplementares, afetando o equilíbrio da distribuição dos prémios visado pelo regime.

[334] Neste sentido, Manuel Faustino, *Imposto Sobre o Rendimento das Pessoas Singulares (IRS) nos Seguros, nos PPR e Fundos de Pensões, cit.*, p. 21.

[335] Matéria relacionada com esta é a consideração, não só do abatimento dos prémios tidos por "resgatados" em resgates parciais anteriores, mas do próprio recálculo da data de início do contrato – para efeito do cômputo da primeira metade e aferição dos 35% – que passaria a corresponder à data de pagamento do prémio mais antigo não totalmente "resgatado".

de ser negativa. Por um lado, porque da letra do preceito nada resulta nesse sentido, não havendo fundamento para que se assuma uma interpretação que não encontra qualquer correspondência verbal na letra da lei (n.º 2 do artigo 9.º do CC). Por outro lado, porque a medida resultaria injusta para tomadores de seguros que houvessem tido possibilidade de efetuar um resgate total com a máxima exclusão de tributação admitida pelo preceito e que, não aproveitando essa possibilidade, houvessem efetuado apenas um resgate parcial – podendo comprometer, desta forma, a exclusão de tributação sobre o resgate seguinte[336]. Mas as questões suscitadas pelos resgates parciais são bem mais complexas, merecendo atenta análise.

V.3.5.3. Dificuldades dos resgates parciais

I – Considerando a divisão estruturante, na gestão de seguros do ramo vida, entre prémios periódicos e suplementares, a aplicabilidade de vários regimes a um mesmo contrato obriga o segurador à separação de subcontas, cada uma delas com o seu histórico de prémios, saldos e resgates parciais anteriores. Assim, nas situações mais complexas (prémios periódicos com aumentos superiores ao inicialmente contratado,

Embora não subscrevamos o entendimento de que este procedimento decorra da letra ou do espírito do preceito – ou que corresponda tampouco a uma operacionalização coerente do respetivo regime – ela encontra acolhimento, relativamente à operacionalização dos reembolsos dos PPR, na Norma Regulamentar n.º 5/2003-R, de 12 de fevereiro, da ASF, que analisaremos adiante.

[336] Exemplificando: pensemos num seguro financeiro com início em 01/01/2014, em que o tomador houvesse pago € 1.000,00 por ano (prémios periódicos). Em caso de resgate total em 2022, os rendimentos de capitais seriam tributados à taxa efetiva de 11,2%. Porém, se, em 2022, em vez de um resgate total, o tomador optasse por efetuar um resgate parcial que incidisse sobre os prémios dos 5 primeiros anos de vigência do contrato – e se essas entregas "resgatadas" fossem abatidas ao total de prémios pagos para efeito do cômputo dos 35% – então o contrato deixaria, após o referido resgate parcial, de ter pelo menos 35% dos prémios pagos na sua primeira metade de vigência (na verdade, todos os prémios não "resgatados" teriam sido pagos na segunda metade de vigência do contrato). O que significa que, no resgate seguinte, se efetuado no curto prazo, os rendimentos seriam tributados à taxa de 28%, não beneficiando de qualquer exclusão de tributação. Ou seja, a interpretação acima referida premiaria e incentivaria os resgates totais relativamente aos parciais, o que é precisamente contrário aos objetivos do regime: aliciar a constituição de instrumentos de poupança e a permanência dessa poupança.

acrescidos de prémios suplementares), podem existir contratos com 6 subcontas[337].

As dificuldades técnicas e os custos de implementação de cada novo regime são evidentes do lado do segurador. Do prisma do sujeito passivo destaca-se a incapacidade para apreender a aplicação simultânea de vários regimes e a falta de transparência de que a operação tributária se reveste. Do lado da AT, ressaltam dificuldades de apreensão das especificidades dos contratos em causa, da respetiva gestão e do modo como cada segurador, no seu contexto contratual, técnico e informático, operacionaliza a tributação dos rendimentos de capitais.

Na verdade, sendo a gestão técnica e informática dos contratos anterior, em muitos casos, ao primeiro regime tributário, a operacionalização deste (e dos seguintes) e a articulação do(s) mesmo(s) com os parâmetros daquela gestão levou a que o regime de tributação se encontrasse operacionalizado de formas diferentes entre os vários seguradores, sobretudo no que respeita aos resgates parciais. Assim, enquanto alguns seguradores têm a possibilidade técnica de isolar o rendimento respeitante a cada prémio, fazendo uma imputação real do rendimento de capitais em cada operação de resgate parcial[338], outros seguradores não têm essa possibilidade técnica.

Nestes últimos casos, e no que respeita aos seguros de capitalização, a gestão do contrato não é feita prémio a prémio, sendo o contrato gerido como uma conta (eventualmente com subcontas correspondentes a cada regime fiscal aplicável) onde está aglutinada a totalidade dos prémios, líquidos de encargos, acrescida do respetivo rendimento, que, no caso dos juros compostos, é sucessivamente capitalizado, e, portanto gerador de mais rendimento. Nestas situações, *não é tecnicamente possível* ao segurador discriminar, em cada operação de resgate parcial, qual a parcela de prémio e qual a parcela de rendimento que estão a ser resgatados, numa ótica de imputação real do rendimento[339].

[337] Ou seja, 3 regimes fiscais x 2 tipos de prémios.

[338] Nestas situações é, em regra, seguido o método FIFO (*first in, first out*) e não o LIFO (*last in, first out*).

[339] Para obviar a situação análoga, no âmbito (sobretudo) de seguros de grupo de capitalização coletiva, o artigo 26.º do CIRS dispõe que «quando nos rendimentos previstos no n.º 3) da alínea b) do n.º 3 do artigo 2.º não puder ser discriminada a parte correspondente às contribuições efetuadas pela entidade patronal, considera-se rendimento do trabalho dependente

Perante este constrangimento, tem sido prática do mercado segurador – contando, aliás, com a compreensão e tolerância da AT – considerar que cada resgate parcial corresponde prioritariamente a um reembolso de capital investido e que, apenas quando o total de prémios brutos pagos se encontra excedido, se verifica uma liquidação de rendimento, só então sujeito a tributação[340] [341].

II – Sobre o regime tributário dos rendimentos em caso de resgate parcial de seguros de vida de capitalização, foi emitido pelo CEF o Parecer n.º 59/2005, de 18 de julho, segundo o qual não haverá na lei fundamento

a importância determinada com base em tabela aprovada por portaria do Ministro das Finanças» (cfr. a já citada Portaria n.º 543/2000). Ao permitir discriminar, a partir da referida tabela, a parte do valor liquidado que corresponde a rendimento da categoria A (prémios pagos pela entidade patronal), o preceito permite apurar o rendimento de capitais (este corresponde ao valor resgatado deduzido dos prémios pagos).

340 Referindo a adoção desta prática por alguns seguradores, João Espanha, *Do Regime Fiscal dos Produtos do Ramo Vida, cit.*, p. 16, n. 48. O autor invoca uma interpretação literal na base de tal procedimento: se a matéria coletável corresponde à diferença entre o valor recebido e o prémio pago, então só quando os resgates parciais excedessem o prémio pago haveria matéria coletável a tributar – *ibidem*. Apontando também para uma solução deste tipo, Duarte Galhardas, "A tributação em sede de imposto sobre o rendimento dos regimes complementares de segurança social", *cit.*, p. 47.

341 Considerando que: MC = matéria coletável atual; MCA = soma das matérias coletáveis anteriores; R = resgate atual; RA = soma dos resgates anteriores; e P = total de prémios pagos – então a operação de apuramento da matéria coletável em cada resgate pode ser traduzida pela seguinte fórmula: MC = R + RA – P – MCA. Atendendo a que cada regime fiscal implica diferentes taxas de imposto efetivas, um contrato sujeito a vários regimes fiscais, nos termos analisados, deve ser gerido em subcontas, sendo a operação de apuramento da matéria coletável efetuada subconta a subconta, da mais antiga para a mais recente (método FIFO). Exemplificando: num contrato abrangido pelos regimes fiscais de 1991, 1995 e 2001, os resgates parciais são prioritariamente imputados à subconta respeitante ao regime de 1991 e só depois de esgotado o respetivo saldo (capital + rendimento) passam a ser imputados à subconta de 1995, e assim sucessivamente. Duarte Galhardas adota uma solução de operacionalização parecida com a que acima enunciamos, mas em vez de abater matérias coletáveis anteriores, abate o próprio imposto anteriormente retido – Duarte Galhardas, "A tributação em sede de imposto sobre o rendimento dos regimes complementares de segurança social", *cit.*, p. 46, n. 11. Ora, esta solução só seria viável se a taxa efetiva de imposto se mantivesse constante, o que não é o caso (não só em virtude das exclusões parciais de tributação, que fazem baixar essa taxa em função da antiguidade do contrato, mas em virtude também das alterações recentes que tem sofrido a taxa de retenção liberatória).

para um tratamento desigual «das colocações à disposição totais ou parciais do rendimento sujeito a imposto»[342].

Assim, sustenta-se aí que «ocorrendo um resgate parcial haverá *necessariamente* lugar ao apuramento de um quantitativo a título de rendimento de capitais gerado pelo contrato de seguro, atualmente imputável ao valor da parcela do prémio que está a ser reembolsada»[343]. Quanto ao método de apuramento do rendimento em cada resgate parcial, o Parecer aponta para a imputação real, tomando cada prémio – ou conjunto de prémios – "resgatado(s)" e respetivo rendimento como um contrato autónomo, a que seria aplicado o regime do n.º 3 do artigo 5.º na sua globalidade[344]. Importa, porém, sublinhar a contradição entre o método preconizado – que parece, aliás, ter algum apoio na letra da lei[345] – e o objetivo pretendido, já que só o método de *proporcionalidade* (e não o de *imputação real*) garante *necessariamente* a tributação de cada resgate parcial (desde que o contrato, no seu todo, verifique um saldo superior aos prémios pagos)[346].

[342] Parecer n.º 59/2005, de 18 de julho, do CEF, p. 10. É de sublinhar o vício argumentativo: o que está em causa é precisamente saber *se existe colocação à disposição de rendimento* num resgate parcial inferior ao montante de prémios pagos, e não se uma colocação à disposição parcial de rendimento deve ser tributada.

[343] Parecer n.º 59/2005, *cit.*, p. 11 (sublinhado nosso). Manifestando-se no sentido desta solução, João Espanha, *Do Regime Fiscal dos Produtos do Ramo Vida, cit.*, p. 16.

[344] Como se refere no Parecer, «[...] no caso de resgate parcial, deve considerar-se a relação contratual que permitiu e regulou esse resgate, incluindo quanto à respetiva parcela do capital investido de que o rendimento resgatado proveio, como um contrato autónomo, aplicando-se-lhe o regime do n.º 3 do artigo 5.º do CIRS, *in totum* (quer quanto ao facto tributário, quer quanto à formação do rendimento líquido sujeito a tributação, a partir da diferença entre o investimento e os retornos, positivos e negativos, quer quanto ao pressuposto da dimensão do capital total investido na primeira metade da vida do contrato, de que depende a exclusão parcial de rendimento da tributação em IRS, quer quanto ao pressuposto temporal adicional dessa mesma exclusão)[...]». Parecer n.º 59/2005, *cit.*, p. 12.

[345] O n.º 3 do artigo 5.º diz que são «rendimentos de capitais a diferença positiva entre os *montantes pagos* [...] e os *respetivos* prémios», parecendo, portanto, apelar para uma imputação real prémio a prémio.

[346] O método proporcional traduz-se em apurar a proporção entre o *saldo* do contrato (ou da subconta respeitante a cada regime fiscal) e os *prémios* pagos no contrato (ou na subconta em causa), e aplicar essa proporção ao valor parcialmente resgatado. Ora, num contrato a prémio único em que se pretendesse efetuar um resgate parcial de valor inferior ao prémio pago, o método da imputação real levaria à não tributação, já que não haveria diferença positiva

Em qualquer caso, o Parecer preconiza que a impossibilidade técnica e atuarial para apurar um rendimento de capitais em cada resgate parcial não poderia servir de fundamento para a não aplicação do regime tributário. Assim, a não conformação técnica do contrato de seguro com o princípio injuntivo da necessária tributação dos resgates parciais levaria a que o mesmo não pudesse beneficiar das exclusões de tributação que o n.º 3 do artigo 5.º prevê[347].

Finalmente, sustenta o Parecer a insólita perspetiva de que, não tendo um dado resgate parcial esgotado, de acordo com o método referido, o capital investido, o montante de capital não resgatado deveria ser considerado *como um novo prémio*, pago no momento do resgate, com todas as inerentes consequências[348].

Embora, no essencial, as conclusões do Parecer fossem sancionadas por despacho do Secretário de Estado dos Assuntos Fiscais (SEAF), subsistindo dúvidas quanto à operacionalização do regime, o Despacho do SEAF n.º 686/2007-XVII propôs que a missão de um grupo de trabalho já constituído fosse alargada à análise da tributação dos resgates parciais, visando a clarificação do regime e a harmonização das práticas dos seguradores. Não é conhecido o respetivo relatório final.

entre o valor resgatado e o prémio pago. Só o método proporcional permitiria a tributação, na medida em que o rendimento existente no contrato (ou na subconta) à data do resgate seria proporcionalmente imputado ao montante resgatado parcialmente.

347 Parecer n.º 59/2005, *cit.*, p. 11.

348 «Nos casos em que aquela parcela respetiva do capital permanecer investida (no todo ou em parte), [considera-se] haver no valor que como tal permaneça e no preciso momento do resgate parcial uma nova entrada de capital feita pelo tomador do seguro na relação contratual inicial» – Parecer n.º 59/2005, *cit.*, p. 12. Esta perspetiva afigura-se profundamente injusta, desprovida de qualquer apoio no texto ou no espírito da norma e contrária mesmo à sua teleologia. Exemplifique-se com um seguro a prémio único, com início em 1994, em que, portanto, à data de hoje há total exclusão de tributação sobre o rendimento de capitais: segundo decorre do Parecer, se o tomador do seguro efetuar um resgate total estará totalmente excluída a tributação de IRS, mas se efetuar um resgate parcial que não esgote o capital investido, o capital remanescente será considerado um novo prémio (como tal, sujeito ao regime atualmente vigente e que só gozará de beneficiação fiscal, pelo menos, após o decurso de 5 anos, para além de afetar negativamente o cômputo dos 35% de prémios na primeira metade do contrato). Esta perspetiva constituiria, assim, um incentivo ao resgate total, quando os objetivos do regime assentam precisamente no incentivo à manutenção da poupança.

V.3.5.4. Os seguros de grupo

Relativamente aos seguros de grupo de capitalização, pode suscitar-se a questão de saber se, para contagem do início do contrato e dos 35% de prémios pagos, deverá considerar-se a unidade do contrato (seguro de grupo), independentemente da data e dos prémios concretos de cada uma das adesões, ou se, diversamente, deverá a análise ser efetuada tendo como unidade cada adesão em concreto (atendendo à data de início da mesma e à respetiva distribuição temporal dos prémios).

Sobre esta matéria, a letra do n.º 3 do artigo 5.º atende à *vigência do contrato*. Ora, no caso do seguro de grupo – e à luz dos artigos 76.º ss. da LCS – as adesões não assumem autonomia contratual, não obstante o facto de, nos seguros de grupo contributivos, os aderentes beneficiarem de um leque de direitos em certa medida equiparado ao dos tomadores de seguros individuais (artigos 86.º ss. da LCS)[349]. Assim, a *vigência do contrato* corresponde à do *seguro de grupo* como um todo. Por outro lado, também o equilíbrio temporal das entregas fica salvaguardado no contexto da globalidade do contrato.

De resto, uma análise adesão a adesão suscitaria problemas operacionais complexos no caso de o contrato ser gerido em regime de capitalização coletiva (sendo as alocações a favor dos aderentes feitas apenas aquando do resgate), nas situações de realocações entre aderentes ou verificando-se o resgate a favor do tomador do seguro.

[349] Sobre os seguros de grupo, cfr. Luís Poças, *O Dever de Declaração Inicial do Risco no Contrato de Seguro, cit.*, pp. 634 ss.; e Margarida Lima Rego, *Contrato de Seguro e Terceiros, cit.*, pp. 787 ss. Como refere esta autora, «em primeiro lugar, o contrato de seguro de grupo é *um contrato* – com a tónica no número *um* – e não uma união ou qualquer outro agregado de contratos. E é um *contrato de seguro* – e não um contrato-quadro ou qualquer outro instrumento preparatório da celebração de um ou mais contratos de seguro. [...] Com estas duas características se relaciona uma terceira [...]: o contrato de seguro de grupo é um contrato com um único tomador – o subscritor – os participantes *não são* tomadores de um seguro de grupo» – Margarida Lima Rego, *idem*, pp. 788-789. Cfr. também Margarida Lima Rego, "Seguros coletivos e de grupo", *in* Margarida Lima Rego (Coord.), *Temas de Direito dos Seguros*, 2ª Ed., Coimbra, Almedina, 2016, pp. 425 ss. Não subscrevemos, porém, o requisito adicional da pluralidade de *segurados*, defendido pela autora (Margarida Lima Rego, *Contrato de Seguro e Terceiros, cit.*, pp. 791 ss.), em virtude de, no domínio dos seguros de vida, não reconhecermos autonomia à noção de *segurado* senão como sinónimo de *pessoa segura* (cfr., desenvolvidamente, Luís Poças, *O Dever de Declaração Inicial do Risco no Contrato de Seguro, cit.*, pp. 539 ss.).

V.3.5.5. Entidades não residentes

As regras de retenção liberatória na fonte do CIRS apenas são aplicáveis quando a entidade que coloca à disposição o rendimento tem sede ou estabelecimento estável em Portugal (ainda que o sujeito passivo não seja residente), mas já não quando essa entidade seja não residente, ainda que atue em regime de livre prestação de serviços[350].

Assim, um residente em Portugal que firme um contrato equivalente com uma entidade não residente será, em primeira linha, tributado segundo as regras do Estado onde for disponibilizado o rendimento. Deverá depois declarar esses rendimentos em Portugal (n.º 1 do artigo 15.º do CIRS), mas, na falta de dispositivo legal ou declarativo que permita a tributação autónoma dos mesmos, ficará obrigado ao respetivo englobamento e privado, portanto, do privilégio tributário estabelecido no n.º 3 do artigo 5.º. Verifica-se, assim, uma discriminação fiscal contra os seguradores não residentes, a qual afronta a Liberdade de Estabelecimento e Prestação de Serviços, uma das traves mestras do Direito da UE[351]. A solução, para o sujeito passivo, passará pela apresentação de reclamação graciosa – e, em caso de indeferimento, impugnação judicial – contra a liquidação do IRS, pedindo a devolução do imposto pago em excesso face ao enquadramento do n.º 3 do artigo 5.º do CIRS.

V.3.6. O regime dos PPR

Fizemos já oportunamente referência aos PPR e ao seu enquadramento no domínio da dedução à coleta dos prémios ou contribuições a eles destinados. Mencionámos, a propósito, que a dedutibilidade dos prémios fica dependente, na rigidez do regime aplicável, de o respetivo reembolso – expressão que, no contexto dos PPR, engloba operações correspondentes ao resgate, vencimento e sinistro – respeitar as circunstâncias legalmente definidas.

[350] Ricardo Seabra Moura e Francisco Cabral Matos, "O estranho caso da tributação dos seguros de vida", *cit.*, pp. 62-63. Também apontando as dificuldades práticas do regime, João Espanha, "Life insurance...", *cit.*, p. 141, n. 4.

[351] Ricardo Seabra Moura e Francisco Cabral Matos, "O estranho caso da tributação dos seguros de vida", *cit.*, pp. 63 ss. Os autores corroboram, aliás, a sua perspetiva com referências à jurisprudência da UE.

Identificámos então o elenco dessas circunstâncias, em que o reembolso é fiscalmente lícito (o que designámos por reembolso *dentro das condições legais*). Em contrapartida, como então referimos, o reembolso fora de tais circunstâncias, embora contratualmente *possível*, corresponde a um comportamento fiscalmente indesejado e, portanto, ilícito, merecendo a censura do Direito e sendo, consequentemente, cominado com a devolução do benefício fiscal, majorada com uma penalização severa.

Referimos também a circunstância de o RJPPR ter sido regulamentado pela Norma Regulamentar n.º 5/2003-R, que ampliou inovadoramente o leque de situações de reembolso dentro das condições legais.

É agora o momento de regressarmos ao regime dos PPR a propósito da tributação do rendimento gerado (rendimento de capitais). Ora, também neste domínio vamos encontrar um regime bipartido, entre os casos de reembolso lícito (dentro das condições legais) e os de reembolso ilícito (fora das condições legais).

V.3.6.1. Reembolso dentro das condições legais

I – Relativamente aos casos de reembolso fiscalmente lícito, estabelece a alínea b) do n.º 3 do artigo 21.º do EBF que as importâncias pagas pelos fundos de poupança-reforma, mesmo nos casos de reembolso por morte do participante, ficam sujeitas a tributação de acordo com as regras aplicáveis aos rendimentos da categoria E de IRS, incluindo as relativas a retenções na fonte, em caso de reembolso total ou parcial, incluindo os que sejam efetuados com natureza prestacional, durante um período não superior a dez anos, devendo, todavia, observar-se o seguinte: (1) a matéria coletável é constituída por dois quintos do rendimento; e (2) a tributação é autónoma, sendo efetuada à taxa de 20%. Acrescenta o n.º 8 do mesmo artigo que este benefício é aplicável às entregas efetuadas pelas entidades empregadoras em nome e a favor dos seus trabalhadores.

Temos, assim, vários termos de comparação – e de distinção – face às regras de tributação que identificámos no contexto do n.º 3 do artigo 5.º do CIRS. Desde logo, o regime dos PPR corresponde a um verdadeiro benefício fiscal, com a natureza excecional que o caracteriza, enquanto a vantagem fiscal resultante do n.º 3 do artigo 5.º se situa no quadro do regime geral de IRS.

Vejamos outras divergências de regime.

II – Outra particularidade da disciplina dos PPR – que justifica a expressa ressalva, no n.º 3 do artigo 21.º do EBF, a «mesmo nos casos de reembolso por morte do participante» – é a de, não distinguindo operações de resgate, vencimento e sinistro (englobando todas elas na designação comum de *reembolso*) sujeitar indistintamente a tributação os rendimentos de capitais envolvidos em todos os tipos de reembolso, quando o n.º 3 do artigo 5.º do CIRS não abrange as operações de sinistro. Esta diferença resulta da adoção de perspetivas distintas de enquadramento entre PPR e seguros de vida.

Assim, seguindo uma lógica tortuosa e falha de coerência e de rigor jurídico, considera o RJPPR que o participante detém um direito real (propriedade) sobre o próprio PPR (e nem sequer sobre os fundos inerentes ao mesmo). Daí as referências a que «por força do regime de bens do casal o PPR/E seja um bem comum» (n.º 6 e alínea b) do n.º 7 do artigo 4.º); ou de um *reembolso* exigido pelos herdeiros, em caso de morte do participante (ou do próprio cônjuge do participante).

Já quanto aos seguros de vida, com o pagamento dos prémios, a titularidade do respetivo valor transfere-se para a esfera do segurador. O tomador do seguro conserva, não um direito real (propriedade) sobre esse valor, mas um direito de crédito traduzido no direito ao resgate. Em caso de morte da pessoa segura, há um direito de crédito que nasce – por via contratual (contrato a favor de terceiro), e não sucessória – na esfera dos beneficiários designados. Ora, esse crédito ao capital (*lump sum*) por morte integra já o valor equivalente ao "rendimento de capitais", assumindo o mesmo enquadramento fiscal, que analisaremos adiante. Daí que, no domínio dos seguros de vida, a operação de sinistro não esteja contemplada entre aquelas que estão na base da tributação de rendimentos de capitais.

III – Conforme referido, a tributação do rendimento de capitais nos PPR abrange os casos de reembolso total ou parcial, à semelhança das operações de resgate total ou parcial dos seguros de vida com componente de investimento. Porém, no caso dos PPR incluem-se também os reembolsos que sejam efetuados *com natureza prestacional*, durante um período não superior a dez anos.

Trata-se aqui de uma referência aos reembolsos utilizados para pagamento de prestações de contratos de crédito garantidos por hipoteca sobre imóvel destinado a habitação própria e permanente do participante (alínea g) do n.º 1 do artigo 4.º do RJPPR).

O RJPPR não sujeita a um limite temporal o reembolso de PPR para este efeito, esclarecendo o n.º 3 do artigo 5.º deste regime que esse reembolso se destina ao pagamento de prestações vencidas, incluindo capital, juros remuneratórios e moratórios, comissões e outras despesas conexas com o crédito à habitação, *bem como ao pagamento de cada prestação vincenda à medida e na data em que esta se venha a vencer.*

Desta forma, o sentido útil do referido limite temporal de dez anos haverá de traduzir-se na exclusão de tributação de rendimentos de capitais no termo desse prazo.

IV – Como vimos, a alínea b) do n.º 3 do artigo 21.º do EBF dispõe que a tributação haverá de seguir as regras aplicáveis aos rendimentos da categoria E de IRS, incluindo as relativas a retenções na fonte, com duas particularidades: (*i*) a matéria coletável é constituída por dois quintos do rendimento; e (*ii*) a tributação é autónoma, sendo efetuada à taxa de 20%. Em termos práticos, portanto, trata-se de uma taxa efetiva de imposto de 8%.

Comparando com as taxas efetivas resultantes do regime do n.º 3 do artigo 5.º do CIRS, temos aí, como vimos, uma taxa de 22,4% para resgates ou vencimentos entre o quinto e o oitavo anos de vigência do contrato e de 11,2% após o termo do oitavo ano. Considerando que o regime dos PPR implica, em regra (e salvo a superveniência das circunstâncias legalmente previstas), um prazo mínimo de cinco anos de indisponibilidade das entregas, o respetivo regime de tributação do rendimento de capitais revela-se consideravelmente mais generoso do que o dos seguros de vida.

Quanto à remissão da alínea b) do n.º 3 do artigo 21.º do EBF para as regras aplicáveis aos rendimentos da categoria E de IRS, remetemos também para a análise desenvolvida neste capítulo. Em síntese, será apenas de assinalar que a retenção na fonte caberá, nos termos da alínea a) do n.º 2 do artigo 101.º do CIRS, à entidade devedora dos rendimentos (o segurador) e que não fica afastada a opção de englobamento pelo participante (n.ºs 8 e 9 do artigo 71.º do CIRS).

V – Aludimos já atrás à Norma Regulamentar n.º 5/2003-R, que regulamenta, quanto a certas matérias, o RJPPR. Referimos já também, nesse contexto, o teor do n.º 4 do respetivo artigo 2.º, nos termos do qual, verificando-se um reembolso parcial em que a pessoa segura optou por não exigir a totalidade do valor do plano de poupança que reunia as condições legais para ser reembolsável, o reembolso do remanescente pode ser livremente exigido pela pessoa segura a qualquer tempo.

Para além da disposição referida, outras relevam no que tange à afetação dos prémios ao reembolso, para efeito de: (*i*) cálculo do rendimento de capitais tributável em caso de reembolso parcial; (*ii*) de aferição da antiguidade (5 anos) do contrato e de cada prémio; e (*iii*) de cômputo da regra dos 35% de prémios pagos na primeira metade de vigência do contrato.

Para o efeito, estabelece-se no n.º 5 do artigo 2.º da referida Norma Regulamentar que o reembolso parcial deve ser imputado às entregas/unidades mais antigas. Ademais, resulta do n.º 6 que essa imputação deve ser real, isto é, deve considerar-se, segregadamente, cada entrega e o seu efetivo respetivo rendimento de capitais. Porém, como também verte do n.º 6, se o recurso a um método de imputação real não for exequível – e apenas neste caso – a determinação das entregas a reembolsar em caso de reembolso parcial deve processar-se de acordo com a seguinte regra: (*i*) determina-se a proporção que o valor do reembolso parcial representa relativamente ao montante total do plano de poupança possível de reembolsar; e (*ii*) aplica-se esta proporção ao montante global das entregas efetuadas, obtendo-se a parte proporcional das entregas a reembolsar, que é imputada às entregas mais antigas.

Ademais, resulta do n.º 7 do mesmo artigo que, tendo havido um reembolso parcial, e para efeitos de novo reembolso, a data de início da contagem do prazo (de 5 anos de antiguidade do contrato e de cômputo da percentagem de prémios pagos na primeira metade de vigência do mesmo) corresponde à data em que foi efetuada a primeira entrega ou subscrita a primeira unidade de conta/participação que, nos termos dos n.ºs 5 e 6, se considera não reembolsada. Desta forma, o artigo 2.º da Norma Regulamentar estabelece, em caso de reembolsos parciais, a mobilidade da data de início do contrato em função das entregas que forem sendo consideradas reembolsadas.

O diploma tem o grande mérito de introduzir regras claras e precisas de operacionalização de uma matéria onde a margem de incerteza era notória. Porém, trata-se de uma abordagem que extravasa a gestão do contrato e que assume um conteúdo em grande medida fiscal, já que, não só determina se um reembolso é efetuado dentro ou fora das condições legais definidas (determinação cujas consequências se produzem apenas no quadro fiscal), mas define também, inerentemente, o próprio método de determinação do rendimento de capitais, num domínio onde o legislador fiscal se absteve de atuar (não apenas no quadro dos PPR, mas igualmente no do n.º 3 do artigo 5.º do CIRS).

Ora, como já referimos, atenta a reserva exclusiva de competência da AR no domínio tributário, a regulação inovadora, nesta matéria, por um diploma com natureza regulamentar afigura-se incompatível com o princípio da legalidade tributária.

V.3.6.2. Reembolso fora das condições legais

I – Em caso de reembolso fora das condições legais (portanto, fiscalmente ilícito), rege o n.º 5 do artigo 21.º do EBF. Nos termos deste preceito, a fruição do benefício previsto no n.º 3 fica sem efeito quando o reembolso dos certificados ocorrer fora de qualquer uma das situações definidas na lei, devendo o rendimento ser tributado, autonomamente, à taxa de 21,5 %, de acordo com as regras aplicáveis aos rendimentos da categoria E de IRS, incluindo as relativas a retenções na fonte, sem prejuízo da eventual aplicação das alíneas a) e b) do n.º 3 do artigo 5.º do CIRS, quando o montante das entregas pagas na primeira metade de vigência do plano representar, pelo menos, 35 % da totalidade daquelas. Que dizer?

Diversamente do que vimos suceder no contexto do benefício fiscal previsto no n.º 2 do artigo 21.º do EBF (dedução fiscal), relativamente ao qual o reembolso fora das condições legais implica uma penalização severa para o participante faltoso (n.º 4 do mesmo artigo), já o benefício correspondente ao regime de tributação dos rendimentos de capitais (n.º 3 do mesmo artigo) não suscita sequer o que possa qualificar-se como penalização (aplicação de uma taxa autónoma de imposto de 21,5%, em vez de 20%), sobretudo face ao regime de tributação dos rendimentos de categoria E resultantes de seguros de vida (n.º 3 do artigo 5.º do CIRS).

Com efeito, enquanto a taxa liberatória aplicável aos rendimentos de seguros de vida é de 28% (alínea a) do n.º 1 do artigo 71.º do CIRS), a taxa autónoma aplicável aos reembolsos fora das condições legais em PPR é de 21,5% (n.º 5 do artigo 21.º do EBF), sendo que, em ambos os casos, o titular dos rendimentos beneficia das exclusões parciais de tributação previstas no n.º 3 do artigo 5.º do CIRS.

Ora, o que isto tem de aberrante é a circunstância de, num caso (seguros de vida) lidarmos com comportamentos normativamente neutros (tributação de um investimento), enquanto no outro (reembolso de PPR fora das condições legais) está em causa um comportamento indesejado pelo Direito e, portanto, anti normativo (logo, fiscalmente ilícito) e reprovável. Este juízo de censura haveria, portanto, de se traduzir numa penalização suficientemente dissuasora, e não num incentivo (regime consideravelmente mais favorável do que o aplicável a seguros de vida).

II – Cremos ter demonstrado que o reembolso de PPR fora das condições legais corresponde a um comportamento juridicamente indesejado – e não indiferente ao Direito – o que, aliás, justifica a pesada penalização que sobre ele impende quanto ao benefício correspondente à dedução fiscal (n.ºs 2 e 4 do artigo 21.º do EBF).

Deste prisma, o n.º 5 do artigo 21.º do EBF haveria de comportar uma sanção adequada e eficaz à dissuasão – e, logo, prevenção – do comportamento ilícito. Tal sanção haveria de ser de molde a que, numa perspetiva de pura racionalidade económica (e abstraindo de valorações axiológicas), a relação, para o participante, entre o benefício almejado e o prejuízo decorrente, fosse desincentivadora da ação ilícita[352]. Logo, como refere Starck, «um incumprimento [*faute*] não deve nunca poder beneficiar aquele que o cometeu, sendo até desavisado decidir que ele se traduzirá numa simples ausência de benefício para o culpado»[353].

Em suma, o regime do reembolso de PPR fora das condições legais, relativamente à tributação dos rendimentos de capitais, revela-se adequado a um comportamento inocente ou indiferente ao Direito. No

[352] Como exemplo, menciona Starck a seguinte situação: se a ocupação indevida de lugares em primeira classe, num dado transporte, por quem só tenha bilhetes de segunda classe, apenas for sancionada com a diferença de preço entre um bilhete de segunda e um bilhete de primeira classe, então essa cominação – considerando a possibilidade de que o passageiro faltoso não seja descoberto – é largamente compensadora: no pior dos casos, o infrator apenas teria de pagar o mesmo valor que lhe custaria o cumprimento da norma - Boris Starck, *Essai d'une Théorie Générale de la Responsabilité Civile Considérée en sa Double Fonction de Garantie et de Peine Privée*, Paris, Rodstein, 1947, p. 419. Logo, se o bilhete de primeira classe custar € 100,00 e o de segunda classe € 50,00, e se a probabilidade de o infrator ser descoberto for de ½, então só quando a sanção ultrapassar os € 200,00 é que a probabilidade de perda (½ x € 200,00 = € 100,00) ultrapassará a de ganho e será suficientemente dissuasora para ter eficácia preventiva: € 200,00 x ½ = € 100,00.

[353] Boris Starck, *Essai d'une Théorie Générale de la Responsabilité Civile Considérée en sa Double Fonction de Garantie et de Peine Privée, cit.*, p. 420 (trad. nossa).

entanto, numa ponderação utilitarista e economicista entre o ganho e a perda obtidos, o regime em vigor tenderá a não dissuadir, mas até a *incentivar*, os reembolsos fora das condições legais[354].

III – Como explicar este paradoxo? Relativamente ao regime de tributação dos rendimentos de capitais em PPR, a taxa de tributação autónoma prevista para o reembolso fora das condições legais (n.º 5 do artigo 21.º do EBF) andou alinhada com a dos seguros de vida até 2010 (Lei n.º 12-A/2010, de 30 de junho), altura em que a taxa liberatória aplicável a estes aumentou para 21,5%, mantendo-se aquela inalterada. No ano seguinte (Lei n.º 64-B/2011, de 30 de dezembro) a taxa liberatória aplicável aos seguros de vida aumentou para 25%, enquanto a taxa autónoma aplicável a PPR aumentou para 21,5%. No ano subsequente (Lei n.º 66-B/2012, de 31 de dezembro), a taxa liberatória aplicável a seguros de vida voltou a aumentar, para 28%, sem qualquer reflexo na taxa autónoma dos PPR, vindo ambas a estabilizar nos referidos patamares.

Esta evolução pode ser representada na seguinte tabela:

Tabela 5 – Evolução comparativa das taxas de tributação do rendimento de capitais (seg. vida / PPR)

Períodos considerados	Taxas de IRS aplicáveis aos rendimentos de capitais	
	Reembolso PPR fora das condições legais	**Resgates e vencimentos de seguros de vida**
Até à Lei 12-A/2010, de 30/06	20%	20%
Até à Lei 64-B/2011, de 30/12	20%	21,5%
Até à Lei 66-B/2012, de 31/12	21,5%	25%
Atualmente	21,5%	28%

[354] Sobre a problemática da eficácia das sanções, cfr. Luís Poças, "Aproximação económica à declaração do risco no contrato de seguro", *in* Luís Poças, *Problemas e Soluções de Direito dos Seguros, cit.*, pp. 69 ss.

Ora, se já anteriormente a 2010 a comparação de regimes demonstrava uma desvalorização axiológica, pelo legislador, do reembolso de PPR fora das condições legais, essa situação veio a agravar-se, seja por incúria do legislador ou por uma intencionalidade pouco coerente e irrefletida. Atualmente, a diferença de regimes entre a tributação dos rendimentos de capitais em seguros de vida e a aplicável a reembolsos de PPR fora das condições legais é a seguinte (tabela 6):

Tabela 6 – Comparação de taxas efetivas de tributação do rendimento de capitais (seg. vida / PPR)

Momento da operação	Taxas efetivas de IRS aplicáveis aos rendimentos de capitais	
	Reembolso PPR fora das condições legais	Resgates e vencimentos de seguros de vida
Primeiros 5 anos de vigência	21,5%	28%
Entre o 5.º e o 8.º anos	17,20%	22,4%
Após o termo do 8.º ano	8,6%	11,2%

Neste quadro, o propósito original de criação dos PPR como instrumentos de poupança estável e de longo prazo veio a ser subvertido. Considerando que, não tendo o participante a pretensão de deduzir fiscalmente os valores pagos para PPR, não lhe é aplicável a penalização prevista no n.º 4 do artigo 21.º do EBF – então o regime consagrado no n.º 5 do mesmo artigo consolida e legitima o papel dos PPR como instrumentos de investimento de curto prazo, retirando, em grande parte, a utilidade e o interesse económico aos seguros de vida com componente de investimento e desafiando, de resto, o princípio da neutralidade fiscal.

VI
Prestações de renda e tributação na categoria H

I – De coerência com a lógica expositiva que adotámos – analisando sucessivamente o enquadramento tributário suscitado por diferentes "operações de seguro" (expressão tomada em sentido amplo) – é agora o momento de nos focarmos na operação de gestão corrente dos seguros de renda temporária ou vitalícia, traduzida no regular pagamento das respetivas prestações, e no tratamento fiscal que, como rendimento de pensões (categoria H de IRS), tais pagamentos reclamam.

No contexto das situações securitário-tributárias típicas que oportunamente identificámos, o presente capítulo apenas convoca duas delas: as que apelidámos de situações de previdência individual (em que o prémio de aquisição da renda é suportado pelo próprio beneficiário da mesma) e as que designámos por realizações de utilidade social, em que o prémio – em regra, proveniente de um instrumento de financiamento (normalmente, um seguro de vida com componente de investimento) – foi suportado pela entidade patronal do beneficiário.

II – A tributação na categoria H de rendimentos inerentes a *produtos de seguros*, suscita várias problemáticas. Desde logo, a dificuldade prática de determinação, para os menos familiarizados com a gíria técnica de seguros e com o leque de modalidades contratuais do ramo vida, dos subtipos contratuais objeto do regime tributário e dos seus traços caracterizadores.

Por outro lado, a própria natureza do rendimento objeto de tributação – ao adicionar um elemento aleatório (a variável *mortalidade*) à dicotomia financeira *capital investido* e *rendimento gerado* – é suscetível de gerar algumas perplexidades e dificuldades de interpretação e de inerente aplicação do regime tributário.

Não menos relevante é a necessidade de articulação, quanto às mesmas soluções contratuais, de diferentes regras tributárias, em função das várias categorias de rendimentos que tais soluções configuram.

Por fim, a plasticidade das soluções contratuais às quais se aplica o regime tributário potencia também, em situações de fronteira, dificuldades de interpretação e aplicação do regime fiscal.

De tudo isto daremos nota ao longo do presente capítulo, procurando, de uma forma tendencialmente exaustiva, inventariar os problemas jurídicos que o tema suscita, debatendo-os e propondo as soluções normativas que, na coerência do sistema tributário português, se nos afiguram mais pertinentes. Para tanto, começaremos por delimitar conceptualmente os rendimentos consubstanciados na categoria H do IRS.

VI.1. A norma de incidência tributária

VI.1.1. Aspetos gerais

I – A norma de incidência, disposição-chave de determinação conceptual dos rendimentos classificados como pertencendo à *categoria H*, é o n.º 1 do artigo 11.º do CIRS, que tem precisamente por epígrafe *rendimentos da categoria H.*

Nos termos da citada disposição, consideram-se pensões: (a) as prestações devidas a título de pensões de aposentação ou de reforma, velhice, invalidez ou sobrevivência, bem como outras de idêntica natureza, incluindo os rendimentos referidos no n.º 2 do artigo 2.º-A, e ainda as pensões de alimentos; (b) as prestações a cargo de companhias de seguros, fundos de pensões, ou quaisquer outras entidades, devidas no âmbito de regimes complementares de segurança social em razão de contribuições da entidade patronal, e que não sejam consideradas rendimentos do trabalho dependente[355]; (c) as pensões e subvenções não compreendidas nas alíneas

[355] Em virtude desta disposição, verifica-se alguma subsidiariedade ou dependência desta categoria de rendimentos face à categoria A de IRS – Manuel Faustino, *Alguns Aspetos*

anteriores; (d) as rendas temporárias ou vitalícias; e (e) as indemnizações que visem compensar perdas de rendimentos desta categoria.

II – A citada disposição, por articulação entre a epígrafe e o corpo do n.º 1, logo permite designar os rendimentos de categoria H como rendimentos *de pensões*. Porém, quando seria expectável encontrar nas várias alíneas do n.º 1 do artigo 11.º uma definição de pensões (ou a decomposição do conceito em várias categorias definitórias), o resultado é dececionante. Com efeito, as várias alíneas remetem igualmente para (sub)conceitos cuja definição não é igualmente apresentada.

Ainda que houvesse um esforço definitório sério na citada disposição, logo a definição ficaria comprometida pela inclusão na mesma do próprio termo definido: «consideram-se *pensões* [...] as prestações devidas a título de *pensões* [...]; as *pensões* [...] não compreendidas nas alíneas anteriores». Da disposição legal podemos extrair, não obstante, uma utilização do termo *pensões* numa dupla aceção: (*i*) um sentido *amplo*, enquanto sinónimo de *rendimento da categoria H*; e (*ii*) um sentido *estrito*, que traduz subcategorias do primeiro.

III – Para aclaração do sentido amplo do termo *pensões* é útil convocar outras disposições fiscais com relevância para o tema. Por um lado, a alínea a) do n.º 3 do artigo 21.º do EBF, onde, a propósito da determinação do regime tributário dos PPR[356], se dispõe que as importâncias pagas pelos fundos de poupança-reforma, mesmo nos casos de reembolso por morte do participante, ficam sujeitas a tributação de acordo com as regras aplicáveis aos rendimentos da categoria H de IRS, incluindo as relativas a retenções na fonte, quando a sua perceção ocorra sob a forma de *prestações regulares e periódicas* não referidas na alínea b)[357].

Decorrentes das Alterações ao Quadro da Tributação do Rendimento, em IRS, Introduzidas Pela Lei n.º 39-9/94, cit., p. 17.

[356] Importa previamente recordar que, nos termos do n.º 1 do artigo 5.º do RJPPR o reembolso dos PPR pode ser efetuado nas seguintes modalidades: (a) recebimento em capital (reembolso total ou reembolsos parciais, de forma periódica ou não); (b) *pensão vitalícia mensal*; ou (c) qualquer conjugação das duas modalidades anteriores.

[357] Como vimos atrás, a alínea b) alude, designadamente, ao caso de reembolsos parciais, incluindo os que sejam efetuados com natureza prestacional, durante um período não superior a dez anos.

Por outro lado, evoque-se também a alínea d) do n.º 4 do artigo 43.º do CIRC, onde se estabelece – entre os demais requisitos já analisados –, o de que sejam efetivamente pagos sob a forma de *prestação pecuniária mensal vitalícia* pelo menos dois terços dos benefícios em caso de reforma, invalidez ou sobrevivência, sem prejuízo da remição de rendas vitalícias em pagamento que não tenham sido fixadas judicialmente, nos termos e condições estabelecidos em norma regulamentar emitida pela respetiva entidade de supervisão, e desde que seja apresentada prova dos respetivos pressupostos pelo sujeito passivo. Como veremos adiante, estas prestações estarão sujeitas a tributação na categoria H do IRS.

IV – Da conjugação das várias disposições citadas, podemos recolher já os principais traços característicos das *pensões* (em sentido amplo) ou rendimentos da categoria H. Trata-se, desde logo, quanto à sua fisionomia formal, de prestações periódicas e *regulares*. Nada, porém, nos indica que devam obedecer necessariamente a uma regularidade mensal (poderá a mesma ser, por exemplo, trimestral, semestral ou anual).

Por outro lado, quanto ao período de atribuição, embora possa ser tipicamente vitalício (será o caso das pensões de reforma), nada impede que se trate de uma atribuição temporária, como resulta da expressa alusão às rendas temporárias na alínea d) do n.º 1 do artigo 11.º do CIRS. Ademais, a referência, feita no n.º 2 do mesmo artigo – de que a remição ou qualquer outra forma de antecipação de disponibilidade dos rendimentos previstos no número anterior não lhes modifica a natureza de pensões – parece tornar admissível a situação extrema de que, mesmo fora dos casos de remição, a pensão se extinga no pagamento de uma única prestação (renda com um único termo)[358].

Quanto aos seus traços funcionais, as pensões assumem caráter previdencial. Assim, decorrem de eventualidades e correspondem a benefícios que, em regra, estão a cargo do regime geral de segurança social ou de regimes complementares daquele (de natureza empresarial ou individual). Trata-se, assim, de atribuições pecuniárias, de valor tendencialmente constante (embora passível de atualização), que não têm por contrapartida

[358] Voltaremos adiante à interpretação do n.º 2 do artigo 11.º (*infra*, VI.5.1).

qualquer atuação ou desempenho presente do beneficiário[359], mas antes visam assegurar a manutenção de um rendimento de subsistência ou do nível de vida, em virtude de uma perda de ganho verificada (por passagem à situação de reforma por velhice ou invalidez, por exemplo).

VI.1.2. Rendas e pensões

Na formulação do n.º 1 do artigo 11.º do CIRS, com as fragilidades que a mesma encerra, encontramos referências a modalidades contratuais de seguros nas alíneas b) (onde se mencionam as *prestações a cargo de companhias de seguros*) e d) (*rendas temporárias ou vitalícias*).

A articulação da previsão normativa referida com a atividade seguradora decorre, designadamente, do já citado artigo 9.º do RJASR. Aí pode ler-se que o ramo vida inclui os seguros de vida de *renda* (subalínea *ii*) da alínea *a*)) e as *operações de gestão de fundos coletivos de pensões* (alínea *e*)[360]). Por outro lado, o RJFP esclarece, na alínea b) do n.º 2 do artigo 3.º, que os fundos de pensões podem ser geridos por empresas de seguros.

A relevância mais imediata e evidente dos produtos de seguros quanto à categoria de rendimentos em análise dá-se, assim, na distinção entre *pensões* (em sentido estrito) a cargo de seguradores (como gestores de fundos de pensões) e *rendas* (temporárias ou vitalícias) garantidas por seguradores[361]. Importará, portanto, dar conta, não só da referida distinção, mas

[359] Diversamente do que sucede com as remunerações pela prestação de trabalho dependente (rendimento da categoria A de IRS) ou com os proventos empresariais e profissionais (rendimento da categoria B de IRS).

[360] Aqui se incluem, como resulta da disposição: (*i*) as operações que consistem na gestão, por uma empresa de seguros, de investimentos e, nomeadamente, dos ativos representativos das reservas ou provisões de organismos que liquidam prestações em caso de morte, em caso de vida, ou em caso de cessação ou redução de atividade; e (*ii*) as operações de gestão de fundos coletivos de pensões, quando conjugadas com uma garantia de seguro respeitante à manutenção do capital ou ao pagamento de um juro mínimo.

[361] O CC prevê, como contrato típico, o de renda vitalícia (artigos 1238.º ss.), a par do de renda perpétua (artigos 1231.º ss.). Se este último assume caráter comutativo, já relativamente àquele, o elemento aleatório que o caracteriza tipicamente (o risco ou incerteza quanto à longevidade do beneficiário), logo permitiria qualificá-lo como modalidade do contrato de seguro de vida, nos termos dos artigos 1.º, 183.º e, mais expressamente, alínea b) do n.º 1 do artigo 184.º, todos da LCS. Ademais, no plano do Direito institucional dos seguros, as rendas surgem entre as modalidades de seguro compreendidas no ramo Vida – citada

também, em especial, das múltiplas modalidades que os contratos de renda podem assumir[362].

Há igualmente, porém, a montante, outras modalidades de contrato de seguro não menos relevantes para a lógica do regime fiscal, mas, desta feita, enquanto *veículos de financiamento* das rendas. Trata-se de contratos de seguro de vida financeiros, individuais ou em grupo, cuja função é, numa lógica de capitalização ou de investimento, possibilitar a acumulação de fundos destinados à aquisição das rendas. Num exemplo notório, aqui se enquadram os PPR.

subalínea ii) da alínea a) do artigo 9.º do RJASR – sendo certo que o exercício da atividade seguradora (compreendendo, naturalmente, a celebração de contratos de seguro) está sujeita a autorização (cujo âmbito é delimitado, nos termos do artigo 48.º do RJASR) e supervisão da ASF. Neste quadro, se quem assume o risco inerente à renda não estiver legalmente registado e autorizado ao exercício da atividade seguradora no ramo Vida, o contrato em causa é nulo, nos termos dos n.ºs 1 e 2 do artigo 16.º da LCS, sem prejuízo das consequências contraordenacionais aplicáveis (no quadro do RJASR), embora o pretenso "segurador" não fique eximido do cumprimento das obrigações que para ele decorreriam do contrato ou da lei caso o negócio fosse válido, salvo havendo má fé da contraparte. Assim (abstraindo dos casos de indemnização judicialmente fixada em renda, ou de atribuição a título gratuito de uma renda vitalícia por doação ou legado), a licitude da livre celebração de contratos "civis" de renda vitalícia, a título oneroso, por qualquer particular interessado, daria cobertura à prática da atividade seguradora à margem da supervisão da ASF, o que não se afigura admissível. Em suma, portanto, embora o contrato oneroso de renda vitalícia surja previsto no CC, pensamos que a sua licitude está atualmente confinada ao exercício supervisionado da atividade seguradora. Sobre os contratos de renda perpétua e vitalícia, cfr. Pires de Lima e Antunes Varela, *Código Civil Anotado*, Vol. II, *cit.*, pp. 835 ss.; e António Menezes Cordeiro, *Tratado de Direito Civil Português*, Vol. XII – Contratos em Especial, 2ª Parte, Coimbra, Almedina, 2018, pp. 1013 ss. Considerando uma diferente natureza entre as rendas civis e as securitárias (e admitindo, consequentemente, a licitude da celebração de rendas civis por entidades não autorizadas ao exercício da atividade seguradora), José Carlos Moitinho de Almeida, *O Contrato de Seguro no Direito Português e Comparado*, Lisboa, Sá da Costa, 1971, p. 23; José Vasques, *O Contrato de Seguro – Notas para Uma Teoria Geral*, *cit.*, p. 77; e João Espanha, *Do Regime Fiscal dos Produtos do Ramo Vida*, *cit.*, p. 38.

[362] João Espanha discute se – atenta a modalidade contratual típica prevista no CC – a referência do artigo 11.º a *rendas temporárias e vitalícias* haveria de considerar-se aplicável aos seguros de vida de renda, acabando por concluir no sentido afirmativo por recurso a interpretação extensiva – João Espanha, *Do Regime Fiscal dos Produtos do Ramo Vida*, *cit.*, p. 38. Do nosso ponto de vista, trata-se de uma referência literal, que não carece de recurso sequer à interpretação declarativa lata. Cremos mesmo que o texto legal terá visado em primeira linha, até pelo seu caráter previdencial, os seguros de renda, e não a modalidade contratual "civil", sem expressão prática (e, como dissemos, de admissibilidade duvidosa, pelo menos na sua versão onerosa).

Iremos, portanto, referenciar as principais características das modalidades contratuais que: (*i*) no que podemos designar por *fase distributiva*, têm por função a liquidação das prestações pecuniárias que consubstanciam os rendimentos da categoria H; e das que (*ii*) no que podemos designar por *fase contributiva*, prévia àquela, assumem a função de poupança que permite financiar a fase distributiva. Sem esta análise, ainda que sumária, fica prejudicada a compreensão da lógica tributária na categoria H do IRS.

VI.1.2.1. As pensões (stricto sensu)

I – Partindo das já apontadas remissões do artigo 11.º do CIRS para o contexto segurador, importa delimitar o âmbito das *prestações a cargo de companhias de seguros e fundos de pensões* – devidas no quadro de regimes complementares de segurança social em razão de contribuições da entidade patronal, e que não sejam consideradas rendimentos do trabalho dependente – referidas na alínea b) do artigo 11.º do CIRS (que podemos, desde já, designar por *pensões em sentido estrito*).

Os *fundos de pensões*, que, como referimos, podem ser geridos por seguradores, são patrimónios autónomos exclusivamente afetos à realização planos de pensões[363], sendo assegurada a total separação jurídica entre o fundo e o associado, e entre aquele e a respetiva entidade gestora (alínea d) do artigo 4.º do RJFP). Em suma, os fundos de pensões financiam planos de pensões.

Quanto aos benefícios – *pensões* (em sentido estrito) – objeto dos planos de pensões, as contingências que podem conferir direito ao respetivo recebimento são: a reforma por velhice, a reforma por invalidez, a pré-reforma, a reforma antecipada e a sobrevivência (n.º 1 do artigo 17.º do RJFP). Trata-se, portanto, no quadro da alínea b) do artigo 11.º do CIRS, de eventualidades ou contingências que acompanham as cobertas pelo regime geral de segurança social, acrescendo-lhes e complementando-as, pelo que constituem regimes complementares de segurança social[364].

[363] O plano de pensões corresponde à disciplina convencional que define os benefícios de reforma concedidos e as respetivas condições de concessão (alínea a) do artigo 4.º do RJFP).

[364] Ilídio das Neves, "Os regimes complementares de segurança social – Razão de ser, características e limites", *cit.*, pp. 270 ss.

Esses benefícios (pensões), por seu turno, quando resultem de contribuições do associado[365], são pagos através de prestações mensais vitalícias (exceto quando se trate de pensões concedidas a título de orfandade, pré-reforma ou reforma antecipada, que podem revestir natureza temporária) – n.º 1 do artigo 18.º do RJFP. Nos termos dos n.ºs 5 e 10 do mesmo artigo, esse pagamento pode ser efetuado: (*i*) *diretamente pelo fundo* (que, para além de instrumento de financiamento, funciona também como entidade de pagamento); ou (*ii*) pode o fundo celebrar com seguradores contratos de seguro de rendas imediatas, vitalícias ou temporárias, sendo o pagamento feito pelo segurador (n.º 1 do artigo 59.º do RJFP). Serão, assim, despesas do fundo: no primeiro caso, as pensões que vão sendo liquidadas; no segundo caso, os prémios únicos dos contratos de seguro de rendas referidos (alíneas a) e b) do n.º 1 do artigo 52.º).

No caso de contribuições próprias do participante (ou de adesão individual a fundo de pensões aberto[366]), o pagamento dos benefícios pode ser efetuado sob a forma de pensão, capital ou qualquer combinação destas formas, consoante a manifestação de vontade do beneficiário (n.º 14 do artigo 18.º e n.º 1 do artigo 22.º do RJFP). No caso de pagamentos sob a forma de pensão, esta pode ser garantida por contrato de seguro de renda imediata celebrado em nome e por conta do beneficiário, ou, em alternativa, paga diretamente através do fundo de pensões, *até ao limite da capacidade financeira da conta individual do beneficiário* (n.º 15 do artigo 18.º e n.º 3 do artigo 22.º do RJFP)[367] [368].

[365] Designa-se por *associado*, a empresa ou organismo empregador do *participante* (pessoa singular abrangida e potencial beneficiária do plano de pensões) ou *beneficiário* (pessoa singular com direito aos benefícios estabelecidos no plano). Cfr. artigo 4.º do RJFP.

[366] Esclarece o n.º 1 do artigo 8.º do RJFP que se considera: *fundo de pensões fechado*, quando disser respeito apenas a um associado ou, existindo vários associados, quando existir um vínculo de natureza empresarial, associativa, profissional ou social entre os mesmos; e *fundo de pensões aberto*, quando não for exigida a existência de qualquer vínculo entre os diferentes contribuintes ao fundo de pensões, dependendo a adesão ao fundo unicamente de aceitação pela entidade gestora.

[367] Neste último caso, se o beneficiário falecer antes de se esgotar o valor da sua conta individual, a respetiva pensão continua a ser paga aos beneficiários elegíveis e, na falta destes, aos seus herdeiros legais, até ao limite da capacidade financeira daquela conta (n.º 18 do artigo 18.º e n.º 6 do artigo 22.º do RJFP).

[368] Sobre o enquadramento legal em Espanha, cfr. Félix Benito Osma, "30 años de planes de pensiones. Presente y futuro", *in* Juan Bataller Grau e Maria Jesús Peñas Moyano (Dirs.), *Un Derecho del Seguro Más Social y Transparente*, Cizur Menor, Editorial Aranzadi, 2017, pp. 497-537.

II – Referimos que a alínea b) do artigo 11.º do CIRS apenas considera pensões as prestações a cargo de companhias de seguros, etc., *devidas em razão de contribuições da entidade patronal, e que não sejam consideradas rendimentos do trabalho dependente.* Quanto à parte final do preceito, a sua *ratio* é clara e visa evitar a sobreposição de normas tributárias num efeito de dupla tributação.

Porém, o excerto antecedente, merece uma ressalva. Com efeito, vimos que no âmbito dos fundos de pensões são equacionáveis situações de contribuições próprias do participante (planos contributivos[369]) ou de adesão individual a fundo de pensões aberto, e que, nestes casos, poderá haver lugar a pagamento direto ao beneficiário das pensões daí resultantes. Terá a alínea b) do artigo 11.º do CIRS por alcance a exclusão da qualificação destas pensões como rendimentos da categoria H, em virtude de não resultarem de contribuições da entidade patronal? Certamente que não. E, desde logo, porque a não abrangência pela alínea b) do artigo 11.º não afasta a sua inclusão no âmbito da alínea c) (pensões e subvenções não compreendidas nas alíneas anteriores)[370].

Como veremos adiante, é outra a relevância tributária do facto de as pensões não terem origem em contribuições da entidade patronal, não ficando afastada a sua qualificação como rendimento da categoria H.

VI.1.2.2. Seguros de renda

I – Diversamente dos fundos de pensões, que, como vimos, assumem simultaneamente a função de mecanismo de financiamento e de meio de liquidação de pensões, os seguros de renda desempenham apenas esta última função. Assim, em regra, a prestação a cargo do tomador do seguro

[369] Nos termos da alínea a) do n.º 3 do artigo 12.º do RJFP, o plano de pensões diz-se *contributivo* quando, para além das contribuições dos associados, existem contribuições dos participantes.

[370] Esta alínea assume, como refere Xavier de Basto, caráter residual. A mesma abrangerá, designadamente, o subsídio de mérito cultural, ou as pensões por serviços excecionais e relevantes prestados ao país, mas não – de acordo com o Ac. TC n.º 308/01, de 03/07/2001 – Proc. n.º 450/92 (Tavares da Costa), disponível em https://www.tribunalconstitucional.pt/tc/acordaos/20010308.html – as pensões de preço de sangue, em virtude do caráter indemnizatório destas. Mais desenvolvidamente, José Xavier de Basto, *IRS – Incidência Real e Determinação dos Rendimentos Líquidos, cit.*, pp. 477-479.

corresponde a um prémio único (prestação instantânea)[371], que custeia a garantia assumida pelo segurador (obrigação de pagamento de prestações periódicas regulares).

As rendas são seguros de vida em caso de vida (em que, portanto, o segurador fica obrigado a efetuar a sua prestação enquanto se verificar a sobrevivência da pessoa segura), com a particularidade de o benefício ser pago, não em capital (*lump sum*), mas sob a forma de prestações pecuniárias regulares, com uma periodicidade contratualmente pré-definida e de acordo com outras variáveis convencionadas.

Assentando num risco de mortalidade (a sobrevivência da pessoa segura), trata-se de um contrato aleatório. Com efeito, sendo a prestação do tomador certa (prémio único) e a prestação do segurador incerta quanto à sua duração e valor total, nenhuma das partes sabe, à data da celebração, se o valor total das rendas que irá ser pago pelo segurador será superior ou inferior ao prémio por este recebido[372].

II – Os seguros de rendas podem assumir as mais diversas modalidades, segundo diferentes critérios. Assim, desde logo, podemos distinguir (como o faz o artigo 11.º do CIRS) as rendas *temporárias* (as que são pagas durante um período máximo de tempo convencionado, desde que a morte da pessoa segura não ocorra nesse período) das *vitalícias* (que são pagas durante todo o tempo de vida da pessoa segura)[373].

Em qualquer dos casos, outras condições devem ser acordadas, nomeadamente: (*i*) a respetiva periodicidade (que poderá ser mensal, trimestral, semestral ou anual); (*ii*) a de que o pagamento das rendas comece imediatamente com o início de vigência do contrato (renda *imediata*) ou só se

[371] Embora seja esta a situação normal, a mesma não é exclusiva. Com efeito, embora de comercialização rara, existem modalidades de *rendas diferidas*, em que se verifica um período inicial de pagamento de prémios, no termo do qual se inicia então o pagamento da renda.

[372] Sobre a *alea* no contrato de seguro, cfr. Luís Poças, "Os seguros de capitalização", *cit.*, pp. 83 ss.; e Luís Poças, *O Dever de Declaração Inicial do Risco no Contrato de Seguro*, *cit.*, pp. 123 ss.

[373] Veja-se, a propósito a noção do artigo 1238.º do CC: contrato de renda vitalícia é aquele em que uma pessoa aliena em favor de outra certa soma de dinheiro, ou qualquer outra coisa móvel ou imóvel, ou um direito, e a segunda se obriga a pagar certa quantia em dinheiro ou outra coisa fungível durante a vida do alienante ou de terceiro.

inicie após o decurso de um prazo pré-definido (renda *diferida*)[374]; (*iii*) a de que a renda tenha um valor *constante*, ou de que o mesmo seja *crescente* (indexado a uma taxa fixa ou atualizável em função de uma participação nos resultados); (*iv*) a de que, em caso de morte da pessoa segura originária, a renda seja, ou não, *reversível* (numa percentagem convencionada), em benefício de uma outra pessoa segura[375]; (*v*) a de que cada renda seja paga *antecipadamente* ou *postecipadamente* (isto é, no início ou no fim do período de tempo a que se reporta)[376]; (*vi*) a de que seja garantido ou não o pagamento de um número mínimo de rendas independentemente de sobrevir a morte da pessoa segura, etc.[377].

Das modalidades referidas distinguem-se os seguros de *renda certa – amortizações*. Neste caso, não estamos já perante seguros de vida em caso de vida, mas *seguros de vida em caso de morte* (da pessoa segura). São celebrados por um prazo pré-definido e assumem a particularidade de que, se a pessoa segura falecer na vigência do contrato, o benefício é pago, não sob a forma de capital, mas sob a forma de renda temporária, de montante pré-definido, que cessa na data de termo do contrato[378].

[374] Neste caso, poderá o tomador do seguro contratar a renda a prémio único inicial ou a prémios nivelados pagos durante o período de diferimento.

[375] Sendo convencionada, p. ex., a reversibilidade em 50% a favor do cônjuge sobrevivo, o contrato não cessa com a morte da primeira pessoa segura, continuando o segurador obrigado ao pagamento de uma renda, de 50% do valor da originária, à segunda pessoa segura (cônjuge).

[376] P. ex., numa renda postecipada com pagamentos mensais, a prestação do segurador respeitante ao mês *n* vence-se no primeiro dia do mês *n*+1, desde que a pessoa segura se encontrasse viva no final do mês *n*.

[377] Sobre as modalidades de seguros de renda, cfr. Associação Portuguesa de Seguradores, *Seguros de Vida, cit.*, pp. 36-7; S. S. Huebner e Kenneth Black Jr., *Life Insurance, cit.*, pp. 155 ss.; Pedro Martinez, *Teoria e Prática dos Seguros, cit.*, pp. 276 ss.; Luís Lugo y Reymundo, *Tratado de Seguros*, Vol. III, *cit.*, pp. 180 ss.; Álvaro Villela, *Seguro de Vidas – Esboço Histórico, Económico e Jurídico, cit.*, pp. 197-8; Luís Poças, "Os seguros de capitalização", *cit*, p. 37; Michel Bisch, *Les Options de Vie – Les Fondamentaux de l'Assurance*, Paris, Economica, 1999, pp. 28 ss.; Enrico Geretto, "I prodotti di capitalizzacione e di constituzione di rendita", *in* Stefano Miani (Org.), *I Prodotti Assicurativi*, 3ª Ed., Torino, G. Giappichelli Ed., 2010, pp. 121 ss.

[378] Cfr. Álvaro Villela, *Seguro de Vidas, cit.*, pp. 200-201; Luís Poças, "Os seguros de capitalização", *cit.*, p. 34. Trata-se de uma modalidade que, surgindo associada a um contrato de crédito, é apta a, em caso de morte da pessoa segura, assegurar paulatinamente à entidade credora o pagamento das prestações de crédito até ao termo do mútuo (e inerente extinção do crédito).

Diversamente das rendas vitalícias e temporárias sujeitas a um risco de mortalidade, as *rendas certas* (ou determinísticas, ou anuidades certas) são precisamente aquelas cujas prestações são predeterminadas quanto à duração e ao valor, não estando sujeitas a um elemento de incerteza (designadamente, a sobrevivência da pessoa segura). Neste caso, ocorrendo a morte da pessoa segura, prossegue o pagamento a favor dos beneficiários designados[379].

VI.1.2.3. Os veículos de financiamento

Como referimos, os regimes de pensões comportam uma fase de acumulação ou financiamento, e uma fase de distribuição ou de pagamento de prestações[380]. E como também mencionámos, quer as pensões pagas diretamente por fundos de pensões, quer as rendas contratadas com seguradores, podem ser custeadas mediante contribuições, dotações ou prémios suportados diretamente pelo respetivo beneficiário ou por outra entidade. A questão encaminha-nos para a já referida problemática das insuficiências do regime geral de segurança social[381] e para a necessidade de o complementar com regimes privados que garantem benefícios de reforma constituídos a partir de contribuições patronais e do próprio trabalhador[382]. Assim, e por outras palavras, podemos estar no âmbito das situações securitário-tributárias que designámos por *previdência individual* e por *realizações de utilidade social.*

Quanto às dotações efetuadas pela entidade patronal, as mesmas assentam em veículos de financiamento como os fundos de pensões ou os

[379] Esta modalidade de rendas é configurável por alguns como um seguro de vida em caso de vida com contrasseguro. Neste sentido, Maria Inês Oliveira Martins, *O Seguro de Vida Enquanto Tipo Legal Contratual*, *cit.*, p. 91, n. 157.

[380] Cfr., p. ex., Claudio Tomassini, "La prestazione di rendita vitalizia nel sistema della previdenza complementare", *Assicurazioni: Rivista di Diritto, Economia e Finanza delle Assicurazioni Private*, A. 72, n.º 1 (jan.-mar. 2005), p. 40.

[381] Cfr., p. ex., Associação Portuguesa de Seguradores, *O Financiamento das Reformas – Contribuição do Setor dos Seguros*, *cit.*; Henrique Medina Carreira, *O Estado e a Segurança Social*, *cit.*

[382] Como já mencionámos, este regime misto tem sido referido como regime dos três pilares (*supra*, II.1.III). Sobre os riscos sociais e a complementação privada das pensões da segurança social no contexto do segundo pilar, Bernardo Lobo Xavier, "Problemas jurídico-laborais dos fundos (fechados) de pensões. Direitos dos trabalhadores", *cit.*, pp. 15 ss.

seguros de vida grupo com componente de investimento[383]. Já as contribuições individuais têm como veículos de financiamento privilegiados os PPR e os seguros de vida individuais com componente de investimento, ou até as adesões individuais a fundos de pensões abertos.

Estes veículos de financiamento têm por propósito, não só promover a poupança de fundos, mas igualmente gerar um rendimento que, pelo menos, remunere os prémios ou contribuições pagos (fundos entregues ao segurador ou entidade gestora do fundo de pensões) pelo tempo de vigência do instrumento de financiamento em causa[384].

Em qualquer dos casos, importa reiterar que, com exceção dos fundos de pensões, as outras soluções de financiamento não liquidam diretamente pensões, antes proporcionando a acumulação de uma poupança que, por seu turno, pode constituir um prémio único de aquisição de uma renda vitalícia. Ademais, a renda pode ser também adquirida com outros fundos, provenientes do património do tomador do seguro, que não tenham envolvido produtos de seguros.

VI.2. Operacionalização do regime

I – Traçada uma delimitação conceptual dos rendimentos da categoria H com base em seguros e feita a articulação lógica e terminológica com a prática contratual securitária, importa agora verificar como se operacionaliza a tributação do rendimento.

Um primeiro aspeto a referir é o de que, nos termos do n.º 3 do artigo 11.º do CIRS, os ditos rendimentos ficam sujeitos a tributação desde que

[383] Quer os fundos de pensões, quer os seguros de vida com componente de investimento, podem ter por base planos de pensões de contribuição definida ou de benefício definido.

[384] Essa remuneração, que acresce ao capital investido, corresponde a um rendimento de capitais (categoria E de IRS). Ora, como resulta da alínea b) do n.º 3 do artigo 7.º do CIRS, mesmo quando o saldo final do instrumento de financiamento (quer se designe por *capital vencido, valor de resgate*, etc.) adquire diretamente – isto é, sem passar pela esfera do tomador do seguro – uma renda ou pensão, ao mesmo ou a outro segurador, o referido rendimento, que será percebido sob a forma de renda, é sujeito a tributação logo que apurado o respetivo quantitativo (isto é, previamente à conversão em renda), sendo a tributação feita de acordo com as regras do n.º 3 do artigo 5.º do CIRS. Desta forma, o valor do prémio único de aquisição da renda será já líquido do IRS correspondente à categoria E.

pagos ou colocados à disposição dos respetivos titulares[385]. Por seu turno, sendo a pensão paga mediante renda ou fundo de pensões, o *segurador* em causa (ou entidade gestora do fundo) a quem incumba a respetiva liquidação é obrigado a reter o imposto no momento do seu pagamento ou colocação à disposição dos respetivos titulares (alínea b) do n.º 1 e n.º 3 do artigo 99.º do CIRS).

II – O n.º 1 do artigo 53.º do CIRS prevê uma dedução específica aos rendimentos brutos da categoria H. Esta, para rendimentos de valor anual igual ou inferior a € 4.104,00 por titular, corresponderá ao próprio rendimento e, para rendimentos de valor superior, ficará limitada àquele montante[386].

Porém, esclarece o n.º 7 do mesmo artigo que a referida dedução específica não se aplica às *rendas temporárias e vitalícias* (alínea d) do artigo 11.º) que não se destinem ao pagamento de pensões enquadráveis nas alíneas a), b) ou c) do n.º 1 do mesmo artigo. Ora, revela-se um pouco desconcertante a articulação entre as várias alíneas do artigo 11.º, já que a alínea d) parece ser colocada num plano distinto das alíneas a) a c). Por outro lado, se é compreensível o âmbito e o alcance das alíneas a) e b) do artigo 11.º, já a alínea c) – pensões e subvenções não compreendidas nas alíneas anteriores – parece assumir um sentido residual que acolheria todos e quaisquer pagamentos regulares (portanto, todos os pagamentos efetuados mediante rendas temporárias ou vitalícias), a retirar alcance útil ao n.º 7 do artigo 53.º. Qual é então esse alcance?

Em primeiro lugar, de facto, os critérios em que assentam as alíneas a) a c), por um lado, e d), por outro, do artigo 11.º, são, efetivamente, distintos. Enquanto as alíneas a) a c) aludem a *pensões* num sentido material ou substancial – considerando a função previdencial que lhes subjaz, na órbita do regime geral ou de regimes complementares de segurança social –, a alínea d) traduz um sentido meramente formal de pensões, que atende apenas à regularidade do pagamento e ao seu suporte negocial (contratos de renda).

[385] Sobre a operacionalização das noções de pagamento e colocação à disposição, cfr. Manuel Faustino, *O Dever de Retenção na Fonte e Outros Deveres Autónomos de Cooperação em IRS, cit.*, pp. 44 ss.

[386] Desta dedução resulta o rendimento líquido tributável na categoria em causa.

Desta forma, se as referidas alíneas traduzem, todas elas, modalidades distintas de pensões (em sentido amplo) e são, portanto, rendimentos da categoria H, as rendas temporárias ou vitalícias (alínea d)) só beneficiarão da dedução específica referida se, para além da sua vertente formal, servirem também de veículo de liquidação de pensões em sentido material (aquelas a que aludem as alíneas a) a c) do artigo 11.º).

Em suma, portanto, um contrato de renda vitalícia que pague um benefício de complemento de reforma oriundo de um fundo de pensões beneficia da dedução específica. Já uma renda destinada a suportar o pagamento de prestações mensais (de amortização de capital e juros) de reembolso de um crédito a um banco[387], ou destinada a pagar uma "renda de casa" (prestação pelo arrendamento de um imóvel), não beneficiaria da dita dedução específica por ausência da função previdencial.

III – Finalmente, nos termos dos n.ºs 1 e 2 do artigo 99.º-D do CIRS, a retenção na fonte de IRS é efetuada sobre o valor das pensões previstas no artigo 11.º, mensalmente[388] pagas ou postas à disposição dos seus titulares, mediante a aplicação das taxas que lhes correspondam, constantes da tabela de retenção aplicável[389]. Para efeito de definição da mesma, o n.º 7 do artigo 99.º estabelece que, no apuramento do IRS a reter sobre pensões ter-se-á em conta: a situação familiar dos sujeitos passivos; a dedução específica aos rendimentos da categoria H, prevista no artigo 53.º; e as deduções à coleta previstas no artigo 78.º.

Para aproximação do valor do imposto retido ao resultante da liquidação final de IRS sobre os rendimentos do ano, pode o titular dos rendimentos,

[387] É o caso, como referimos, da função típica do contrato de seguro de renda certa – amortizações.

[388] O legislador descurou a existência de rendas pagas com periodicidade trimestral, semestral ou anual. A solução de retenção na fonte mais justa e consentânea com a adequação entre o valor a reter mensalmente (por conta) e o imposto a liquidar anualmente (a final), será a divisão do valor da renda pelo número de meses a que corresponda, aplicando ao resultado a inerente taxa de retenção, como se se tratasse de uma renda mensal. Exemplificando, se o rendeiro auferir uma renda trimestral de € 3.000,00, a taxa de retenção na fonte a aplicar deverá ser a correspondente a uma renda mensal de 1/3 (€ 1.000,00).

[389] Como resulta dos n.ºs 4 ss. do artigo 99.º-D do CIRS, as prestações adicionais correspondentes ao 13.º e 14.º meses, bem como as pensões relativas a anos anteriores àquele em que são pagas ou colocadas à disposição do titular, são sempre objeto de retenção autónoma.

quando receba um complemento de pensão de entidade diferente da que liquida a pensão principal, solicitar que o valor desta seja considerado na determinação da taxa de retenção aplicável àquele (n.º 3 do artigo 99.º-D)[390].

VI.3. A lógica e estrutura do rendimento tributável

I – Como já referimos, o CIRS adota a conceção de *rendimento-acréscimo*, ou rendimento em sentido lato. Para além dos proventos líquidos regulares gerados por atividades económicas ou fontes produtivas da titularidade do sujeito passivo (inerentes a uma conceção de *rendimento-fonte, rendimento-produto*, ou rendimento em sentido estrito), releva adicionalmente, na conceção adotada, qualquer acréscimo patrimonial líquido, incluindo a própria valorização de que beneficia a fonte produtiva e o próprio património do titular. A capacidade contributiva é, assim, aferida em função do incremento patrimonial do titular do rendimento no período de referência (ano fiscal), abrangendo as aquisições a título gratuito, as receitas fortuitas e as mais-valias realizadas[391].

Ora, como veremos de seguida, a construção normativa do rendimento da categoria H desafia, de algum modo, a coerência lógica da conceção de rendimento acolhida no CIRS. Vejamos como e porquê.

II – Concentrando-nos no caso das rendas, clarificámos acima que as mesmas são contratadas mediante o pagamento de um prémio (em regra, um prémio único) ao segurador. Supondo que esse prémio é suportado pelo próprio beneficiário (rendeiro), o respetivo valor regressará, sob a forma de uma prestação regular e periódica, à esfera do beneficiário, acrescido de um juro (que remunera a privação do valor do prémio pelo período de duração do contrato).

É esta a conceção de rendimento que resulta do regime do CIRS para a categoria H, configurando o prémio pago como um "capital investido" e as prestações periódicas pagas pelo segurador (renda) como a soma de

[390] Sobre o englobamento do rendimento e regime subsequente, cfr. Paula Rosado Pereira, *Manual de IRS, cit.*, pp. 303 ss.

[391] Cfr. Paula Rosado Pereira, *idem*, pp. 12 ss. Cfr. também José Xavier de Basto, *IRS – Incidência Real e Determinação dos Rendimentos Líquidos, cit.*, pp. 39 ss.; e J. L. Saldanha Sanches, *Manual de Direito Fiscal, cit.*, pp. 219 ss.

duas parcelas: (*i*) o "reembolso do capital" (na infeliz expressão do n.º 1 do artigo 54.º do CIRS); e (*ii*) o rendimento gerado pelo "capital investido". Atenta a noção de rendimento-acréscimo, só esta última parcela constituiria rendimento tributável na categoria H.

Esta configuração do rendimento – que, repete-se, é a que resulta da construção normativa do CIRS – remete-nos, porém, para a lógica de configuração do rendimento da categoria E de IRS: a de um *rendimento de capitais*, gerado pela aplicação ou investimento de um capital. As razões para a autonomização da categoria H prender-se-iam, neste quadro, com especificidades operacionais, como o estabelecimento de uma dedução específica em função do pagamento faseado do rendimento e da função previdencial da pensão.

Esta construção legal encontra também eco na doutrina. Assim, Xavier de Basto assimila expressamente os rendimentos de pensões (com base em rendas) aos rendimentos de capitais: «a renda vitalícia ou temporária constitui uma modalidade especial de aplicação de capitais, especialmente quando a renda tenha como contrapartida a cessão da disponibilidade de uma soma em dinheiro. Os rendimentos obtidos através de contratos deste tipo poderiam caber perfeitamente no conceito geral de rendimentos de capitais, constante do n.º 1 do artigo 5.º do CIRS»[392].

III – Esta construção, porém, descura dois fatores. O primeiro é que a ideia de "capital investido" carece de exatidão e exprime mais uma simplificação económica da operação do que a natureza do contrato e das prestações das partes. Em rigor, o tomador do seguro paga ao segurador um prémio, não investe um capital[393]. Esse prémio custeia, junto do

[392] José Xavier de Basto, *IRS – Incidência Real e Determinação dos Rendimentos Líquidos, cit.*, p. 477. Em sentido que parece convergente, Paulo Pitta e Cunha, "O regime fiscal das «operações de capitalização» das empresas seguradoras", *cit.*, pp. 4-5. Também em Espanha, p. ex., alguma jurisprudência não reconhece em certas rendas temporárias ou vitalícias a natureza de seguro de vida, com o argumento de que não há ali uma transferência de risco com base numa técnica atuarial, mas meras operações financeiras – cfr. Antoni Vaquer Aloy; e Raquel Domingo Martínez, *El Seguro de Renta Vitalicia y la Herencia*, Barcelona, Atelier, 2015, pp. 19 ss.

[393] Note-se que a expressão "capital" assume no CIRS, sentidos distintos, indutores de equívocos. Por um lado, corresponde a um valor investido e gerador de rendimento tributável. É o sentido que decorre do artigo 5.º (rendimentos de capitais), mas também do artigo 54.º. Por

segurador, a cobertura de um risco que "consome" esse prémio, não correspondendo a um investimento de qualquer tipo.

E a noção de *risco* traz-nos ao segundo fator. É que, como sucede nos seguros de vida em caso de morte, também nos seguros de rendas a tarifa é construída com base em duas variáveis: (*i*) uma taxa de juro técnica; e (*ii*) uma tábua de mortalidade. A conjugação destas duas variáveis determina as taxas correspondentes a cada idade atuarial. Assim, a multiplicação do prémio único pela taxa correspondente à idade da pessoa segura na data de início do contrato determina o valor da renda devida.

A taxa de juro técnica reflete, é certo, a remuneração do valor do prémio que o segurador garante ao beneficiário na vigência do contrato. Com efeito, o segurador irá aplicar o valor desse prémio em ativos cujo investimento lhe proporcionará um determinado rendimento financeiro. A taxa de juro técnica corresponde à expectativa mínima de rendimento que o segurador antecipa obter[394]. Como o retorno do valor do prémio à esfera do rendeiro será faseado ao longo do tempo, esse protelamento será remunerado mediante a adição da taxa de juro técnica a tal valor.

Por outro lado, como a renda (temporária ou vitalícia) cessa com a morte da pessoa segura – cujo momento de ocorrência é, obviamente, incerto – a tábua de mortalidade reflete a probabilidade estatística de ocorrência dessa morte e, consequentemente, uma estimativa do tempo de vigência do contrato. Note-se que, por efeito da lei dos grandes números, de Poisson, o aumento da dimensão da carteira de contratos de renda tende, teoricamente, a reduzir globalmente a incerteza quanto à mutualidade dos riscos seguros[395]. Porém, a *alea* contratual decorrente

outro lado, surge também como sinónimo de valor liquidado numa única prestação (*lump sum*), por oposição a valor pago em prestações periódicas (renda). É o sentido que encontramos, p. ex., no n.º 11) da alínea b) do n.º 3 do artigo 2.º.

[394] Se o segurador estabelecer uma taxa de juro técnica com base em parâmetros otimistas, que não consiga depois realizar, terá de cobrir o *deficit* com recurso a fundos próprios. Com a descida continuada das taxas de juro, é frequente que a taxa de juro técnica se situe atualmente em 0%. Cfr. Theodore Corfias, "Assurance-vie: la rente viagère victime d'une ponction fiscale injustifiée", *Revue Générale du Droit des Assurances*, n.º 5 (mai. 2019), p. 6.

[395] A lei dos grandes números garante, através do progressivo aumento do número de observações estatísticas, um gradual aumento da margem de confiança, que tenderá a reproduzir a

da incerteza quanto à longevidade de cada pessoa segura em concreto permanece em cada contrato de renda.

IV – Ora, é este elemento aleatório, de base demográfica (o momento da morte da pessoa segura) que determina de forma incontornável a estrutura que o rendimento de categoria H haveria de assumir, e não a taxa de juro técnica. A ponderação desta faria algum sentido relativamente a contratos de *rendas certas*, mas não de *rendas temporárias* e, sobretudo, não de *rendas vitalícias*.

Com efeito, estas rendas assumem caráter aleatório, o que lhes advém da incerteza quanto à duração da vida da pessoa segura. Assim, se não for convencionado um número mínimo de rendas garantidas, falecendo a pessoa segura poucos meses após o início do contrato o valor do prémio pago será muito superior ao total das rendas recebidas (isto é, não terá havido qualquer *rendimento*). Diversamente (no caso das rendas vitalícias, sobretudo), se a longevidade da pessoa segura ultrapassar largamente a esperança média de vida, então o total de rendas recebidas será muito superior ao prémio pago (mesmo acrescendo a este a taxa de juro a que fizemos acima referência).

Em suma, portanto, em certos casos – que abaixo melhor identificaremos – a construção jurídico-fiscal do rendimento da categoria H não reflete o acréscimo patrimonial (ou a ausência dele) experimentado pelo rendeiro, o qual é função, em primeira linha, do elemento aleatório do contrato: a longevidade da pessoa segura.

Vejamos de seguida como opera a determinação do rendimento da categoria H, à luz do regime positivado no artigo 54.º do CIRS. Começaremos, para o efeito, pelas situações menos problemáticas, de pensões adquiridas pelo próprio rendeiro, correspondentes às situações securitário-tributárias de *previdência individual*.

própria realidade. Cfr. Elizabeth Reis; Paulo Melo; Rosa Andrade; e Teresa Calapez, *Estatística Aplicada*, Vol. I, Lisboa, Ed. Sílabo, 1997, p. 45; Armandino Rocha, e F. Henriques Oliveira, *Princípios do Seguro, Princípios do Seguro*, Porto, Figueirinhas, 1980, p. 30; Albert Chaufton, *Les Assurances – Leur Passé, Leur Présent, Leur Avenir*, Paris, Librairie A. Marescq Ainé, 1884, pp. 9-10.

VI.4. A determinação do rendimento tributável

VI.4.1. Situações de previdência individual: *pensões adquiridas com fundos próprios*

I – Como referimos, focar-nos-emos, em primeiro lugar, nas situações em que o sujeito passivo, à custa dos seus rendimentos disponíveis (isto é, de fundos da sua titularidade, já previamente sujeitos a tributação aquando da sua perceção), adquire uma pensão. São, por exemplo, os casos em que o mesmo contrata (na qualidade de tomador do seguro, pessoa segura e rendeiro) uma renda vitalícia com um segurador, pagando-lhe o respetivo prémio único; ou aqueles em que efetua uma adesão individual a um fundo de pensões aberto, pagando as respetivas contribuições.

Como já referimos, se o prémio único provier de um veículo de financiamento, o rendimento de capitais gerado no âmbito desse veículo será objeto de tributação na categoria E, nos termos da alínea b) do n.º 3 do artigo 7.º do CIRS, pelo que então o "capital investido" na aquisição da renda será já líquido de IRS sobre a categoria E.

Ora, sabemos (já acima o dissemos) que – numa abordagem económica, que escapa ao rigor jurídico da relação contratual – o valor dos fundos pagos ao segurador ou entidade gestora do fundo de pensões retornarão mais tarde à esfera do rendeiro ou beneficiário (se a longevidade assim o permitir, ressalve-se), já que constituirão parte do valor da pensão. Como se determina então o rendimento tributável?

II – Para estes casos, dispõe o n.º 1 do artigo 54.º do CIRS que, quando as rendas temporárias e vitalícias, bem como as prestações pagas no âmbito de regimes complementares de segurança social qualificadas como pensões, compreendam importâncias pagas a título de "reembolso de capital", deduz-se, na determinação do valor tributável, a parte correspondente ao "capital". Na lógica da conceção de rendimento adotada no CIRS, só o acréscimo patrimonial constitui, assim, rendimento tributável.

Vimos, porém, que existe um elemento aleatório nos contratos de renda temporária ou vitalícia (só não verificável relativamente a modalidades de rendas certas): a mortalidade (ou longevidade) da pessoa segura. Ora – exceto se o CIRS contivesse um critério de determinação do rendimento que considerasse integralmente os primeiros pagamentos de renda como "reembolso de capital", e, excedido o valor deste, os pagamentos seguintes fossem integralmente considerados como rendimento da categoria H – a determinação rigorosa, em cada pagamento de renda, do valor correspondente a uma parte de "reembolso de capital" e uma parte de rendimento corresponde a um exercício impossível.

Tratando-se de uma equação impossível (na medida em que implicaria o conhecimento antecipado da data da morte da pessoa segura), o n.º 2 do artigo 54.º estabelece uma solução operacional pragmática: quando a parte correspondente ao "capital" não puder ser discriminada, à totalidade da renda *abate-se*, para efeitos de determinação do valor tributável, *uma importância igual a 85 %*. Por outras palavras, independentemente do valor total das rendas que irão ser pagas ao longo da vida da pessoa segura – e da proporção entre este valor e o prémio pago ("capital", na terminologia do CIRS) é fixo em 15% do valor de cada renda o rendimento tributável da categoria H considerado.

Mesmo que, em virtude do elemento aleatório do contrato, não haja qualquer acréscimo patrimonial (porque se verifique uma morte prematura) ou ocorra um acréscimo patrimonial extremamente significativo, o regime considera rendimento, em cada prestação de renda, 15% da mesma. A regra ignora, portanto, o elemento aleatório do rendimento. Desde logo, ao admitir como possível que fosse determinada *a priori* a parte da renda que excedesse o "reembolso do capital". Por outro lado, ao considerar que os referidos 15% correspondessem ao juro técnico, como se infere da progressiva redução, ao longo do tempo, dessa percentagem, acompanhando a continuada descida das taxas de juro, mas em tendência divergente do aumento progressivo da esperança de vida[396].

III – Assim, em afirmação que não podemos acompanhar, refere Xavier de Basto que, se as prestações periódicas a cargo de companhias de seguros, fundos de pensões, ou quaisquer outras entidades, devidas no âmbito

[396] Assim, a percentagem, que era originariamente (desde 1995, com Lei n.º 39-B/94. de 27 de dezembro) de 35%, passou a ser de 20% com a Lei n.º 53-A/2006, de 29 de dezembro, e de 15% com a Lei n.º 67-A/2007 de 31 de dezembro. Criticando solução análoga (tributação parcial do rendimento) da legislação francesa, por considerá-la gravosa para o rendeiro em função da descida das taxas de juro, Theodore Corfias, "Assurance-vie: la rente viagère victime d'une ponction fiscale injustifiée", *cit.*, pp. 6-8. A tendência para desatender ao elemento aleatório (demográfico) na estrutura do rendimento da categoria H reflete-se, portanto, não apenas na lei, mas igualmente na doutrina.

de regimes complementares de segurança social (parte inicial da alínea b) do n.º 1 do artigo 11.º do CIRS), «não assentam em contribuições das entidades patronais, mas em quantias pagas pelos próprios beneficiários, a não ser que se trate de rendas temporárias ou vitalícias, serão qualificadas como rendimentos de capitais e poderão beneficiar do desagravamento fiscal previsto no n.º 3 do artigo 5.º, desde que respeitadas as condições previstas nessa disposição do CIRS»[397].

Ora, como vimos, e resulta da respetiva norma de incidência tributária, o n.º 3 do artigo 5.º tem em vista, como decorre da sua letra, o pagamento *em capital* (ainda que em múltiplas operações de resgate parcial), e não em prestações regulares programadas, como é o caso das pensões. Por outro lado, o rendimento de pensões, embora incluindo uma taxa de juro técnica (como é apanágio dos rendimentos de capitais) comporta adicionalmente o elemento aleatório que já mencionámos (o risco de mortalidade), que não encontramos no rendimento de capitais[398].

É certo que a letra da alínea b) do n.º 1 do artigo 11.º se restringe às prestações... *em razão de contribuições da entidade patronal*. Porém, logo a alínea c) do mesmo número, ao aludir às pensões e subvenções não compreendidas nas alíneas anteriores, abre a porta a que se qualifiquem como pensões as situações análogas, resultantes de contribuições do próprio beneficiário, a justificar o mesmo tratamento fiscal.

IV – Por razões de evidente coerência normativa, o regime que acabamos de analisar é aplicável, não apenas às rendas e pensões diretamente adquiridas por uma pessoa singular, à custa de rendimentos já previamente sujeitos a tributação, mas igualmente aos regimes de previdência empresarial (financiamento da reforma dos trabalhadores efetuado pela entidade patronal) quando as contribuições patronais tenham sido tributadas,

[397] José Xavier de Basto, *IRS – Incidência Real e Determinação dos Rendimentos Líquidos*, *cit.*, p. 475, n. 518.

[398] Este elemento não se verifica nas rendas certas nem nos já referidos casos de contribuições próprias do participante para fundos de pensões fechados, ou de adesão individual a fundo de pensões aberto, em que, sendo o benefício pago sob a forma de pensão pelo próprio fundo, os pagamentos estão limitados à capacidade financeira da conta individual do beneficiário (n.º 15 do artigo 18.º e n.º 3 do artigo 22.º do RJFP), faltando-lhes, portanto, a aleatoriedade inerente à cobertura de um risco de mortalidade.

aquando da sua realização, como rendimentos do trabalho dependente do trabalhador (categoria A de IRS)[399].

Em ambos os casos, o valor de aquisição das pensões ("capital", na terminologia do CIRS) é suportado à custa dos rendimentos disponíveis do futuro pensionista. O dito valor de aquisição provém, portanto, em termos económicos, da esfera patrimonial deste.

Neste quadro, estabelece-se no n.º 4 do artigo 99.º do CIRS que, para efeitos do disposto no artigo 54.º, compete ao titular do direito à pensão (em sentido amplo) comprovar junto da entidade devedora da mesma (no caso, o segurador ou a entidade gestora do fundo de pensões)[400] que a prestação que lhe é devida comporta "reembolso de capital" por si pago ou que, tendo sido pago por terceiro (em regra, a entidade patronal), todavia foi total ou parcialmente tributado como rendimento seu (na categoria A)[401].

VI.4.2. Situações de beneficiação social: *dotações patronais ainda não tributadas*

Como já referimos, as pensões (em sentido amplo) podem resultar de dotações suportadas pela entidade patronal do rendeiro durante a vida ativa deste e visando a constituição de um complemento de reforma vitalício. Esta constitui, aliás, uma realidade típica de alguns contextos empresariais (frequentemente, empresas multinacionais), constituindo

[399] São os casos – previstos na alínea i) do n.º 3) da alínea b) do n.º 3 do artigo 2.º do CIRS – das importâncias despendidas, obrigatória ou facultativamente, pela entidade patronal com seguros e operações do ramo «Vida», contribuições para fundos de pensões, fundos de poupança-reforma ou quaisquer regimes complementares de segurança social, desde que constituam direitos adquiridos e individualizados dos respetivos beneficiários. Como vimos, estes casos só estão sujeitos a tributação na categoria A de IRS aquando do pagamento dos prémios ou contribuições, se não forem respeitados os requisitos previstos nas alíneas a), b), d), e) e f) do n.º 4 do artigo 43.º do CIRC, como resulta, *a contrario*, do n.º 1 do artigo 18.º do EBF. É tipicamente o caso dos prémios de PPR suportados pela entidade patronal.

[400] Como entidades devedoras do rendimento, cabem-lhes os deveres de retenção e de correspondente entrega do imposto, bem como os deveres declarativos que decorrem do artigo 119.º do CIRS.

[401] Como sublinha Manuel Faustino, não sendo produzida essa prova a totalidade dos valores auferidos será sujeita a tributação – Manuel Faustino, *Alguns Aspetos Decorrentes das Alterações ao Quadro da Tributação do Rendimento, em IRS, Introduzidas Pela Lei n.º 39-9/94, cit.*, p. 19.

o chamado "segundo pilar" dos regimes complementares de segurança social.

Tendo já atrás analisado os casos em que tais dotações foram oportunamente sujeitas a tributação na categoria A de IRS, vejamos agora as duas modalidades de situações securitário-tributárias que apelidámos de *beneficiação social*, nas quais essa tributação não ocorre aquando do pagamento dos prémios ou contribuições pela entidade patronal.

VI.4.2.1. Modalidade de meras expectativas: visão integrada

I – Em primeiro lugar temos as realizações de utilidade social em sentido próprio (regime de meras expectativas), obedecendo, portanto, aos requisitos previstos no n.º 4 do artigo 43.º do CIRC. Aí se incluem, como vimos, os gastos com contratos de seguros de vida, contribuições para fundos de pensões e equiparáveis ou para quaisquer regimes complementares de segurança social, que garantam, exclusivamente, o benefício de reforma ou complemento de reforma a favor dos trabalhadores da empresa. No que releva para os rendimentos de categoria H, tais gastos poderão comportar prémios ou contribuições destinados: (*i*) à dotação de veículos de financiamento que, por seu turno, visam a posterior aquisição das rendas ou outras modalidades de pensão; ou (*ii*) diretamente à aquisição de rendas ou pensões.

Para além de outros requisitos estabelecidos no n.º 4 do artigo 43.º do CIRC, releva, como vimos, o de que pelo menos dois terços *dos benefícios* em caso de reforma, invalidez ou sobrevivência sejam efetivamente pagos sob a forma de prestação pecuniária mensal vitalícia[402] (a constituir o rendimento da categoria H).

Outro requisito relevante, estabelecido na alínea g) do n.º 4, é o de que os referidos prémios ou contribuições não constituam direitos adquiridos e individualizados dos trabalhadores abrangidos, caso em que, dando apenas lugar a meras expectativas, não ingressam imediatamente na respetiva

[402] Acrescenta-se na alínea d) que este requisito não prejudica a possibilidade de remição de rendas vitalícias em pagamento que não tenham sido fixadas judicialmente, nos termos e condições estabelecidos em norma regulamentar emitida pela respetiva entidade de supervisão, e desde que seja apresentada prova dos respetivos pressupostos pelo sujeito passivo. Voltaremos adiante a esta matéria.

esfera jurídico-patrimonial, pelo que não são considerados rendimentos do trabalho dependente no momento do seu pagamento ao segurador.

II – Neste contexto – e sabendo que os gastos com contratos de seguros de vida financeiros, que servem (pelo menos, parcialmente) de veículos de financiamento para a aquisição do benefício em renda, dão também lugar a pagamentos em capital –, importa fornecer uma imagem integrada da forma como se articulam as várias componentes do benefício, nos moldes previstos no artigo 43.º do CIRC.

Para o efeito, e simplificando, iremos assumir que (quer o veículo de financiamento seja uma apólice financeira em grupo, quer seja individual) haverá apenas uma operação de saída, ou seja, os fundos correspondentes ao benefício serão subtraídos ao contrato de uma só vez. Neste quadro, a operação de saída corresponderá ao *vencimento* (caso a saída se produza no termo do prazo contratual) ou a um *resgate* (quando a saída decorra antecipadamente, isto é, antes do termo contratual).

Com a operação de saída (vencimento ou resgate) haverá, como já referimos (*supra*, VI.4.1.I), lugar à tributação de rendimentos da categoria E de IRS, nos termos da alínea b) do n.º 3 do artigo 7.º do CIRS, quer quanto à fração do benefício que será diretamente paga em capital à pessoa segura (por ser esse o momento da colocação do rendimento à disposição do titular, como resulta da primeira parte desta alínea b)), quer quanto à fração do benefício destinada a ser paga sob a forma de renda (por ser esse o momento do apuramento do quantitativo do rendimento, como verte da segunda parte da mesma alínea b)). Em qualquer dos casos, a tributação segue o disposto no n.º 3 do artigo 5.º do CIRS, que oportunamente analisámos em detalhe (cfr. *supra*, V.3).

III – Quanto à fração a ser liquidada em renda, ela corresponderá a, *pelo menos, dois terços do benefício*, como expressamente resulta da alínea d) do n.º 4 do artigo 43.º do CIRC. Por outras palavras, pelo menos dois terços do valor de resgate ou vencimento constituirão um prémio único de aquisição de um contrato de renda vitalícia imediata, a favor da pessoa segura, a ser subscrito junto do mesmo segurador do veículo de financiamento ou de outro segurador.

Poderá questionar-se, porém, se o cômputo destes dois terços do benefício haverá de ser efetuado líquido ou bruto do IRS respeitante à categoria E, a que há pouco nos referimos. Ora – considerando que a totalidade do benefício é composta por (*i*) uma parcela de "reembolso" do prémio pago pela entidade patronal e (*ii*) uma parcela de rendimento gerado (rendimento de categoria E) –, poderá questionar-se como deverá ser afetada cada uma destas parcelas à fração do benefício paga em capital e à fração paga sob a forma de renda.

Vejamos. A forma mais simples e objetiva (e, portanto, a menos discricionária) de afetação das duas parcelas será considerar-se a repartição do rendimento gerado (categoria E) *na mesma proporção* da repartição do benefício. Assim, sendo o benefício a pagar sobre a forma de renda de dois terços do total, será essa mesma a proporção da afetação do rendimento gerado, o que é também consentâneo com a circunstância de o apuramento do IRS (categoria E) preceder no plano lógico a repartição do benefício a afetar, respetivamente, à aquisição da renda e à liquidação direta em capital. Desta forma, será indiferente se a afetação do benefício se efetua antes de IRS (categoria E) ou já líquida deste imposto. Em qualquer dos casos, o resultado será igual.

IV – Adquirido o contrato de renda vitalícia, a totalidade do valor das rendas que forem sendo pagas constituirá, assim, o rendimento da categoria H de IRS, como resulta do n.º 3 do artigo 54.º do CIRS.

Resta a fração (correspondente, no máximo, a um terço da totalidade do benefício, como, *a contrario*, resulta da alínea d) do n.º 4 do artigo 43.º do CIRC) a pagar em capital à pessoa segura. Esta fração conterá, como vimos, duas parcelas: (*i*) uma correspondente ao "reembolso" do prémio pago pela entidade patronal, que constitui um rendimento da categoria A de IRS, nos termos da subalínea ii) do n.º 3) da alínea b) do n.º 3 do artigo 2.º do CIRS; e (*ii*) outra correspondente ao rendimento gerado (rendimento de categoria E, a cuja tributação fizemos já referência).

Quanto ao referido rendimento da categoria A de IRS, um terço do seu quantitativo está isento de IRS, no máximo de € 11.704,70, como resulta do n.º 3 do artigo 18.º do EBF. O remanescente (rendimento da categoria A não isento) será sujeito a imposto.

Caso, aqui chegado, o leitor se encontrar totalmente perdido, o enquadramento tributário da operação em causa será esquematicamente representado *infra*, nas *Conclusões* (figura 10).

VI.4.2.2. Modalidade de direitos adquiridos: visão integrada

I – A outra modalidade de beneficiação social a considerar (variante de realizações de utilidade social em sentido amplo) é a de *direitos adquiridos*, em que, como vimos, os prémios e contribuições suportados pela entidade patronal constituem rendimentos da categoria A de IRS, mas para os quais o n.º 1 do artigo 18.º do EBF estabelece uma isenção (diferimento) de tributação para o momento em que o titular dessas importâncias (o trabalhador) adquire a disponibilidade sobre elas.

Assim, na parte em que tais importâncias financiam rendas ou pensões, essa disponibilidade só se verifica no momento da perceção de cada prestação de renda ou pensão.

II – De modo a fornecermos também uma visão integrada da tributação, nas suas várias vertentes, desta modalidade, remetemos para o que dissemos a propósito da modalidade de meras expectativas, com as seguintes ressalvas.

Desde logo, quanto à fração do valor do benefício paga sob a forma de renda, haverá que apelar também para o disposto no n.º 4 do artigo 54.º do CIRS, embora sem efeitos práticos sobre os procedimentos de tributação.

Relativamente à fração paga em capital, vimos que a tributação da parcela de "reembolso" do prémio, na categoria A de IRS, tem por fonte a subalínea i) do n.º 3) da alínea b) do n.º 3 do artigo 2.º do CIRS, beneficiando, não obstante, de um diferimento de tributação para o momento do pagamento ou colocação à disposição, por efeito do disposto no n.º 1 do artigo 18.º do EBF (*supra*, V.1.3). Em contrapartida, não beneficia da isenção parcial de tributação de um terço prevista no n.º 3 do mesmo artigo.

Sobre a representação esquemática da tributação desta modalidade de situações de beneficiação social remetemos, *infra*, para as *Conclusões* (figura 11).

VI.4.2.3. Rendimento tributável

Tendo em vista as duas modalidades referidas de beneficiação social, estabelece-se no n.º 3 do artigo 54.º do CIRS que não é aplicável o disposto nos números precedentes relativamente às prestações devidas no âmbito de regimes complementares de segurança social, seja qual for a entidade devedora ou a sua designação, se as contribuições constitutivas do direito de que derivam tiverem sido suportadas por pessoa ou entidade diferente do respetivo beneficiário e neste não tiverem sido, comprovadamente, objeto de tributação[403].

Recorde-se, entretanto, que se o prémio de aquisição da renda resultar de um veículo de financiamento, o rendimento de capitais aí gerado é objeto de tributação na categoria E (alínea b) do n.º 3 do artigo 7.º do CIRS), pelo que tal prémio virá já líquido de IRS sobre a categoria E.

Em suma, sempre que tenham sido pagos pela entidade patronal (sem que o trabalhador tenha sido tributado na categoria A de IRS) os prémios ou contribuições que, direta ou indiretamente, tenham custeado a aquisição de rendas ou pensões, considera-se não existir um "reembolso de capital", na terminologia do CIRS. Neste caso, portanto, a totalidade da renda ou pensão corresponde ao acréscimo patrimonial do sujeito passivo e é, consequentemente, considerada *in totum* rendimento tributável.

VI.4.2.4. Regime contributivo para a segurança social

Quanto ao enquadramento, em sede de regime contributivo para a segurança social, das rendas e pensões adquiridas mediante prémios ou contribuições suportados pela entidade patronal, importa rememorar a análise, atrás efetuada, sobre os casos de pagamento do benefício sob a forma de capital (*supra*, V.2).

Como então vimos, a alínea x) do n.º 2 do artigo 46.º do CRCSS apenas define como base de incidência contributiva as liquidações efetuadas em capital e apenas se forem anteriores à data de passagem à reforma. Portanto, as liquidações em pensão ou renda – mormente, as que, por exigência da alínea d) do n.º 4 do artigo 43.º do CIRC, forem efetuadas sob a forma de prestação pecuniária mensal vitalícia – não constituem base de incidência contributiva.

Este enquadramento é, aliás, complementado e explicado pela alínea b) do artigo 48.º do CRCSS, sob a epígrafe *valores excluídos da base de incidência*, que esclarece não integrarem a base de incidência contributiva,

[403] Acrescenta o n.º 4 – relativamente ao grupo de situações que tratámos na secção anterior (modalidade de *direitos adquiridos*) – que se considera não terem sido objeto de tributação no respetivo beneficiário, designadamente, os prémios e as contribuições constitutivos de direitos adquiridos referidos no n.º 3) da alínea b) do n.º 3 do artigo 2.º do CIRS que beneficiarem de isenção (prevista, como referido, no n.º 1 do artigo 18.º do EBF).

designadamente, as importâncias atribuídas a título de complemento de prestações do regime geral de segurança social.

VI.5. Testando os limites da norma de incidência

VI.5.1. O número mínimo de prestações: capital ou pensão?

I – Da análise que vimos efetuando, é possível constatar como o regime tributário dos rendimentos da categoria H é globalmente mais favorável[404] do que, por exemplo, o dos rendimentos da categoria A, em virtude da dedução específica prevista no n.º 1 do artigo 53.º do CIRC, à qual fizemos já referência.

Ora, sabendo que a alínea d) do n.º 1 da norma de incidência (artigo 11.º do CIRS) considera pensões as rendas temporárias e que, no limite, uma renda temporária imediata, por um ano, pode ter um único termo[405], cabe questionar qual a duração ou formato mínimo da renda requerido fiscalmente para que lhe seja aplicável o regime da categoria H. Poderá um único pagamento isolado, sem o caráter de regularidade típico das pensões, beneficiar do regime da categoria H?

II – Nesta linha, e a adensar a dúvida – ou permitindo já traçar uma via de solução – o n.º 2 do artigo 11.º estabelece que a remição ou qualquer outra forma de antecipação de disponibilidade dos rendimentos previstos no número precedente não lhes modifica a natureza de pensões.

Recordemos, em primeiro lugar, em que condições é legalmente admissível a remição de uma renda vitalícia. Como já referimos, nos termos do n.º 31 da Norma Regulamentar n.º 16/95-R, de ASF, de 12 de setembro, mediante acordo entre o segurador e o tomador de seguro (e ainda, quando for caso disso, o beneficiário), é possível a remição de rendas vitalícias em pagamento que não tenham sido fixadas judicialmente,

[404] A autonomização desta categoria de rendimentos terá tido precisamente por propósito o de lhe assegurar tratamento mais favorável. Cfr. Rui Duarte Morais, *Sobre o IRS*, *cit.*, p. 149.

[405] Isto significa que, se for convencionado o pagamento antecipado da renda, poderá ser liquidado pelo tomador do seguro o prémio único de aquisição da renda num dado momento e, quase imediatamente, ser pago pelo segurador o termo único da renda ao beneficiário, extinguindo-se o contrato.

desde que o montante da prestação periódica mensal seja inferior à décima parte do salário mínimo nacional em vigor para a generalidade das profissões à data da remição[406].

Por seu turno, relativamente às pensões mensais vitalícias pagas por fundos de pensões com base nas contribuições do associado, os n.ºs 2 e 3 do artigo 18.º do RJFP estabelecem que, no momento do cálculo da primeira prestação mensal dessas pensões, as mesmas podem ser remidas em capital até ao máximo de um terço do seu valor atual, calculado de acordo com as regras estabelecidas em norma regulamentar da ASF, e desde que verifiquem cumulativamente as seguintes condições: (*i*) o plano de pensões preveja a possibilidade de remição; e (*ii*) o beneficiário apresente um pedido escrito à entidade gestora. Acrescenta o n.º 4 do mesmo artigo que, a pedido do beneficiário, é ainda possível a remição total em capital das pensões previstas no n.º 1, caso não seja possível assegurar o pagamento de uma pensão cuja prestação mensal seja superior à décima parte da retribuição mínima mensal garantida para a generalidade dos trabalhadores em vigor à data da remição.

Em suma, portanto, é admissível, nos planos legal e regulamentar aplicáveis, a remição de rendas ou pensões vitalícias em pagamento em condições restritivas: quando o respetivo valor for diminuto e, portanto, houver uma desproporção entre, por um lado, o benefício, para o rendeiro ou pensionista, de um pagamento faseado, e, por outro lado, o custo administrativo que esse pagamento implica para o segurador ou entidade gestora do fundo de pensões[407].

[406] Também a alínea d) do n.º 4 do artigo 43.º do CIRC (que define, como vimos, os requisitos das realizações de utilidade social) admite a possibilidade de remição de rendas vitalícias em pagamento que não tenham sido fixadas judicialmente, nos termos e condições estabelecidos em norma regulamentar da ASF, e desde que seja apresentada prova dos respetivos pressupostos pelo sujeito passivo.

[407] O sentido e alcance do n.º 2 do artigo 11.º do CIRS pode toldar-se por confronto com as referências – contidas no n.º 3 do artigo 5.º, bem como na subalínea ii) do n.º 3) da alínea b) do n.º 3 do artigo 2.º, ambos do CIRS – à *remição*. Afinal, em caso de remição, estaremos perante rendimentos da categoria H, da categoria E ou da categoria A de IRS? Segundo parece defender Manuel Faustino, o n.º 2 do artigo 11.º do CIRS não seria aplicável à remição de pensões oriundas de prémios ou contribuições pagos pela entidade patronal, as quais constituiriam rendimento do trabalho dependente (e, portanto, não seriam qualificáveis como pensões, nos termos da parte final da alínea b) do n.º 1 do mesmo artigo – Manuel Faustino, *Alguns Aspetos Decorrentes das Alterações ao Quadro da Tributação do Rendimento, em IRS, Introduzidas Pela Lei*

III - Ao fazer prevalecer, no caso da remição, a *materialidade* (da natureza de pensão) sobre a *forma* (o número de prestações implicado no pagamento), o n.º 2 do artigo 11.º fornece-nos a chave da solução para o problema equacionado. Essa chave é, por seu turno, complementada com o já citado n.º 7 do artigo 53.º, que exclui o benefício da dedução específica relativamente aos contratos que sejam *formalmente* rendas temporárias ou vitalícias, mas que não sejam *materialmente* pensões (designadamente, de aposentação ou de reforma, complemento de reforma, velhice, invalidez ou sobrevivência). A solução está, de resto, em plena sintonia com a cláusula geral anti-abuso estabelecida no n.º 2 do artigo 38.º da LGT[408].

Retornando ao problema equacionado, a liquidação de uma renda através de um único termo (na prática, um capital) pode constituir materialmente o pagamento de uma pensão (por exemplo, o pagamento de prestações, atualizações ou acertos retroativos) ou constituir uma construção formal destinada a obter uma vantagem fiscal indevida. Em qualquer dos casos, a tributação é efetuada na categoria H. Porém, no segundo caso, não haverá lugar à dedução específica estabelecida.

VI.5.2. As prestações do seguro financeiro para reinvestimento de mais-valias

I - Estabelece-se nos n.ºs 7 e 5 do artigo 10.º do CIRS um regime de exclusão da tributação de mais-valias imobiliárias quando o valor da venda do imóvel seja reinvestido, de forma total ou parcial, designadamente, na contratação de um seguro financeiro do ramo vida, ou na adesão individual

n.º 39-9/94, cit., p. 18. Cremos, porém, que é outra a subtil nuance entre as várias disposições referidas. Do nosso ponto de vista, o n.º 2 do artigo 11.º reporta-se à remição de pensões já *em pagamento* (cuja natureza de pensão já foi, portanto, previamente determinada). Por seu turno, a referência das outras duas disposições reportar-se-á à *remição inicial* de um crédito que seria liquidável sob a forma de pensão, mas que não chega a assumir esta natureza, sendo integralmente liquidado numa *lump sum*. Neste caso, o montante correspondente aos prémios ou contribuições pagos pela entidade patronal corresponderá a rendimento da categoria A (subalínea ii) do n.º 3) da alínea b) do n.º 3 do artigo 2.º do CIRS) e o excedente a rendimentos da categoria E (n.º 3 do artigo 5.º do CIRS).

[408] Sobre o tema, ainda no contexto de uma formulação anterior da disposição citada, cfr. Gustavo Lopes Courinha, *A Cláusula Geral Anti-Abuso no Direito Tributário - Contributos para a Sua Compreensão*, Coimbra, Almedina, 2004.

a um fundo de pensões aberto. A exclusão de tributação depende de, entre outras condições, o sujeito passivo (ou o respetivo cônjuge ou unido de facto) estar em situação de reforma (ou ter, pelo menos, 65 anos de idade), e de o contrato ou adesão visar, exclusivamente, proporcionar ao adquirente ou ao respetivo cônjuge ou unido de facto uma *prestação regular periódica durante um período igual ou superior a 10 anos*, de montante máximo anual igual a 7,5% do valor investido.

Focando-nos no referido *seguro financeiro do ramo vida* – de configuração atípica, já que a vocação normal dos seguros financeiros é a liquidação de um capital por resgate ou vencimento, e não de prestações periódicas – situamo-nos no âmbito das situações securitário-tributárias que apelidámos de *previdência individual*, já que a natureza da prestação assume caráter claramente previdencial e estão em causa prémios provenientes da esfera da própria pessoa segura (e não de uma empresa – entidade patronal).

Neste contexto, a questão que pode suscitar-se é se o acréscimo patrimonial distribuído através das prestações periódicas de tal seguro financeiro constitui um rendimento de capitais (categoria E) ou de pensões (categoria H) de IRS. A problemática desafia, assim, os limites das normas de incidência destas categorias de rendimentos.

II – Em abono do enquadramento no n.º 3 do artigo 5.º do CIRS (rendimento de categoria E), dir-se-á que é este o quadro típico de tributação dos rendimentos distribuídos por seguros financeiros (seguros do ramo vida com componente de investimento).

Ora, embora não haja objeções de princípio a este enquadramento, o mesmo colide com a letra do citado n.º 3 do artigo 5.º, que alude a operações de resgate, adiantamento, remição ou outra forma de antecipação de disponibilidade, bem como ao vencimento, mas não à liquidação de prestações regulares e periódicas. É certo que tais prestações regulares podem ser configuradas como resgates parciais (e haveriam certamente de sê-lo, na falta de um enquadramento mais específico e certeiro), mas essa qualificação afigura-se, como melhor veremos, pouco rigorosa.

III – Estando em causa prestações periódicas – ademais, como oportunamente constatámos, com conteúdo previdencial – a pretensão de enquadramento tributário é reclamada pelo artigo 11.º do CIRS (rendimentos de pensões).

Ora, até pelas condições requeridas pelo n.º 7 do artigo 10.º do CIRS (situação de reforma ou 65 anos de idade e duração mínima de 10 anos de prestações[409]), situamo-nos no âmbito de prestações de natureza idêntica às devidas a título de pensões de aposentação ou de reforma (alínea a) do n.º 1 do artigo 11.º do CIRS) ou, em última instância – já que não estão em causa prestações em razão de contribuições da entidade patronal nem rendas temporárias ou vitalícias (alíneas b) e d) do n.º 1) – pensões não compreendidas nas alíneas anteriores (alínea c) do n.º 1).

IV – Se dúvidas se suscitarem ainda quanto ao enquadramento tributário, cremos que a coerência e a unidade normativa do ordenamento imporão uma interpretação sistemática do artigo 11.º do CIRS à luz do regime de um tipo contratual análogo ao dos seguros financeiros em análise: o dos PPR.

Ora, como resulta do n.º 3 do artigo 21.º do EBF as importâncias pagas pelos PPR ficam sujeitas a tributação em função da forma de pagamento, a saber: (*i*) seguindo as regras da categoria E de IRS em caso de reembolso total ou parcial, incluindo os que sejam efetuados com natureza prestacional (prestações relativas a crédito à habitação), durante um período não superior a dez anos; e (*ii*) conforme as regras da categoria H de IRS quando a sua perceção ocorra sob a forma de prestações regulares e periódicas.

Ora, no caso previsto no n.º 7 do artigo 10.º, estão previstas prestações periódicas, de natureza previdencial, a favor da própria pessoa segura, durante um período superior a 10 anos. Logo, recorrendo ao n.º 3 do artigo 21.º do EBF como bitola de delimitação das esferas de incidência tributária entre os regimes da categoria E e da categoria H de IRS, o enquadramento tributário será indiscutivelmente o da categoria H.

Desta forma, e atenta a natureza previdencial do seguro em análise, ser-lhe-á aplicável a dedução específica prevista no n.º 1 do artigo 53.º do CIRS, a qual não é excluída, no presente caso, pelo n.º 7 do mesmo artigo.

[409] Em rigor, serão mais de 13 anos para respeitar o limite máximo anual de 7,5% do valor investido.

VII
Sinistro e enquadramento tributário

VII.1. Questões prévias

VII.1.1. Ponto de ordem

I – O presente capítulo distingue-se, em várias vertentes, dos que antecedem. Desde logo, o respetivo enquadramento normativo não se estrutura em torno das situações securitário-tributárias que orientaram a abordagem até agora empreendida, e que são, nesta matéria, quase irrelevantes.

Quanto à operação de seguro aqui em causa, a requerer a regulação do Direito fiscal, a mesma corresponde ao *sinistro.* Traduzindo-se na verificação do risco seguro[410], o sinistro é, por definição, incerto, quer quanto à respetiva ocorrência (seguros patrimoniais), quer, pelo menos, quanto ao momento dessa ocorrência (seguros de vida). Por outro lado, o sinistro consubstancia o conjunto de eventos cujos efeitos danosos se pretende acautelar ou neutralizar através da celebração do contrato de seguro.

[410] Na expressão do artigo 99.º da LCS, o sinistro corresponde à verificação, total ou parcial, do evento que desencadeia o acionamento da cobertura do risco prevista no contrato de seguro. Também com relevância, diz-nos o artigo 1.º da LCS que, por efeito do contrato de seguro, o segurador cobre um risco determinado do tomador do seguro ou de outrem, *obrigando-se a realizar a prestação convencionada em caso de ocorrência do evento aleatório previsto no contrato,* e o tomador do seguro obriga-se a pagar o prémio correspondente.

Esta operação pode verificar-se em quaisquer modalidades de seguros: vida (de risco ou financeiros, excluindo apenas os seguros de vida em caso de vida e as operações de capitalização, que não são seguros) e não-vida (quer se trate de seguros de bens e responsabilidade civil, quer de seguros de pessoas). Pode verificar-se igualmente em qualquer das situações securitário-tributárias típicas que oportunamente identificámos.

Participada ao segurador a ocorrência do sinistro, bem como as circunstâncias da sua verificação, eventuais causas consequências (artigo 100.º da LCS), fica aquele obrigado a realizar a sua prestação, pecuniária ou não pecuniária, a qual se vence 30 dias após o apuramento daqueles factos (artigos 102.º e 104.º da LCS).

Essa prestação tem por credor o segurado (nos seguros de bens), o terceiro lesado (nos seguros de responsabilidade civil onde haja ação direta), a pessoa segura (nos seguros de pessoas, relativamente a riscos de saúde e de integridade física), ou um beneficiário designado (nos seguros de pessoas, relativamente ao risco de morte).

A questão que se suscita é se – e em que medida – a referida prestação do segurador por sinistro constitui um rendimento do respetivo credor, como tal sujeito a tributação. O tema do presente capítulo assume, assim, grande relevância. Embora aparentemente simples, o mesmo encerra problemáticas, à partida, insuspeitas, só rara e fugazmente sendo abordado pela doutrina fiscalista.

Antes de avançarmos, e porque uma vertente do tema do presente capítulo versa sobre o enquadramento tributário das indemnizações provenientes de contratos de seguro, importa situarmo-nos quanto à noção de *indemnização.*

VII.1.2. O que são indemnizações?

Indemnizar é tornar indemne, ou seja, sem dano[411]. Assim, a obrigação de indemnização traduz-se no ressarcimento, isto é, na reparação ou

[411] Jorge Miguel Silva, "O primado da indemnização por reconstituição natural", *Revista do CEJ*, n.º 2 (2.º Semestre 2020), p. 47. Por seu turno, o dano corresponde à «supressão ou diminuição de uma situação favorável que estava protegida pelo ordenamento» (António Menezes Cordeiro, *Tratado de Direito Civil Português,* I – Parte Geral, Tomo I, *cit.*, p. 419) ou, noutra formulação, na «frustração de uma utilidade que era objeto de tutela jurídica» (Luís Menezes Leitão, *Direito das Obrigações,* Vol. I, *cit.*, p. 334). Serão de recusar, assim,

eliminação de um dano. Quanto ao conteúdo da obrigação de indemnização, esclarece o artigo 562.º do CC que quem estiver obrigado a reparar um dano *deve reconstituir a situação que existiria, se não se tivesse verificado o evento que obriga à reparação.*

O citado artigo 562.º estabelece, assim, como princípio geral o da *reconstituição natural*, mediante a reposição, não da situação anterior à lesão, mas à da situação hipotética que se verificaria atualmente na ausência da lesão. Desta forma, ocorrendo um estrago, desaparecimento ou destruição de uma coisa fungível, a reconstituição natural traduzir-se-á na reparação ou na substituição da coisa, consoante o caso, removendo o *dano real* ou *concreto*.

Só na impossibilidade da reposição ou restauração *in natura* – ou quando a mesma não repare integralmente os danos, ou seja demasiado onerosa para o devedor – haverá lugar, como solução sucedânea e excecional (embora a estatisticamente mais frequente)[412], à indemnização por equivalente ou em dinheiro (n.º 1 do artigo 566.º do CC). Com relevância, dispõe o n.º 2 deste artigo que, sem prejuízo do preceituado noutras disposições, a indemnização em dinheiro tem como medida a diferença entre a situação patrimonial do lesado, na data mais recente que puder ser atendida pelo tribunal, e a que teria nessa data se não existissem danos (teoria da diferença). Trata-se, portanto, da reparação de um *dano de cálculo* ou *abstrato*[413], aferido pela comparação pecuniária entre a situação atual real do lesado e a (atual) hipotética que existiria na ausência de danos.

Em certos casos, em que a própria indemnização em dinheiro é insuscetível de reparar o dano, poderá haver lugar a uma *compensação*[414], que

noções restritivas que atendem apenas à vertente patrimonial do dano, como as referidas em Eugenio Llamas Pombo, "Presupuestos y límites de la reparación del daño", *in* AAVV, *Sobre Responsabilidad Civil y Seguro*, Madrid, Sepín, 2020, pp. 514 ss.

[412] Pires de Lima e Antunes Varela, *Código Civil Anotado*, Vol. I, 4ª Ed., Coimbra, Coimbra Ed., 1987, p. 577. A primazia da reparação *in natura* sobre a indemnização em dinheiro é incontroversa na doutrina – cfr., p. ex., Jorge Miguel Silva, "O primado da indemnização por reconstituição natural", *cit.*, pp. 47-75; Luís Menezes Leitão, *Direito das Obrigações*, Vol. I, *cit.*, p. 402.

[413] Mário Almeida Costa, *Direito das Obrigações*, *cit.*, pp. 771 e 777 ss.

[414] João Antunes Varela, *Das Obrigações em Geral*, Vol. I, 10ª Ed., Coimbra, Almedina, 2000, p. 906; Eduardo dos Santos Júnior, *Direito das Obrigações*, Vol. I, 2ª Ed., Lisboa, AAFDL, 2012, p. 385.

visa estabelecer uma contrapartida (um benefício) que, de algum modo, sirva de contrapeso indireto ao dano sofrido. É o que sucede relativamente aos danos não patrimoniais de natureza irreparável[415]. Com efeito, a atribuição de um benefício *patrimonial* (quantia em dinheiro) situa-se numa escala distinta do dano *não patrimonial* (a dor, o sofrimento, a humilhação, etc.)[416] que visa *compensar*, pelo que é insuscetível de o reparar, ainda que por equivalente[417]. Neste contexto, o cálculo de tal compensação está necessariamente sujeito a uma ampla margem de discricionariedade, não podendo, por natureza, decorrer da aplicação da teoria da diferença (cfr. n.º 4 do artigo 496.º do CC)[418].

[415] Pires de Lima e Antunes Varela, *Código Civil Anotado*, Vol. I, *cit.*, p. 577. Como refere Santos Júnior, os danos não patrimoniais são precisamente «aqueles que traduzem a perda ou diminuição da fruição de um bem *não suscetível de avaliação pecuniária*, um bem imaterial, pois, como a vida, a saúde, o bem-estar físico, a beleza física, etc.» – Eduardo dos Santos Júnior, *Direito das Obrigações*, *cit.*, p. 383 (itálico nosso). Cfr. também Adriano Vaz Serra, "Reparação do dano não patrimonial", *Boletim do Ministério da Justiça*, n.º 83 (1959), p. 70. Note-se que alguns danos não patrimoniais são reparáveis por via da reconstituição natural (a retratação pública de quem haja difamado outrem, p. ex.).

[416] Nas palavras de João Pires Rosa, «o património moral de uma pessoa é, ontologicamente, insuscetível de uma tradução quantitativa» – João Pires Rosa, "Dano não patrimonial: quantificação", *Revista Portuguesa do Dano Corporal*, Ano 22, n.º 24 (dez. 2013), p. 28.

[417] Como refere Vaz Serra, «esta, diferentemente do que acontece com a do dano patrimonial, não é uma verdadeira indemnização, pois não coloca o ofendido na posição em que estaria se o facto danoso não tivesse tido lugar, mediante a concessão de bens com valor equivalente ao dos perdidos em consequência desse facto. Melhor se lhe tem chamado *satisfação* ou *compensação*» – Adriano Vaz Serra, "Reparação do dano não patrimonial", *cit.*, p. 80. E acrescenta: «trata-se apenas de dar ao lesado uma satisfação ou compensação do dano sofrido, uma vez que este, sendo apenas moral, não é suscetível de equivalente» – *idem*, p. 83. Sobre a problemática, cfr. Maria Manuel Veloso, "Danos não patrimoniais", *in* Faculdade de Direito da Universidade de Coimbra, *Comemorações dos 35 Anos do Código Civil e dos 25 Anos da Reforma de 1977*, Vol. III – Direito das Obrigações, Coimbra, Coimbra Ed., 2006, pp. 536 ss. e 554 ss.; Paula Meira Lourenço, *A Função Punitiva da responsabilidade Civil*, Coimbra, Coimbra Ed., 2006, pp. 278 ss.; Delfim Maya Lucena, *Danos Não Patrimoniais – O Dano da Morte*, Coimbra, Almedina, 1985, pp. 17 ss.

[418] A perspetiva de que a indemnização (em sentido amplo) por danos não patrimoniais se traduz numa *compensação*, e não, em rigor, numa *indemnização* (em sentido estrito) encontra amplo acolhimento na jurisprudência portuguesa. Cfr., a título meramente exemplificativo, Ac. STJ de 01/06/1982 – Proc. n.º 070011 (Joaquim Figueiredo) – http://www.dgsi.pt/jstj.nsf/954f0ce6ad9dd8b980256b5f003fa814/69765ddd515ffd13802568fc003ab69c?OpenDocument; Ac. STJ de 12/11/1987 – Proc. n.º 075109 (Gomes dos Santos) – http://www.

Em suma, a noção de *indemnização (em sentido amplo)*, ligada a uma função reparatória, pode traduzir-se: (*i*) na *reconstituição natural*; (*ii*) numa *indemnização por equivalente* ou *em dinheiro*; ou (*iii*) numa *compensação*. As duas primeiras soluções são modalidades da *indemnização em sentido estrito*, devendo prevalecer a opção pela reconstituição natural e, só subsidiariamente, o recurso à indemnização em dinheiro. Em qualquer dos casos, a *indemnização em sentido estrito* traduz-se na reparação integral de um dano, visando repor a situação que existiria na ausência do mesmo.

Daqui podemos, desde já, concluir, com relevância para o enquadramento fiscal, que a indemnização em sentido estrito, em qualquer das duas modalidades, não comporta um enriquecimento do lesado, ou, por outras palavras, um acréscimo patrimonial face à situação que o mesmo teria na ausência do dano objeto de reparação.

VII.1.3. As indemnizações e os seguros

I – Entre as várias fontes da obrigação de indemnização – imputação de um dano a uma esfera alheia àquela onde o mesmo se produz[419] – evidencia-se a responsabilidade civil[420]. Porém, numa vertente que tem passado

dgsi.pt/jstj.nsf/954f0ce6ad9dd8b980256b5f003fa814/792437a4e62bd29d802568fc0039ecdb?OpenDocument, onde se afirma que «quanto ao dano não patrimonial, não se trata verdadeiramente de uma indemnização mas antes de uma compensação cuja finalidade é aumentar um património intacto para que com esse acréscimo possa encontrar-se um lenitivo para as amarguras e sofrimento do lesado»; Ac. STJ de 07/01/1992 – Proc. n.º 081023 (Cura Mariano) – http://www.dgsi.pt/jstj.nsf/954f0ce6ad9dd8b980256b5f003fa814/857d64bc20c2a9c8802568fc0039fbe6?OpenDocument; Ac. STJ de 23/09/1998 – Proc. n.º 98A553 (Pais de Sousa) – http://www.dgsi.pt/jstj.nsf/954f0ce6ad9dd8b980256b5f003fa814/f79a0af2dc87e565802568fc003b756d?OpenDocument; Ac. STJ de 13/05/2003 – Proc. n.º 03A1018 (Ribeiro de Almeida) – http://www.dgsi.pt/jstj.nsf/954f0ce6ad9dd8b980256b5f003fa814/f512a21785cd2d1180256d470038422a?OpenDocument; Ac. STJ de 19/06/2014 – Proc. n.º 1679/10.0TBVCT.G1 (Sérgio Poças) – http://www.dgsi.pt/jstj.nsf/954f0ce6ad9dd8b980256b5f003fa814/4fa0800c1694324180257d040054d241?OpenDocument; Ac. STJ de 21/04/2022 – Proc. n.º 96/18.9T8PVZ.P1.S1 (Fernando Batista) – http://www.dgsi.pt/jstj.nsf/954f0ce6ad9dd8b980256b5f003fa814/f42cfabd640534e98025882b0081b6e6?OpenDocument&Highlight=0,compensa%C3%A7%C3%A3o.

[419] António Menezes Cordeiro, *Tratado de Direito Civil Português*, I – Parte Geral, Tomo I, *cit.*, pp. 419 ss.

[420] Cfr., p. ex., Mário Almeida Costa, *Direito das Obrigações*, *cit.*, p. 758; Eduardo dos Santos Júnior, *Direito das Obrigações*, *cit.*, p. 383.

despercebida à generalidade da doutrina, a obrigação de indemnização pode ter também fonte contratual. É precisamente o caso do contrato de seguro, nas modalidades de seguros patrimoniais (mormente, entre estes, nos seguros de bens ou de coisas), em que a obrigação de prestar do segurador se traduz no ressarcimento de um dano patrimonial (decorrente de um evento fortuito) mediante o pagamento de uma indemnização ao segurado[421]. Nesses casos, portanto, o segurador indemniza, não na qualidade de lesante (ou em substituição deste, como sucede nos seguros de responsabilidade civil), mas porque assumiu contratualmente essa obrigação na eventualidade de ocorrência de um sinistro. Neste quadro, a obrigação de prestar do segurador (prestação por sinistro) consubstancia uma obrigação de indemnização, num desafio à dicotomia entre a obrigação de prestar e a de indemnizar[422].

Noutros casos, tratando-se de seguros de responsabilidade civil, a prestação do segurador, tendo por fonte o contrato de seguro, depende do pressuposto de que haja uma situação de responsabilidade civil do segurado perante um terceiro lesado. Na lógica e estrutura contratual, essa situação de responsabilidade civil (verificados os respetivos pressupostos legais) é configurada como *sinistro*, dando também lugar à obrigação de prestar do segurador, cujo conteúdo corresponde a uma indemnização (visando a reparação do dano sofrido pelo terceiro lesado).

II – O sentido de *indemnização*, enquanto conteúdo da prestação contratual do segurador em caso de sinistro, assume contornos melhor definidos nos *seguros patrimoniais*, ou de danos (categoria de seguros que, como vimos, têm por objeto bens e responsabilidade civil, e que se diferencia dos *seguros de pessoas*). Com efeito, os seguros de danos estão sujeitos ao *princípio indemnizatório*, regulado nos artigos 128.º a 136.º da LCS[423].

421 Com efeito, na ausência de contrato de seguro de bens (por exemplo, um seguro multirriscos habitação), o risco de perda ou deterioração de uma coisa seria incorrido pelo respetivo titular. Porém, sendo contratado um tal seguro, esse risco passa a ser suportado pelo segurador. Assim, produzindo-se o dano diretamente na esfera do segurado, este é tornado indemne através da prestação indemnizatória a que o segurador se obrigou contratualmente.

422 Cfr. Manuel Gomes da Silva, *O Dever de Prestar e o Dever de Indemnizar, cit.*

423 Sobre o princípio indemnizatório, cfr. Francisco Rodrigues Rocha, *Do Princípio Indemnizatório no Seguro de Danos, cit.*; e Pedro Romano Martinez, "Contrato de seguro: Âmbito do dever de indemnizar", *cit.*

O princípio indemnizatório surge formulado no artigo 128.º da LCS, nos termos do qual, a prestação devida pelo segurador está limitada ao valor do dano decorrente do sinistro, não podendo, todavia, ultrapassar o montante do capital seguro.

Este princípio é depois operacionalizado nos artigos subsequentes. Assim, entre as disposições mais relevantes, estabelece-se no n.º 1 do artigo 132.º que, mesmo que o capital seguro exceda o valor da coisa segura à data do sinistro[424] (sobresseguro), a indemnização atém-se ao valor do dano[425]. Já em caso de subseguro, isto é, se o capital seguro for inferior ao valor do objeto seguro, o segurador, salvo convenção em contrário, apenas responde pelo dano na respetiva proporção (artigo 134.º)[426]. Por seu turno, em caso de pluralidade de seguros não fraudulenta (isto é, se um mesmo risco relativo ao mesmo interesse e por idêntico período estiver seguro por vários seguradores), apenas um dos seguradores, à escolha do segurado e dentro dos limites da respetiva obrigação, indemniza o segurado, respondendo os demais entre si na proporção da quantia que cada um teria de pagar se existisse um único contrato de seguro (n.ºs 1, 3 e 4 do artigo 133.º da LCS)[427]. De resto, e para evitar um enriquecimento do segurado face ao montante do dano sofrido, é estabelecido no n.º 1 do artigo 136.º um caso de sub-rogação legal, de tal modo que o segurador que tiver pagado a indemnização fica sub-rogado, na medida do montante pago, nos direitos do segurado contra o terceiro responsável pelo sinistro[428].

As referências a *indemnização* na LCS não se esgotam, porém, na regulação do princípio indemnizatório. Encontramo-las também, por razões evidentes, na disciplina dos seguros de responsabilidade civil, designadamente, no artigo 137.º; nos n.ºs 1 e 2 do artigo 138.º; nos n.ºs 1 e 3 do artigo 139.º; nos n.ºs 1 e 7 do artigo 140.º; nos n.ºs 1 e 2 do artigo 142.º; etc. Mas as mesmas estão igualmente presentes na regulação de outros

[424] Cfr. n.º 1 do artigo 130.º da LCS.

[425] Quanto ao sobresseguro, cfr. Francisco Rodrigues Rocha, *Do Princípio Indemnizatório no Seguro de Danos, cit.*, pp. 93 ss.

[426] Sobre o subseguro, cfr. Francisco Rodrigues Rocha, *idem, cit.*, pp. 134 ss.

[427] Cfr. Ana Serra Calmeiro, *A Pluralidade de Seguros*, Coimbra, Almedina, 2021, pp. 57 ss.; Francisco Rodrigues Rocha, *Do Princípio Indemnizatório no Seguro de Danos, cit.*, pp. 115 ss.

[428] Sobre a sub-rogação do segurador, cfr. António Menezes Cordeiro, *Direito dos Seguros*, Coimbra, Almedina, 2013, pp. 755-756; Francisco Rodrigues Rocha, *Do Princípio Indemnizatório no Seguro de Danos, cit.*, pp. 145 ss.

seguros em especial. É o caso do seguro de colheitas e pecuário (n.ºs 1 e 2 do artigo 152.º e n.ºs 1 e 2 do artigo 153.º); do seguro de crédito (n.º 1 do artigo 161.º); do seguro de caução (artigo 162.º); ou do seguro de doença (alínea b) do artigo 214.º).

III – Quererá isto dizer que só nos seguros patrimoniais (ou de bens e responsabilidade civil) a obrigação de prestar do segurador se traduz no pagamento de uma indemnização? Certamente que não.

Desde logo, cumpre atender à distinção entre *prestações convencionadas* (ou de valor predeterminado) e *prestações indemnizatórias*, já aflorada no início deste livro e que perpassa por várias disposições da LCS, designadamente: n.º 3 do artigo 14.º; n.º 2 do artigo 175.º; n.ºs 1 e 2 do artigo 180.º; n.ºs 1 e 2 do artigo 181.º; e alínea a) do artigo 214.º.

O sentido da distinção resulta, desde logo, do n.º 2 do artigo 175.º da LCS, onde se estabelece que o contrato de seguro de pessoas – compreendendo, portanto, os seguros de vida, os de saúde e os de acidentes pessoais – pode garantir prestações convencionadas (de valor predeterminado não dependente do efetivo montante do dano) e prestações de natureza indemnizatória. Na dúvida, como resulta da alínea b) do n.º 2 do artigo 181.º, considerar-se-á que a prestação é convencionada (o caráter indemnizatório da prestação do segurador depende de expressa e clara previsão contratual nesse sentido).

Conjugando esta disposição com o n.º 2 do artigo 181.º da LCS, logo se retira que as *prestações de natureza indemnizatória* são aquelas que atendem ao valor do dano e que se destinam a repará-lo. Por outras palavras, são aquelas que estão submetidas ao princípio indemnizatório.

Já as prestações convencionadas (ou de valor predeterminado) são aquelas que abstraem do valor do dano, isto é, que são devidas em caso de sinistro, independentemente de uma efetiva avaliação do dano. Não se lhes aplicando o princípio indemnizatório (isto é, podendo as mesmas situar-se além ou aquém do valor patrimonial do dano), logo fica arredada a aplicação dos corolários do mesmo, designadamente, as regras sobre subseguro, sobresseguro, pluralidade de seguros (n.º 1 do artigo 180.º da LCS) e sub-rogação (n.º 1 do artigo 181.º da LCS).

Isto permite-nos dar um passo mais, e constatar que as prestações indemnizatórias por sinistro (isto é, as sujeitas ao princípio indemnizatório) são, não apenas as respeitantes a seguros de danos (seguros de bens e responsabilidade civil), mas que as mesmas podem igualmente encontrar--se nos seguros de pessoas (vida, saúde e acidentes pessoais).

IV – Significará isto, como é sugerido pela própria literalidade das expressões dicotómicas – *indemnizatório* e *convencionado* (ou, *a contrario*, "não indemnizatório") – que as prestações de valor predeterminado não são *indemnizações* (no sentido que apurámos acima, em VII.1.2)? A resposta não pode deixar de ser negativa. Vejamos porquê.

Desde logo, o equívoco assenta na terminologia acolhida na LCS. Como vimos, prestações *indemnizatórias* (ou "de natureza indemnizatória"), no sentido usado na LCS, são as subordinadas ao princípio indemnizatório, que rege os seguros patrimoniais. Fazendo a ponte para as modalidades de *indemnizações* (em sentido amplo) analisadas em VII.1.2 – portanto, no contexto aprofundado em Direito civil – estão em causa as duas modalidades de indemnizações em sentido estrito, ou seja, a reparação natural e a indemnização por equivalente ou em dinheiro. Em qualquer dos casos, reportam-se as mesmas exclusivamente ao ressarcimento de *danos patrimoniais*.

Por seu turno, quanto às prestações convencionadas (ou de valor predeterminado), típicas dos seguros de pessoas, as mesmas são aptas à compensação de danos exclusivamente não patrimoniais, ou que assumam uma vertente patrimonial e uma não patrimonial. É este o caso típico dos riscos cobertos nos seguros de pessoas e que, como resulta do n.º 1 do artigo 175.º da LCS, incidem sobre a *vida*, a *saúde* e a *integridade física* das mesmas.

Por outras palavras, trata-se dos riscos típicos compreendidos no chamado *dano biológico* ou *dano corporal*. Esta categoria de dano corresponde a uma classificação que atende ao objeto da lesão e não aos seus efeitos sobre o património do lesado[429]. Na verdade, o dano biológico (ou corporal) pode assumir uma vertente patrimonial e/ou não patrimonial, comportando, portanto, na tradicional classificação, danos patrimoniais e/ou não patrimoniais. Desta forma, quanto ao dano corporal, a sua ressarcibilidade global depende necessariamente de critérios contingentes e sujeitos, portanto, a alguma discricionariedade, assim como a quantificação do

[429] Sobre a autonomização conceptual do dano à saúde ou dano corporal, cfr. João Álvaro Dias, *Dano Corporal – Quadro Epistemológico e Aspetos Ressarcitórios*, Coimbra, Almedina, 2001, pp. 113 ss.

valor ressarcitório que deles resulta. Ora, as prestações convencionadas (ou de valor predeterminado) desatendem, por irrelevante, à vertente patrimonial ou não patrimonial do dano. Verificado o dano corporal correspondente à cobertura segura (isto é, ocorrendo o sinistro), o segurador efetua a sua prestação no valor convencionado.

Num exemplo prático, verificando-se que, num seguro de vida, a situação clínica da pessoa segura é qualificável como *invalidez total e permanente* (de acordo com a definição da cobertura contratualmente acordada), o segurador efetua o pagamento à mesma do capital contratado, sendo irrelevante, para o efeito, qualquer quantificação ou estimativa, patrimonial ou não patrimonial, do dano corporal incorrido. Isso não é, porém, de molde a comprometer o caráter ressarcitório e compensatório de tal prestação, que cabe na noção de indemnização em sentido amplo. O mesmo se dirá de um capital por morte num seguro de acidentes pessoais ou de um subsídio diário num seguro de saúde.

V – E quanto ao risco que incide sobre a vida da pessoa segura, nos seguros de vida e de acidentes pessoais, e que dá lugar ao pagamento, pelo segurador, de um capital convencionado aos beneficiários designados? Poderemos dizer, neste caso, que a prestação deste capital por morte corresponde a uma indemnização (em sentido amplo)?

Esta situação apresenta a particularidade de o pagamento ser efetuado, não à pessoa segura (como nos casos dos riscos sobre a integridade física ou a saúde), por impossibilidade lógica, mas a terceiros designados no contrato de seguro (ou ao próprio tomador, quando não coincida com a pessoa segura). Por outro lado, esses terceiros (ou o tomador) não são necessariamente herdeiros da pessoa segura, podendo também não corresponder às categorias de pessoas identificadas no n.º 2 do artigo 496.º do CC.

Que dizer? Em primeiro lugar, que, sendo o capital liquidado por via contratual (contrato a favor de terceiro) e não por via sucessória, irreleva o facto de os beneficiários designados serem ou não herdeiros da pessoa segura, sendo certo que a qualidade de herdeiros tampouco implicaria necessariamente a emergência de um dano (patrimonial ou não patrimonial) na esfera destes por óbito da pessoa segura.

Quanto à circunstância de os beneficiários não corresponderem necessariamente a qualquer das categorias de pessoas referidas no n.º 2 do artigo 496.º do CC, não se trata também de um argumento decisivo. É que o facto de o citado preceito ter estabelecido como critério legal, *no âmbito da responsabilidade civil por danos não patrimoniais*, a atribuição de um crédito indemnizatório a essas categorias de pessoas, não implica que as mesmas incorram necessariamente em tais danos. Em concreto, poderá mesmo alguma dessas pessoas sentir regozijo, alívio ou indiferença pela morte do seu familiar. Trata-se, portanto, de um critério legal objetivo que regula a obrigação de indemnização tendo por fonte a responsabilidade civil, mas não a que tem por fonte o contrato de seguro.

Quanto a esta, rege a disciplina própria do contrato de seguro. Ora, o beneficiário em caso de morte da pessoa segura é livremente designado na apólice (cfr., para os seguros de vida, o n.º 1 do artigo 198.º, extensível aos seguros de acidentes pessoais nos termos do n.º 1 do artigo 211.º, ambos da LCS). O beneficiário poderá, assim, ser o próprio tomador do seguro (naturalmente, quando diferente da pessoa segura); uma pessoa coletiva, ou uma pessoa singular sem qualquer relação familiar com a pessoa segura.

Temos vindo a defender que o *interesse segurável* não é um requisito dos seguros de vida, no sentido em que não é exequível, quanto a estes, determinar de forma inequívoca e objetiva a figura do *segurado* nem sindicar a verificação de um dano efetivo (patrimonial e/ou não patrimonial) na esfera do beneficiário, ou da aptidão do capital seguro ao exato ressarcimento desse dano[430]. Do nosso ponto de vista, a natureza previdencial (e não especulativa) do seguro faz presumir – porque, de outra forma, o contrato careceria de sentido, lógica e utilidade económica – que o beneficiário designado tem um tal interesse, ainda que apenas de natureza moral ou não patrimonial.

Noutro tempo e lugar, contestámos o caráter indemnizatório da prestação de capital do segurador nos seguros de vida, com o argumento da inaplicabilidade do princípio indemnizatório aos seguros de vida[431]. Hoje

[430] Luís Poças, *O Dever de Declaração Inicial do Risco no Contrato de Seguro*, *cit.*, pp. 543 ss.

[431] Luís Poças, "Os seguros de capitalização", *cit.*, pp. 62 ss. e 70 ss.; e Luís Poças, "A tributação dos rendimentos de capitais nos seguros e operações do ramo «Vida» e fundos de pensões", *in* António Menezes Cordeiro *et al.* (Orgs.), *Estudos em Homenagem ao Professor Doutor Carlos Pamplona Côrte-Real*, Coimbra, Almedina, 2016, p. 668, n. 27. O argumento é também subscrito por João Espanha, *Do Regime Fiscal dos Produtos do Ramo Vida*, *cit.*, p. 15, nota 45. Cfr. igualmente Paulo Pitta e Cunha, "O regime fiscal das «operações de capitalização» das

retomamos a problemática numa perspetiva e posição distintas: de que a inaplicabilidade do princípio indemnizatório (atinente aos seguros de danos e tendo *apenas* por base o ressarcimento de danos patrimoniais) não compromete o reconhecimento nos seguros de vida de uma obrigação de indemnização genericamente focada na ressarcibilidade do dano corporal e, neste contexto, abrangendo a compensação de danos não patrimoniais ao mesmo inerentes, presumindo-se que tais danos se verificam na esfera do(s) beneficiário(s).

VI – Em suma, atendendo à natureza previdencial (e não especulativa) do seguro, quer as prestações indemnizatórias, quer as convencionadas (de valor predeterminado), assumem uma função reparatória – indemnizatória, em sentido amplo – de danos. Porém, enquanto as primeiras atendem exclusivamente a danos patrimoniais (quer produzidos em coisas ou em pessoas), limitando-se à medida desse dano, as segundas visam indistintamente o ressarcimento e compensação de danos patrimoniais *e* não patrimoniais, ou apenas a compensação destes últimos, irrelevando, para o efeito, a mensuração do dano.

Concluindo, será de reconhecer à generalidade das prestações por sinistro pagas por seguradores – em execução, portanto, de contratos de seguro, qualquer que seja o seu ramo ou modalidade – a natureza de indemnizações (em sentido amplo), quer na modalidade de reparação natural, quer de indemnização por equivalente ou em dinheiro, quer de compensação por danos não patrimoniais, quer ainda na conjugação cumulativa destas modalidades.

VII.2. Indemnizações por sinistro e rendimento tributável em IRS

VII.2.1. As indemnizações como incrementos patrimoniais

I – A noção de indemnização no sentido estrito acima referido – compreendendo, portanto, a reparação natural e a indemnização em

empresas seguradoras", *cit.*, p. 4. Defendendo o caráter indemnizatório dos seguros de vida não financeiros, Teresa Soares Gomes, "O agravamento crescente dos seguros de vida com componente de investimento", *cit.*, pp. 68-69. Admitindo que os seguros de vida possam, em certos casos, ser configurados como seguros de danos e assumir caráter indemnizatório, Margarida Lima Rego, *Contrato de Seguro e Terceiros, cit.*, pp. 600-601 e nota 1632.

dinheiro –, exclui, por natureza, a ocorrência de um acréscimo ou incremento patrimonial que configure um rendimento tributável.

Com efeito, e como referimos, a indemnização visa eliminar os efeitos patrimoniais de um dano, colocando o lesado na situação em que estaria na ausência daquele. As próprias regras legais de cálculo da indemnização em dinheiro – incluindo a *compensatio lucri cum damno* – são garante de que o lesado não sai enriquecido do ressarcimento, isto é, de que o seu património não regista qualquer acréscimo por efeito da indemnização[432]. E, não havendo incremento patrimonial, falta a existência de rendimento tributável.

Assim, de acordo com as regras gerais do IRS, a indemnização em sentido estrito não daria, por ausência de rendimento, lugar a tributação.

II – Não obstante, o CIRS identifica várias situações que, por razões que adiante melhor veremos, considera gerarem um acréscimo patrimonial líquido e que, por esta via, sujeita a tributação na categoria G do IRS.

Com relevância para o tema que nos ocupa, essas situações são as previstas na alínea b) do n.º 1 do artigo 9.º do CIRS. Nos termos desta disposição, constituem incrementos patrimoniais, desde que não considerados rendimentos de outras categorias, as *indemnizações* que visem a reparação de: (*i*) *danos não patrimoniais*, excetuadas as fixadas por decisão judicial ou arbitral ou resultantes de acordo homologado judicialmente; (*ii*) *danos emergentes não comprovados*; e (*iii*) *lucros cessantes*, considerando-se como tais apenas as indemnizações que se destinem a ressarcir os benefícios líquidos deixados de obter em consequência da lesão.

Vejamos mais detidamente cada um destes casos.

III – Desde logo, encontramos os *danos não patrimoniais*. Como tivemos oportunidade de referir, quando os mesmos sejam de natureza irreparável (reconstituição natural), a sua indemnização (em sentido amplo)

[432] A noção de indemnização engloba, como reconheceu o Tribunal Constitucional em dois diferentes arestos, os juros de mora destinados a ressarcir o lesado da desvalorização monetária pelo período decorrido desde a produção do dano até à perceção da indemnização – cfr. Ac. TC n.º 453/97, de 25/06/1997 – Proc. n.º 300/93 (Assunção Esteves), disponível em http://www.tribunalconstitucional.pt/tc/acordaos/19970453.html; e Ac. TC n.º 170/03, de 28/03/2003 – Proc. n.º 740/2002 (Bravo Serra), disponível em http://www.tribunalconstitucional.pt/tc/acordaos/20030170.html.

traduz-se, em rigor, numa *compensação*. A determinação desta é, portanto, insuscetível de obedecer à teoria da diferença, decorrendo antes de fatores que convocam uma significativa margem de discricionariedade[433]. Independentemente da inquestionável justiça do ressarcimento (compensação) dos danos não patrimoniais, a verdade é que, como os danos que se visa compensar não se equacionam em termos patrimoniais, a respetiva indemnização (em sentido amplo) implica um acréscimo *patrimonial* líquido do lesado.

É este o fundamento, firmado na noção de charneira de rendimento-acréscimo, para a sujeição a tributação da indemnização por danos não patrimoniais. Por outro lado, a discricionariedade que rodeia a atribuição do *quantum* compensatório sempre facilitaria uma instrumentalização abusiva (ou mesmo fraudulenta) do rótulo indemnizatório para fins de evasão fiscal.

Neste quadro, cremos que em nome da justiça da solução civil de ressarcibilidade dos danos não patrimoniais, considerou o legislador fiscal dever equiparar o enquadramento tributário da respetiva compensação ao das indemnizações em sentido estrito, mas apenas na medida em que a atribuição da compensação seja sindicada por tribunais judiciais ou arbitrais. Assim se explica a exclusão de incidência nos casos de compensações fixadas por decisão judicial ou arbitral, ou resultantes de acordo homologado judicialmente[434].

IV – Quanto aos *danos emergentes não comprovados*, a ausência de comprovação desafia a própria noção de indemnização em sentido estrito. Com efeito, e como acima referimos, esta destina-se a ressarcir um dano, sendo calculada pela teoria da diferença. Assim, verificando-se um dano

[433] Como refere João Álvaro Dias, «se há em matéria de ressarcimento de danos um campo onde quase todas as discricionariedades são relevadas, onde todas as incoerências são dificilmente sindicáveis e onde os voluntarismos discursivos têm terreno fértil para medrar, esse é indiscutivelmente o das consequências não pecuniárias dos atos lesivos em geral e da lesão à saúde ou à integridade corporal em particular» – João Álvaro Dias, *Dano Corporal – Quadro Epistemológico e Aspetos Ressarcitórios*, *cit.*, p. 348. Cfr. também Rosário Lima, "O papel da equidade na fixação das indemnizações", *Vida Judiciária*, n.º 200 (mar.-abr. 2017), pp. 42-43.

[434] Sobre a matéria, e no mesmo sentido, cfr. Paula Rosado Pereira, *Manual de IRS*, *cit.*, pp. 287-288; José Xavier de Basto, *IRS: Incidência Real de Determinação dos Rendimentos Líquidos*, *cit.*, pp. 254-255; e Rui Duarte Morais, *Sobre o IRS*, *cit.*, p. 118.

emergente, a respetiva indemnização – seja por via da restauração natural ou através de ressarcimento por equivalente ou em dinheiro – anula os efeitos patrimoniais do dano, mas não comporta qualquer enriquecimento, vantagem ou acréscimo patrimonial para o lesado.

Daí que a indemnização do dano patrimonial emergente não consubstancie – quer pela natureza das coisas (noção de indemnização em sentido estrito), quer pela interpretação *a contrario sensu*, na parte relevante, da alínea b) do artigo 9.º do CIRS – um rendimento tributável.

Porém, não sendo o dano comprovado, o seu "ressarcimento" afigura-se um exercício especulativo, carecido de fundamento e configurando um alibi abusivo para a elisão fiscal. Não havendo comprovação do dano, não haverá, portanto, como não qualificar a respetiva "indemnização" como um acréscimo patrimonial e, logo, como um rendimento tributável[435].

V – Finalmente, temos os casos de indemnizações por *lucros cessantes*, considerando-se como tais apenas as que se destinem a ressarcir os benefícios líquidos deixados de obter em consequência da lesão. Desta feita, o fundamento para a sujeição a tributação é bem outro. Não se trata aqui propriamente de questionar a ressarcibilidade do dano ou a medida da indemnização. A questão é, fundamentalmente, a de que os lucros cessantes correspondem a ganhos – ou seja, a acréscimos patrimoniais – que não chegaram a produzir-se, precisamente por efeito do facto lesivo (o que, no quadro da teoria da diferença, justifica a sua ressarcibilidade).

Ora, caso se tivessem produzido tais "lucros", os mesmos comportariam, como dissemos, um acréscimo patrimonial, configurando um rendimento tributável. Logo, a indemnização substitutiva de tal acréscimo corresponde, também ela, a um acréscimo patrimonial, que, como tal, deverá ser igualmente sujeito a tributação em IRS[436].

VI – Em suma, a *ratio* comum da norma de sujeição assenta numa concretização da noção de rendimento-acréscimo, noção de charneira para a definição de rendimento tributável. Assim, a norma de sujeição

[435] Cfr. também Paula Rosado Pereira, *Manual de IRS, cit.*, p. 288; e José Xavier de Basto, *IRS: Incidência Real de Determinação dos Rendimentos Líquidos, cit.*, p. 255.

[436] José Xavier de Basto, *IRS: Incidência Real de Determinação dos Rendimentos Líquidos, cit.*, p. 255.

atém-se aos casos em que considera existir um efetivo incremento patrimonial, ainda que sob uma aparência indemnizatória formal, ou em que o quantitativo dos danos não surge comprovado (danos patrimoniais) ou sindicado judicialmente (danos não patrimoniais).

Na verdade, sendo o rótulo indemnizatório um álibi fácil para a sonegação de rendimentos à tributação, os dois primeiros casos identificados apontam precisamente para as situações onde esse risco é mais significativo, por ausência de comprovação ou objetividade quanto ao cômputo do dano e, logo, da indemnização apta a ressarci-lo.

VII – O rendimento em causa surge fiscalmente enquadrado na Categoria G de IRS (incrementos patrimoniais). Note-se, porém, que esta categoria assume caráter residual, ou seja, apenas são abrangidas pelas normas de incidência desta categoria os valores indemnizatórios auferidos que não se enquadrem no âmbito das regras de incidência de outras categorias de rendimentos (n.º 1 do artigo 9.º do CIRS).

Assim, como resulta das alíneas e) e h) do n.º 3 do artigo 2.º do CIRS, consideram-se rendimentos do trabalho dependente (categoria A) as indemnizações (*i*) resultantes da constituição, extinção ou modificação de relação jurídica que origine rendimentos do trabalho dependente, incluindo as que respeitem ao incumprimento das condições contratuais ou sejam devidas pela mudança de local de trabalho, bem como as que (*ii*) visem compensar perdas de rendimentos desta categoria e que não correspondam a prestações sociais. Em suma, portanto, uma indemnização paga pela cessação do contrato de trabalho, ou que seja substitutiva da remuneração, deve ser tributada na categoria A.

Por outro lado, face ao disposto na alínea d) do n.º 2 do artigo 3.º do CIRS, são consideradas rendimento da categoria B as indemnizações – designadamente, por lucros cessantes – se conexas com a atividade empresarial ou profissional exercida[437].

Na prática, porém, a qualificação de uma indemnização como sendo um rendimento de uma ou de outra categoria nem sempre é um exercício

[437] Cfr. Paula Rosado Pereira, *Manual de IRS, cit.*, p. 289. Como nota Xavier de Basto, no quadro dos rendimentos empresariais e profissionais a determinação da matéria coletável segue as regras do IRC – José Xavier de Basto, *IRS: Incidência Real de Determinação dos Rendimentos Líquidos, cit.*, p. 255, n. 275. Cfr. *infra*, VII.4.

simples, suscitando dúvidas e dificuldades várias, sem prejuízo da relevância que assume (atentas as diferenças de regime que resultam da classificação do rendimento quanto à categoria a que respeita)[438].

VIII - Quanto à tributação das indemnizações no quadro da alínea b) do n.º 1 do artigo 9.º, esclarece o n.º 4 do mesmo artigo que tais incrementos patrimoniais constituem rendimento do ano em que são pagos ou colocados à disposição.

Os referidos rendimentos não beneficiam de quaisquer deduções (artigo 42.º do CIRS). Por outro lado, para os sujeitos passivos residentes, são de englobamento obrigatório, ficando sujeitos a retenção na fonte, à taxa de 16,5%, (alínea a) do n.º 1 do artigo 101.º do CIRS) por conta do imposto devido a final (sujeito às taxas gerais do IRS). Quanto aos sujeitos passivos não residentes, o rendimento é tributado à taxa liberatória de 25%, nos termos da alínea d) do n.º 4 do artigo 71.º do CIRS[439].

VII.2.2. A norma de delimitação negativa de incidência em IRS

I - Em virtude da noção de rendimento-acréscimo - e também com fundamento literal (numa leitura *a contrario*) no trecho da alínea b) do n.º 1 do artigo 9.º do CIRS de onde se extrai que não constituem incrementos patrimoniais as indemnizações que visem a reparação de danos emergentes comprovados - podemos concluir que a regra é a não sujeição a imposto das indemnizações, incluindo, naturalmente, as atribuídas por seguradores em execução do contrato de seguro (ou seja, para regularização de um sinistro).

Esta regra comporta as exceções de sujeição a tributação já analisadas e estabelecidas na alínea b) do n.º 1 do citado artigo 9.º, que não excluem do seu âmbito a atribuição de indemnizações por seguradores. Essa exclusão surge sob a forma de uma delimitação negativa de incidência de IRS, estabelecida na alínea b) do n.º 1 do artigo 12.º do CIRS, nos termos da qual o IRS não incide *sobre as indemnizações devidas em consequência de lesão corporal, doença ou morte, pagas ou atribuídas ao abrigo de contrato de seguro,* decisão judicial ou acordo homologado judicialmente.

[438] Cfr. Rui Duarte Morais, *Sobre o IRS, cit.*, pp. 118-119.

[439] Cfr. Paula Rosado Pereira, *Manual de IRS, cit.*, pp. 289-290.

Adicionalmente, não há tampouco incidência de imposto sobre os juros que acrescerem a estas indemnizações, como resulta da parte final da alínea g) do n.º 2 do artigo 5.º do CIRS.

II – O âmbito da presente delimitação negativa de incidência resulta, no essencial, da redação introduzida pela Lei n.º 64-A/2008, de 31 de dezembro, a qual reduziu significativamente a amplitude do texto original do preceito no CIRS. Com efeito, na sua redação inicial, dispunha o n.º 1 do artigo 13.º que o IRS não incidia *sobre as indemnizações recebidas ao abrigo de contrato de seguro* ou devidas a outro título, salvo quando devessem ser consideradas como proveitos para efeitos de determinação do rendimento das atividades comerciais, industriais ou agrícolas, quando o mesmo Código dispusesse diferentemente, quando aquelas visassem a reparação de lucros cessantes, ou ainda quando se tratasse de indemnizações relativas a bens sinistrados, de harmonia com o artigo 42.º do CIRC.

Assim, se, na sua origem, a regra aludia genericamente a (todas as) indemnizações recebidas ao abrigo de contrato de seguro, atualmente apenas contempla *as devidas em consequência de lesão corporal, doença ou morte.*

III – Do confronto da alínea b) do n.º 1 do artigo 12.º com a alínea b) do n.º 1 do artigo 9.º, já analisada, resulta que os dois preceitos obedecem a conceptualizações distintas. Enquanto o primeiro se fixa na categoria do *dano corporal* (lesão corporal, doença ou morte), o segundo estrutura-se na distinção tradicional entre *danos patrimoniais* e *não patrimoniais* (e, relativamente àqueles, entre *lucros cessantes* e *danos emergentes*[440]).

Como atrás referimos, o dano corporal pode implicar simultaneamente danos patrimoniais (a perda da capacidade de trabalho, o custo de tratamentos médicos, etc.) *e* danos não patrimoniais (a dor, danos estéticos, as sequelas psicológicas, etc.), ou apenas estes últimos[441].

Assim, o conteúdo útil da delimitação negativa de incidência atém-se aos casos que, de outra forma, estariam sujeitos a tributação. Exemplificando, a atribuição por uma seguradora de uma indemnização por *doença* que

[440] Sobre esta distinção, cfr., p. ex., Luís Menezes Leitão, *Direito das Obrigações*, Vol. I, *cit.*, pp. 335-336.

[441] Cfr., João Álvaro Dias, *Dano Corporal – Quadro Epistemológico e Aspetos Ressarcitórios, cit.*, pp. 205 ss. (quanto à expressão patrimonial do dano corporal) e pp. 347 ss. (sobre a vertente não patrimonial do dano corporal).

se traduza no reembolso de despesas comprovadas respeitantes a uma consulta médica ou a uma intervenção cirúrgica corresponde à reparação (indemnização em dinheiro) de um dano emergente, pelo que já não estaria sujeita a tributação no quadro da alínea b) do n.º 1 do artigo 9.º.

Já a atribuição por uma seguradora (não resultante de decisão judicial ou arbitral ou de acordo homologado judicialmente), de uma compensação pelo dano estético ou pelo *quantum doloris* decorrente de uma lesão corporal corresponde a uma indemnização (em sentido amplo) por danos não patrimoniais que, na ausência da regra da alínea b) do n.º 1 do artigo 12.º, estaria sujeita a tributação. O mesmo se diga, como vimos, de um capital pago por um segurador, aos beneficiários designados, por morte da pessoa segura, no âmbito de um seguro e vida ou de acidentes pessoais.

A questão, porém, não se queda aqui. É que, como veremos de seguida, outro conjunto de normas tem pretensão de aplicação a este tipo de casuística, a suscitar dúvidas quanto à articulação com as regras que vimos de analisar.

VII.3. Transmissões gratuitas e tributação em Imposto do Selo

VII.3.1. Créditos provenientes de seguros de vida

I – Numa perspetiva diferente da acima analisada, coloca-se a questão do enquadramento tributário dos créditos provenientes de seguros enquanto *transmissões gratuitas*.

Até 31 de dezembro de 2003 – quando produziu efeitos a sua revogação pelo Decreto-Lei n.º 287/2003, de 12 de novembro –, a matéria era regulada pelo Código da Sisa e do Imposto sobre as Sucessões e Doações. O respetivo artigo 3.º dispunha então que o imposto sobre as sucessões e doações incidia sobre as transmissões a título gratuito de bens mobiliários e imobiliários. Porém, o § 2.º do mesmo artigo esclarecia que *não se consideravam transmitidos a título gratuito* os seguros de vida – salvo os créditos vencidos a favor do segurado antes da sua morte e por ele não levantados – de onde decorria a não sujeição daqueles a tributação.

Embora o sentido geral da regra seja apreensível, a respetiva redação padece de notória falta de rigor jurídico. Desde logo, os seguros não constituem bens mobiliários (nem certamente imobiliários). Trata-se de contratos de onde emergem direitos e deveres para ambas as partes (segurador e tomador do seguro). Ora, a posição do tomador do seguro é transmissível a favor de um terceiro – a título oneroso ou gratuito – com o consentimento do segurador, tal como resulta das regras gerais do Direito civil (regime da cessão da posição contratual, previsto nos artigos 424.º ss. do CC) e das regras especiais aplicáveis ao contrato de seguro, designadamente as previstas no n.º 1 do artigo 95.º da LCS e, quanto ao seguro de vida, no artigo 197.º do mesmo regime. Mas não são estas as situações visadas pela primeira parte da citada disposição do § 2.º, como claramente resulta da sequência do texto.

O que pretende dizer-se é que não se consideram transmitidos a título gratuito *os capitais emergentes de seguros de vida* pagos pelo segurador a terceiros[442]. Na base desta solução está a circunstância de o referido capital não ser um bem mobiliário proveniente do património do tomador do seguro (e, logo, de não transitar deste para o do beneficiário), mas resultar de um direito de crédito que *nasce diretamente* na esfera do beneficiário por via contratual, na medida em que o seguro de vida constitui um contrato a favor de terceiro[443]. O devedor dessa prestação é, assim, o segurador, e não o tomador do seguro. Situamo-nos, portanto, fora do domínio das transmissões gratuitas por via sucessória[444]. Do mesmo modo, não está tampouco em causa uma doação do tomador do seguro ao terceiro beneficiário[445].

Assim se compreende, por outro lado, a exceção da parte final do citado preceito: «salvo os créditos vencidos a favor do segurado antes da sua morte e por ele não levantados». Neste caso, o direito de crédito perante

[442] Na letra do preceito – e, cremos, também no seu espírito – cabem as situações de beneficiários designados, quer por morte da pessoa segura (sinistro), quer em vida da mesma (vencimento), bem como as de pagamentos à própria pessoa segura quando diferente do tomador do seguro.

[443] Como refere Diogo Leite de Campos, o seguro de vida é o «instituto que justificou os contratos a favor de terceiro como figura geral e que ainda hoje constitui um dos seus mais importantes núcleos» – Diogo Leite de Campos, *Contrato a Favor de Terceiro*, Coimbra, Almedina, 1991, p. 113. Cfr. também Maria Inês Oliveira Martins, *O Seguro de Vida Enquanto Tipo Contratual Legal, cit.*, pp. 70 ss.; Margarida Lima Rego, *Contrato de Seguro e Terceiros – Estudo de Direito Civil, cit.*, pp. 584 ss.

[444] João Lopes Cardoso, *Partilhas Judiciais (Teoria e Prática)*, Vol. I, 4ª Edição, Coimbra, Almedina, 1990, pp. 434-435; João Espanha, *Do Regime Fiscal dos Produtos do Ramo Vida, cit.*, p. 34.

[445] Em sentido diverso, sustentando que a designação beneficiária, num seguro de vida, corresponde a uma liberalidade em vida, a suscitar a aplicação do regime das doações, José Carlos Moitinho de Almeida, *O Contrato de Seguro no Direito Português e Comparado, cit.*, p. 363.

segurador pertencia ao tomador do seguro ou segurado (e não ao terceiro beneficiário), vencendo-se na esfera daquele. O capital respetivo (ou, pelo menos, o direito de crédito vencido) passou a integrar, portanto, em vida do tomador do seguro ou segurado, o respetivo património. Quando, no decurso da morte do tomador do seguro ou segurado, se transmite a um terceiro, essa transmissão dá-se já por via sucessória, e não contratual (contrato a favor de terceiro). Neste caso, portanto, ocorre já uma transmissão por morte a título gratuito.

II – Desde 2004, a tributação das transmissões gratuitas passou a estar enquadrada em sede de imposto do selo, onde o regime citado encontra continuidade, embora tendo por fonte preceitos com redação distinta[446]. Será, portanto, perante este regime que incidirá agora uma análise mais detida, a dar nota das várias problemáticas suscitadas.

O artigo 1.º do CIS, sob a epígrafe *incidência objetiva*, dispõe, no seu n.º 1, que o imposto do selo incide sobre todos os atos, contratos, documentos, títulos, papéis e outros factos ou situações jurídicas previstos na Tabela Geral, *incluindo as transmissões gratuitas de bens*. Neste contexto, a verba 1.2 da Tabela Geral do Imposto do Selo prevê a tributação da *aquisição gratuita de bens*, incluindo por usucapião, por aplicação da taxa de imposto de 10% sobre o valor de tais bens.

Por seu turno, dispõe-se na alínea a) do n.º 5 do citado artigo 1.º que, para efeitos da verba 1.2 da tabela geral, não são sujeitas a imposto do selo as seguintes transmissões gratuitas: o abono de família em dívida à morte do titular, *os créditos provenientes de seguros de vida* e as pensões e subsídios atribuídos, ainda que a título de subsídio por morte, por sistemas de segurança social.

Desta feita, a redação é juridicamente mais rigorosa do que a da regra equivalente do Código da Sisa e do Imposto sobre as Sucessões e Doações[447]. Desde logo, deixa de se aludir à transmissibilidade *do seguro* para se referir agora a transmissibilidade *dos créditos* provenientes do mesmo.

[446] Sobre a heterogeneidade, falta de identidade e de unidade conceptual do imposto do selo, cfr. José Fernandes Pires, *Lições de Impostos Sobre o Património e do Selo*, 3ª Ed., Coimbra, Almedina, 2015, pp. 453 ss.

[447] No domínio da tributação das transmissões gratuitas, algumas opções legislativas do CIS são, no mínimo, questionáveis – cfr. Nuno Sá Gomes, "Inconstitucionalidade do novo

Por outro lado, deixa de se afirmar que o seguro *não se considera transmitido a título gratuito* para se reconhecer que os créditos dele emergentes *constituem uma transmissão gratuita*. Naturalmente, que se têm em vista *apenas* os créditos de terceiro (beneficiário em caso de morte ou em caso de vida da pessoa segura, ou esta mesma, quando diferente do tomador). De facto, como é sabido, o seguro é um negócio oneroso, na medida em que implica atribuições patrimoniais correspetivas para ambas as partes (o segurador e o tomador do seguro)[448]. Logo, os créditos do próprio tomador[449] em caso algum haveriam de considerar-se uma transmissão gratuita. Do nosso ponto de vista, porém, a questão é diversa face ao terceiro beneficiário. Quanto a este, a "transmissão" – aquisição de um crédito (direito ao capital) – é *gratuita* porque não resultou de qualquer atribuição patrimonial a cargo do terceiro[450].

Em suma, nos termos literais da presente norma, os capitais (na verdade, *quaisquer créditos*) provenientes de seguros de vida *são considerados transmissões gratuitas*, mas *não ficam sujeitos a imposto do selo*[451]. Portanto,

imposto do selo sobre transmissões gratuitas de bens", *in* AAVV, *Estudos jurídicos e económicos em homenagem ao Prof. Doutor António de Sousa Franco*, Vol. III, Lisboa, Faculdade de Direito da Universidade de Lisboa, 2006, pp. 503-519.

[448] Cfr., p. ex., Carlos Mota Pinto, *Teoria Geral do Direito Civil, cit.*, p. 400. Com efeito, e como resulta, desde logo, dos artigos 1.º e n.º 1 do 51.º da LCS, a obrigação do segurador tem por contrapartida o pagamento do prémio pelo tomador do seguro. Sobre o caráter oneroso do contrato, cfr. José Vasques, *Contrato de Seguro – Notas para Uma Teoria Geral*, cit., p. 104; João Valente Martins, *Contrato de Seguro – Notas Práticas*, 2ª Ed., Lisboa, Quid Juris?, 2011, p. 37.

[449] P. ex., nos casos em que, num seguro de vida, o tomador não corresponde à pessoa segura e se constitui como beneficiário em caso de morte desta; ou os casos em que o tomador corresponde à pessoa segura e estão em causa prestações de capital em vida desta (designadamente, capitais por sinistro de invalidez).

[450] A solução – reconhecimento do caráter gratuito da transmissão, mas não sujeição a imposto da mesma – é, portanto, mais coerente e rigorosa do que a pretérita do Código da Sisa e do Imposto sobre as Sucessões e Doações, onde a incidência negativa de imposto assentava no pressuposto da onerosidade da transmissão. A anterior solução era, portanto, incoerente, quando é sabido que o imposto sucessório visava tributar o enriquecimento líquido, na esfera do beneficiário, decorrente da transmissão gratuita (isto é, que advém àquele sem qualquer contrapartida económica ou patrimonial sua) – José Fernandes Pires, *Lições de Impostos Sobre o Património e do Selo, cit.*, pp. 488-489.

[451] A exclusão de incidência objetiva do imposto afasta, naturalmente, a obrigação declarativa e de relacionamento do valor – António Santos Rocha e Eduardo Martins Brás, *Tributação do*

embora com diferenças assinaláveis de redação e pressupostos face à regra antecedente, a solução – não sujeição a tributação – é materialmente a mesma.

III – Naturalmente que vale, também quanto à presente regra, a ressalva que se continha na parte final da disposição equivalente quanto ao Imposto sobre as Sucessões e Doações. Com efeito, vencendo-se o crédito proveniente do seguro de vida ainda na esfera do seu credor original (tomador do seguro, ou pessoa segura, ou até beneficiário designado), a sua transmissão, por morte daquele credor, ocorre já por via sucessória. Em rigor, portanto, quando o crédito se transmite dessa forma a um terceiro, essa transmissão subsequente – também gratuita – dá-se por via e segundo as regras sucessórias, ao herdeiro do credor original, e não por via contratual ao beneficiário designado. Essa transmissão subsequente estará ou não sujeita a imposto do selo em função do que, face à situação concreta, resultar do regime tributário.

IV – O regime apenas refere a não sujeição a tributação relativamente aos seguros de vida. Porém, importa considerar que não há uma diferença de substância entre os seguros de vida em caso de morte e os seguros de acidentes pessoais quanto a esta mesma cobertura.

Com efeito, para além da circunstância de os seguros de vida pertencerem ao ramo vida e os de acidentes pessoais integrarem um dos ramos não-vida, a única diferença assinalável, quanto ao risco de morte, entre ambas as modalidades contratuais é a de que, enquanto no seguro de vida fica garantida a morte por qualquer causa não expressamente excluída (quer se trate, portanto, de falecimento por doença ou por acidente), no seguro de acidentes pessoais apenas fica coberta a morte por acidente (ou seja, a amplitude da cobertura é mais reduzida).

Quanto ao mais, em ambos os casos o risco incide sobre a pessoa segura identificada no contrato e em ambos o pagamento do capital convencionado é efetuado ao beneficiário designado, que poderá ser o tomador do seguro (quando não corresponda à pessoa segura) ou um terceiro estranho ao contrato.

Património – IMI-IMT e Imposto do Selo (Anotados e Comentados), Coimbra, Almedina, 2015, p. 537.

Não existe, portanto, qualquer razão de substância que afaste a aplicabilidade do regime – isto é, a não sujeição a imposto – aos créditos provenientes, não apenas de seguros de vida, mas igualmente aos oriundos de seguros de acidentes pessoais. Logo, não refletindo a letra do preceito o alcance visado pela solução normativa, importa, mediante a interpretação extensiva da norma, operar a plena correspondência entre a letra e o espírito da mesma.

V – Questão que pode suscitar-se é a de saber se a delimitação negativa de incidência abrange os seguros de vida financeiros (designadamente, os de capitalização e os *unit linked*), atentas as suas especificidades, já oportunamente analisadas, quanto à lógica subjacente à formação e composição do capital seguro.

Se, a propósito do caráter indemnizatório dos capitais de seguros de vida (*supra*, VII.1.3), poderão suscitar-se reservas quanto à abrangência dos seguros financeiros, já quanto à regra da alínea a) do n.º 5 do artigo 1.º do CIS, a respetiva letra não é de molde a afastar essas modalidades, que assumem a natureza de seguros de vida. Também não parecem suscitar-se outras razões de substância que obstem à referida abrangência[452-453].

Note-se, aliás, que, relativamente aos seguros de vida financeiros, e na coerência sistémica do ordenamento jurídico-fiscal, a intenção legislativa de não sujeitar globalmente a tributação os *créditos provenientes* de tais seguros – incluindo, portanto, quer os montantes correspondentes aos prémios pagos, quer o respetivo rendimento de capitais gerado – decorre também do n.º 3 do artigo 5.º do CIRS, quando, entre as modalidades de liquidação do rendimento consideradas, se omite a liquidação do capital por *sinistro* (tipicamente feita, como temos reiterado, a um terceiro beneficiário, por morte da pessoa segura). Assim, atendendo, decerto, ao enquadramento tributário conferido pelo CIS aos capitais por morte emergentes de seguros de vida, o n.º 3 do artigo 5.º do CIRS afasta o

[452] Num dos raros exemplos em que a doutrina se pronuncia na matéria, considera João Espanha que as especificidades dos seguros financeiros não afetam o seu caráter de contrato a favor de terceiro nem implicam um enquadramento tributário diferente do dos seguros de puro risco – João Espanha, *Do Regime Fiscal dos Produtos do Ramo Vida, cit.*, p. 34.

[453] A solução é, aliás, confirmada pelo regime aplicável aos PPR, como melhor veremos adiante (*infra*, VII.3.2).

apuramento, na operação de sinistro, de rendimentos de capitais e, portanto, a sua consequente tributação.

De resto, considerando que, no espetro de produtos de seguros de vida disponíveis no mercado, encontramos gradações entre a componente *risco* e a componente *financeira*, que não obedecem a uma estrita dicotomia, razões de certeza e de segurança jurídica sempre imporiam a definição de um critério objetivo que permitisse uma distinção clara entre as modalidades não sujeitas a tributação e as objeto da mesma.

Em qualquer caso, é clara a redação da alínea a) do n.º 5 do artigo 1.º do CIS no sentido de não discriminar diferentes modalidades de seguros de vida nem diferenciar o regime em função das mesmas.

VI - Sobre a articulação entre as regras de IRS e as do imposto do selo, importa atender ao n.º 6 do artigo 12.º do CIRS, sob a epígrafe *delimitação negativa de incidência*. Aí se dispõe que o IRS não incide sobre os incrementos patrimoniais provenientes de transmissões gratuitas sujeitas ao imposto do selo, nem sobre os que se encontrem expressamente previstos em norma de delimitação negativa de incidência deste imposto.

Constituindo a citada regra da alínea a) do n.º 5 do artigo 1.º do CIS uma norma de delimitação negativa de incidência deste imposto, fica igualmente afastada a incidência de IRS.

O facto de haver duas diferentes normas do CIRS, ambas de delimitação negativa de incidência - por um lado, a citada alínea b) do n.º 1 e, por outro, o n.º 6, ambos do artigo 12.º do CIRS -, com pretensão de aplicação às situações de *capitais de seguros de vida pagos pelo segurador a título de sinistro* não haverá de constituir um estorvo lógico ou normativo, sobretudo quando uma dessas normas regula diretamente este conjunto de situações e a outra o faz por remissão para outro quadro normativo (o imposto do selo). Por via direta ou indireta, a solução é coerente: a da não sujeição a imposto.

VII.3.2. Os PPR

I - Na continuidade do regime que acabamos de analisar - embora comportando especificidades não negligenciáveis - encontramos os PPR. Quanto a estes, dispõe-se na alínea b) do n.º 5 do artigo 1.º do CIS que, para efeitos da verba 1.2 da tabela geral, *não são sujeitas a imposto do selo* as transmissões gratuitas de valores aplicados em fundos de poupança-reforma, fundos de poupança-educação, fundos de poupança--reforma-educação, fundos de poupança-ações, fundos de pensões, fundos de investimento mobiliário e imobiliário ou sociedades de investimento mobiliário e imobiliário[454].

Concentrando-nos nos PPR, encontramos neles analogias evidentes com os seguros de vida financeiros, tanto mais que os valores aplicados em PPR (para usar a expressão plasmada na referida alínea b) do n.º 1 do artigo 5.º) podem, como já referimos, ser objeto de investimento e gestão segundo uma lógica de seguro de capitalização ou, alternativamente, de seguro *unit linked*. Mas sob o prisma da própria transmissão gratuita há diferenças que importa assinalar, como faremos de seguida[455].

II – Assim, como já aflorámos, no seguro de vida financeiro o pagamento do prémio ao segurador implica uma transferência da titularidade (propriedade) dos fundos, da esfera do tomador do seguro para a do segurador. O tomador do seguro fica com um direito de crédito sobre o segurador (correspondente ao direito ao resgate), mas este direito não se transmite por morte (via sucessória). Em vez disso, como referimos, por morte da pessoa segura nasce diretamente – *ex novo* e por via contratual – na esfera dos beneficiários designados um direito de crédito ao capital contratado (contrato a favor de terceiro). Por seu turno, e como resulta do artigo 200.º da LCS (e de harmonia com o n.º 1 do artigo 450.º do CC), só o valor dos prémios pagos – se e na medida em que ofenda a legítima

[454] A previsão segue uma lógica de neutralidade fiscal, abrangendo vários tipos de fundos.

[455] No contexto do primeiro quadro normativo de regulação dos PPR (citado Decreto-Lei n.º 205/89), entendia João Espanha que, quanto aos PPR que assumissem a forma de seguros de vida, prevalecia, no domínio da disciplina de imposto sobre sucessões e doações relativamente às transmissões gratuitas, o regime aplicável aos seguros de vida – João Espanha, *Do Regime Fiscal dos Produtos do Ramo Vida*, *cit.*, p. 45. Atualmente, e não obstante as incongruências de regime de que daremos conta, cremos que o referido entendimento carece de sustentação. Com efeito, a qualificação de um produto como PPR será de molde a fazer aplicar-lhe o regime especial (contratual e fiscal) estabelecido para esta modalidade contratual. Ainda que a prevalência do regime especial sobre o regime geral decorra já das regras e princípios gerais de Direito, o n.º 1 do artigo 10.º do RJPPR determina expressamente o caráter subsidiário, face ao RJPPR, da legislação sobre a atividade seguradora quanto aos PPR sob a forma de seguros de vida.

– poderá ser objeto de redução de liberalidades por inoficiosidade, nos termos dos artigos 2168.º ss. do CC.

Já no caso dos PPR, o próprio enquadramento legal é bem distinto (e, aliás, pontuado por incoerências). Na verdade, neste caso, embora o contrato PPR possa assumir a forma de uma apólice de seguro de vida – portanto, em moldes formais idênticos aos da generalidade dos seguros de vida, designadamente financeiros – o legislador não configura aqui, aquando do pagamento dos prémios, uma transferência da titularidade dos fundos da esfera do tomador do seguro ("participante" do PPR) para a do segurador (gestor do fundo de poupança reforma). Com efeito, quer os valores aplicados, quer o respetivo rendimento gerado são entrevistos como permanecendo na titularidade (propriedade) do participante.

Assim se compreendem e justificam expressões como «nos casos em que por força do regime de bens do casal *o PPR/E seja um bem comum...*» (n.º 6 e alínea b) do n.º 7, ambos do artigo 4.º do RJPPR).

A esta luz se compreende também o regime do "reembolso" em caso de morte do participante, estabelecido no n.º 7 do artigo 4.º, e que segue a via sucessória da transmissão por morte (e não a contratual típica dos contratos a favor de terceiro). Desta forma, dispõe-se na alínea a) deste n.º 7 que, quando o autor da sucessão tenha sido o participante, pode ser exigido pelo cônjuge sobrevivo ou demais herdeiros legitimários, independentemente do regime de bens do casal, o reembolso da totalidade do valor do plano de poupança, salvo quando solução diversa resultar de testamento ou cláusula beneficiária a favor de terceiro, e sem prejuízo da intangibilidade da legítima. Por seu turno estabelece a alínea b) do mesmo número que, quando o autor da sucessão tenha sido o cônjuge do participante e, por força do regime de bens do casal, o PPR/E seja um bem comum, pode ser exigido pelo cônjuge sobrevivo ou demais herdeiros o reembolso da quota-parte respeitante ao falecido.

Não cabendo aqui escalpelizar este quadro normativo, com as suas incongruências e ambiguidades, cumpre, não obstante, chamar a atenção para a articulação entre o regime sucessório referido e o regime da designação beneficiária, aparentemente análogo ao dos seguros de vida. Com efeito, logo se anuncia no preâmbulo do RJPPR que o diploma prevê, entre outras intervenções legislativas inovadoras, a possibilidade de *designação de beneficiários não herdeiros*. Esta possibilidade concretiza-se depois na já citada alínea a) do n.º 7 do artigo 4.º do mesmo diploma, onde se prevê que o regime sucessório ali traçado pode ser derrogado por *solução diversa resultante de* testamento ou *cláusula beneficiária a favor de terceiro*, e sem prejuízo da intangibilidade da legítima[456].

A remissão para disposição testamentária não suscita especiais apreensões, porquanto segue a coerência do enquadramento sucessório. Porém, a derrogação por *cláusula beneficiária a favor de terceiro* suscita as maiores perplexidades. Admite o legislador a possibilidade de afastamento do regime sucessório traçado e a transformação do negócio num contrato a favor de terceiro? Ou, diversamente, a designação beneficiária constitui apenas um expediente de determinação de legatários análoga à do próprio testamento, mas sem os requisitos formais deste[457]?

Em qualquer dos casos – ou seja, quer a transmissão ocorra *sempre* por via sucessória ou, *pontualmente*, por efeito de disposição contratual em benefício de terceiro (contrato a favor de terceiro) – a solução fiscal é clara: não há, como vimos, sujeição a imposto do selo quanto aos *valores aplicados* em fundos de poupança-reforma.

III – E isto traz-nos a uma outra diferença relativamente aos seguros de vida financeiros. Nestes, como vimos, todo o crédito dos beneficiários designados – isto é, todo o capital seguro, correspondente ao valor dos prémios pagos e ao correspondente rendimento de capitais gerado – está excluído de tributação (quer em imposto do selo, quer em IRS), sendo de assinalar que o próprio n.º 3 do artigo 5.º do CIRS não manifesta qualquer pretensão tributária sobre o rendimento gerado quando o mesmo seja liquidado por sinistro.

456 Também no n.º 1 do artigo 5.º do RJPPR se refere que, nos casos previstos no artigo 4.º os participantes, herdeiros *ou beneficiários* podem optar pelo reembolso em capital, em renda vitalícia mensal, ou pela conjugação dessas duas modalidades.

457 Neste caso, a transmissão do valor de reembolso ocorreria também por via sucessória. Porém, a determinação dos legatários beneficiados não respeitaria a forma legal prevista (testamento). Tratar-se-ia, em suma, de um regime especial de atribuição de legado, tendo por objeto específico o valor de reembolso do PPR. Esta perspetiva, apesar das dúvidas que suscita, é a que se afigura mais coerente com o enquadramento sucessório do "reembolso" por morte do participante, harmonizando-se também com a ressalva «sem prejuízo da instabilidade (*sic*) da legítima», que se reporta a todo o valor de reembolso, e não apenas – como nos seguros de vida – às importâncias aplicadas.

Já relativamente aos PPR, a delimitação negativa de incidência tem apenas por objeto os *valores aplicados* em fundos de poupança-reforma, mas não já o rendimento por eles gerado. Ora, o enquadramento sucessório dispensado aos PPR pelo CIS implica que o rendimento gerado se produza na esfera patrimonial do participante (e que, portanto, se transmita por morte) aos herdeiros ou legatários.

Por outro lado, como vimos, a alínea b) do n.º 5 do artigo 1.º do CIS não nega que se verifique aqui uma transmissão gratuita. O que estabelece é que as transmissões gratuitas nela elencadas (onde não se inclui o referido rendimento) *não são sujeitas a imposto do selo*. Em suma, portanto, a transmissão gratuita, por morte, do dito rendimento de capitais, haverá de estar sujeita a imposto do selo, exceto se pontualmente concorrer uma isenção subjetiva (alínea e) do n.º 1 do artigo 6.º do CIS).

Sucede, porém, que o apetite tributário do legislador não se queda por aqui. Com efeito – e diversamente dos rendimentos de capitais relativos a seguros de vida financeiros pagos por morte da pessoa segura, que, como vimos, não despertam o interesse tributário nem em sede de IRS nem de imposto do selo – em matéria de PPR verifica-se exatamente o inverso. De facto, como referimos já[458] e expressamente verte da alínea b) do n.º 3 do artigo 21.º do EBF, o "reembolso" de PPR, qualquer que seja a sua causa (isto é, *mesmo quando decorra da morte do participante ou do cônjuge*) dá lugar à tributação em IRS, de acordo com as regras aplicáveis aos rendimentos da categoria E, dos rendimentos de capitais gerados e pagos ou colocados à disposição, com as especificidades previstas neste mesmo preceito.

Há, portanto, uma dupla pretensão tributária sobre o mesmo rendimento, em IRS e em imposto do selo. A solução contra a dupla tributação económica do rendimento em causa verte do já citado n.º 6 do artigo 12.º do CIRS, nos termos do qual *o IRS não incide sobre os incrementos patrimoniais provenientes de transmissões gratuitas sujeitas ao imposto do selo.*

Portanto – e ao contrário do que expressamente se prevê no n.º 3 do artigo 21.º do EBF –, em virtude de a transmissão por morte do rendimento de capitais em PPR estar sujeita a imposto do selo (ainda que ocorra uma isenção subjetiva), verifica-se uma delimitação negativa de incidência em IRS.

[458] *Supra*, V.3.6.1.II.

IV – Apesar das diferenças de regime de que vimos dando conta, a natureza comum entre os seguros de vida financeiros e os PPR que seguem a forma daqueles permite clarificar, se dúvidas houvesse, o enquadramento dos seguros de vida financeiros em sede de imposto do selo (em particular, a abrangência dos mesmos pela delimitação negativa de incidência estabelecida na alínea a) do n.º 5 do artigo 1.º do CIS).

Com efeito, se a redação deste preceito, não distinguindo diferentes modalidades de seguros de vida nem as submetendo a regimes diversos, permitia já sustentar que a referida delimitação negativa de incidência beneficia os seguros de vida financeiros, o regime dos PPR comporta um argumento interpretativo adicional – desta feita, de substância – que confere certeza normativa a esta perspetiva.

Assim, não sendo a transmissão gratuita dos valores aplicados em PPR – produtos cuja natureza financeira é indiscutível – sujeita a imposto do selo, *apesar de essa transmissão se dar por via sucessória*, também não haverá de ser sujeita a esse imposto a transmissão gratuita, por via contratual (contrato a favor de terceiro), dos créditos provenientes dos seguros de vida financeiros.

VII.3.3. As operações de capitalização

I – Aludimos já, em diversas ocasiões, às operações de capitalização. Não se tratando de *seguros* (mas de operações do ramo vida), está naturalmente ausente o elemento típico que caracteriza aquele contrato: a cobertura de um *risco* por parte do segurador, de tal modo que a sua prestação ficasse dependente da ocorrência de um evento fortuito contratualmente previsto (no caso dos seguros de vida, a morte ou a sobrevivência de alguém – pessoa segura)[459].

Assim, nas operações de capitalização a prestação do segurador é predeterminada quanto a valores, juros e prazo, pelo que a mesma apenas depende, quanto ao montante e ao momento em que é devida, do decurso do prazo contratual, e não de qualquer vicissitude ou elemento de incerteza, designadamente ligado à vida do subscritor ou de terceiro.

[459] Cfr. artigos 1.º e 183.º da LCS. Distinguindo também as operações de capitalização dos seguros com base no elemento *risco*, Luis Alberto Marco Arcalá, *Seguros de Personas – Aspectos Generales*, Cizur Menor (Navarra), Ed. Aranzadi, 2006, p. 81.

De notar ainda, a demarcar do seguro este tipo contratual, o abandono do jargão securitário: fala-se de *título*, em vez de *apólice*; de *subscritor* (ou *legítimo detentor*), em vez de *tomador do seguro*[460]; de *prestação* (do subscritor), em vez de *prémio*; e inexiste, em virtude da referida ausência de *risco*, a figura de uma *pessoa segura*, assim como fica afastada, pela mesma razão, a possibilidade de ocorrência de um *sinistro*[461].

Não obstante os referidos critérios de distinção face aos seguros, são de assinalar alguns pontos de convergência, a justificarem a inclusão das operações de capitalização entre as modalidades contratuais contempladas na atividade seguradora do ramo vida. Desde logo, a referência, na alínea d) do artigo 9.º do RJASR, à técnica atuarial subjacente à operação; por outro lado, a possibilidade, admitida pelo n.º 17 da já citada Norma Regulamentar n.º 16/95-R, das operações de redução e de adiantamento, típicas dos seguros de vida; também a admissibilidade, resultante do n.º 20 da mesma Norma, da operação de resgate parcial; ou a possibilidade de a prestação do segurador ser feita sob a forma de capital ou de renda, por opção do subscritor ou do legítimo detentor do título (n.º 16 da mesma Norma)[462]; finalmente, o facto de as operações de capitalização serem exclusivamente contratadas por seguradores.

II – Uma particularidade relevante das operações de capitalização é a da sua formalização em títulos nominativos, cuja vocação e função típica é a circulabilidade. Ora, a emissão de tais títulos – transmissíveis, designadamente, por declaração exarada no título (endosso) – comporta

[460] Cfr. alíneas *b)* e *d)* do artigo 1.º do RTS, numa terminologia mantida pela LCS (artigos 207.º a 209.º). Porém, o rigor terminológico escapa ao preâmbulo do Decreto-Lei n.º 72/2008, onde se designa o *título* por "apólice" e o *subscritor* por "tomador do seguro": «estabeleceram-se regras relativas às operações de capitalização, indicando exaustivamente o que deve ser incluído na apólice para melhor conhecimento da situação por parte do tomador do seguro».

[461] A ausência de uma pessoa segura – de cuja sobrevivência dependa a continuidade do contrato e a consecução do respetivo objeto – é precisamente, como nota alguma doutrina, o principal elemento que distingue as operações de capitalização dos seguros de vida – Claudio Bazzano, *L'Assicurazione sulla Vita, cit.*, pp. 327 ss.; André Rochex e Guy Courtieu, *Le Droit du Contrat d'Assurance Terrestre, cit.*, p. 390.

[462] Atendendo a que a obrigação do segurador se consubstancia no título, prevê-se no n.º 20 da Norma em referência que a redução ou o resgate parcial, originando uma alteração do conteúdo dessa obrigação, deverão dar lugar à substituição do título, atualizando essa obrigação.

outros efeitos, a saber, o nascimento de uma autónoma relação cambiária (ou cartular) consubstanciada no próprio título. Este traduz, aliás, um negócio jurídico unilateral, autonomizando-se, portanto, do contrato de capitalização que lhe dá origem.

Assim, emitido o título, o direito do subscritor/legítimo detentor sobre o segurador passa a estar incorporado no mesmo, permitindo a identificação de uma relação cartular assente no *título de capitalização* que dá forma ao contrato. Por outras palavras, e como já referido, os títulos de capitalização assumem a natureza de títulos de crédito.

III – Ora, não tendo as operações de capitalização a natureza de seguros de vida, não são as mesmas qualificáveis para os efeitos de delimitação negativa de incidência prevista na alínea a) do n.º 5 do artigo 1.º do CIS. Por outro lado, mesmo abstraindo da letra do preceito, também não haveria razões de substância que militassem no sentido de se considerar a solução normativa aplicável a esta modalidade contratual, já que, como dissemos, nela não se verifica um risco de mortalidade, uma figura de pessoa segura, uma operação de sinistro, a designação de beneficiários em caso de morte ou sequer um contrato a favor de terceiro.

Assim, a morte do subscritor não afeta, nem o título, nem os direitos nele "incorporados", não se produzindo, por efeito da mesma, a emergência de um direito de crédito, por via contratual, na esfera de um terceiro designado. De facto, e diversamente dos seguros de vida, o título (e os direitos nele "incorporados") integra o património do subscritor e, por morte deste, transmite-se por via sucessória aos respetivos herdeiros. Como lapidarmente verte do artigo 209.º da LCS, «a posição do subscritor no contrato transmite-se, em caso de morte, para os sucessores, mantendo-se o contrato até ao prazo do vencimento». Por outras palavras, estamos no domínio das transmissões gratuitas por morte (via sucessória).

IV – Embora, pelas razões referidas, não seja aplicável a norma de delimitação negativa de incidência de imposto que mencionámos a propósito dos seguros de vida, nem por isso ficará afastada, quando seja o caso, a isenção subjetiva de tributação prevista na alínea e) do artigo 6.º do CIS.

Nos termos desta disposição, são isentos de imposto do selo, quando este constitua seu encargo, o cônjuge ou unido de facto, descendentes e ascendentes, nas transmissões gratuitas sujeitas à verba 1.2 da tabela geral de que são beneficiários. Desta forma, quando a transmissão gratuita, por morte do subscritor, se dê em benefício de uma ou várias das categorias de pessoas ali indicadas, fica a mesma isenta de imposto.

V – A transmissão gratuita dos títulos (e dos direitos neles consubstanciados) é objeto de obrigação declarativa (n.º 1 do artigo 26.º do CIS), devendo constar da relação de bens comunicada à AT (n.º 1 do artigo 28.º do mesmo Código).

Para o efeito, deverá ser considerado o valor do crédito à data do óbito, considerando, portanto, a prestação paga pelo subscritor (valor investido) acrescida da revalorização gerada ("rendimento de capitais") desde a data de subscrição e até à data do óbito. Esse valor deverá ser – na falta de previsão expressa no n.º 6 do artigo 26.º do CIS – comprovado por documento emitido pelo segurador que ateste o respetivo valor.

O imposto devido é pago nos termos previstos no artigo 45.º do CIS.

VI – Verificando-se a sujeição a imposto do selo, fica afastada a incidência em IRS. Com efeito, e como resulta do já citado n.º 6 do artigo 12.º do CIRS, o IRS não incide sobre os incrementos patrimoniais provenientes de transmissões gratuitas sujeitas ao imposto do selo, nem sobre os que se encontrem expressamente previstos em norma de delimitação negativa de incidência deste imposto.

Isso não obsta, naturalmente, à tributação do rendimento de capitais aquando do vencimento da operação de capitalização, nos termos que analisámos a propósito do n.º 3 do artigo 5.º do CIRS. Naturalmente que, para evitar a dupla tributação do rendimento de capitais, o IRS correspondente à categoria E, à data do vencimento, apenas deverá incidir sobre o rendimento gerado na esfera do legítimo detentor do título – isto é, naquele que se produzir após a transmissão gratuita – porquanto o gerado anteriormente terá já sido objeto de tributação (ou isenção subjetiva) em sede de imposto do selo.

VII.4. As indemnizações e o enquadramento em IRC

I – A lógica tributária de que demos conta para as pessoas singulares não é replicável quanto às pessoas coletivas. Como é evidente, as pessoas coletivas podem também sofrer danos patrimoniais decorrentes de eventos fortuitos e de, enquanto tomadoras de seguros e seguradas, beneficiarem do pagamento de indemnizações por sinistro em execução de contratos de seguro.

É tipicamente o caso, por exemplo, se um incêndio destruir as instalações de uma empresa, ou de estas serem objeto de um furto, estando o evento coberto por um seguro multirriscos.

II – Assim, enquanto em IRS a indemnização em sentido estrito (ressarcimento de danos patrimoniais emergentes) é fiscalmente irrelevante porque, como vimos, não gera um acréscimo patrimonial, já em IRC as indemnizações auferidas, seja a que título for, são consideradas ganhos, nos termos da alínea i) do n.º 1 do artigo 20.º do CIRC.

Com efeito, na lógica contabilística subjacente ao IRC[463], a destruição de um bem por sinistro corresponde a uma perda (contabilística e fiscal), enquanto a indemnização por seguro destinada a ressarcir esse dano corresponde a um ganho[464]. Como nota Rui Duarte Morais, a indemnização corresponde, de algum modo, ao preço de uma "alienação forçada" (a perda dos bens objeto de ressarcimento)[465].

III – Neste quadro, se a indemnização por sinistro respeitar a bens do ativo imobilizado, a mesma é enquadrada como mais-valia.

Assim, resulta do n.º 1 do artigo 46.º do CIRC que se consideram mais-valias ou menos-valias realizadas os ganhos obtidos ou as perdas sofridas decorrentes de sinistros. Por seu turno, o n.º 2 do mesmo artigo estabelece que as mais-valias e as menos-valias são dadas pela diferença entre o valor de realização, líquido dos encargos que lhe sejam inerentes, e o valor de aquisição, deduzido das depreciações e amortizações aceites fiscalmente, clarificando a alínea b) do n.º 3 que, no caso de bens

[463] Gustavo Lopes Courinha, *Manual do Imposto Sobre o Rendimento das Pessoas Coletivas*, Coimbra, Almedina, 2019, pp. 13-14.

[464] Assim, não obstante a diferente lógica de abordagem entre o IRS e o IRC, o resultado prático é o mesmo, já que, em ambos os casos, há um acréscimo patrimonial líquido a registar para efeitos de tributação – José Xavier de Basto, *IRS: Incidência Real de Determinação dos Rendimentos Líquidos*, *cit.*, pp. 255-256, n. 275.

[465] Rui Duarte Morais, *Apontamentos ao IRC*, Coimbra, Almedina, 2007, p. 75.

sinistrados, considera-se valor de realização o valor da correspondente indemnização.

IV – Quanto a tipologias específicas de indemnização, à semelhança do que vimos suceder em IRS, os lucros cessantes, tendo caráter substitutivo de outros rendimentos cuja produção não chegou a verificar-se por efeito do facto danoso, constituem igualmente um proveito tributável[466].

Quanto aos danos não patrimoniais, será discutível o reconhecimento da titularidade dos mesmos a pessoas coletivas. Rui Duarte Morais discute a questão no contexto dos danos reputacionais, concluindo que «a indemnização por danos morais sofridos por uma sociedade visa, também ela, substituir lucros que, por essa razão, deixaram de ser obtidos», concluindo em consequência que tal indemnização haverá de ser considerada um proveito tributável[467]. Do nosso ponto de vista, a questão equacionada traduz-se num facto danoso que, afetando a reputação da empresa, gera danos patrimoniais (lucros cessantes), e não propriamente danos não patrimoniais, beneficiando de tutela legal.

[466] Rui Duarte Morais, *idem*, p. 76.
[467] Rui Duarte Morais, *ibidem*.

Conclusões

I – O texto que aqui se conclui resulta de um trabalho de investigação original que assumiu por objeto um tema complexo, de grande relevância e permanente atualidade, e que cumpria estudar de forma monográfica, integrada e com um adequado nível de aprofundamento.

II – O regime fiscal analisado deixa ao jurista (e, por maioria de razão, ao não jurista) um trabalho penoso de interpretação e aplicação das respetivas normas. Das inerentes dificuldades, incoerências e problemas demos oportunamente conta ao longo do texto, procurando clarificar o sentido e alcance normativo do tecido legal. Não cumprindo, em sede conclusiva, repisar a análise interpretativa empreendida, importa, não obstante, deixar uma nota global sobre o referido regime.

Ora, o quadro normativo em causa encontra-se, em grande parte, eivado de escolhos interpretativos, geradores, por seu turno, de equívocos e de perplexidades. Para tanto contribui, desde logo, a teia de referências cruzadas entre artigos do CIRS, do CIRC e do EBF (para não mencionar outras fontes), conjugada com a inabilidade do legislador, no contexto de intervenções apressadas, em manter a congruência global e de sentido que caracterizava a arquitetura normativa originária do regime gizado em 1995. Esta circunstância é agravada pelo alheamento e mesmo alguma indiferença legislativa pela lógica própria do universo segurador, quanto às operações e modalidades de seguros abrangidas e respetivas especificidades, bem como quanto à posição dos sujeitos da relação jurídica de seguro.

III – Na Parte I desta obra, e antes de mergulharmos na análise detida do regime fiscal aplicável aos produtos de seguros, foi tempo de proporcionarmos – aos menos familiarizados com o universo segurador – noções básicas indispensáveis à interpretação e plena compreensão daquele mapa normativo. Tais informações situaram-se em domínios como os do léxico segurador e das bases técnicas concernentes aos sujeitos do contrato de seguro, às prestações das partes, bem como aos produtos e operações de seguro fiscalmente relevantes.

Num momento seguinte, e com base nas referidas noções, apresentámos uma tipologia das configurações mais recorrentes, com relevância fiscal, de relações de seguros de vida financeiros – isto é, dos perfis de utilização desses seguros em moldes que suscitam a aplicação articulada de conjuntos normativamente coerentes de regras fiscais – mesmo considerando que tal "tipicidade social" resulta de constrangimentos e oportunidades propiciadas pelo próprio regime fiscal. Tal tipologia de situações securitário-tributárias, construída a partir de um plano cartesiano, comportou a identificação de quatro situações típicas em torno da função desempenhada pelo contrato, a saber: (1) *previdência individual*; (2) *investimento financeiro*; (3) *remuneração em espécie*; e (4) *beneficiação social* (onde identificámos duas modalidades, respetivamente de *meras expectativas* e de *direitos adquiridos*). Esta tipologia, embora limitada a seguros de vida financeiros (os que suscitam os problemas fiscalmente mais complexos), antecipa uma visão global sintética do quadro normativo aplicável, afigurando-se, como elemento agregador, um importante instrumento interpretativo para a análise mais densa a que houve seguidamente lugar.

A Parte II – consagrada já à análise aprofundada do quadro normativo – estruturou-se em torno das várias operações de seguro (em sentido amplo) e do conjunto de regras fiscais que visam regulá-las. Desta forma, cada capítulo, como polo analítico do estudo desenvolvido, teve por tema um binómio composto pela conjugação de dois termos: uma operação de seguros e a vertente do regime tributário que sobre ela incide.

IV – Atendendo à densidade da análise desenvolvida, as presentes conclusões não poderão assumir mais do que um resumido papel recapitulativo. Sendo certo que o esforço de síntese e de visão integrada das matérias é dificultado pela respetiva complexidade, o mesmo é já, não obstante, assegurado por duas vias. Por um lado, o índice ideográfico final propicia chaves de aglutinação, por tópico, de matérias tratadas de forma dispersa ao longo do livro, afigurando-se a melhor forma de aceder cirurgicamente aos subtemas ou problemas que o leitor pretenda analisar.

Mais relevantemente, a tipologia de situações securitário-tributárias, apresentada na Parte I e retomada ao longo do texto, proporciona agora, novamente, uma visão de conjunto, necessariamente esquemática (e, portanto, com sacrifício de algum do rigor que o detalhe legal impõe e que aprofundámos ao longo deste livro), sobre o quadro normativo convocado por cada tipo, possibilitando igualmente uma apresentação final conclusiva e recapitulativa quanto a cada tipo.

Esta visão integrada, articulada em torno de cada situação securitário-tributária (prioritariamente pensada, como referimos, para modalidades de seguros de vida financeiros), dá conta das várias operações de seguro em causa e das normas fiscais, provenientes de fontes diversas, que as disciplinam.

Neste quadro, e aplicando maior densidade às representações simplificadas que apresentámos no Capítulo II, chegamos aos seguintes esquemas de síntese. Desde logo, temos as situações de tipo 1, que designámos por *previdência individual*, cujo enquadramento tributário podemos representar através da seguinte imagem (figura 7):

Figura 7 – Situação securitário-tributária de tipo 1 (*previdência individual*)

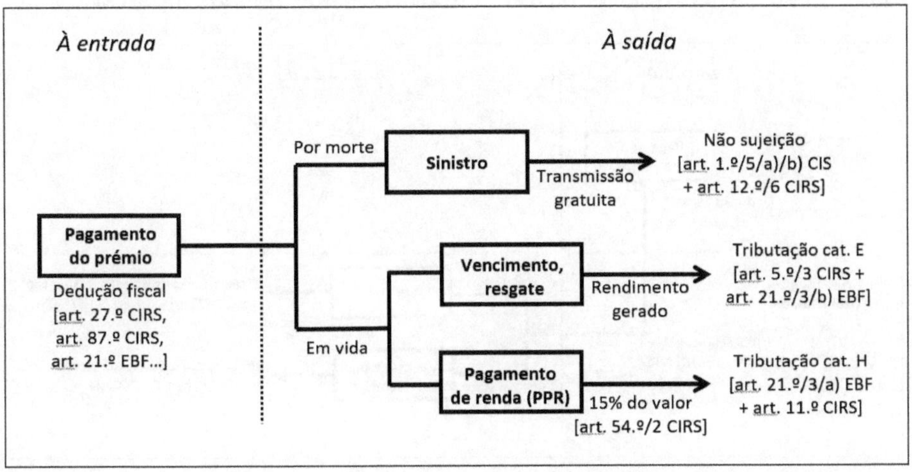

Temos depois as situações de tipo 2 (*investimento financeiro*), de configuração mais simples, cuja disciplina fiscal pode traduzir-se no esquema seguinte:

Figura 8 – Situação securitário-tributária de tipo 2 (*investimento financeiro*)

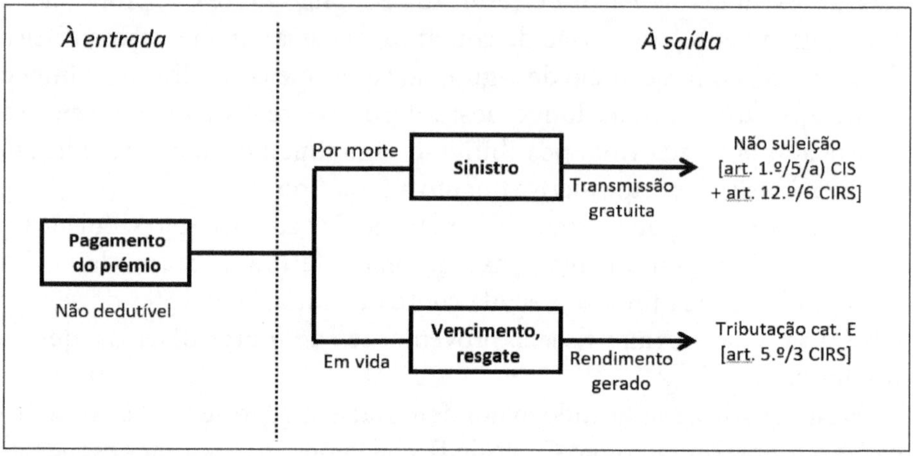

Quanto às situações de tipo 3 (*remuneração em espécie*), as mesmas assumem já um desenho mais complexo, atendendo à pluralidade de intervenientes e à necessária conjugação de diferentes fontes normativas. A sua representação pode passar pela seguinte figura:

Figura 9 – Situação securitário-tributária de tipo 3 (*remuneração em espécie*)

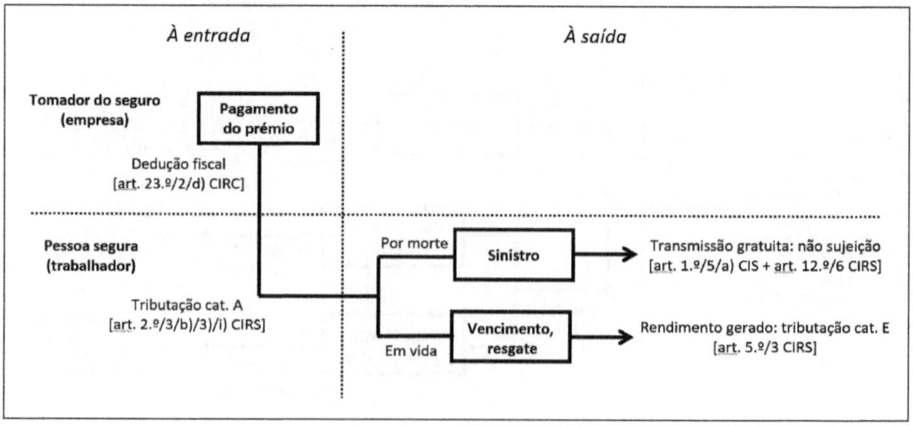

Por fim, temos as situações que identificámos como de tipo 4 (*beneficiação social*), relativamente às quais distinguimos duas modalidades, respetivamente de *meras expectativas* e de *direitos adquiridos*. Trata-se, em ambos os casos, de uma situação cujo enquadramento se revela mais complexo, convocando normas de múltiplas fontes. A primeira modalidade (*meras expectativas*) pode ser representada da seguinte forma, traduzindo esquematicamente a explicação integrada que demos *supra*, em VI.4.2.1, e, de forma analítica, nas partes do texto pertinentes:

FIGURA 10 – Situação securitário-tributária de tipo 4 (*beneficiação social*), na modalidade de *meras expectativas*

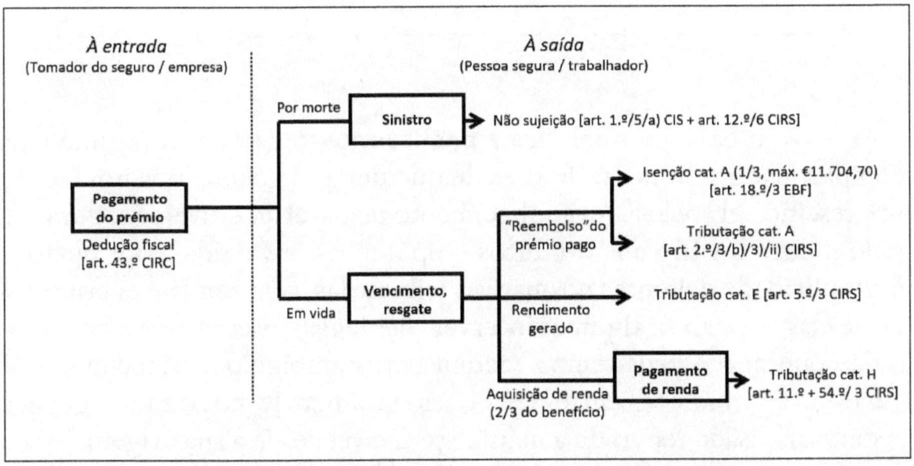

Já quanto ao mesmo tipo de situação, mas na modalidade de *direitos adquiridos* – que, para além de diferenças quanto às normas de enquadramento, se distingue da modalidade anterior, sobretudo, quanto à tributação da pessoa segura na categoria A de IRS –, a mesma pode ser representada de acordo com o seguinte esquema, também explicado *supra*, em VI.4.2.2:

FIGURA 11 – Situação securitário-tributária de tipo 4 (*beneficiação social*), na modalidade de *direitos adquiridos*

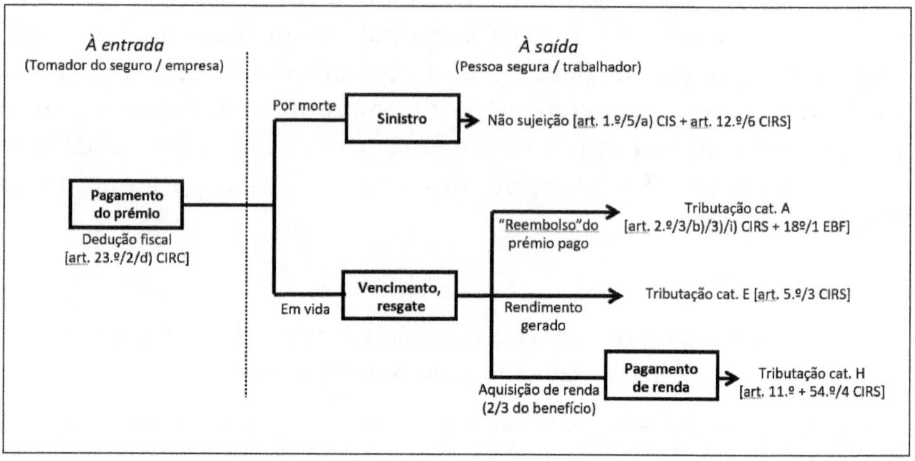

V – Num balanço final, fica a análise integrada de um regime cuja complexidade resulta dos fatores de que demos já conta: por um lado, o imprescindível apelo a um conhecimento razoável do universo segurador, pelo menos quanto aos produtos e operações envolvidas; por outro, a multiplicidade de fontes normativas tributárias, com remissões cruzadas entre elas; e, por fim, algumas intervenções legislativas parcelares e apressadas, que, ao longo do tempo, vieram a criar ambiguidades, incoerências e mesmo contradições entre regras, sem prejuízo de, no cômputo geral, o regime analisado ter vindo a manter-se estável desde a sua origem.

BIBLIOGRAFIA

AAVV, *Tributação dos Seguros, Fundos de Pensões e Fundos de Poupança-Reforma – Relatório do Grupo de Trabalho Constituído para o Efeito*, Lisboa, s.n., 1994 (polic.)

Alberto, José Paulo Noronha, "Incentivos fiscais às reformas no âmbito de um regime de três pilares", *Fisco*, Ano II, n.º 25 (nov. 1990), pp. 9-18

Almeida, José Carlos Moitinho de, *O Contrato de Seguro no Direito Português e Comparado*, Lisboa, Sá da Costa, 1971

Alves, Francisco Luís, "A cessação do contrato de seguro", *in* Alves, Francisco Luís, *Direito dos Seguros*, 2ª Ed., Coimbra, Almedina, 2015, pp. 15-170

___, "O regime jurídico dos Planos Poupança Reforma", *Revista de Direito e de Estudos Sociais*, Ano LVII, n.º 1-4 (jan.-dez. 2016), pp. 327-378

Amorim, José de Campos, "Benefícios fiscais em matéria de proteção social", *in* Costa, Ana Isabel Lambelho *et al.* (Orgs.), *Atas do I Congresso Internacional de Ciências Jurídico-Empresariais – As Novas Relações Laborais*, Leiria, Instituto Politécnico de Leiria – Escola Superior de Tecnologia e Gestão, 2012, pp. 191-224, https://iconline.ipleiria.pt/bitstream/10400.8/770/1/actas_I_CICJE.pdf (consult. 22/07/2015)

Andrade, Manuel Domingues de, *Teoria Geral da Relação Jurídica*, Vol. II, Coimbra, Almedina, 1983

Ascensão, José de Oliveira, *O Direito – Introdução e Teoria Geral*, 3ª Ed., Lisboa, Fundação Calouste Gulbenkian, 1984

___, *Direito Civil – Teoria Geral*, Vol. III, Coimbra, Coimbra Ed., 2002

Associação Portuguesa de Seguradores, *O Financiamento das Reformas – Contribuição do Setor dos Seguros*, Lisboa, Associação Portuguesa de Seguradores, 1994

___, *Seguros de Vida*, Lisboa, Associação Portuguesa de Seguradores, 1997

Autoridade de Supervisão de Seguros e Fundos de Pensões, *Relatório do Setor Segurador e dos Fundos de Pensões 2020*, Lisboa, Autoridade de Supervisão de Seguros e Fundos de Pensões, 2021 – https://www.asf.com.pt/NR/rdonlyres/75A79F90-6414-447D-B928-51B54D656E4D/0/RSSFP_2020.pdf (consult. 30/07/2022)

Baena Baena, Pedro Jesús, *El Derecho de Rescate de la Provisión Matemática del Seguro de Vida*, Valencia, Tirant lo Blanch, 2008

Basto, José Xavier de, *IRS: Incidência Real de Determinação dos Rendimentos Líquidos*, Coimbra, Coimbra Ed. 2007

Bazzano, Claudio, *L'Assicurazione sulla Vita*, Milano, EGEA, 1998

Benito Osma, Félix, "30 años de planes de pensiones. Presente y futuro", *in* Bataller Grau, Juan; e Peñas Moyano, Maria Jesús (Dirs.), *Un Derecho del Seguro Más Social y Transparente*, Cizur Menor, Editorial Aranzadi, 2017, pp. 497-537

Bisch, Michel, *Les Options de Vie – Les Fondamentaux de l'Assurance*, Paris, Economica, 1999

Cadilha, Carlos, *Direitos Adquiridos na Relação Laboral Pública e Privada*, s.l., s.d. – https://www.stj.pt/wp-content/uploads/2012/10/carlos_cadilha.pdf (consult. 09/08/2019)

Calmeiro, Ana Serra, *A Pluralidade de Seguros*, Coimbra, Almedina, 2021

Campos, Diogo Leite de, *Contrato a Favor de Terceiro*, Coimbra, Almedina, 1991

___, *Lições de Direitos da Personalidade* (Separata do Boletim da Faculdade de Direito da Universidade de Coimbra, Vol. LXVI, 1990), 2.ª Ed., Coimbra, 1992

Canotilho, J. J. Gomes; e Moreira, Vital, *Constituição da República Portuguesa Anotada*, Vol. I, 4ª Ed., Coimbra, Coimbra Editora, 2007

Cardoso, João Lopes, *Partilhas Judiciais (Teoria e Prática)*, Vol. I, 4ª Edição, Coimbra, Almedina, 1990

Carlos, Américo F. Brás, "Subsídios para um regime fiscal do seguro de vida", *Fisco*, Ano II, n.º 25 (nov. 1990), pp. 19-22

Carreira, Henrique Medina, *O Estado e a Segurança Social*, Lisboa, ICS / O Público, 1996

Chaufton, Albert, *Les Assurances – Leur Passé, Leur Présent, Leur Avenir*, Paris, Librairie A. Marescq Ainé, 1884

Cordeiro, António Menezes, *Direito das Obrigações*, Vol. I, Lisboa, AAFDL, 1986

___, *Direito dos Seguros*, Coimbra, Almedina, 2013

___, *Tratado de Direito Civil Português*, I – Parte Geral, Tomo I, 3ª Ed., Coimbra, Almedina, 2007

___, *Tratado de Direito Civil Português*, Vol. XII – Contratos em Especial, 2ª Parte, Coimbra, Almedina, 2018

Corfias, Theodore, "Assurance-vie: la rente viagère victime d'une ponction fiscale injustifiée", *Revue Générale du Droit des Assurances*, n.º 5 (mai 2019), pp. 6-8

Costa, Mário Almeida, *Direito das Obrigações*, 12ª Ed., Coimbra, Almedina, 2009

Courinha, Gustavo Lopes, *A Cláusula Geral Anti-Abuso no Direito Tributário – Contributos para a Sua Compreensão*, Coimbra, Almedina, 2004

___, *Manual do Imposto Sobre o Rendimento das Pessoas Coletivas*, Coimbra, Almedina, 2019

Cruz, Sérgio Ravara, "Realizações de utilidade social", *Contabilista*, n.º 229 (abril 2019), pp. 36-38 – disponível em https://ria.ua.pt/bitstream/10773/28703/1/Artigo_RContabilista_OCC_RealizacoesUtilidade%20Social_SRC_ISCA.pdf (consult. 08/08/2021)

Cunha, Paulo Pitta e, "O regime fiscal das «operações de capitalização» das empresas seguradoras", *Fisco*, n.º 25 (nov. 1990), pp. 3-8

Dias, João Álvaro, *Dano Corporal – Quadro Epistemológico e Aspetos Ressarcitórios*, Coimbra, Almedina, 2001

Dourado, Ana Paula, *Direito Fiscal*, 3ª Ed., Coimbra, Almedina, 2018

___, *O Princípio da Legalidade Fiscal – Tipicidade, Conceitos Jurídicos Indeterminados e Margem de Livre Apreciação*, Coimbra, Almedina, 2007

Espanha, João, "Life insurance and tax planning for portuguese clients", *Fiscalidade*, n.º 25 (jan.-mar. 2006), pp. 137-148

___, *Do Regime Fiscal dos Produtos do Ramo Vida*, s.l., s.d. (1993), http://www.espanha-associados.pt/fotos/editor2/regimefiscaldosprodutosdoramovida.pdf (consult. 14/07/2015)

Falcão, Pedro Marinho; e Monteiro, Adriana, "Relevância fiscal dos gastos suportados com a apólice de seguro de grupo", *Cadernos de Justiça Tributária*, n.º 4 (abr.-jun. 2014), pp. 26-28

Faustino, Manuel, *Alguns Aspetos Decorrentes das Alterações ao Quadro da Tributação do Rendimento, em IRS, Introduzidas Pela Lei N.º 39-9/94*, s.n., s.l., 1995 (polic.)

___, *O Dever de Retenção na Fonte e Outros Deveres Autónomos de Cooperação em IRS*, Lisboa, Áreas, 2003

___, *Imposto Sobre o Rendimento das Pessoas Singulares (IRS) nos Seguros, nos PPR e Fundos de Pensões*, Lisboa, Associação Portuguesa de Seguradores, 2003 (polic.)

___, *IRS – Teoria e Prática*, Lisboa, Edifisco, 1993

___, "Retroatividade, retrospetividade e alguma serenidade", *Revista de Finanças Públicas e de Direito Fiscal*, Ano III, n.º 3, pp. 183-208

Fernandes, Luís Carvalho, *Teoria Geral do Direito Civil*, Vol. II, 3ª Ed., Lisboa, Universidade Católica Ed., 2001

Fernández Ruiz, Antonio José, "El valor de rescate en los seguros sobre la vida humana", *in* Evelio Verdera y Tuells (Ed.), *Comentario a la Ley de Contrato de Seguro*, Vol. I, Madrid, Colegio Universitario de Estudios Financieros, 1982, pp. 1037-1044

Ferreira, Mónica Duarte, *Realizações de Utilidade Social: Alcance e Limitações*, Dissertação de Mestrado em Contabilidade, Aveiro, Instituto Superior de Contabilidade e Administração da Universidade de Aveiro, 2018 – https://ria.ua.pt/bitstream/10773/24858/1/Documento.pdf (consult. 08/08/2021)

FERREIRA, Rogério Fernandes, "Enquadramento fiscal do setor segurador (resenha legislativa)", *Fisco*, n.º 37 (dez. 1991), pp. 3-10

FEYO, Diogo, "Retenção na fonte e rendimentos em espécie", *Fiscalidade*, n.º 10 (abr. 2002), pp. 113-126

FURTADO, Jorge Pinto, *Títulos de Crédito – Letra, Livrança, Cheque*, Coimbra, Almedina, 2000

GALHARDAS, Duarte, "A tributação em sede de imposto sobre o rendimento dos regimes complementares de segurança social", *Fisco*, n.º 76/77 (mar.-abr. 1996), pp. 41-53

GERETTO, Enrico, "I prodotti di capitalizzacione e di constituzione di rendita", *in* MIANI, Stefano (Org.), *I Prodotti Assicurativi*, 3ª Ed., Torino, G. Giappichelli Ed., 2010

GOMES, Júlio, "Algumas reflexões sobre o ónus da prova em matéria de paridade de tratamento retributivo ('a trabalho igual salário igual')", *in* MOREIRA, António (Coord.), *I Congresso Nacional de Direito do Trabalho – Memórias*, Coimbra, Almedina, 1998, pp. 311-324

GOMES, Nuno Sá, "Inconstitucionalidade do novo imposto do selo sobre transmissões gratuitas de bens", *in* AAVV, *Estudos jurídicos e económicos em homenagem ao Prof. Doutor António de Sousa Franco*, Vol. III, Lisboa, Faculdade de Direito da Universidade de Lisboa, 2006, pp. 503-519

___, *Manual de Direito Fiscal*, Vol. I, Lisboa, Rei dos Livros, 1995

___, *Manual de Direito Fiscal*, Vol. II, Lisboa, Centro de Estudos Fiscais, 1996

___, *Teoria Geral dos Benefícios Fiscais*, Coleção Cadernos de Ciência e Técnica Fiscal (n.º 165), Lisboa, Centro de Estudos Fiscais, 1991

GOMES, Teresa Soares, "O agravamento crescente da tributação dos seguros de vida com componente de investimento", *Fisco*, Ano XIII, n.º 103-104 (jun. 2002), pp. 55-83

GOUVEIA, Jaime, *Direito Civil (Obrigações)*, Lisboa, Nicolau de Matos, 1935

GOUVEIA, Miguel, *Uma Análise dos Planos de Poupança Reforma*, Lisboa, Ministério das Finanças – Direção Geral de Estudos e Previsão, 1997 (polic.)

HUEBNER, S. S.; e BLACK Jr., Kenneth, *Life Insurance*, Hoboken, Prentice-Hall, 1976 – trad. espanhola, *El Seguro de Vida*, Madrid, Ed. Mapfre, 1979

JORGE, Fernando Pessoa, *Direito das Obrigações*, Lisboa, AAFDL, 1975

JÚNIOR, Eduardo dos Santos, *Direito das Obrigações*, Vol. I, 2ª Ed., Lisboa, AAFDL, 2012

LEITÃO, José Luís; MORAIS, Jorge Alves; RESENDE, Maria Adelaide, *Produtos Bancários e Financeiros: Descrição, Enquadramento Jurídico e Fiscal*, Mem Martins, Publicações Europa América, 1996

LEITÃO, Luís Menezes, *Direito das Obrigações*, Vol. I, 8ª Ed., Coimbra, Almedina, 2009

LIMA, Pires de; e VARELA Antunes, *Código Civil Anotado*, Vol. I, 4ª Ed., Coimbra, Coimbra Ed., 1987

___, *Código Civil Anotado*, Vol. II, 3ª Ed., Coimbra, Coimbra Ed., 1986

Lima, Rosário, "O papel da equidade na fixação das indemnizações", *Vida Judiciária*, n.º 200 (mar.-abr. 2017), pp. 42-43

Llamas Pombo, Eugenio, "Presupuestos y límites de la reparación del daño", *in* AAVV, *Sobre Responsabilidad Civil y Seguro*, Madrid, Sepín, 2020, pp. 513-538

Lourenço, Paula Meira, *A Função Punitiva da responsabilidade Civil*, Coimbra, Coimbra Ed., 2006

Lucena, Delfim Maya, *Danos Não Patrimoniais – O Dano da Morte*, Coimbra, Almedina, 1985

Lugo y Reymundo, Luís, *Tratado de Seguros*, Vol. III, Madrid, Instituto Editorial Réus, 1955

Machado, Jónatas; e Costa, Paulo Nogueira da, *Curso de Direito Tributário*, 2ª Ed., Coimbra, Coimbra Ed., 2012

Marco Arcalá, Luis Alberto, *Seguros de Personas – Aspectos Generales*, Cizur Menor (Navarra), Ed. Aranzadi, 2006

Marques, Rui, *As Realizações de Utilidade Social em IRC e IRS*, Lisboa, Wolters Kluwer, 2016

Martinez, Pedro, *Teoria e Prática dos Seguros*, Lisboa, Imprensa Artística, 1953

Martinez, Pedro Romano, "Contrato de seguro: Âmbito do dever de indemnizar", *in* Moreira, António, e Martins, M. Costa, *I Congresso Nacional de Direito dos Seguros – Memórias*, Coimbra, Almedina, 2000, pp. 155-168

Martinez, Pedro Romano, e Matos, Filipe de Albuquerque (Orgs.), *Lei da Distribuição de Seguros Anotada*, Coimbra, Almedina, 2019

Martins, António, "Aspetos do tratamento fiscal dos seguros *Unit Linked* em sede de IRS", *Boletim da Faculdade de Direito*, Vol. LXXXIX, Tomo II (2013), pp. 801-824

Martins, Helena, "O Imposto sobre o Rendimento das Pessoas Coletivas", *in* Catarino, João Ricardo; e Guimarães, Vasco Branco (Coords.), *Lições de Fiscalidade*, Vol. I – Princípios Gerais e Fiscalidade Interna, 4ª Ed., Coimbra, Almedina, 2015, pp. 273-350

Martins, João Valente, *Contrato de Seguro – Notas Práticas*, 2ª Ed., Lisboa, Quid Juris?, 2011

Martins, Maria Inês Oliveira, "A fiscalidade direta no mercado interno europeu – Problemas colocados pelos regimes complementares de segurança social", *Boletim de Ciências Económicas*, Ano LI (2008), pp. 63-148

___, "Regime de tributação dos planos de pensões "qualificados", no momento da atribuição de rendimentos aos participantes beneficiários de direitos adquiridos", *in* Campos, Diogo Leite de (Coord.), *Estudos de Direito Fiscal*, Coimbra, Almedina, 2007, pp. 143-170

___, *O Seguro de Vida Enquanto Tipo Contratual Legal*, Coimbra, Coimbra Ed., 2010

Melo, Helena Pereira de, *Implicações Jurídicas do Projeto do Genoma Humano: Constituirá a Discriminação Genética Uma Nova Forma de Apartheid?*, Vol. I, [s.l.], Associação Portuguesa de Bioética, 2007

Mendes, João de Castro, *Direito Civil – Teoria Geral*, Vol. I, Lisboa, AAFDL, 1978 (Reimpr. 1993)

Mendonça, Manuel Carvalho de, *Doutrina e Prática das Obrigações*, Tomo II, 4ª Ed., Rio de Janeiro, Rev. Forense, 1956

Miranda, Jorge; e Medeiros, Rui, *Constituição Portuguesa Anotada*, Tomo I, 2ª Ed., Coimbra, Coimbra Editora, 2010

Morais, Rui Duarte, *Apontamentos ao IRC*, Coimbra, Almedina, 2007

___, *Sobre o IRS*, 3ª Ed., Coimbra, Almedina, 2016

Moura, Ricardo Seabra, e Matos, Francisco Cabral, "O estranho caso da tributação dos seguros de vida", *Fiscalidade*, n.º 35 (jul.-set. 2008), pp. 59-68

Nabais, José Casalta, *O Dever Fundamental de Pagar Impostos*, Coimbra, Almedina, 1998

___, *Direito Fiscal*, 10ª Ed., Coimbra, Almedina, 2017

Neves, Ilídio das, "Os regimes complementares de segurança social – Razão de ser, características e limites", *Revista de Direito e de Estudos Sociais*, Ano XXXVI, n.º 4 (out.-dez. 1994), pp. 255-332

Oliveira, Arnaldo, *Fundos de Pensões – Estudo Jurídico*, Coimbra, Almedina, 2003

Pereira, Manuel Freitas, *Fiscalidade*, 4ª Ed., Coimbra, Almedina, 2011

Pereira, Paula Rosado, "As diversas vertentes do princípio da capacidade contributiva e o IRS", *in* Pereira, Paula Rosado, (Coord.), *Temas de IRS – Princípios Constitucionais, Tributação e Garantias*, Coimbra, Almedina, 2020, pp. 9-80

___, *Estudos Sobre IRS: Rendimentos de Capitais e Mais-Valias*, Coimbra, Almedina, 2005

___, *Manual de IRS*, 3ª Ed., Coimbra, Almedina, 2021

___, "Novamente a questão da retroatividade da lei fiscal no campo da tributação autónoma de encargos", *Revista de Finanças Públicas e Direito Fiscal*, Ano IV, n.º 3, pp. 267-273

___, "O princípio da não retroatividade da lei fiscal no campo da tributação autónoma de encargos", *Revista de Finanças Públicas e Direito Fiscal*, Ano IV, n.º 2, pp. 217-224

Petersen, Luiza Moreira, *O Risco no Contrato de Seguro*, S. Paulo, Roncarati, 2018

Pinto, Carlos Mota, *Teoria Geral do Direito Civil*, 3ª Ed., Coimbra, Coimbra Ed., 1985

Pinto, Maria da Glória Ferreira, "Princípio da igualdade - Fórmula vazia ou fórmula 'carregada' de sentido?", *Boletim do Ministério da Justiça*, n.º 358 (jul. 1986), pp. 19-64

Pires, José Fernandes, *Lições de Impostos Sobre o Património e do Selo*, 3ª Ed., Coimbra, Almedina, 2015

Poças, Luís, "Aproximação económica à declaração do risco no contrato de seguro", *in* Poças, Luís, *Problemas e Soluções de Direito dos Seguros*, Coimbra, Almedina, 2019, pp. 39-79

___, *O Dever de Declaração Inicial do Risco no Contrato de Seguro*, Coimbra, Almedina, 2013

___, "A epidemia de COVID-19 e o resgate de PPR", *Observatório Almedina*, 16/04/2020, https://observatorio.almedina.net/index.php/2020/04/16/a-epidemia-de--covid-19-e-o-resgate-de-prp/ (consult. 10/04/2021)

___, *Manual de Investigação em Direito*, 2ª Ed., Coimbra, Almedina, 2022

___, "Problemas e dilemas do setor segurador: o RGPD e o tratamento de dados de saúde", *Banca Bolsa e Seguros*, n.º 3 / 2018, pp. 217-302

___, "Os seguros de capitalização", *in* Poças, Luís, *Estudos de Direito dos Seguros*, Porto, Almeida & Leitão, 2008, pp. 11-116

___, "Seguro financeiro: os ramos 'crédito' e 'caução'", *in* Poças, Luís, *Problemas e Soluções de Direito dos Seguros*, Coimbra, Almedina, 2019, pp. 163-200

___, "A tributação dos rendimentos de capitais nos seguros e operações do ramo «Vida» e fundos de pensões", *in* Cordeiro, António Menezes *et al.* (Orgs.), *Estudos em Homenagem ao Professor Doutor Carlos Pamplona Côrte-Real*, Coimbra, Almedina, 2016, pp. 619-650

Quelhas, Ana Paula, "Da diferenciação entre planos de pensões de benefício definido e planos de pensões de contribuição definida – Mitos e realidades", *Boletim de Ciências Económicas*, V. 57, T. 3 (2014), pp. 2733-2764

Ramalho, Maria Rosário Palma, *Tratado de Direito do Trabalho*, Parte II – Situações Laborais Individuais, 6ª Ed. Coimbra, Almedina, 2016

Rego, Margarida Lima, *Contrato de Seguro e Terceiros – Estudo de Direito Civil*, Coimbra, Coimbra Ed., 2010

___, "Seguros coletivos e de grupo", *in* Rego, Margarida Lima, (Coord.), *Temas de Direito dos Seguros*, 2ª Ed., Coimbra, Almedina, 2016, pp. 425 ss.

Rei, Raquel, "Da expectativa jurídica", *Revista da Ordem dos Advogados*, Ano 54, Vol. I (abr. 1994), pp. 149-180

Reis, Elizabeth; Melo, Paulo; Andrade, Rosa; e Calapez, Teresa, *Estatística Aplicada*, Vol. I, Lisboa, Ed. Sílabo, 1997

Rocha, António Santos; e Brás, Eduardo Martins, *Tributação do Património – IMI-IMT e Imposto do Selo (Anotados e Comentados)*, Coimbra, Almedina, 2015

Rocha, Armandino; e Oliveira, F. Henriques, *Princípios do Seguro, Princípios do Seguro*, Porto, Figueirinhas, 1980

Rocha, Francisco Rodrigues, *Do Princípio Indemnizatório no Seguro de Danos*, Coimbra, Almedina, 2015

Rochex, André; e Courtieu, Guy, *Le Droit du Contrat d'Assurance Terrestre*, Paris, Librairie Générale de Droit et de Jurisprudence, 1998

Rodrigues, Abílio, "Uma análise tributária aos rendimentos dos praticantes desportivos", Centro de Pesquisa e Desenvolvimento Desportivo, 2015 – http://formacao.comiteolimpicoportugal.pt/Publicacoes/COP_PFO_EDGD/file029.pdf (consult. 12/08/2019)

RODRIGUES, Fernando Martins, "Regime legal dos PPR", *Fisco*, n.º 35 (out. 1991), pp. 26-29

ROSA, João Pires, "Dano não patrimonial: quantificação", *Revista Portuguesa do Dano Corporal*, Ano 22, n.º 24 (dez. 2013), pp. 25-40

SANCHES, J. L. Saldanha, *Manual de Direito Fiscal*, 3ª Ed., Coimbra, Coimbra Ed., 2007

SANTORO-PASSARELLI, Francesco, *Dottrine Generali del Diritto Civile*, 8ª Ed., Napoli, Eugenio Jovene, 1964 – trad. port., *Teoria Geral do Direito Civil*, Coimbra, Atlântida, 1967

SANTOS, António Carlos dos, "Cada cor seu paladar: sobre a aplicação do princípio da irretroatividade às taxas e escalões de IRS", *Revista de Finanças Públicas e de Direito Fiscal*, Ano III, n.º 4, pp. 287-302

SANTOS, José Carlos Gomes, "O regime fiscal dos seguros – Breves referências", *Ciência e Técnica Fiscal*, n.º 356 (out.-dez. 1989), pp. 101-104

___, "Tributação dos seguros de vida: que evolução?", *Fisco*, Ano II, n.º 25 (nov. 1990), pp. 23-28

SCHEERS, Denis, *L'Imposition des Pensions, Rentes, Indemnités et Allocations en Tenant Lieu: Revenus de Source Belge Obtenus par des Residents*, Bruxelles, Bruylant, 1996

SERRA, Adriano Vaz, "Reparação do dano não patrimonial", *Boletim do Ministério da Justiça*, n.º 83 (1959), pp. 69-111

SILVA, Jorge Miguel, "O primado da indemnização por reconstituição natural", *Revista do CEJ*, n.º 2 (2.º Semestre 2020), pp. 47-75

SILVA, Manuel Gomes da, *O Dever de Prestar e o Dever de Indemnizar*, Lisboa, Faculdade de Direito da Universidade de Lisboa, 1944

SOUSA, Rabindranath Capelo de, *O Direito Geral de Personalidade*, Coimbra, Coimbra Editora, 1995

STARCK, Boris, *Essai d'une Théorie Générale de la Responsabilité Civile Considérée en sa Double Fonction de Garantie et de Peine Privée*, Paris, Rodstein, 1947

TELLES, Inocêncio Galvão, *Manual dos Contratos em Geral*, 3ª Ed., 1965 (Reimpr., Lisboa, Lex, 1995), p. 405

TOMASSINI, Claudio, "La prestazione di rendita vitalizia nel sistema della previdenza complementare", *Assicurazioni: Rivista di Diritto, Economia e Finanza delle Assicurazioni Private*, A. 72, n.º 1 (jan.-mar. 2005), pp. 39-48

VAQUER ALOY, Antoni; e DOMINGO MARTÍNEZ, Raquel, *El Seguro de Renta Vitalicia y la Herencia*, Barcelona, Atelier, 2015

VARELA, João Antunes, *Das Obrigações em Geral*, Vol. I, 10ª Ed., Coimbra, Almedina, 2000

VASCONCELOS, Pedro Pais, *Direito Comercial – Títulos de Crédito*, Lisboa, AAFDL, 1990

VASCONCELOS, Pedro Pais; e VASCONCELOS, Pedro Leitão Pais, *Teoria Geral do Direito Civil*, 9ª Ed., Coimbra, Almedina, 2019

VASQUES, José, *Contrato de Seguro – Notas Para Uma Teoria Geral*, Coimbra, Coimbra Ed., 1999

VASQUES, Sérgio, *Manual de Direito Fiscal*, Coimbra, Almedina, 2011

___, *O Princípio da Equivalência como Critério de Igualdade Tributária*, Coimbra, Almedina, 2008

VEIGA COPO, Abel, *Tratado del Contrato de Seguro*, Tomo I, 6ª Ed., Cizur Menor, Thomson Reuters, 2019

VELOSO, Maria Manuel Veloso, "Danos não patrimoniais", *in* FACULDADE DE DIREITO DA UNIVERSIDADE DE COIMBRA, *Comemorações dos 35 Anos do Código Civil e dos 25 Anos da Reforma de 1977*, Vol. III – Direito das Obrigações, Coimbra, Coimbra Ed., 2006, pp. 495-559

VILLELA, Álvaro, *Seguro de Vidas – Esboço Histórico, Económico e Jurídico*, Coimbra, Imprensa da Universidade, 1898

XAVIER, Bernardo Lobo, "Problemas jurídico-laborais dos fundos (fechados) de pensões. Direitos dos trabalhadores", *Revista de Direito e de Estudos Sociais*, A. 50, n.ºs 3-4 (jul.-dez. 2009), pp. 13-83

YOO, Kwang-Yeol; e SERRES, Alain de, "Tax treatment of private pension savings in OCDE countries", *OECD Economic Studies*, n.º 39 (2004/2), pp. 73-110 – disponível em http://www.oecd.org/dataoecd/19/0/35663569.pdf (consult. 03/01/2021)

ÍNDICE DE JURISPRUDÊNCIA*

I – Jurisprudência judicial

- Ac. STJ de 01/06/1982 – Proc. n.º 070011 (Joaquim Figueiredo) – http://www.dgsi.pt/jstj.nsf/954f0ce6ad9dd8b980256b5f003fa814/69765ddd515ffd13802568fc003ab69c?OpenDocument
- Ac. STJ de 12/11/1987 – Proc. n.º 075109 (Gomes dos Santos) – http://www.dgsi.pt/jstj.nsf/954f0ce6ad9dd8b980256b5f003fa814/792437a4e62bd29d802568fc0039ecdb?OpenDocument
- Ac. TC n.º 67/91, de 09/04/1991 – Proc. n.º 67/91 (Vítor Nunes de Almeida) – http://www.tribunalconstitucional.pt/tc/acordaos/19910067.html
- Ac. STJ de 07/01/1992 – Proc. n.º 081023 (Cura Mariano) – http://www.dgsi.pt/jstj.nsf/954f0ce6ad9dd8b980256b5f003fa814/857d64bc20c2a9c8802568fc0039fbe6?OpenDocument
- Ac. TC n.º 453/97, de 25/06/1997 – Proc. n.º 300/93 (Assunção Esteves) – http://www.tribunalconstitucional.pt/tc/acordaos/19970453.html
- Ac. STA de 09/07/1997 – *Acórdãos Doutrinais do Supremo Tribunal Administrativo*, Ano XXXVI, n.º 432 (dez. 1997), pp. 1475-1480
- Ac. STJ de 23/09/1998 – Proc. n.º 98A553 (Pais de Sousa) – http://www.dgsi.pt/jstj.nsf/954f0ce6ad9dd8b980256b5f003fa814/f79a0af2dc87e565802568fc003b756d?OpenDocument
- Ac. TC n.º 308/01, de 03/07/2001 – Proc. n.º 450/92 (Tavares da Costa) – https://www.tribunalconstitucional.pt/tc/acordaos/20010308.html
- Ac. TC n.º 170/03, de 28/03/2003 – Proc. n.º 740/2002 (Bravo Serra) – http://www.tribunalconstitucional.pt/tc/acordaos/20030170.html

* Por ordem cronológica.

- Ac. STJ de 13/05/2003 – Proc. n.º 03A1018 (Ribeiro de Almeida) – http://www.dgsi.pt/jstj.nsf/954f0ce6ad9dd8b980256b5f003fa814/f512a21785cd2d118025 6d470038422a?OpenDocument
- Ac. TRL de 23/06/2005 – Proc. n.º 4218/2005-8 (António Valente) – http://www.dgsi.pt/jtrl.nsf/33182fc732316039802565fa00497eec/701e2461d962e1fd80257 077003bc8a6?OpenDocument
- Ac. TCAS de 24/10/2006 – Proc. n.º 00763/05 (José Correia) – http://www.dgsi.pt/jtca.nsf/170589492546a7fb802575c3004c6d7d/908061542a176382802572 1300369485?OpenDocument
- Ac. TRP de 06/05/2008 – Proc. n.º 0723831 (Maria Eiró) – http://www.dgsi.pt/jtrp.nsf/56a6e7121657f91e80257cda00381fdf/553b09dafb7301638025744f003 702ed?OpenDocument
- Ac. TCAS de 24/06/2008 – Proc. n.º 2369/08 (Eugénio Sequeira) – http://www.dgsi.pt/jtca.nsf/170589492546a7fb802575c3004c6d7d/4b6576c2ed14636e80 2574780044c7d9?OpenDocument
- Ac. TC n.º 128/2009 – Proc. n.º 772/2007 (Maria Lúcia Amaral) – http://www.tribunalconstitucional.pt/tc/acordaos/20090128.html
- Ac. TC n.º 399/10, de 27/10/2010 – Procs. n.º 523 e 524/10 (Ana Guerra Martins) – http://www.tribunalconstitucional.pt/tc/acordaos/20100399.html
- Ac. STJ de 19/06/2014 – Proc. n.º 1679/10.0TBVCT.G1 (Sérgio Poças) – http://www.dgsi.pt/jstj.nsf/954f0ce6ad9dd8b980256b5f003fa814/4fa0800c16943241 80257d040054d241?OpenDocument
- Ac. STA de 29/11/2017 – Proc. n.º 013/14 (Pedro Delgado) – http://www.dgsi.pt/jsta.nsf/35fbbbf22e1bb1e680256f8e003ea931/daf5f7c9d28d1085802581ed003 e7b6a?OpenDocument
- Ac. STA de 01/12/2019 – Proc. n.º 01170/05.7BELSB (Francisco Rothes) – http://www.dgsi.pt/jsta.nsf/35fbbbf22e1bb1e680256f8e003ea931/572f1a13a2a68865 802584cd003dc2dd?OpenDocument
- Ac. STJ de 21/04/2022 – Proc. n.º 96/18.9T8PVZ.P1.S1 (Fernando Batista) – http://www.dgsi.pt/jstj.nsf/954f0ce6ad9dd8b980256b5f003fa814/f42cfabd64 0534e98025882b0081b6e6?OpenDocument&Highlight=0,compensa%C3%A 7%C3%A3o

II – Jurisprudência arbitral

- Ac. CAAD de 05/07/2012 – Proc. n.º 22/2012-T (Manuel Vaz) – https://caad.org.pt/tributario/decisoes/decisao.php?s_irc=1&s_processo=22%2F2012--T&s_data_ini=&s_data_fim=&s_resumo=&s_artigos=&s_texto=&id=54

ÍNDICE DE DOUTRINA ADMINISTRATIVA*

Informações vinculativas

- Informação Vinculativa de 21/06/1996 (Despacho do Secretário de Estado dos Assuntos Fiscais – Proc. n.º 695/1996) – https://info.portaldasfinancas.gov.pt/pt/informacao_fiscal/informacoes_vinculativas/rendimento/circ/Documents/CIRC_040_695-1996.pdf
- Informação Vinculativa (Proc. n.º 1020/1996) – https://info.portaldasfinancas.gov.pt/pt/informacao_fiscal/informacoes_vinculativas/rendimento/circ/Documents/circ_040_03.pdf
- Informação Vinculativa de 03/02/2005 (Proc. n.º 1151/2003) – https://info.portaldasfinancas.gov.pt/pt/informacao_fiscal/informacoes_vinculativas/rendimento/circ/Documents/circ_040_01.pdf
- Informação Vinculativa de 19/01/2006 (Proc. n.º 3409/2005) – https://info.portaldasfinancas.gov.pt/pt/informacao_fiscal/informacoes_vinculativas/rendimento/circ/Documents/circ_040_02.pdf
- Informação Vinculativa de 03/04/2006 (Proc. n.º 477/06) – https://info.portaldasfinancas.gov.pt/pt/informacao_fiscal/informacoes_vinculativas/beneficios_fiscais/Documents/ebf_021_01.pdf
- Informação Vinculativa de 08/02/2007 (Proc. n.º 1308/06) – http://info.portaldasfinancas.gov.pt/pt/informacao_fiscal/informacoes_vinculativas/rendimento/cirs/Documents/cirs_086_01.pdf
- Informação Vinculativa de 13/03/2008 (Proc. n.º 6091/07) – https://info.portaldasfinancas.gov.pt/pt/informacao_fiscal/informacoes_vinculativas/beneficios_fiscais/Documents/Artigo_21_ficha_doutrinaria.pdf

* Por ordem cronológica.

- Informação Vinculativa de 22/10/2008 (Proc. n.º 2957/2008) – https://info.portaldasfinancas.gov.pt/pt/informacao_fiscal/informacoes_vinculativas/rendimento/circ/Documents/CIRC_040_2957-2008.pdf
- Informação Vinculativa de 12/03/2010 (Proc. n.º 3433/2009) – https://info.portaldasfinancas.gov.pt/pt/informacao_fiscal/informacoes_vinculativas/rendimento/circ/Documents/Inf_Vinc_IRC%20proc%C2%BA%203433_2009.pdf
- Informação Vinculativa de 02/05/2016 (Proc. n.º 1172/2015) – https://info.portaldasfinancas.gov.pt/pt/informacao_fiscal/informacoes_vinculativas/rendimento/circ/Documents/FD_art_43_CIRC_Criterio_determinacao_gasto_fiscal.pdf
- Informação Vinculativa de 30/09/2016 (Proc. n.º 726/2016) – https://info.portaldasfinancas.gov.pt/pt/informacao_fiscal/informacoes_vinculativas/rendimento/circ/Documents/FD_art_43_CIRC_726_2016_Alocacao_contribuicoes_excedentarias.pdf
- Informação Vinculativa de 02/06/2017 (Proc. n.º 3439/2016) – https://info.portaldasfinancas.gov.pt/pt/informacao_fiscal/informacoes_vinculativas/rendimento/circ/Documents/FD_CIRC_3439_2016.pdf
- Informação Vinculativa de 07/06/2017 (Proc. n.º 1591/2017) – https://info.portaldasfinancas.gov.pt/pt/informacao_fiscal/informacoes_vinculativas/rendimento/circ/Documents/FD_CIRC_1591_2017.pdf
- Informação Vinculativa de 27/06/2017 (Proc. n.º 3688/2016) – https://info.portaldasfinancas.gov.pt/pt/informacao_fiscal/informacoes_vinculativas/rendimento/circ/Documents/FD_CIRC_3688_2016.pdf
- Informação Vinculativa de 28/07/2017 (Proc. n.º 2321/2017) – https://info.portaldasfinancas.gov.pt/pt/informacao_fiscal/informacoes_vinculativas/rendimento/circ/Documents/FD_CIRC_2321_2017.pdf
- Informação Vinculativa de 10/04/2018 (Proc. n.º 3139/2017) – https://info.portaldasfinancas.gov.pt/pt/informacao_fiscal/informacoes_vinculativas/rendimento/circ/Documents/PIV_12659_3139_2017.pdf
- Informação Vinculativa de 24/04/2018 (Proc. n.º 4242/2017) –https://info.portaldasfinancas.gov.pt/pt/informacao_fiscal/informacoes_vinculativas/beneficios_fiscais/Documents/PIV_12927.pdf
- Informação Vinculativa de 29/06/2018 (Proc. n.º 508/2018) – https://info.portaldasfinancas.gov.pt/pt/informacao_fiscal/informacoes_vinculativas/rendimento/circ/Documents/FD_CIRC_2018_000508.pdf
- Informação Vinculativa de 26/07/2018 (Proc. n.º 1425/2018) – https://info.portaldasfinancas.gov.pt/pt/informacao_fiscal/informacoes_vinculativas/beneficios_fiscais/Documents/PIV_13778.pdf

- Informação Vinculativa de 29/10/2018 (Proc. n.º 3262/2018) – https://info.portaldasfinancas.gov.pt/pt/informacao_fiscal/informacoes_vinculativas/rendimento/circ/Documents/FD_Proc_2018_003262.pdf
- Informação Vinculativa de 06/12/2018 (Proc. n.º 3021/2018) – https://info.portaldasfinancas.gov.pt/pt/informacao_fiscal/informacoes_vinculativas/rendimento/circ/Documents/PIV_14217_2018_003021_DSIRC.pdf
- Informação Vinculativa de 04/03/2019 (Proc. n.º 201/2019) – https://info.portaldasfinancas.gov.pt/pt/informacao_fiscal/informacoes_vinculativas/rendimento/circ/Documents/PIV_14899.pdf
- Informação Vinculativa de 21/03/2019 (Proc. n.º 213/2019) – https://info.portaldasfinancas.gov.pt/pt/informacao_fiscal/informacoes_vinculativas/rendimento/circ/Documents/PIV_14992.pdf
- Informação Vinculativa de 24/04/2019 (Proc. n.º 1289/2019) – https://info.portaldasfinancas.gov.pt/pt/informacao_fiscal/informacoes_vinculativas/rendimento/circ/Documents/PIV_15354_1289_2019.pdf
- Informação Vinculativa de 27/09/2019 (Proc. n.º 2006/2019) – https://info.portaldasfinancas.gov.pt/pt/informacao_fiscal/informacoes_vinculativas/rendimento/circ/Documents/PIV_15662_2006_2019.pdf
- Informação Vinculativa de 06/04/2020 (Proc. n.º 1076/2020) – https://info.portaldasfinancas.gov.pt/pt/informacao_fiscal/informacoes_vinculativas/rendimento/circ/Documents/FD_PIV_17196.pdf
- Informação Vinculativa de 18/06/2020 (Despacho n.º 227/2020 – XXII, do Secretário de Estado dos Assuntos Fiscais – Proc. n.º 298/2020) – https://info.portaldasfinancas.gov.pt/pt/informacao_fiscal/informacoes_vinculativas/rendimento/circ/Documents/FD_043.pdf
- Informação Vinculativa de 08/01/2021 (Proc. n.º 2548/2020) – https://info.portaldasfinancas.gov.pt/pt/informacao_fiscal/informacoes_vinculativas/rendimento/circ/Documents/FD_PIV_17782.pdf
- Informação Vinculativa de 09/02/2021 (Proc. n.º 5326/2020) – https://info.portaldasfinancas.gov.pt/pt/informacao_fiscal/informacoes_vinculativas/rendimento/circ/Documents/FD_PIV_19236.pdf
- Informação Vinculativa de 21/06/2021 (Proc. n.º 1397/2021) – https://info.portaldasfinancas.gov.pt/pt/informacao_fiscal/informacoes_vinculativas/rendimento/circ/Documents/FD_PIV_20548.pdf

Pareceres do Centro de Estudos Fiscais e Aduaneiros

- Parecer n.º 9/2005, de 24 de janeiro, do Centro de Estudos Fiscais e Aduaneiros
- Parecer n.º 59/2005, de 18 de julho, do Centro de Estudos Fiscais e Aduaneiros

Ofícios circulados

- Ofício-Circulado n.º 20117/2006, de 08/08/2006, da Direção de Serviços do IRS, sobre prémios de seguros de vida – http://info.portaldasfinancas.gov.pt/pt/informacao_fiscal/legislacao/instrucoes_administrativas/Documents/Oficio_Circulado_20117-DSIRS.pdf
- Ofício Circulado n.º 20215, de 03/12/2019, da AT, relativo ao despacho do Secretário de Estado dos Assuntos Fiscais, n.º 9/2019-XXII, de 6 de novembro – https://info.portaldasfinancas.gov.pt/pt/informacao_fiscal/legislacao/instrucoes_administrativas/Documents/Oficio_Circulado_20215_2019.pdf

ÍNDICE IDEOGRÁFICO*

Por assunto:

* As remissões são efetuadas para as páginas onde o assunto é tratado, seja no corpo do texto ou em nota de rodapé, correspondendo as remissões em negrito às páginas com maior desenvolvimento.

Por fonte normativa e artigo:

ÍNDICE

PARTE II
AS REGRAS DO JOGO